8° Le 1 85 1

1880

Gambetta, léon

Discours et plaidoyers politiques

Volume 11

DISCOURS

ET

PLAIDOYERS POLITIQUES

DE

M. GAMBETTA

I

PARIS

TYPOGRAPHIE GEORGES CHAMEROT

19, RUE DES SAINTS-PÈRES, 19

DISCOURS

ET

PLAIDOYERS POLITIQUES

DE

M. GAMBETTA

PUBLIÉS PAR M. JOSEPH REINACH

PREMIÈRE PARTIE

(14 Novembre 1868 — 4 Septembre 1870)

I

ÉDITION COMPLÈTE

PARIS

G. CHARPENTIER, ÉDITEUR

13, RUE DE GRENELLE-SAINT-GERMAIN, 13

1880

AVANT-PROPOS

Lorsque nous avons accepté la mission de réunir et de publier les discours politiques de M. Gambetta, c'est dans l'intérêt de l'histoire que nous avons eu conscience de travailler. Il s'agissait, en effet, de préparer pour les futurs historiens de la chute du second Empire et de la fondation de la République une collection, facilement accessible, de pièces originales, disséminées jusqu'à présent dans une foule de recueils et de journaux, et dont la connaissance est évidemment indispensable pour l'étude approfondie des dernières années. Encouragé et guidé par l'idée de rendre service à la science, nous espérons n'avoir méconnu aucune des obligations qu'elle nous imposait.

Notre tâche comprenait deux parties distinctes : donner le texte authentique, indiscutable des plaidoyers et des discours politiques prononcés par M. Gambetta depuis le 14 novembre 1868 ; présenter, dans des commentaires explicatifs, l'exposé des circonstances où se place chacun de ces discours, et rappeler les conséquences les plus importantes qu'ils ont pu avoir.

Les discours de M. Gambetta sont de deux sortes : *parlementaires* et *extra-parlementaires*. Pour les discours parlementaires, nous nous sommes fait une règle de reproduire littéralement le compte rendu sténographique du *Journal officiel;* nous n'avons supprimé aucune interruption, et nous avons donné le texte complet des répliques faites à l'orateur, chaque fois qu'une analyse, même rigoureusement impartiale, eût pu laisser quelque doute dans l'esprit des lecteurs. Pour les discours extra-parlementaires, nous reproduisons, de 1868 à 1871, le texte des publications spéciales où ils ont été consignés, et à partir du mois de novembre 1871, le texte donné par la *République française.* Nous avons écarté de cette collection tout discours recueilli autrement que par la sténographie.

Le tome premier, que nous publions aujourd'hui, comprend l'œuvre oratoire de M. Gambetta depuis le premier procès Baudin jusqu'au 4 septembre 1870, soit pendant un laps de temps d'environ deux années. Nous avons écarté les analyses, plus ou moins exactes, de plusieurs plaidoyers antérieurs au 14 novembre 1868, qui avaient été publiées par différents journaux (affaire des Sociétés secrètes, dite procès des Cinquante-Quatre; affaire des correspondants mexicains, etc.). Il en est de même des discours assez nombreux prononcés dans la 1re circonscription du département de la Seine et dans la 1re circonscription du département des Bouches-du-Rhône pendant les périodes électorales de mai et de juin 1869. Enfin nous avons laissé de côté quelques répliques et observations consignées au compte rendu sténographique du Corps législatif et dont l'intérêt, tout de circonstance, ne nous a pas semblé justifier une reproduction. En revanche, nous donnons dans un appendice les circulaires électorales de M. Gambetta, la lettre adressée aux électeurs de la 1re circonscription de la Seine dans l'intervalle des deux sessions extraordinaires de 1869, le rapport sur l'élection de la 1re circonscription de la Vendée et le projet de loi sur le régime des aliénés déposé au Corps législatif.

Le tome second commencera au discours prononcé à Bordeaux le 27 juin 1871. Un volume spécial, qui sera publié ultérieurement, donnera le texte des proclamations, circulaires, lettres et dépêches principales qui sont émanées du ministère de la guerre et du ministère de l'intérieur, sous la direction de M. Gambetta, depuis le 4 septembre 1870 jusqu'au 6 février 1871.

JOSEPH REINACH.

PLAIDOYER

POUR

M. DELESCLUZE

Prononcé le 14 novembre 1868

devant la sixième Chambre du Tribunal correctionnel de la Seine.

On connaît les circonstances héroïques de la mort du représentant Baudin. Le 2 décembre 1851, les membres de l'Assemblée nationale, réunis à la mairie du Xᵉ arrondissement, avaient rendu un décret de déchéance et de mise hors la loi de Louis-Napoléon Bonaparte. Le lendemain, 3, les représentants du peuple Baudin, Brillier, Bruckner, de Flotte, Dulac, Maigne, Malardier et Victor Schœlcher, accompagnés d'une dizaine de citoyens armés de fusils, dressaient une barricade à l'entrée du faubourg Saint-Antoine. Trois compagnies du 19ᵉ régiment de ligne s'avancent lentement vers la barricade. Les représentants du peuple marchent vers les soldats : « Au nom de la Constitution, s'écrie Victor Schœlcher, écoutez notre appel. Venez avec nous défendre la loi, ce sera votre gloire ! — Retirez-vous, répond le capitaine qui commande la première compagnie, j'ai des ordres, je vais faire tirer. » Les représentants, agitant leur chapeau au-dessus de leur tête, crient : « Vive la République ! Vive la Constitution ! » Les soldats font feu. Baudin tombe foudroyé, le crâne brisé par trois balles.

Dix-sept ans après, le 29 octobre 1868, on lisait dans le *Réveil*, journal hebdomadaire dirigé par M. Delescluze, ancien commissaire du gouvernement provisoire de 1848 dans le département du Nord, déporté à Cayenne par application de la loi dite de sûreté générale, ces lignes signées de M. Charles Quentin :

« Un journal annonce que le 2 novembre, jour des morts, les cimetières de Paris seront fermés. Ce journal est évidemment mal informé. On ne peut empêcher un peuple de s'honorer lui-même en honorant la mémoire de ceux qui lui ont légué de grands exemples, de ceux qui, comme Godefroy Cavaignac, ont usé leur vie aux luttes de la liberté, de ceux qui, comme Baudin, sont tombés martyrs en défendant la loi. »

Écrit sans arrière-pensée de manifestation et dans la seule intention de démentir un bruit mis en circulation par divers journaux, c'est cet entrefilet de M. Quentin qui a été par ses conséquences immédiates, et sans que son auteur ait pu le prévoir ou l'espérer, l'occasion du réveil décisif de la conscience publique contre le régime issu de l'attentat de Décembre. Le procès Baudin, en 1868, a été le coup de grâce porté à l'Empire dans l'opinion. « La veille du procès, disait un rédacteur de la *Revue politique*, on parlait de Sadowa, du Mexique, du Pape. Le lendemain, on ne parla plus que du Deux Décembre, et dévoilé, flétri dans son origine criminelle, l'Empire était condamné. »

On trouvera plus loin, au cours du plaidoyer prononcé par M. Gambetta devant la cour d'appel, le détail minutieux des évènements survenus le 2 novembre au cimetière Montmartre. Nous allons les résumer brièvement.

Le jour des morts, M. Charles Quentin, rédacteur du *Réveil*, et plusieurs de ses amis se rendirent au cimetière Montmartre pour déposer des couronnes sur la tombe de Godefroy Cavaignac. Une centaine de citoyens se réunirent peu à peu autour du monument. On parla de Baudin, mais on ignorait où se trouvait la tombe du représentant du peuple tué le 2 décembre. Plusieurs la croyaient dans le département de la Nièvre. Ce fut M. Napoléon Gaillard qui la découvrit par un hasard auquel la police ne fut pas étrangère. Un rassemblement se forma aussitôt. Plusieurs jeunes gens demandèrent à M. Quentin de faire un discours. M. Quentin, après quelque hésitation, prononça quelques paroles. On entendit des cris de : « Vive la liberté! Vive la République! » MM. Gaillard fils et Abel Peyrouton parlèrent à leur tour. La manifestation, toute spontanée, tout imprévue, émut vivement M. Quentin et ses amis. Ils accoururent aux bureaux de l'*Avenir national* pour raconter les détails de la journée, et proposèrent à M. Peyrat d'ouvrir une souscription pour élever à Baudin un monument digne de l'héroïque représentant. M. Peyrat accepta. La souscription fut ouverte simultanément dans le *Réveil*, l'*Avenir national* et la *Revue politique* (4 novembre).

Dès le surlendemain, 6 novembre, le ministre de la justice ordonna de procéder à une instruction sur la manifestation du 2, et le 12, un arrêt du juge d'instruction, M. de Larcy, renvoya devant la police correctionnelle MM. Challemel-Lacour, rédacteur en chef de la *Revue politique*, Peyrat, rédacteur en chef de l'*Avenir national*, Delescluze, rédacteur en chef du *Réveil*, Charles Quentin, rédacteur du même journal, Duret, gérant du journal la *Tribune*, Gaillard père et fils, et Abel Peyrouton, « sous l'inculpation d'avoir tous les huit, à Paris, en 1868, dans le but de troubler la paix publique et d'exciter à la haine et au mépris du gouvernement, pratiqué des manœuvres à l'intérieur, délits prévus et punis par les articles 2 de la loi du 27 février 1858 et 4 du décret du 4 août 1848 ».

La poursuite judiciaire donna à la souscription un immense élan. Le *Siècle*, le *Temps*, le *Journal de Paris* et la *Tribune* lui ouvrirent leurs colonnes. La souscription se couvrit de signatures à l'École de Droit, à l'École de Médecine, à l'École Polytechnique. Berryer, mourant, écrivit au journal l'*Électeur*: « Le 2 décembre 1851, j'ai provoqué et obtenu de l'Assemblée nationale réunie dans la mairie du Xᵉ arrondissement un décret de déchéance et de mise hors la loi du président de la République... Mon collègue, M. Baudin, a énergiquement obéi aux ordres de l'Assemblée ; il en a été victime, et je me sens obligé de prendre part à la souscription ouverte pour l'érection d'un monument expiatoire sur sa tombe. »

Les débats du procès s'ouvrirent le 13 novembre devant la sixième chambre du tribunal correctionnel de la Seine, présidée par M. Vivien, vice-président du tribunal civil. M. Aulois, substitut, occupait le siège du ministère public. Les défenseurs étaient M. Crémieux pour M. Quentin, M. Emmanuel Arago pour M. Peyrat, M. Gambetta pour M. Delescluze, M. Clément Laurier pour M. Challemel-Lacour, M. Leblond pour MM. Gaillard père et fils, M. Hub-

bard pour M. Peyrouton. M. Durier, avocat, demande la
remise au nom de M. Duret, gérant de la *Tribune*, dont
le défenseur, M. Jules Favre, se trouve retenu à Nîmes où
il plaide dans l'affaire de la réunion électorale privée. Le
tribunal donne défaut contre M. Duret, et ordonne qu'il
soit passé outre aux débats.

La première audience fut occupée par l'interrogatoire des
prévenus, le réquisitoire du ministère public et la plaidoirie
de Crémieux pour M. Quentin.

L'audience du lendemain fut occupée par les plaidoiries
de M. Arago, de M. Gambetta, de M. Laurier, de M. Leblond
et de M. Hubbard.

M. Gambetta s'exprima en ces termes :

Messieurs, je me présente devant vous pour
M. Charles Delescluze, et mes conclusions tendent
à ce qu'il plaise au Tribunal prononcer, à son égard,
non au point de vue de la sévérité réclamée par le
ministère public, mais conformément aux développements de droit auxquels je vais me livrer, déclarer
qu'il n'y a lieu à poursuites, et condamner le ministère public aux dépens.

Messieurs, j'ai écouté hier avec des sentiments bien
variés, sentiments que, par moments, j'avais bien
de la peine à refouler et à contenir, le réquisitoire
du ministère public. J'ai pensé toute la soirée à ce
réquisitoire ; j'ai eu le plaisir amer de le relire ce
matin, et c'est à peine si, après m'être bien consulté,
j'ai repris possession de moi-même, de mon âme et
de ma parole. Mais je me suis prêté serment de ne
rien trahir ici, ni mes convictions, ni le droit, sans
manquer cependant à cette sobriété de langage qui
convient aux grandes causes, et, en me tenant éloigné
des excès de paroles qui pourraient, en faisant interrompre ma plaidoirie, vous autoriser à ne pas me
laisser achever la tâche que j'ai entreprise.

Je dis ceci avec d'autant plus de sécurité personnelle, que j'ai trouvé, sous la parole du ministère
public, le véritable terrain du débat.

Je suis d'accord avec lui sur ce qui est réellement en question devant vous ; comme lui, et après lui, je viens discuter cette question terrible, la plus haute qu'on puisse soumettre à des hommes dont la profession est de respecter la justice, et à d'autres dont la carrière est de la défendre. Cette question, la voici :

Est-ce qu'il peut exister un moment pour la nation, au sein d'une société civilisée, où la raison d'État, où le coup d'État puisse impunément, sous prétexte de salut public, violer la loi, renverser la constitution et traiter comme des criminels ceux-là qui défendent le droit au péril de leur vie. Car, vous entendez bien que je ne veux pas m'attacher aux petits côtés de ce procès, en m'engageant dans cet échafaudage puéril des dépositions de vos agents. Ces dépositions, je les ai lues. Quoique jeune encore, j'ai quelque habitude des rapports de police. Eh bien ! lorsque j'ai interrogé le dossier, lorsque j'ai examiné et j'ai comparé les rapports des témoins empruntés à ce qu'on appelle la brigade de sûreté publique, j'ai éprouvé comme un sentiment de peur pour le gouvernement. Est-ce que la police commencerait à perdre et son assurance et son imagination ? Car voici tout ce qu'ils ont trouvé : des gens réunis autour d'une tombe, les uns écoutant, les autres prononçant de prétendus discours, dont on ne peut pas retrouver un mot, à côté de propos prêtés à des absents. En dehors de cela ? rien, rien ! Vous dites qu'il y a des discours séditieux ! on va les produire ? Nullement : c'est une affirmation de la police, non contrôlée, non contrôlable. Et voilà votre accusation !

Ce n'est pas d'ailleurs la loi de 1858 qui importe dans ce procès. Le procès, on vous l'a dit, c'est M. Charles Delescluze. Si vous voulez la raison des poursuites, c'est à la « personnalité dominante de M. Delescluze qu'il faut la demander ». Voilà le mot,

le vrai mot du débat. De manœuvres, il n'en existe
point. Il n'en saurait exister; on sait trop que des
hommes tels que MM. Delescluze, Quentin, Peyrat,
Challemel-Lacour, n'ont pas besoin d'entente préalable pour se souvenir de leurs morts et pour les honorer. Depuis seize ans il y a là pour eux un culte de
tous les jours, de tous les instants, mêlé de douleurs
et de ressentiment, et fidèles ils sont restés, et fidèles
ils resteront à la mémoire de leurs amis tombés dans
un jour de sinistre combat. De tels hommes n'ont pas
besoin de concert et de rappel pour avoir le sentiment
de la reconnaissance et des dates politiques.

Ah! ce n'est donc pas assez que d'avoir chassé les
républicains de la République! Vous voudriez encore
les chasser de la nature humaine! Non! la vérité
vraie, c'est que vous connaissez les sentiments des
hommes qui sont ici; vous savez ce qu'il y a derrière
leurs douleurs, qui ne sont pas seulement des douleurs d'amis, mais des douleurs de patriotes. Et alors,
craignant que l'exemple de ces braves, dont vous
savez bien que la conscience n'a jamais dormi, ne
vienne à réveiller la conscience publique, alors vous
dites : Il faut empêcher l'exhumation de ces spectres,
il faut couper court à cette revue terrible du passé,
et vous faites un procès à ceux qui, par la signification même de leur nom, ont la réputation d'avoir
toujours vécu et lutté pour les mêmes principes et
d'être restés les défenseurs inébranlables du même
drapeau.

Delescluze, en effet, vous avez eu raison de le dire,
a ce que vous appelez, vous autres, un long casier
judiciaire; moi je dis que c'est à son honneur, et que
rien n'atteste mieux l'héroïsme de ses convictions
que cette interminable liste de condamnations politiques.

Dès 1834, Charles Delescluze marquait sa foi aux intérêts du peuple, et depuis lors, il n'a pas cessé de mar-

cher dans cette voie, toujours frappé, jamais abattu. Et quand vous venez lui reprocher d'avoir, sous tous les gouvernements, même sous la République, combattu les réactionnaires, vous ignorez peut-être que vous faites le plus bel éloge de son dévouement et de sa clairvoyance. C'est ainsi que, depuis 1834, vous nous le montrez luttant pour les mêmes principes, pour l'accomplissement radical de la Révolution française, pour son entier achèvement, applicable à l'intérêt de tous les citoyens.

A cette époque, et dès le début, il rencontrait sur son chemin la résistance des monarchies. Cela n'a pas cessé. Mais à ce moment, ce qu'il affirmait, c'était la grande pensée révolutionnaire, la pensée de l'émancipation politique et sociale, pleine de désintéressement et de justice : en 1834, deux ans avant Strasbourg, six ans avant Boulogne, voilà ce qu'il faisait, et Dieu sait que ce n'est pas la convoitise ni l'intérêt personnel qui le poussaient sur le chemin de la vérité et du combat.

Voilà un homme et voilà l'homme! voilà celui qu'on accuse d'avoir fait l'apologie de l'assassinat, souvenir, a-t-on dit, qui fait rougir un cœur vraiment français. Il n'a donc pas le cœur français, celui qui, depuis quarante ans, a donné en échange de sa détresse et de sa misère, sa vie et son dévouement à son pays? Celui qui a tout sacrifié pour la France n'a pas le cœur français? Et savez-vous ce qu'on lui reproche? D'avoir fait l'éloge des assassins du général Bréa. Quand on a en mains la défense d'une vie comme celle de M. Delescluze, on lui doit toute la vérité, on la lui doit à lui et surtout aux magistrats, parce que je sais quelles préventions, quels préjugés singuliers se forment sur l'homme constamment mêlé à la lutte, et parce que je sais aussi, quand il est vaincu, quelle légende monstrueuse on arrive à entasser contre lui par l'entassement des calomnies.

C'est ainsi que souvent un juste, un martyr, meurt avec la réputation d'un scélérat, et c'est ce qu'on appelle former l'opinion des honnêtes gens. Eh bien ! moi qui, à l'heure actuelle, tiens, pour ma part, l'occasion de faire le bien, de rétablir le vrai, d'affirmer une mémoire qui nous est chère, je suis heureux, je suis fier de l'occasion qui m'est offerte, et je ne faillirai pas. En 1849, on faisait juger à Paris, en vertu d'une loi martiale, par les conseils de guerre, au nom de la République, dont il ne restait déjà plus qu'une vaine étiquette, les vaincus de juin, les vaincus de la place publique. Ce drame de juin, je ne l'introduirai pas dans le débat, et que de gens bénéficieront de mon silence ! Ce que je veux dire, c'est que le général Bréa n'avait pas été, comme on l'a raconté, l'objet de traitements indignes ; mais le débat est ailleurs. La discussion de Delescluze, discussion de presse, portait sur un autre ordre d'idées. Son thème était celui-ci : La preuve que vous cherchez, non pas la justice, mais la vengeance, c'est que vous n'avez pas renvoyé ces assassins, comme on les appelait, devant un jury, c'est que vous leur avez refusé la justice naturelle qui leur était due et qui leur était garantie, c'est que vous avez imaginé rétroactivement une juridiction militaire qui continue la guerre civile et prolonge le duel après le combat. Or, songez-y bien, en envoyant ces ouvriers devant des militaires pour les faire condamner à mort, vous relevez l'échafaud politique que la Révolution de 1848 avait brisé. Voilà ce qu'écrivait Delescluze. (M. l'avocat impérial fait un signe de dénégation.)

Mᵉ GAMBETTA. — J'ai lu l'article.

M. L'AVOCAT IMPÉRIAL. — Moi aussi !

Mᵉ GAMBETTA. — Permettez, Monsieur l'avocat impérial, nous le relirons, nous le discuterons quand vous voudrez, ces procès-là sont toujours bons à replaider. (*Interruptions.*)

Me Gambetta , *se tournant du côté de l'auditoire*. — Soyez silencieux, Messieurs, j'ai besoin de tout votre silence.

Je reprends : J'ai dit que c'était une pensée véritablement généreuse et républicaine qui avait inspiré l'article. A ce moment où la République était exposée à sombrer, il fallait sauver du naufrage la proclamation du suffrage universel et l'abolition de la peine de mort, et lui, ce fougueux républicain, cet homme de sang comme on nous le présente, il disait : Prenez garde ; ne versez pas de sang, ne relevez pas l'échafaud politique, nous l'avons aboli, nous avons voulu donner cet exemple de sagesse que la Révolution de 1848, fille de sa grande devancière, ne lui a emprunté que les dogmes de la justice et de la paix ; nous avons voulu dénoncer au monde que, puisqu'elle n'a pas en face d'elle les mêmes résistances et les mêmes périls, ni au dedans ni au dehors, nous n'avons pas besoin d'avoir recours au couperet ; nous l'avons supprimé, vous le rétablissez ; prenez garde à ce que vous faites, ne touchez pas à cette hache ! Sinon, souvenez-vous qu'il n'y a rien d'infructueux dans l'histoire, et que vous pourriez avoir à déplorer de terribles retours.

Telle est, Messieurs, la doctrine pour laquelle on a frappé Delescluze, et puisqu'on avait renouvelé ce souvenir, je devais renouveler la défense.

Cela dit, et au point où nous en sommes du procès, vous devez maintenant apprécier la nature stoïque que l'on veut frapper. Cet homme, cet ami est revenu en France, il y a huit ans, mais il n'est rentré à la vie politique que depuis deux ans à peine. On vous a parlé de son programme, du titre de son journal, et on a trouvé que ce mot, *le Réveil*, était un symbole. En cela, on n'a pas eu tort ; mais là où on s'est égaré, c'est en insinuant que ce simple mot de *Réveil* constituait une sédition.

M. L'Avocat général. — Je n'ai pas parlé de cela. J'ai fait allusion à la formule : *Liberté, Égalité, Fraternité*.

Me Gambetta. — C'est bien plus grave!

M. Delescluze. — Nous prendrons la parole à notre tour, et je vous répondrai.

M. le Président. — Laissez parler votre défenseur; vous croyez que l'on trouve une intention dans le mot *Réveil*, M. l'Avocat impérial s'en défend. Continuez, Me Gambetta.

Me Gambetta. — Puisque le *Réveil* paraît à M. l'Avocat impérial, comme à moi, un titre simplement heureux et caractéristique, je ne mets aucune résistance à abandonner ce point de la discussion; mais comme dans l'interruption M. l'Avocat impérial nous a dit tout le contraire au sujet des mots : *Liberté, Égalité, Fraternité*, que M. Delescluze a pris pour épigraphe et placés à la tête de son journal comme un enseignement d'avant-garde, qu'il me permette de lui dire qu'il était impossible que M. Delescluze, au moment où il a ressaisi la plume, ne commençât pas par revendiquer le grand symbole triple et un. C'est là, en effet, que doit se trouver la principale raison des poursuites, c'est là le programme que l'on a voulu toucher, car on se trouvait en présence de principes et en présence d'un homme qui ont également le don de déplaire.

La rentrée de M. Delescluze dans la politique, le journal qu'il vient de fonder, la nature de ses convictions, le programme qu'il a lancé dans le public, tout cela a été de la part de l'autorité un motif de surveillance, et, disons le mot, d'une hostilité évidente qui éclate dans le procès qu'on nous fait aujourd'hui.

Cependant, M. Delescluze, qui était rentré en France sous la foi de l'amnistie, devait s'attendre, — quoiqu'il ne se soit sans doute pas fait de grandes

illusions à cet égard, — à ce qu'il lui fût permis
d'exercer, sinon tous ses droits de citoyen, du moins
tous ceux d'entre ces droits qui ne sont pas en désac-
cord avec l'actuelle légalité. C'est pour cela qu'il est
venu, infatigable ouvrier, reprendre son œuvre, et
chercher s'il n'était pas possible de redresser les idées
du public sur ce qui a été l'œuvre de son parti, c'est-
à-dire l'œuvre du 24 Février 1848.

Cette œuvre, on en a beaucoup médit depuis vingt
ans; il n'est pas d'outrages dont on n'ait abreuvé les
hommes du 24 Février, et cependant vous avez repris
les choses assez haut, hier, pour qu'à mon tour je
puisse revenir sur le passé, pour que je puisse interroger brièvement la pensée mère de 1848, indiquer
par quelles trahisons infâmes et continues cette pensée a été vaincue, chercher avec vous, comme vous
l'avez dit, s'il est vrai que le pouvoir, issu après coup
de cette généreuse Révolution et qui l'avait reçue en
dépôt, sous un serment unique et solennel, si ce pouvoir dépositaire avait été gratifié je ne sais de quelle
mission providentielle et latente pour abattre la forme
même du gouvernement qu'il était chargé de protéger, et qui venait d'être fondée aux acclamations du
pays et du monde entier.

Existe-t-il, dans la collection des mensonges historiques, un prétexte ou une apparence de prétexte qui
puisse excuser cette violation de dépôt et laver les
gardiens? Voilà le débat! Voilà le procès!

Un pareil procès a-t-il jamais été agité à aucune
époque parmi les hommes? Non! jamais! Remontez
jusqu'au temps d'Athènes, jusqu'au temps de Rome,
cherchez s'il y a jamais eu un procès comparable à
celui dont vous êtes saisis? Quant à moi, je le dis avec
toute l'énergie des forces qui vibrent dans mon être,
j'ai beau interroger mes souvenirs, consulter l'histoire, jamais, non jamais, je n'ai rencontré un pareil
duel entre le droit et le despotisme, entre la loi et la

force, jamais je ne les ai vus si ouvertement ni si injustement aux prises dans cet éternel drame dont se compose l'humanité.

Je ne sais si je me fais illusion, mais il me semble que le dernier endroit pour soutenir de telles thèses, pour glorifier de tels attentats, c'est le prétoire du juge, car ici la loi seule doit parler et être entendue. Seule elle doit être l'intérêt et la passion du magistrat, puisque sans elle il n'y a rien de durable et de respecté, que toute certitude sociale disparaît, et qu'on aboutit fatalement à l'anarchie avec tout ce qu'elle entraîne de désordres et de lâchetés. Je me demande si c'est dans cette enceinte particulière du droit qu'il sera permis de me contredire?

Rappelez-vous ce que c'est que le 2 Décembre? Rappelez-vous ce qui s'est passé? Les actes viennent d'être repris, racontés par M. Ténot, dans leurs épisodes navrants : vous avez lu ce récit, qui se borne aux faits et d'une impartialité d'autant plus vengeresse; vous savez tout ce qu'il y a de sang et de douleurs, de larmes dans cette date; mais ce qu'il faut dire ici, ce qu'il faut toucher du doigt, c'est la machination, c'est la conséquence, c'est le mal causé à la France, c'est le trouble apporté dans les consciences par cet attentat : c'est là ce qui constitue la véritable responsabilité. C'est cela seulement qui pourra vous faire apprécier jusqu'à quel point vous nous devez aide et protection quand nous venons honorer la mémoire de ceux qui sont tombés pour avoir défendu la loi et la Constitution qu'on égorgeait.

Oui! le 2 Décembre, autour d'un prétendant, se sont groupés des hommes que la France ne connaissait pas jusque-là, qui n'avaient ni talent, ni honneur, ni rang, ni situation, de ces gens qui, à toutes les époques, sont les complices des coups de la force, de ces gens dont on peut répéter ce que Salluste a dit de la tourbe qui entourait Catilina, ce que César dit lui-

même en traçant le portrait de ses complices, éter-
nels rebuts des sociétés régulières :

Ære alieno obruti et vitiis onusti,
Un tas d'hommes perdus de dettes et de crimes,

comme traduisait Corneille. C'est avec ce personnel
que l'on sabre depuis des siècles les institutions et les
lois, et la conscience humaine est impuissante à réagir, malgré le défilé sublime des Socrate, des Thra-
séas, des Cicéron, des Caton, des penseurs et des martyrs qui protestent au nom de la religion immolée,
de la morale blessée, du droit écrasé sous la botte
d'un soldat.

Mais ici, il ne peut pas en être de la sorte; quand
nous venons devant vous, magistrats, et que nous
vous disons ces choses, vous nous devez aide et protection. Ces hommes ont prétendu avoir sauvé la
France. Il est un moyen décisif de savoir si c'est une
vérité ou une imposture. Quand un pays traverse
réellement une crise suprême, qu'il sent que tout va
succomber, jusqu'à l'assiette même de la société,
alors savez-vous ce qui arrive? C'est que ceux que la
nation est habituée à compter à sa tête, parce qu'ils se
sont illustrés par leurs talents et leurs vertus, accourent pour la sauver. Si je compte, si je dénombre, si
j'analyse la valeur des hommes qui ont prétendu
avoir sauvé la patrie au 2 Décembre, je ne rencontre
parmi eux aucune illustration, tandis que de l'autre
côté, je vois venir au secours du pays des hommes
comme Michel de Bourges, Charras, morts depuis, —
Ledru était déjà exilé, — et tant d'autres, pris dans
l'élite des partis les plus divers : par exemple, notre
Berryer, ce mourant illustre, qui, hier encore, nous
envoyait cette lettre d'un homme de cœur, testament
d'indignation qui prouve que tous les partis se tiennent pour la revendication de la morale.

Où étaient Cavaignac, Lamoricière, Changarnier,

Leflô, Bedeau, et tous les capitaines, l'honneur et l'orgueil de notre armée?

Où étaient M. Thiers, M. de Rémusat, les représentants autorisés des partis orléaniste, légitimiste, républicain, où étaient-ils? A Mazas, à Vincennes : tous les hommes qui défendaient la loi! En route pour Cayenne, en partance pour Lambessa, ces victimes spoliées d'une frénésie ambitieuse! Voilà, Messieurs, comment on sauve la France! Après cela, pensez-vous qu'on ait le droit de s'écrier qu'on a sauvé la société, uniquement parce qu'on a porté la main sur le pays?

De quel côté était le génie, la morale, la vertu? Tout s'était effondré sous l'attentat!

M. LE PRÉSIDENT. — Mᵉ Gambetta, je vous ferai observer que vous ne tenez pas la promesse que vous aviez faite en commençant de ne point vous laisser entraîner.

J'aurais déjà dû vous arrêter lorsque vous avez dit que le dernier endroit où devait se plaider cette cause était un prétoire. Je vous invite à continuer, mais avec plus de modération.

Mᵉ GAMBETTA. — Je continue, en effet, ma plaidoirie, et je m'efforce de conserver la mesure ; mais vous comprenez qu'il y a dans cette cause des émotions suprêmes qui mettent l'avocat en lutte avec ce qui constitue le calme et l'atmosphère habituelle de vos audiences ; vous avez senti qu'il était impossible d'apporter ici les banalités de la rhétorique pour vous entretenir d'une si effrayante tragédie ; je vous en remercie.

Il est donc bien clair, pour reprendre le fil de ma pensée, qu'on n'a pas sauvé la société.

Ceux qui ont appréhendé le pays, enchaîné sa liberté, se sont servis des nouveaux moyens donnés par la science aux hommes pour entrer plus facilement en communication. La centralisation et la terreur ont tout fait. On a trompé Paris avec la province!

on a trompé la province avec Paris! La vapeur, le télégraphe sont devenus des instruments de règne. On lançait à travers tous les départements que Paris était soumis! Soumis! il était assassiné. Soumis! on le fusillait, on le mitraillait; moi qui vous parle, j'ai eu des amis, entendez-vous bien? qui ont été tués en sortant de l'École de droit : ils étaient sans armes. Il est vrai qu'ils étaient bien imprudents et bien coupables d'être venus apprendre le droit dans un pays où on le respecte de cette manière.

C'est ainsi que de Paris la terreur s'est propagée en province, où les déportations sans jugement l'ont maintenue longtemps encore... Il faut bien, puisque vous l'avez voulu, reprendre cette histoire et vous en faire une tradition; il faut vous rappeler ce que vous avez dit : « Nous ne faisons pas de distinctions, nous les serviteurs zélés, entre le 2 et le 20 décembre, nous ne répudions rien, au contraire, nous nous glorifions de tout. »

Mais, Messieurs, est-il possible que le 2 Décembre ait été l'œuvre de la volonté nationale? Est-il possible que la volonté d'un peuple ait employé la force pour renverser la légalité et le droit? pour détruire le peuple lui-même? On ne peut accepter cela; et remarquez-le, Messieurs, on ne tend à rien moins qu'à vous surprendre, à vous arracher un jugement dans lequel on dirait : Qu'attendu que le 2 Décembre est conforme à la morale, à une mission latente qu'avait reçue le Prince, les gens qui sont tombés à la barricade du droit ont été justement frappés. Que vient-on parler ici du plébiscite, de clauses ratificatoires? Voilà, en effet, un bel argument tiré de l'article 1358 du Code civil, et transporté dans ce domaine sinistre qui ne s'y attendait guère..... Ah! cinq millions de suffrages ne vous suffisent pas! Au bout de dix-sept ans de règne vous vous apercevez qu'il serait bon d'interdire la discussion de ces faits à l'aide d'une ratifi-

cation posthume émanée d'un tribunal correctionnel.
Non, il n'en sera pas ainsi ; non, vous ne donnerez
pas, vous ne pouvez pas donner cette satisfaction, car
pour ce procès, il n'existe pas de tribunal en dernier
ressort : il a été jugé hier, il le sera demain, après-
demain, toujours, sans trêve et sans relâche, jusqu'à
ce que la justice ait reçu sa suprême satisfaction. Ce
procès du 2 Décembre demeurera, quoi qu'on fasse,
survivant et ineffaçable à Paris, à Londres, à Berlin,
à New-York, dans le monde entier, et partout la conscience universelle portera le même verdict.

Il y a déjà d'ailleurs quelque chose qui juge nos adversaires. Écoutez, voilà dix-sept ans que vous êtes les
maîtres absolus, discrétionnaires de la France, — c'est
votre mot ; — nous ne recherchons pas l'emploi que
vous avez fait de ses trésors, de son sang, de son
honneur et de sa gloire ; nous ne parlerons pas de
son intégrité compromise, ni de ce que sont devenus
les fruits de son industrie, sans compter que personne n'ignore les catastrophes financières qui, en
ce moment même, sautent comme des mines sous
nos pas ; mais ce qui vous juge le mieux, parce que
c'est l'attestation de vos propres remords, c'est que
vous n'avez jamais osé dire : Nous célébrerons, nous
mettrons au rang des solennités de la France le 2 Décembre comme un anniversaire national ! Et cependant tous les régimes qui se sont succédé dans ce
pays se sont honorés du jour qui les a vus naître. Ils
ont fêté le 14 Juillet, le 10 Août ; les journées de Juillet 1830 ont été fêtées aussi, de même que le 24 Février ; il n'y a que deux anniversaires, le 18 Brumaire
et le 2 Décembre, qui n'ont jamais été mis au rang
des solennités d'origine, parce que vous savez que si
vous vouliez les y mettre, la conscience universelle les
repousserait.

Eh bien ! cet anniversaire dont vous n'avez pas voulu,
nous le revendiquons, nous le prenons pour nous ;

nous le fêterons toujours, incessamment; chaque
année, ce sera l'anniversaire de nos morts jusqu'au
jour où le pays, redevenu le maître, vous imposera
la grande expiation nationale au nom de la liberté, de
l'égalité, de la fraternité. (*S'adressant à M. l'Avocat impérial :*) Ah! vous levez les épaules!

M. L'AVOCAT IMPÉRIAL. — Mais ce n'est plus de la
plaidoirie....

Mᵉ GAMBETTA. — Sachez-le, je ne redoute pas plus
vos dédains que vos menaces. En terminant, hier,
votre réquisitoire, vous avez dit : *Nous aviserons!* Comment! avocat impérial, magistrat, homme de loi, vous
osez dire : « Nous prendrons des mesures! » Et quelles
mesures? Ne sont-ce pas là des menaces? Eh bien!
écoutez, c'est mon dernier mot : Vous pouvez nous
frapper, mais vous ne pourrez jamais ni nous désho-
norer, ni nous abattre!

Le tribunal, après trois heures de délibération, rendit un
jugement qui condamnait : Delescluze à six mois d'emprisonnement, à 2,000 fr. d'amende et à l'interdiction de ses
droits civiques, de vote, d'élection et d'éligibilité pendant
le même temps ; — Quentin, Challemel-Lacour, Duret et
Peyrat, chacun en 2,000 fr. d'amende ; — Gaillard père en
500 fr. d'amende ; — Gaillard fils en 150 fr. d'amende et en
un mois de prison ; — Peyrouton en 150 fr. d'amende et en
un mois de prison.

PLAIDOYER

POUR

M. DELESCLUZE

Prononcé le 12 décembre 1868

DEVANT LA COUR D'APPEL

Le 12 décembre 1868, l'affaire de MM. Delescluze, rédacteur en chef du *Réveil*, et Théodore Duret, gérant de la *Tribune*, était appelée devant la Cour impériale de la Seine, présidée par M. Saillard. MM. Challemel-Lacour, Peyrat, Charles Quentin, Gaillard père et fils, et Peyrouton avaient renoncé à déférer à la Cour d'appel le jugement qui les avait condamnés devant le tribunal correctionnel. Le siège du ministère public est occupé par M. Grandperret, procureur général, assisté de M. Aubépin. MM. Jules Favre et Gambetta sont assis aux bancs de la défense. M. Falconnet, conseiller, présente le rapport de l'affaire. Le président donne la parole à M. Gambetta.

Mᵉ GAMBETTA. — Je me présente dans la cause appelée par M. Charles Delescluze et les conclusions que je prends en son nom sont ainsi conçues :

« Plaise à la cour,

« Considérant que le jugement correctionnel rendu par la sixième chambre du tribunal de la Seine, le 15 novembre 1868, et dont est appel, relève à la charge de Charles Delescluze trois éléments principaux du délit de manœuvres et intelligences à l'intérieur;

« Considérant que, de ces trois éléments, la prétendue convocation en date du 29 octobre, la mission de Charles Quentin, rédacteur du *Réveil,* au cimetière Montmartre, l'initiative de la souscription Baudin par lettre du 4 novembre 1868, adressée au rédacteur en chef de l'*Avenir national,* les deux premiers tombent devant les preuves matérielles et que le troisième est parfaitement licite;

« Considérant, en outre, au sujet du dispositif que les premiers juges ont à tort fait application des articles 2 et 4 de la loi du 27 février 1858 à Charles Delescluze;

« Considérant, en outre, que les premiers juges n'ont tenu aucun compte, dans l'application de la peine, de l'amnistie générale du 17 août 1859;

« Par ces motifs, et autres à suppléer,

« Recevoir Charles Delescluze, appelant,

« Le décharger des condamnations contre lui prononcées, et faisant ce que les premiers juges auraient dû faire, le renvoyer de la poursuite, sans dépens. »

Messieurs,

Avant d'aborder la discussion minutieuse, que je tâcherai de rendre aussi sobre que possible, des faits et du droit qui sont engagés dans cette affaire, je veux vous dire dans quelle disposition d'esprit particulière je me présente devant vous.

Je le dis avec conviction, je suis devant vous, Messieurs, avec une entière confiance, parce que je suis animé de cette persuasion que, quelque sévères, quelque rigoureux que puissent paraître certains de vos arrêts, il n'en est pas un dont on puisse dire qu'il n'est pas le résultat d'un travail juridique sérieux; et dans vos arrêts la recherche des motifs de décision est toujours largement entendue et pratiquée. Or,

pour moi, dans l'affaire qui m'amène devant vous,
ni la prévention, ni le jugement qui vous est déféré,
ne contiennent ces raisons, ces motifs de droit, ces
combinaisons de règles d'interprétation dont vous
vous êtes si rarement départis.

Ainsi, je me trouve amené à déterminer sur quel terrain exclusivement légal et défensif j'entends rester,
à moins qu'il ne me soit imposé plus tard de répondre à une partie du réquisitoire du ministère public,
et de relever la partie politique du débat que je n'aurai pas engagé moi-même. Jusque-là, ce que je veux
soumettre à la Cour ce sont des considérations, des
arguments d'ordre juridique, et pour l'accomplissement de ce dessein, je ferai d'abord le récit des faits
qui se sont passés depuis le 29 octobre jusqu'au
12 novembre; je ferai ce récit tel qu'il résulte des
débats, des dépositions des témoins et des interroga-
toires des prévenus, aussi bien de ceux qui ont appelé
du jugement que de ceux qui n'ont pas cru devoir déférer cette décision à la Cour. Je n'altérerai en rien
ce qui semble être la vérité. A ce récit fait par moi et
déduit des faits constatés, j'opposerai le récit disposé
par le tribunal. Je discuterai le jugement du tribunal
d'un triple point de vue, les faits, les appréciations
auxquelles il s'est livré, l'interprétation de la loi de
1868; enfin je conclurai en établissant l'incohérence
des dispositions pénales du dispositif de ce jugement.
Tel est mon plan.

Permettez-moi, avant d'exposer les faits mêmes de
la cause, de vous soumettre une réflexion générale qui
vous prouvera quel petit esprit a présidé à la conception de ce procès, considération générale qui domine
et qui pour moi explique toute la poursuite, à savoir
que les faits relevés à la charge des prévenus ne sont
pas seulement des faits incidents, accessoires; que ce
ne sont pas les prévenus qui les ont créés et engen-
drés. On a beau les qualifier de manœuvres, c'est le

petit côté, on ne fera pas qu'ils soient sortis de la volonté et de la combinaison de deux ou trois personnalités, quelque influence qu'on veuille bien leur
supposer.

Ces faits, les évènements passés au cimetière Montmartre, les écrits historiques sur le 2 Décembre, les
polémiques de la presse, les interprétations variées et
passionnées, douloureuses de ce procès, les contro-
verses que ce procès a suscitées dans les journaux et
les entretiens du monde, tout cela ensemble tient et
se rattache à une cause autrement haute que votre
procès, tout ce mouvement a pris source et force dans
la situation même des esprits, dans la situation même
du pays. C'est faire de la politique à courte vue, c'est
vouloir mettre une explication empirique là où s'impose l'explication rationnelle et sage que de prétendre,
avec la prévention, que les circonstances et les faits
de la cause ne doivent être jugés que du point de vue
des prévenus. Non, les faits que l'on a reprochés à
Delescluze, si ces faits sont explicables, ne le sont
que par la situation politique actuelle qui domine les
faits et qui les dépasse.

J'espère que par la suite de ma discussion il faudra
en revenir à ceci, à avouer que tout ce que l'on veut
empêcher et interrompre est justifié par l'atmosphère
générale, et légitimé par l'opinion publique elle-
même. Ne voyez dans ces divers phénomènes que
l'accomplissement d'une simple loi historique. Durant
le temps où le gouvernement actuel a traversé sa période de succès, l'opinion publique n'a pas plus interrogé, scruté ses origines qu'elle ne s'est inquiétée de
lui demander compte de ses actes. Aujourd'hui le
gouvernement est entré dans la mauvaise fortune,
l'heure des revers est venue; le pays anxieux, inquiet
du présent, est remonté dans le passé; des ouvrages
historiques, déjà célèbres, ont paru qui ont répondu
à cette préoccupation de la France. On ne peut pas

nier que l'opinion publique ne se soit préoccupée de
la question de savoir d'où venait le pouvoir actuel.
C'est cette préoccupation devenue générale, universelle chez les uns et les autres, qui a créé le mouvement, le courant d'esprit public d'où sont sortis les
faits politiques de cette affaire.

Ceci dit, je vais faire le récit des faits tel qu'il résulte
des pièces.

Le 29 octobre, divers journaux, notamment quatre
journaux que je déposerai tout à l'heure à la barre
de la Cour, avaient annoncé que les cimetières seraient fermés le jour des morts, le 2 novembre, et
que notamment le cimetière du nord, le cimetière
Montmartre, qui contient nos tombes républicaines,
ne serait pas ouvert ce jour-là à la foule.

Ce bruit fut dénié, contesté par la feuille politique
que dirige M. Charles Delescluze : c'était son droit.
Dans un article signé Charles Quentin, on disait
quant au bruit de la fermeture des cimetières :

« Un journal annonce, que le 2 novembre, jour des morts,
les cimetières de Paris seront fermés au public. Ce journal
est évidemment mal informé.

« On ne peut empêcher un peuple de s'honorer lui-même
en honorant la mémoire de ceux qui lui ont légué de grands
exemples; de ceux qui, comme Godefroy Cavaignac, ont usé,
leur vie aux luttes de la liberté; de ceux qui, comme Baudin,
sont tombés martyrs en défendant la loi.

                              « Signé : Ch. QUENTIN. »

Après ce premier article que s'est-il passé? Le
2 novembre est arrivé, d'honorables citoyens sont
allés, ce jour-là même, au cimetière Montmartre. D'a-
près les récits des inspecteurs de police, la foule des
visiteurs s'était groupée autour de la tombe de Godefroy Cavaignac. Là il a été prononcé un discours, en
vers ou en prose, je l'ignore, il n'a pas été répété. Ce

discours, après avoir été applaudi, a été l'objet de conversations entre les personnes présentes. A ce moment,
les inspecteurs de police n'ont encore signalé la présence d'aucun des prévenus, mais vers une heure, une
heure et demie, M. Napoléon Gaillard s'assied auprès
de la tombe de Godefroy Cavaignac. En cet endroit, il
lit un journal. Ce journal, c'est la *Cloche*. Il est important, Messieurs, que vous notiez que c'est le journal la *Cloche* que tenait en main Napoléon Gaillard,
car on trouve dans ce journal une mention analogue
à celle du *Réveil* du 29 octobre, mais antérieure de
quatre jours. Cet incident servira à établir plus tard
que M. Napoléon Gaillard n'avait aucun lien, aucun
rapport avec le journal le *Réveil*. A deux heures, Napoléon Gaillard est abordé par deux hommes inconnus de lui, et il résulte de la déposition à l'audience
de l'un d'eux, M. Commes, agent de police, que celui
qui a parlé à Napoléon Gaillard portait un cache-nez
bleu (les cache-nez ont joué un grand rôle en cette
affaire). Ce personnage, qui appartient à la police, a
demandé à Napoléon Gaillard s'il savait où se trouvait
la tombe de Baudin. Gaillard répondit dans la sincérité de son âme : « Je ne crois pas qu'elle soit à Paris ;
si je savais où elle est, je m'empresserais d'aller y
porter une couronne. » Là-dessus, Gaillard père et
fils de s'entretenir avec d'autres personnes de la
tombe de Baudin ; les renseignements les plus confus,
les plus contradictoires sont échangés. Il résulte de
la prévention même qu'à l'instant où ces conversations
avaient lieu, le propos dominant, le bruit colporté,
c'était que la tombe de Baudin était dans la Nièvre.

Il est deux heures et demie. Napoléon Gaillard se
rend alors chez le conservateur du cimetière, — il
finit par où il aurait dû commencer, mais cela établit
l'absence de préméditation ; — il demande qu'on lui
délivre un bulletin lui indiquant d'une manière précise la division dans laquelle se trouvait la tombe de

Baudin. On lui remet un bulletin portant l'indication
de la vingt-cinquième division ; il se fait accompagner
du fossoyeur ordinaire assisté de son acolyte, un
jeune garçon en blouse blanche, et, là, au milieu de
cent à cent cinquante personnes qui sont venues
pour honorer la mémoire de Godefroy Cavaignac, une
idée germe naturellement, spontanément : c'est celle
d'aller visiter la tombe de Baudin et d'honorer ainsi
la mémoire de ce grand mort dont, un instant auparavant, on croyait la dépouille au fond de la Nièvre,
tous les assistants ignorant le lieu de sépulture. Il est
clair que ces personnes n'étaient point là avec l'idée
préconçue, arrêtée, d'aller à la tombe de Baudin.

Que se passe-t-il ensuite ? Il se passe ceci : M. Charles
Quentin, qui appartient effectivement à la rédaction
du *Réveil*, dont il est une des plus vaillantes et fines
plumes, se trouvait au cimetière Montmartre. Il y était
allé avec le mandat de recueillir ce qui s'y passerait ;
il n'était certainement pas le seul journaliste de Paris
qui fût présent pour remplir cette fonction. La preuve,
c'est que tous les journaux, le soir ou le lendemain,
ont donné une version des faits qui s'étaient accomplis au cimetière Montmartre et qui avaient été recueillis sur les lieux mêmes par un de leurs rédacteurs.
De telle sorte que rien n'est plus naturel, rien n'est
plus conforme au rôle d'un journaliste, que la présence d'un membre de la rédaction du journal le *Réveil* au cimetière Montmartre.

M. Charles Quentin est donc présent au moment où
l'on vient de découvrir la tombe de Baudin. Mais il
avait ignoré, jusqu'à ce moment, que cette tombe fût
au cimetière Montmartre. Ce point est établi, sans
contestation possible, et par les dépositions des agents
de police et par les témoignages entendus à l'audience,
par ceux de Mme Cournet et de M. Le Chevalier ; de
telle sorte qu'il est irréfragable pour l'accusation
comme pour la défense, que lorsque M. Quentin est

allé au cimetière, il y allait seulement pour deux choses : la première pour honorer la mémoire de Godefroy Cavaignac, la seconde pour rendre compte, comme c'était son devoir de journaliste, de ce qui se passerait ce jour-là au cimetière Montmartre.

A ce moment de la journée du 2 novembre se rattache un détail du procès que les premiers juges, après le ministère public, avaient essayé de retenir. On voulut établir que M. Charles Quentin avait reçu de M. Delescluze mission particulière de parler, de prononcer un discours à Baudin au nom du journal le *Réveil*. Il a fallu abandonner ce point. Ce qui a ruiné complètement cette pièce de la prévention, c'est la preuve administrée trois fois que ce n'est qu'aux sollicitations de jeunes gens à lui inconnus, qui l'ont prié, sollicité de vouloir bien prononcer quelques paroles sur la tombe de Baudin, que M. Charles Quentin, après des hésitations légitimes dont on retrouve des traces fidèles dans la déposition de M. Le Chevalier, a prononcé quelques mots. Qu'a-t-il dit? On ne le sait pas. Quelles sont les paroles qu'il a prononcées? Quelqu'un a-t-il pu recueillir au moins un fragment? Non, rien. A ce sujet il n'y a aucun éclaircissement à attendre, même de la police qui reste muette.

Ce qui est certain, c'est qu'on n'a pu saisir une seule syllabe des paroles prononcées par M. Quentin, que les premiers juges ont abandonné ce chef d'accusation, et que de ce chef il a été renvoyé des fins de la plainte.

Y a-t-il eu des cris à la suite de ce discours? On l'a allégué, mais c'est un point qui n'a point été élucidé. ni dans l'instruction, ni dans les débats, ni dans le jugement. Les cris de : Vive la République! ont été entendus; mais à quel moment, par qui, c'est ce que nul n'a pu établir.

Il est quatre heures. M. Quentin se retire, et la ma-

nifestation qui était née au cimetière Montmartre, et
dont Gaillard père se trouve sans calcul préalable, par
hasard, être l'âme et l'instrument, se prolonge jusqu'à la fermeture du cimetière. D'ailleurs tout s'est
passé sans trouble ni perturbation de la paix publique.

A ce moment, qu'est-ce qui se passe? Ceci : Les
agents rentrent et font leurs rapports, qu'ils envoient
à la préfecture de police.

M. le préfet de police dépouille les rapports de ses
subalternes et en réfère ensuite à l'autorité judiciaire,
dès le 4 novembre.

Dans les premiers rapports, il n'est nullement fait
question de M. Charles Quentin et de son discours.
Son nom même n'est pas prononcé. On cite, on rapporte les paroles, les actes, l'attitude de M. Napoléon
Gaillard, de son fils, de Peyrouton et d'autres. Mais
quant à M. Charles Quentin, le 4 novembre à la préfecture de police et au parquet, on ignorait non seulement ce qu'il avait dit, mais même ce qu'il avait fait
au cimetière.

On ne l'a poursuivi qu'après coup, lorsque la souscription était déjà ouverte dans le *Réveil* et dans l'*Avenir national*. Pas de souscription, pas de poursuite.

Oui, à partir du 4 novembre, il s'est produit un
fait sans lequel je crois bien que la manifestation
qu'on a qualifiée de manœuvres aurait été à l'abri de
toute poursuite de la part du parquet. Voici ce fait :
dans le numéro du 5 novembre, le journal l'*Avenir
national* et le journal le *Réveil* ont ouvert une souscription pour élever un monument à la mémoire de
Baudin. Oh! alors l'administration a dit : Nous allons
poursuivre MM. Delescluze, Peyrat et Charles Quentin
en rattachant les poursuites intentées contre eux aux
actes qui se sont passés au cimetière Montmartre,
ainsi qu'aux discours et aux paroles qui y ont été
prononcés.

C'est cette prévention que je veux discuter, et j'espère prouver à la Cour qu'il n'y a aucun lien, aucuns rapports entre ces deux séries de faits. Je vais discuter cette prévention pied à pied en prenant les attendus du jugement l'un après l'autre. Il le faut. Comme ce jugement contient dans chaque attendu une allégation dangereuse qui se transforme dans la conscience du juge en un élément de ce délit complexe qu'on appelle les manœuvres, au risque de tomber dans des redites, il est indispensable de discuter chaque attendu, chaque phrase de ce long et subtil jugement. C'est un faisceau dont il me faut rompre une à une toutes les baguettes.

Voici le premier attendu de ce jugement :

« Attendu que, depuis la mort de Baudin, tué le 3 décembre 1851, sur une barricade au faubourg Saint-Antoine, dix-sept années se sont écoulées et que cet évènement paraissait être tombé dans l'oubli... »

Dans ce premier attendu, le tribunal paraît dire que les dix-sept années écoulées depuis la mort de Baudin s'opposent à ce qu'on tire sa mémoire d'un injuste oubli, et il en conclut, par insinuation, qu'un dessein mauvais, qu'une intention délictueuse peuvent seuls expliquer ce terrible et tardif retour de la piété de ses concitoyens. C'est bien là le raisonnement qu'ont voulu faire les premiers juges. Que vaut cette allégation? 1° Elle est erronée en fait; 2° elle est, au point de vue criminaliste, sans aucune valeur. Elle est erronée, car il est impossible de croire que ceux que le jugement va saisir et atteindre aient oublié le souvenir de Baudin. Le silence était imposé, mais on n'oubliait pas. Dans les revers de la vie politique on garde le deuil, on pleure ses morts à l'écart, on a l'air de tout oublier, mais vous savez bien qu'il en est autrement, vous savez bien que cette tristesse muette n'est pas le sentiment de l'oubli, qu'elle n'existe que sous la pression de la force. Savez-vous où l'oubli commence réellement? C'est lorsque la réparation légitime a commencé.

M. LE PRÉSIDENT. — Mᵉ Gambetta, vous sortez de la défense... n'en sortez pas.

Mᵉ GAMBETTA. — Loin d'en sortir, je m'y cantonne, Monsieur le Président, il faut en effet que je prouve ce qui est erroné dans ce jugement. Or j'établis que l'argument, l'oubli, admis par les premiers juges, est une erreur de fait et une erreur morale. Je dis que l'allégation est en outre sans aucune valeur au point de vue criminaliste.

En effet, en admettant qu'il y ait eu oubli, en admettant qu'on eût réellement oublié le souvenir d'un homme qui a été la victime du devoir, est-ce que la réparation de cet oubli, qui eût été un oubli coupable, peut blesser quoi que ce soit, ni dans le droit, ni dans la morale? Nous verrons plus tard qu'il pourrait s'y joindre d'autres raisons, mais en soi, au point de vue du juge, en supposant la réparation de cet oubli, est-ce que le souvenir rétrospectif et manifeste peut devenir un élément de délit, de responsabilité, de culpabilité quelconque à la charge de ceux qui se souviennent? Évidemment non! Par conséquent, sur ce premier attendu, il est incontestable que le culte à la mémoire, même effacée, de Baudin n'est à aucun degré *reprochable,* et que le tribunal a eu tort de l'insinuer et d'ouvrir la série de ses raisonnements par une double erreur. Vous refermerez ces premiers pas.

Je passe au deuxième attendu :

« Que, le 29 octobre 1868, le *Réveil,* journal dont Delescluze est le gérant, a publié un article signé « Charles Quentin », secrétaire de la rédaction, qui annonce qu'un journal avait été évidemment mal informé en écrivant que « le 2 novembre, jour des « morts, les cimetières de Paris seraient fermés; qu'on « ne pouvait empêcher un peuple de s'honorer lui- « même, en honorant la mémoire de ceux qui ont

« légué de grands exemples, de ceux qui, comme
« Godefroy Cavaignac ont usé leur vie aux luttes de la
« liberté, de ceux qui, comme Baudin sont tombés
« martyrs en défendant la loi... »

Ce deuxième attendu n'allègue qu'un fait, à savoir
que le journal le *Réveil* aurait réfuté une information
mal fondée d'un journal imaginaire au sujet des dispositions prises par la police pour le 2 novembre, et
relatives à la fermeture des cimetières de Paris et
notamment du cimetière Montmartre.

Le tribunal insinue que cette réfutation, faite par le
Réveil, n'était qu'un tour habile pour arriver à donner
un véritable rendez-vous au peuple, au cimetière Montmartre, le jour des morts. Cette allégation du tribunal
ne saurait tenir en face de cette preuve matérielle, par
nous administrée, que le bruit de la fermeture des cimetières n'était pas imaginaire, que nous n'avions pas
inventé un journal, qu'il existait, et que même ce bruit
avait été publié, non pas seulement par un journal,
mais par cinq journaux, le *Gaulois*, la *Patrie*, la *Liberté*,
la *Cloche*, le *Siècle*, et que tous les cinq considéraient
cette nouvelle (le bruit en circulation), comme certaine, de la fermeture des cimetières, à l'époque indiquée, le 2 novembre. En effet, voici que le journal la
Cloche disait dans son numéro 11, qui a paru le
24 octobre : « L'approche de la fête des Morts fait toujours un peu peur aux hommes du pouvoir... » Puis,
plus loin : « Le bruit court, en effet, qu'on veut fermer
les cimetières ce jour-là. » Or, Messieurs, voici la date
de cet article, samedi 24 octobre, et je vous ferai
remarquer que le numéro du *Réveil* n'a paru que le
30 octobre, c'est-à-dire cinq jours après la *Cloche*. Je
trouve qu'il est important d'établir devant la Cour que
le journal le *Réveil*, auquel on a donné le rôle d'or-
ganisateur, de convocateur, n'a fait, au contraire,
que la réfutation d'une information produite par un
autre journal. N'oubliez pas, Messieurs, ce que je

vous ai déjà dit, c'est que, le 2 novembre, Gaillard
père tenait en main un journal, la *Cloche* et non pas
le *Réveil*.

Voilà pour un journal. Il y en a d'autres, je vous ai
cité leurs noms. Je vais vous citer leurs articles. Il y
en a un moins accentué naturellement que la *Cloche*,
mais auquel on peut prêter, à raison de ses accoin-
tances ministérielles, plus d'influence, et reconnaître
sa véritable compétence sur les intentions de la police.
Voici ce qu'on lit dans un entrefilet du journal la
Patrie, dans le numéro du 30 octobre :

« Il est complètement inexact, — nous sommes en
mesure de l'affirmer, — qu'en prévision de manifestations dont le bruit n'est évidemment propagé que pour
en faire naître la pensée, l'administration ait jamais
eu l'intention de faire fermer les portes des cimetières
le jour des morts, 2 novembre prochain. »

C'est dans le numéro du 30 qui a été imprimé le
29 octobre.

Voilà donc qui est bien établi, c'est que la *Patrie*, la
Cloche, ont annoncé, publié, rapporté ce bruit, l'un en
l'affirmant, et l'autre le démentant, et tous deux avec
des commentaires variés que comportent la question
et le caractère différent des journaux. Mais ce n'est
pas tout. Le *Siècle*, le 25 octobre 1868, c'est-à-dire
quatre jours avant le *Réveil*, tenait un propos analogue :

« La *Cloche* sonne un coup de tocsin à propos du
bruit qui court de la fermeture du cimetière Montmartre, avant dimanche prochain, veille de la fête des
Morts. »

Il cite le morceau de la *Cloche*, et il ajoute : « Non,
poursuit la *Cloche*; mais on se rappelle ce qui s'est
passé l'an dernier, et voilà pourquoi le pouvoir s'inquiète et la police s'alarme. »

De telle sorte qu'il n'est pas soutenable, comme l'ont
dit les premiers juges, que ce soit le *Réveil* qui ait pris

l'initiative de faire courir un bruit imaginaire. Tout au contraire, le *Réveil* a démenti un bruit mis en circulation par d'autres journaux. Et on s'est borné là; au lieu de donner une convocation, comme cela paraît avoir impressionné les premiers juges, le *Réveil* a fait l'inverse.

Qu'est-ce que contient la fin de l'entrefilet de M. Charles Quentin? Cette fin est ainsi conçue : « On ne pouvait empêcher un peuple de s'honorer lui-même en honorant la mémoire de ceux qui ont légué de grands exemples, de ceux qui, comme Godefroy Cavaignac, ont usé leur vie aux luttes de la liberté, de ceux qui, comme Baudin, sont tombés martyrs en défendant la loi... »

Eh bien, je dis que dans cet attendu reproduisant la fin de l'article, les premiers juges veulent en conclure que les termes que je viens de lire, que je trouve très sages et très fermes, ne sont qu'une convocation. Mais vous, Messieurs, vous verrez bien que ces lignes ne sont que la conclusion d'un raisonnement du journaliste, pour établir l'impossibilité de cette résolution qu'on prêtait à la police et à l'autorité de fermer les cimetières; de telle sorte qu'il est impossible de voir là une convocation quelconque. Qu'est-ce que convoquer? C'est réunir un ou plusieurs individus à telle heure, à tel lieu, à tel endroit. Il n'y a pas de mot plus simple, plus précis, plus clair, mieux formé dans la langue française.

Vous avez en face de vous, Messieurs, des hommes qui ne manquent pas de netteté et j'espère que vous voudrez bien leur faire l'honneur de croire que lorsqu'ils veulent donner un rendez-vous, ce rendez-vous est formulé dans une langue absolument claire.

Je dis que sur cet attendu le tribunal a commis deux erreurs, la première une erreur de fait, la seconde une erreur d'interprétation d'article, parce que les paroles auxquelles on prêtait le sens d'une convocation, ne

sont que la suite et la fin du raisonnement même du
journaliste.

Je passe au troisième attendu :

« Attendu que, le 2 novembre, au cimetière Montmartre, une manifestation a eu lieu, d'abord autour
de la tombe de Godefroy Cavaignac, et ensuite, d'une
manière beaucoup plus sensible, sur celle de Baudin..... »

Messieurs, ce troisième attendu disparaît avec l'a-
néantissement même de celui que je viens de combattre en le commentant. En effet, que signifie celui-
ci? Il signifie que c'est à la suite d'une convocation,
que c'est par le fait direct de la convocation faite par
le *Réveil*, que la manifestation du 2 novembre aurait
eu lieu autour de la tombe de Godefroy Cavaignac et
autour de la tombe de Baudin. Or vous savez à quoi
vous en tenir sur la convocation. Et ce n'est pas tout.
Ce que le tribunal néglige de développer, d'expliquer
dans cet attendu, il le renferme dans un seul mot :
« et *ensuite* ». Le tribunal a-t-il bien pesé la pensée de
cette petite formule explétive? Mais *ensuite* peut-il dire
que sans préoccupation, sans organisation antérieure,
par suite du fait passé au cimetière, par suite
d'une enquête ouverte spontanément en ces lieux,
à la suite d'une indication donnée par des tiers qui
ne se connaissaient pas entre eux, on a découvert
la tombe de Baudin ; et après avoir honoré la mémoire
de Godefroy Cavaignac, les mêmes personnes sont
allées à la tombe de Baudin? On peut, on doit le
croire, c'est la vérité incidemment échappée au jugement.

Cette expression *ensuite*, si elle était maintenue avec
l'interprétation générale donnée par le tribunal, serait
une conséquence de l'entrefilet de Charles Quentin,
dans le numéro du 30 octobre. Mais il n'en est rien,
pour deux raisons : la première, c'est que cet article
ne contient aucune convocation, il est à l'abri de toute

espèce de reproche sous ce rapport ; la seconde raison,
c'est que c'est au cimetière Montmartre, par suite de
faits postérieurs à deux heures de l'après-midi, dans
le cimetière même, qu'on a découvert la tombe de
Baudin, et que la foule présente au cimetière est venue
se recueillir devant elle.

Je passe au quatrième attendu :

« Que Gaillard père et Cortès, dit Gaillard fils, arrivés des premiers près du monument de G. Cavaignac,
y ont attendu la venue d'autres personnes, qui se
sont présentées en cet endroit... »

Messieurs, je crois qu'il est contraire à la vérité, de
soutenir cet attendu : il est contraire aux dépositions
des témoins. Il m'est impossible d'induire autre chose
de la déposition qui a été faite par le seul témoin à
charge dont les paroles peuvent se rapprocher de cet
attendu. M. Commès, inspecteur de police, a dit que
c'était un agent, ayant un cache-nez bleu, qui a demandé à Gaillard père où était la tombe de Baudin.
Celui-ci, mû par un sentiment des plus honorables et
des plus respectables, a été trouver le conservateur
des tombes, et muni du bulletin que ce dernier lui
a remis, Gaillard père est allé à la recherche de la
tombe de Baudin.

Dans ce quatrième attendu, les premiers juges ont
l'air d'insinuer que Gaillard père et fils sont allés au
cimetière Montmartre avec la résolution de chercher
la tombe de Baudin, et avec la persuasion qu'ils avaient
qu'elle y était, — tandis que vous savez le contraire ; —
qu'ils y ont attendu certaines personnes, — ce qui est
une pure imagination. Le contraire seul, en effet, a été
prouvé. Cette préméditation de Gaillard père et fils n'est
nullement justifiée, elle ne peut même être soutenue.

Cinquième attendu :

« Que l'assistance étant devenue plus nombreuse,
et la demande à l'effet de savoir où était la tombe de
Baudin ayant été posée à Gaillard père, ce dernier s'est

rendu près du conservateur du cimetière et a reçu le
bulletin indicatif du numéro de cette tombe. »

Voilà un attendu qui suit immédiatement le précédent, et dans lequel le tribunal constate lui-même que
Gaillard père ne se serait jamais douté de la situation
de la tombe de Baudin, si un tiers ne l'avait pas interrogé à cet égard, de telle sorte que le système de préméditation de Gaillard père ne peut pas être établi ;
mais ce qui a été établi d'une façon définitive, c'est
l'ignorance où tout le monde était avec Gaillard de la
situation de la tombe de Baudin.

Je me demande si, devant de telles raisons, de pareils
raisonnements, de semblables attendus pourront être
maintenus. Je ne crois pas que le sens juridique de la
Cour puisse les accepter. Je passe au sixième attendu.

Sixième attendu :

« Que Gaillard père, accompagné de son fils et d'un
employé à la conservation des tombes, l'ayant cherchée et *trouvée*, tous deux, le père et le fils, ont signalé
son emplacement à plusieurs personnes faisant partie
des groupes qu'ils rencontraient, en allant et venant,
de la porte du cimetière à la tombe de Baudin. »

Eh bien ! Messieurs, cet attendu me paraît précieux
pour la défense, car si vous l'examinez dans ses termes, si surtout vous relevez ces mots caractéristiques :
l'ayant cherchée et trouvée, vous verrez que c'est à ce
moment même que la manifestation qui a eu lieu au
cimetière Montmartre a pris naissance. C'est à ce
moment précis où Gaillard père et fils ont découvert et
trouvé, comme le dit le jugement du tribunal, la tombe
de Baudin, c'est à ce moment qu'ils en ont fait part
aux groupes de promeneurs qui allaient et venaient.
Il est matériellement établi, de l'aveu même des premiers juges, que si l'on ne s'était pas adressé à Gaillard père et à Gaillard fils pour leur demander où était
la tombe de Baudin, ils n'auraient pas songé à la
chercher ; qu'elle n'eût pas été *trouvée*, et que les dis-

cours n'eussent pas été prononcés. Donc tout a été
absolument instantané, spontané, tous les faits relevés par la prévention ont été le résultat d'un premier
fait qui n'était pas prémédité. Il est impossible de
soutenir qu'il y ait eu une combinaison antérieure,
une machination, des intelligences ourdies entre des
gens qui ne se connaissaient pas, pour amener des groupes de promeneurs autour d'une tombe dont quelques
heures avant on ignorait l'existence. Il ne s'agit pas
ici de règles d'interprétation, mais de faits à constater :
que la Cour interroge les dossiers et elle verra que,
malgré l'échafaudage édifié contre nous, il est impossible qu'on maintienne une condamnation que rien ne
légitime, que rien ne justifie.

Septième attendu :

« Que la question de savoir si on ferait une provocation à l'autorité a été étudiée. Que tout au moins
cette opinion a été exprimée par l'un des assistants... »

Je suis obligé de dire que dans ce jugement déjà si
chargé, c'est là un ambage tout à fait grave qu'il faut
éliminer pour voir la vérité. Une provocation avait été
étudiée? Je comprends bien l'effet que cela fait dans
le jugement. Je comprends bien la gravité que cela
donne à la série des pratiques qui ont été incriminées.
Mais il faut que cela soit vrai. Relisez la déposition des
agents, — et ici j'invoque le souvenir de M. le conseil-
ler-rapporteur : — dans l'instruction et dans les inter-
rogatoires des agents, vous entendrez l'un d'eux déclarer avoir ouï des personnes qui s'entretenaient de
l'attitude à tenir devant l'autorité, et l'un des inter-
locuteurs, dont on a donné le nom, M. Dréo, dire :
« Je suis pour la non-provocation! » C'est la seule
chose qu'on ait recueillie, et encore M. Dréo nie ce
propos. Quoi qu'il en soit, est-ce que cela établit
pour vous que réellement, comme l'a dit le tribunal,
on ait mis à l'étude la question de provocation? J'ajouterai de plus que M. le président en première instance

a posé au premier témoin, M. Commès, une question.
Il lui a dit : « Que croyez-vous qu'on ait entendu par
provocation? » L'inspecteur de police a répondu que
cela voulait dire qu'on ferait un plus grand attrou-
pement, une plus grande manifestation autour de la
tombe de Baudin. Eh bien! je vous demande un peu si
on peut maintenir cette allégation dangereuse, qu'on
a discuté de provocation, parce qu'un assistant, un
interlocuteur aurait dit : « Je ne suis pas pour la provocation? » Ce qui n'est pas prouvé du tout, puisque
M. Dréo le nie. Mais je l'admets, parce que j'admets ce
qui a été établi par des témoins ; et ce mot a été établi
deux fois : la première comme appartenant à M. Dréo,
la seconde comme appartenant à M. Napoléon Gaillard. Mais ce que je n'admettrai jamais, c'est un plan
séditieux, un concert dont on ne justifie en rien, qu'on
imagine pour produire un effet. C'est cependant sur ce
simple propos de M. Dréo que le tribunal s'appuie
pour alléguer qu'on a *étudié* (pesez le mot) s'il y aurait
provocation. Quoi qu'il en soit, il serait impossible de
comprendre en quoi M. Delescluze serait responsable
d'un propos aussi mal défini et si peu prouvé. Je ne
crois pas qu'une pareille façon de raisonner, de conclure, soit acceptable en matière pénale. Cela froisse
toutes les traditions juridiques, et je crois en avoir
assez dit sur le septième attendu.

Huitième attendu :

« Que Gaillard père et son fils ont annoncé que l'on
se réunirait à la tombe de Baudin à une heure déterminée, et qu'enfin le bulletin indicatif de la situation
de la tombe a été remis par Gaillard père à un jeune
homme en blouse blanche, pour qu'il donnât aux
nouveaux arrivants les renseignements sur le lieu de
la réunion projetée. »

Il n'y a qu'une seule observation à faire sur ce grief.
Comment Gaillard, dont je vous ai décrit la marche et les
actes jusqu'à trois heures, pouvait-il savoir que *on* (per-

sonne si vague et si indéterminée) se réunirait à une
heure dite sur la tombe de Baudin, alors que lui, à une
heure très déterminée, ne savait pas où était cette
tombe? Les contradictions et les nuages s'accumulent
dans cette affaire; il faut en revenir toujours à réclamer
une preuve que l'accusation ne fournit jamais. D'ailleurs, en ce qui touche les intérêts que j'ai mission de
défendre, je n'ai qu'à répéter invariablement la formule même de ma plaidoirie. La voici : Quand bien
même tout ce que le tribunal ramasse et accumule
serait aussi vrai que c'est faux, comment atteindre et
toucher, par de tels moyens, M. Charles Delescluze?
Où est sa présence, sa connivence, son intervention,
son adhésion en tout ceci?

M. Delescluze ne connaissait pas les personnes que
vous avez poursuivies et que vous représentez comme
ses instruments. Voulez-vous une preuve que Delescluze ne connaissait pas Gaillard? La voici : Napoléon
Gaillard est venu, le lendemain même de la manifestation au cimetière Montmartre, dans les bureaux du
Réveil; il était porteur d'une lettre, par lui rédigée, qui
narrait à sa façon les faits accomplis dans le cimetière
Montmartre. Qu'a fait, qu'a dit M. Delescluze? Il lui a
dit : «Je ne vous connais pas, je n'ai pas besoin de
votre récit; du reste, j'ai un rédacteur chargé de ce
genre d'informations»; et il refuse l'insertion de la
lettre de Gaillard. La preuve, car nous prouvons matériellement tous nos dires, c'est que cette même lettre
signée « Napoléon Gaillard » paraissait, le 5 novembre,
dans le journal l'*Électeur;* je l'ai là, je ne lirai pas
cette lettre à la Cour, pour ne pas fatiguer son attention, mais je la ferai passer sous ses yeux. C'est une
preuve matérielle que Napoléon Gaillard et Charles
Delescluze ne se connaissaient ni l'un ni l'autre, les 1er,
2, 3 et 4 novembre. Pouvez-vous m'apporter une apparence, un commencement d'argument me prouvant
que ce Napoléon Gaillard, dont vous avez fait l'instru-

ment subalterne de cette affaire, ait connu ou ait eu
des relations avec Charles Delescluze? Enfin, Messieurs,
M. Delescluze ne peut appartenir ainsi aux autres, il
ne peut appartenir qu'à lui d'engager sa responsabilité. Il est avant tout lui-même; il ne peut répondre à
la justice des discours en vers ou en prose prononcés
là ou ailleurs, des cris qui sont proférés par des tiers
sans relation établie avec sa personne. Tout ce qui s'est
passé ou qu'on a dit s'être passé au cimetière Montmartre, le 2 novembre, n'implique pas son action et
n'atteint pas sa responsabilité, sa volonté, sa culpabilité. M. Delescluze ne peut pourtant pas dépendre ou
répondre de tous les tiers qu'il vous plaira de comprendre dans ces manœuvres, dans ces intelligences.
Toutes les fois que vous appréciez une responsabilité
commune, quelle est la question que vous vous posez?
Où est donc le fait, où est l'action saisissable, le corps
du délit auquel tous les complices ont une participation? Où est le lien, le fait extérieur reconnaissable
palpable, qui rattache Delescluze à la manifestation du
cimetière Montmartre? Il n'existe pas.

Neuvième attendu :

« Attendu que, vers quatre heures, après la lecture
d'une pièce de vers près du monument de Godefroy
Cavaignac, les cris : « A Baudin! » s'étant fait entendre,
deux à trois cents personnes se sont portées vers le
lieu de la tombe. »

Ces faits sont vrais, ils sont établis par les dépositions des témoins, notamment par la déposition de
Brillant, inspecteur de police. Mais en quoi cela
peut-il réagir et avoir une action quelconque sur la
situation légale, juridique de Delescluze?

La façon dont est rédigé cet attendu établit une
fois de plus, que tout a été accidentel, spontané, imprévu, dans cette manifestation autour de la tombe
de Baudin. En voulez-vous une nouvelle preuve? Elle
me semble décisive, si vous voulez prêter à vos ad-

versaires quelque lumière et quelque logique. Est-ce
que vous vous imaginez sérieusement que si Charles
Quentin, Peyrat, Delescluze et les hommes intelligents
qui ont paru en première instance avaient voulu faire
une manifestation autour de la tombe de Baudin, leur
premier soin n'eût pas été de s'enquérir où était cette
tombe? Est-ce qu'ils seraient allés au hasard, sans
discipline, sans règle, dans l'intérieur du cimetière?
Le désarroi, la discordance de tout ce qui s'est passé.
établit le caractère tout accidentel des évènements qui
ont eu lieu au cimetière Montmartre. Eh bien, est-il
possible d'établir que les deux éléments (les deux
seuls, vous l'entendez bien), qui ont été relevés par les
premiers juges comme délictueux, à savoir la convocation et la mission de Charles Quentin, est-il possible.
dis-je, d'admettre que ces deux éléments puissent
continuer à peser à la charge de Charles Delescluze?

Delescluze n'a eu aucune immixtion dans ce qui s'est
passé au cimetière Montmartre; il n'a rien vu, rien su.
Je défie d'établir le contraire.

Reste un troisième fait, celui d'avoir ouvert la souscription. J'examinerai ce fait tout à l'heure. En ce
moment je poursuis l'examen des attendus.

Dixième attendu :

« Que là, au milieu de la foule rassemblée, Charles
Quentin a prononcé quelques paroles qui n'ont pu être
précisées, suivies des cris de : Vive la liberté! vive la
République! »

Je ne critiquerai pas à fond cet attendu, parce que
Charles Quentin n'est pas en cause devant la Cour, mais
comme il touche à un degré sensible de la responsabilité de M. Charles Delescluze, je le discuterai sous
ce dernier point de vue. Évidemment cet attendu, qui
impute à Quentin d'avoir prononcé un discours dont
on n'a pas pu citer la moindre syllabe, n'est mis là que
pour établir et aggraver la participation de Delescluze
à la mission de Quentin. Il y a bien une première raison

de droit, une fin de non-recevoir pour infirmer cet
attendu. C'est que Quentin a été absolument déchargé
des conséquences pénales de son discours. Les premiers juges ont déclaré que du moment qu'on n'avait
eu à opposer que le *Gaulois* et le *Journal de Paris*, ce
n'étaient pas des auxiliaires réguliers de la répression
criminelle, par conséquent, qu'on n'appliquerait pas de
peine à Quentin pour le discours qu'il avait prononcé,
et on a fait cette concession à la nature des choses de
ne pas punir un homme d'avoir parlé parce qu'on
ignorait ce qu'il avait pu dire. On ne peut donc maintenir cet attendu, surtout on ne peut en faire peser les
conséquences sur Delescluze. Il est bien clair que si
les assistants ont répondu au discours de Quentin par
les cris de : « Vive la liberté! vive la République! » les
assistants ont pu commettre un délit particulier, mais
dont seuls ils étaient et restent responsables. Eh bien.
réfléchissez-y. Il y a trois choses dans le procès qui ont
une apparence de gravité : la première, c'est la question de la provocation à l'autorité ; la seconde, ce sont
les cris de « vive la République! » la troisième, c'est un
discours qui aurait été prononcé par un jeune homme
à l'air décidé et hardi, demeuré inconnu. Ces trois
éléments que l'on fait figurer au débat, auxquels on
donne un lien systématique avec le reste des incidents, pour arriver à échafauder des motifs de condamnation rigoureuse, ces trois éléments, dis-je. personne n'en vient revendiquer la responsabilité ; on ne
connaît en aucune façon ni l'auteur du discours, ni les
personnes qui ont pris part à la délibération de la non-
provocation, ni celles qui ont crié : « Vivent la liberté et
la République! » Cependant on fait peser la responsabilité de ces trois éléments exclusivement sur la personne de M. Delescluze. Cela me paraît être le renversement de toute espèce de méthode juridique et la
corruption même du langage criminaliste.

Comment! il suffira que, dans une foule, sur le rap-

port d'agents de police, on ait dressé procès-verbal
que tels ou tels cris aient été proférés, que tels ou tels
discours aient été prononcés, que dans cette foule se
trouvait tel ou tel prévenu qui n'était que le représentant supposé d'un absent, pour que l'absent, qui a
tout ignoré, se voie frappé, atteint dans sa liberté,
dans ses droits civiques et politiques par un jugement
de tribunal correctionnel! Il me semble impossible
qu'on veuille maintenir un pareil ordre d'argumentation. Non, non, si vous voulez nous frapper, il faudra
trouver d'autres moyens.

Onzième attendu :

« Qu'un second orateur, un jeune homme à l'air
convaincu et hardi, suivant le récit du *Journal de Paris*
du 4 novembre, lequel est demeuré inconnu, a prononcé un discours qui a été reproduit dans le *Journal
de Genève*, du 4 novembre, dans lequel il aurait été
dit : « Que Baudin avait été assassiné par un pouvoir
« encore debout; que si la vengeance à laquelle il a
« droit n'est pas encore satisfaite, il la promet écla-
« tante et jure qu'elle sera prochaine » ; et a terminé
par une menace et une provocation adressée aux agents
de police. »

Je ne discuterai pas cet attendu, il n'est là que
pour l'effet; la Cour en a déjà fait justice.

Douzième attendu :

« Que Cortès, dit Gaillard fils, a lu ensuite une
pièce de vers commençant par ceux-ci :

> Vingt ans, vingt ans d'oubli, de douleur, de silence,
> Ont passé sur la pierre où ton nom seul est mis...

« Et renfermant, dans le cours de la pièce, les vers
suivants :

> Mais le règne insolent d'un pouvoir tyrannique,
> Jusqu'à la fin des temps, non, ne saurait durer!

« Et enfin a ajourné la foule au 3 décembre, à quoi
on répondit : « *Nous y serons!* »

« Que Peyrouton, ayant pris à son tour la paro e,
s'est écrié :

« A la mémoire de Baudin, mort pour la défense des
« lois et de la liberté. Pendant dix-sept ans, on nous
« avait caché cette tombe : nous la retrouvons donc en-
« fin ! Que sa vie nous serve d'exemple et de stimulant
« au moment du combat. »

« Que ces paroles ont été suivies des cris : « Ça ne
« sera pas long! ce sera en 1868 ou 1869 », et «vive
« la République! »

« Que ces scènes ont enfin fini lorsque, la nuit arri-
vant, la retraite a été battue dans le cimetière. »

Cet attendu n'intéresse que Cortès dit Gaillard fils et
Peyrouton. On leur reproche d'avoir fait des discours.

Remarquez, Messieurs, que ces discours émanent
de personnes que Charles Delescluze ne connaît pas du
tout. Cortès, qui est un tout jeune homme. et Peyrouton n'ont eu à l'heure qu'il est d'autre relation avec
Delescluze, que celle d'avoir été assis avec lui sur le
même banc des prévenus à la police correctionnelle.
Il en résulte par les motifs que j'ai déjà produits,
qu'il faudra bien consentir à éliminer comme pouvant
engager la responsabilité de Delescluze, tout ce qui
est personnel, tout ce qui est relatif à des gens qui lui
étaient totalement inconnus.

Enfin nous arrivons au treizième attendu. Quant à
celui-ci je n'ai pas à lui adresser le même reproche
qu'à ceux qui l'ont précédé; il contient réellement un
fait précis, nettement articulé, qui émane bien de
Delescluze : c'est là, en effet, qu'est le nœud du procès.

Treizième attendu :

« Attendu que le lendemain 3 novembre, Charles
Delescluze, dont le journal ne paraît qu'hebdomadai-
rement, a écrit une lettre au gérant de l'*Avenir national*, lui disant, entre autres choses :

« Qu'il importait de ne pas laisser tomber une ini-
« tiative née sur la tombe de Baudin et acceptée simul-

« tanément par l'*Avenir* et le *Réveil*, et qu'il pouvait,
« dès à présent, en leur nom, annoncer l'ouverture
« d'une souscription pour élever un monument au
« glorieux martyr du 3 décembre 1851. »

Enfin voilà une idée nette et claire; il est bien certain que si la souscription est un délit, Delescluze n'a
pas pu écrire cette lettre sans faillir : vous aurez mis
alors la main sur le corps du délit. Je lis d'abord la
lettre de M. Delescluze au *rédacteur en chef* de l'*Avenir national* :

« Paris, 3 novembre 1868.

« Mon cher confrère,

« Votre publication est quotidienne; le *Réveil*, au contraire,
ne paraît que le jeudi, et comme il importe de ne pas laisser
tomber une initiative née sur la tombe de Baudin et acceptée simultanément par l'*Avenir* et par le *Réveil*, vous
pouvez annoncer dès maintenant, en notre nom commun,
l'ouverture d'une souscription pour élever un monument au
glorieux martyr du 3 décembre 1851.

« Salut et fraternité.

« Ch. DELESCLUZE. »

Eh bien, Messieurs, si l'ouverture de la souscription
pure et simple est coupable, ce que personne n'a pu
établir, ce que le ministère public lui-même n'a pas
osé trancher, oh! il est bien clair que M. Delescluze
n'a pas eu le droit d'écrire à M. Peyrat : « Je veux faire
un acte délictueux et je vous convie à vous y associer. »
Mais il faut établir le caractère délictueux, partant
l'interdiction formelle de la loi d'ouvrir une souscription pour honorer la mémoire d'un mort, car autrement, si la souscription est permise, si elle est légitime, — et j'attends qu'on m'ait prouvé le contraire, —
il faut aller un peu plus loin et reconnaître que légale,
la souscription n'est permise seulement qu'à l'individu tout seul. Il paraîtrait absurde (c'est la tendance
des premiers juges) de soutenir qu'il est interdit de
communiquer son idée à son voisin, lequel peut être

un journaliste ou un citoyen ordinaire, et que si ce voisin adopte l'idée qui lui est communiquée, l'accouplement né de ces deux droits pourrait devenir délictueux. Quant à moi, il m'est impossible de comprendre que l'addition ou la multiplication de deux ou plusieurs actions légitimes puisse constituer un délit.

Eh bien! qu'est-ce qu'a fait M. Delescluze, après le 4 novembre?

Il est établi qu'il est resté absolument étranger à tous les détails dont on a embarrassé la prévention, qu'il n'a, en aucune mesure, mêlé sa personnalité à la série de faits accomplis depuis le 2 novembre jusqu'au 4. D'où il suit que M. Charles Delescluze n'a commis réellement qu'un seul acte qui soit prouvé contre lui, preuve facile, aisée à fournir. car M. Delescluze revendique hautement, énergiquement, et l'acte et la responsabilité qui en découle. Il a ouvert une souscription pour un monument à élever à la mémoire de Baudin. Il a invité son coreligionnaire politique, M. Peyrat, à le suivre dans cette voie, et simultanément le *Réveil* et l'*Avenir national* ont ouvert la souscription. Je pourrais ajouter que cette invitation du *Réveil* à l'*Avenir national* était la conséquence naturelle, mais sans concert, des principes politiques communs aux deux journaux, car, personnellement, MM. Peyrat et Delescluze ne se connaissaient pas antérieurement. Ils se sont vus et rencontrés pour la première fois dans le cabinet du juge d'instruction. Donc, le 4 novembre, lorsque M. Delescluze écrivait à M. Peyrat de s'associer à la souscription, il faisait purement ceci : il lui disait : Nous avons la même religion politique, nous avons des opinions et sentiments analogues, sans nous connaître, sur la mort héroïque de Baudin. Maintenant que sa tombe est retrouvée dans un état d'abandon, de délaissement ou d'obscurité même qui cause une juste douleur à ses amis, il est temps de la remettre à son rang et de faire à ce héros

du droit un monument digne de lui. Voulez-vous vous
associer à une souscription que j'ouvre en vertu de
mon droit, droit qui ne peut être contesté par personne?

M. Peyrat s'est associé à la souscription, et il a
prêté le concours de son journal. C'est alors, seulement alors, que le pouvoir, voyant ce qui se passait,
la faveur publique, tous les jours plus éclatante, susciter sur tous les points de la France, dans tous les
partis, dans toutes les conditions, la participation des
meilleurs citoyens, les illustres comme les obscurs, qui
venaient apporter leur obole, comme une marque de
piété nationale, c'est alors, dis-je, que le pouvoir a
voulu étouffer ce mouvement qui remettait la morale
dans la politique. Il s'est dit qu'il fallait rompre ce
courant, comme si on pouvait par des procès arrêter
et détourner un peuple entier qui veut faire son
examen de conscience. Alors vous nous avez fait un
procès, et comme ce procès était insoutenable, s'il
était réduit à ne poursuivre et à ne rencontrer que la
souscription Baudin, vous y avez rattaché les prétendues manœuvres du cimetière Montmartre, vous l'avez
compliqué à plaisir, vous avez voulu, vous avez pu
nous appliquer, par voie oblique, les dispositions de
la loi de sûreté générale.

Cela étant, M. Delescluze a comparu devant le tribunal. Le tribunal a relevé ce fait qu'il avait écrit la
lettre du 4 novembre. La question est de savoir s'il
était dans son droit en agissant ainsi.

Le tribunal argumente par cet attendu :

« Que cette lettre a paru le 4 novembre dans l'*A-
venir national*, précédée de quelques lignes expliquant
que :

« La démocratie doit un monument à ce représentant héroïque, que les journaux le *Réveil* et l'*Avenir
national* avaient eu simultanément la pensée d'adresser un appel à leurs amis, et qu'une souscription était

ouverte dans leurs bureaux; que la première liste
paraîtrait dans les deux journaux..... »

D'après moi, ces mots: « *que la première liste paraîtrait
dans les deux journaux* », dans l'esprit du tribunal, intro-
duisent ici une espèce d'instrument du délit. Cependant
il faut bien éclaircir cette situation ; il est impossible
de comprendre que ce qui est légitime pour un seul
journal, c'est-à-dire la publication d'une liste ou de
plusieurs listes de sommes versées chez lui, puisse
devenir délictueux, parce que, pour publier les mêmes
listes, ce même journal se serait uni à un autre de ses
confrères. La raison de ce raisonnement m'échappe ; il
m'est impossible de comprendre comment le tribunal
peut voir un délit dans la publication simultanée de
ces listes dans deux journaux à la fois, ou pour mieux
dire, je me l'explique en fait, j'en devine la tendance,
je ne puis m'en rendre compte en droit; je ne puis
saisir le motif juridique qui a pu, aux yeux du tribunal, justifier que la publication d'une liste qui en soi
ne serait pas délictueuse, le devienne parce qu'elle est
faite dans deux journaux. J'ai à vous présenter une
nouvelle observation sur ce point, c'est qu'il paraît
bien que ce délit *sui generis* de la publication d'une
même liste dans deux journaux, n'a pas apparu nettement dès le commencement des poursuites, car nous
connaissons deux ou trois journaux importants qui
ont publié les mêmes listes et qui sont restés parfaitement à l'abri de toutes poursuites (le *Siècle*, l'*Électeur*,
la *Gironde*), et même de toutes les tracasseries, de
sorte que je suis convaincu que le parquet pense
comme nous que la publication d'une même liste dans
plusieurs journaux n'a rien de délictueux, et s'il le
pense, je le supplie de vouloir bien le dire.

Quinzième attendu :

« Attendu que le 5 novembre, les deux journaux dont
il s'agit ont publié chacun une première liste de souscription. Ainsi l'*Avenir national*, après un article inti-

tulé : *Alphonse Baudin*, qui est un extrait de l'ouvrage de Ténot, et le *Réveil*, après un article intitulé *le 2 Novembre*, qui est un récit de ce qui s'est passé au cimetière Montmartre, et dans lequel on lit : « Notre ami « et collaborateur Charles Quentin fut prié, comme « représentant du *Réveil*, de porter la parole... » et plus loin : « Baudin a trouvé la mort en accomplissant un « devoir. »

Messieurs, j'avais raison de vous dire qu'il me serait impossible d'éviter des redites. Je retrouve ici cette affirmation que M. Charles Quentin, comme représentant du *Réveil*, avait pris la parole.

Le jugement a essayé de s'emparer de la phrase du 5 novembre, qui est ainsi conçue : « Notre ami et collaborateur Charles Quentin fut prié comme représentant du *Réveil* de porter la parole... » Mais ce n'est pas comme représentant du *Réveil* que M. Quentin a parlé, il n'était pas chargé de prendre la parole au nom de ce journal, mais d'après tout ce qui a été établi par les dépositions au nombre de trois, relatives à ce fait, M. Quentin a été entouré par des jeunes gens, des étudiants qui l'ont prié de prendre la parole, parce qu'ils l'ont reconnu pour un écrivain du *Réveil*. Cela résulte de dépositions très explicites, celle de Mme veuve Cournet, de M. Sermet, et d'une troisième très nette, marquée au coin de la loyauté la plus fière et la plus sincère, celle de M. Le Chevalier. Je vous demande la permission de vous la lire, car vous y verrez l'image exacte de ce qui s'est passé au cimetière Montmartre.

Voici la déposition de M. Le Chevalier, docteur :

Je venais de visiter la tombe de mon grand-père et je passais dans l'allée voisine de la tombe du représentant Baudin, quand j'ai rencontré un groupe de personnes au milieu desquelles se trouvait M. Quentin ; on insistait pour qu'il vînt prononcer quelques paroles sur la tombe, mais il se défendait en disant qu'il n'avait pas l'autorité suffisante. Enfin il céda. J'ai entendu son allocution, elle était ferme.

mais digne, calme et modérée. Il est parti aussitôt après.
Dans les groupes, quelques cris se sont fait entendre, mais
tout le monde leur a imposé silence. J'ai particulièrement er-
marqué un monsieur, que j'ai su depuis être M. Gaillard père,
qui recommandait le silence avec tant d'insistance, que quelques personnes demandèrent qui était ce monsieur qui imposait ainsi silence; mais on leur dit : « Soyez tranquilles, c'est
« M. Gaillard, il n'est pas du tout ce que vous paraissez
« croire. » Enfin je me rappelle très bien avoir entendu
prononcer, par un assistant que je ne connaissais pas, ces
mots qui indiquent bien quel esprit présidait la manifestation : « Nous sommes ici pour rendre hommage à un homme
« mort pour la défense de la loi; nous devons rester dans
« la légalité. »

Voilà la déposition d'un homme parfaitement honorable, et ce n'est pas sans un certain sentiment de
confiance que je l'oppose aux dépositions des agents
de police, et j'espère que la cour saura marquer et
louer cette différence dans son arrêt.

Je dis donc qu'il ne reste absolument rien de l'accusation dirigée contre Charles Quentin et Delescluze. Il
n'est plus soutenable de soutenir que Quentin a été investi par le *Réveil* d'une mission spéciale pour participer
aux faits accomplis au cimetière Montmartre, car trois
choses sont claires et prouvées dans sa conduite : la
première, c'est qu'il ignorait où était la tombe du représentant Baudin; la seconde, c'est qu'il n'a parlé
qu'à la sollicitation de jeunes gens non prévenus; la
troisième, c'est que les paroles qu'il a prononcées et
qui ont été retenues dans leur sens par un témoin irrécusable, étaient fermes et modérées, à l'abri de vos ré-
quisitions; enfin une preuve triomphante et décisive,
c'est que vous êtes dans l'impossibilité flagrante de
rapporter la moindre période de son discours, de
sorte qu'il est absolument impossible de trouver un
élément quelconque de délit dont vous puissiez faire
remonter la responsabilité à Delescluze.

Seizième attendu :

« Que l'annonce dans le *Réveil* pour élever un monument à Baudin, mort à la barricade Saint-Antoine le 3 décembre 1851, est suivie d'un entrefilet signé Charles Quentin, qui engage ses confrères des départements à s'associer à la souscription qui vient de s'ouvrir à Paris. »

En vérité, il me semble bien difficile de trouver dans ces deux lignes de quoi compromettre M. Quentin ou M. Delescluze? Qu'est-ce à dire, la souscription est légitime, la souscription dégagée de tous les ambages imaginaires que vous avez groupés autour d'elle est légitime, et M. Charles Delescluze n'aurait pas le droit d'inviter les gens à venir verser à cette souscription? Alors le droit de souscription n'existe pas, car je ne saurais m'expliquer comment on pourrait ouvrir une souscription et n'avoir pas le droit d'inviter les gens à y souscrire. Évidemment le seizième attendu qui relève l'entrefilet de M. Quentin ne relève qu'une chose permise, fatale, nécessaire.

Dix-septième attendu :

« Attendu que la *Revue politique*, dans le numéro du 7 novembre, annonce la souscription à laquelle elle adhère en versant le jour même sa cotisation, et, après avoir dit que le représentant Baudin est mort « au service du droit », ajoute : « Que tous les amis de la « liberté doivent honorer sa mémoire et saluer avec « joie le présage d'une réparation prochaine que l'hon- « neur de la France exige. »

« Et plus loin, dans un article intitulé : *le 2 Décembre en police correctionnelle* :

« Puisque la date du 2 décembre vous trouble, nous « ne cesserons de l'agiter devant vous et devant le pays, « qui a sans doute le droit souverain et imprescriptible « de la revision... »

« Que la *Tribune* du 8 novembre, dans l'article : *Courrier de Paris*, après avoir constaté la manifestation du 2 novembre sur la tombe d'un représentant du peuple tué il y a dix-sept ans en défendant la loi, dit en parlant de la souscription qu'il qualifie de nationale : « Que cet élan vers la renaissance si longtemps sou- « haitée de la justice et de la moralité politiques se « prolonge quelques mois encore, et l'avenir ne nous « offrira plus aucun sujet de doute et d'inquiétude. »

« Que dans le même article, on trouve encore ce passage : « Cet élan se prolongera, il grandira, nous en « avons le ferme espoir. »

Dans ce dix-septième attendu, le tribunal vise des faits concernant soit les prévenus qui n'ont pas inter- jeté appel, soit le journal *la Tribune*. Je n'en aborderai pas la discussion. M. Duret, gérant de ce journal, est ici trop bien protégé, et il serait téméraire à moi de tenter de le défendre.

Dix-huitième attendu :

« Attendu que ces faits ayant été établis par l'in- struction et les débats, il reste à en faire l'apprécia- tion au point de vue de leur qualification comme délit. »

Messieurs, le tribunal entre dans l'ordre de la discus- sion. Après avoir narré et groupé les faits, il va dis- cuter sur les conséquences légales. Sur ce dix-huitième attendu, je n'ai à dire qu'une seule chose : c'est qu'en ce qui touche les faits établis par l'instruction et le débat contre M. Delescluze, pour lequel je plaide ex- clusivement, il n'y a d'autre preuve, d'autre fait éta- bli, que la lettre du 4 novembre, l'ouverture, la publi- cation dans le *Réveil* et l'*Avenir national* de la même liste de souscription. Il en résulte, par conséquent, que quand on presse cet ensemble de faits, quand on suit même le tribunal dans cette voie, qu'il ne faut pas désunir arbitrairement ce qui doit être rassemblé ; que quand on accepte la question ainsi posée et qu'on l'é- treint, il résulte, dis-je, que Delescluze a ouvert une souscription, et on est ramené toujours au même problème : l'ouverture d'une souscription est-elle licite ? Il est impossible d'apercevoir un autre grief, un autre reproche dirigé contre nous, et, je le répète, j'attends des explications à cet égard.

Voyons le dix-neuvième attendu :

« Sur le premier chef de prévention imputé à tous les prévenus :

« Attendu qu'ils renferment dans leur ensemble, quand on ne les divise pas arbitrairement pour examiner chacun d'eux en particulier, les éléments du délit de manœuvre à l'intérieur, dans le but de troubler la paix publique ou d'exciter à la haine ou au mépris du gouvernement de l'Empereur... »

Je dis d'abord qu'il m'est absolument impossible de prendre au sérieux un argument de cet ordre. Jamais un prévenu, quel qu'il soit, au haut ou au bas criminel, n'est privé du droit d'imposer à son juge la séparation de tous les éléments constitutifs du délit. et il ne doit pas vous échapper que la réunion si habile, si minutieuse qu'elle soit de faits qui sont innocents, puisse engendrer un délit.

La réunion, si laborieuse et si subtile de ce faisceau des faits relevés est l'erreur capitale des juges de la première instance: ou les faits sont délictueux et la conclusion est juste, ou ils ne le sont pas, et il est impossible que vous continuiez à les considérer comme délictueux.

Le tribunal dit : Il ne faut pas séparer arbitrairement. Je lui réponds : Il ne faut pas réunir arbitrairement. Et alors nous n'avançons pas. C'est comme si, en mathématique, on voulait additionner des zéros pour obtenir des unités. C'est le renversement de l'ordre logique; la Cour n'admettra pas que la superposition soit la culpabilité; c'est un système impossible. La Cour examinera la chose en soi, et lorsqu'elle verra un élément parfaitement pur, moral, légitime, elle le mettra de côté, elle dira : Cela ne doit pas entrer dans le faisceau des faits incriminés, et c'est surtout lorsque vous vous trouvez en face d'une loi nouvelle, exceptionnelle, vague, redoutable, que ce devoir s'impose à votre conscience de juge.

Voici le vingtième attendu :

« Que ce que les tribunaux doivent rechercher, c'est de savoir si les manœuvres sont coupables par le but que leurs auteurs se proposaient d'atteindre ; que c'est donc le but qui doit servir à les caractériser... »

Il est évident que dans cet attendu le tribunal veut se livrer à la recherche de l'intention. Le tribunal a eu parfaitement le droit de rechercher l'intention, de se rendre compte de l'opinion intime. J'admets cette extrémité de la logique répressive, mais en même temps que je lui fais cette concession. il faut bien qu'elle m'en fasse une autre : c'est qu'en matière politique, quand on cherche une intention. qu'on s'appuie sur des convictions déclarées, on n'a pas tout fait, car le but recherché par le législateur de 1858 n'est pas atteint. Le but, en pareille matière, ce n'est pas l'intention qui le règle, c'est l'acte saisissable, c'est le corps du délit. Il peut y avoir intention criminelle, intention délictueuse, mais au point de vue de l'article 2 de la loi de 1858, tant que vous n'aurez pas, à côté de cette intention que vous présumez, établi le fait matériel, l'acte reprochable, il ne vous sera pas permis d'asseoir l'intention sur le fait qui fait défaut. Ici j'ai démontré que, pour Delescluze, le fait exact. le corps du délit, c'est la souscription : et. si c'est la souscription, le raisonnement des juges qui consiste à la laisser de côté pour ne voir que les intentions qui sont présumées et qui ne reposent pas sur des faits qui ne sont pas délictueux, ce raisonnement doit s'effacer, disparaître. C'est pour cela que le vingtième attendu ne tient pas plus que les autres.

Le vingt et unième attendu est ainsi conçu :

« Attendu que le souvenir de la mort de Baudin

était, sinon oublié pour quelques-uns, au moins effacé dans la mémoire du plus grand nombre par de longues années de repos et de calme dans les esprits... »

Cet attendu rappelle ce que nous avons trouvé au début du jugement, l'insinuation du tribunal à montrer le souvenir de Baudin comme une manœuvre dirigée contre le pouvoir actuel.

Il ne suffit pas d'argumenter sur la mort de Baudin, il ne suffit pas d'exciter les passions sur la mort de Baudin ! le souvenir même est délictueux ! De telle sorte que nous sommes arrivés à cette extrémité qu'un souvenir inquiétant suffit pour que nous soyons appelés sur les bancs de la police correctionnelle. Voilà ce que, par cet attendu, ont voulu dire les juges.

Voici le vingt-deuxième attendu :

« Que les évènements commencés le 2 décembre avaient été consacrés par le rétablissement de l'empire et qu'un gouvernement nouveau, sorti du suffrage universel, avait fixé les destinées de la France... »

Évidemment on a voulu lier le précédent attendu à celui-ci pour faire ressortir cette conséquence, que le vote ultérieur politique empêchait qu'on invoquât le souvenir de Baudin. C'est bien là la conclusion qu'ont voulu tirer les premiers juges !

Eh bien, est-ce que vous pensez, avec le tribunal, que le gouvernement, sorti du suffrage universel, comme le dit le jugement, ait à ce point établi sa solidarité avec le 2 Décembre et fixé les destinées de la France, qu'il ait le droit d'interdire, à chaque citoyen, mû par tel sentiment ou par tel autre, de s'occuper de cette période de son histoire dans le passé ?

Évidemment non ! Tout cela est resté debout, même après le vote, même après le plébiscite, ouvert à l'appréciation de tous et de chacun. Je crois que vous ne voudrez pas confisquer l'histoire, et que, sur ce ter-

rain, vous ne voudrez pas suivre les premiers juges.
Vous déclarerez que toutes les fois que ce genre de
souvenir, de controverse, de polémique, ne sera pas lié
à un fait véritablement répréhensible et pouvant être
réprimé par une loi pénale, ce genre de souvenir, de
revue rétrospective sera à l'abri de poursuites judiciaires. Je crois qu'on a forcé le texte de la loi même de
1858 et qu'on a voulu vous mettre dans la nécessité de
réformer ce jugement.

Voici le vingt-troisième attendu :

« Attendu que c'est pour protester contre le pays et
le gouvernement qu'il s'est donné, et dans le but de
déconsidérer l'empire, et enfin de troubler la paix
publique, ou exciter à la haine et au mépris du gouvernement de l'Empereur, que le souvenir de Baudin
a été exhumé de sa tombe ; que l'on a annoncé, sur la
foi d'un journal, sans l'indiquer, que ce journal avait
été mal informé en écrivant que les cimetières de
Paris seraient fermés le jour des Morts, ce qui d'ailleurs n'était pas, afin de jeter des excitations dans les
esprits... »

Vous savez, Messieurs, à quoi vous en tenir sur les
deux affirmations de faits qui sont contenues dans ce
vingt-troisième attendu. Il est bien vrai que Delescluze
a révoqué en doute un fait avancé par plusieurs journaux. Je n'insisterais pas, si cet attendu ne renfermait
une affirmation plus grave, parce qu'elle est d'un
ordre purement intellectuel. Les premiers juges
disent que c'est pour protester contre le pays et
contre le gouvernement qu'il s'est donné, et dans le
but de déconsidérer l'empire, et enfin de troubler la
paix publique ou exciter à la haine et au mépris du
gouvernement de l'empereur, que le souvenir de Baudin a été exhumé de sa tombe.

Je reprends et reproduis mon argument et je vous
demande si vraiment il est désormais impossible,
non seulement d'ouvrir une souscription, mais de se

souvenir ? Car, remarquez-le, les premiers juges disent :
« Toutes les fois qu'on mettra en avant le souvenir de
Baudin, on n'aura pas d'autre intention que de déconsidérer l'empire et de protester contre le pays. Il est évident que cet attendu viole la loi de 1858, car cette loi vise
ces souvenirs, ce genre de regrets et ces hommages, et
les autorise. Il faut donc reconnaître que les premiers
juges ont outrepassé la volonté des législateurs de
1858. Et n'osant pas déclarer que la souscription était
répréhensible, ils se sont dérobés et ont dit quelque
chose de bien plus grave : que le souvenir de Baudin
ne saurait être mis en avant que pour déconsidérer
l'empire et protester contre le pays. Je dis que nulle
part, quelque interprétation juridique que l'on puisse
donner à cette loi, il soit possible d'arriver à une
pareille conséquence.

Le vingt-quatrième attendu est conçu en ces termes :

«Que l'on a glorifié la mémoire de Baudin, qui serait tombé martyr, en défendant la loi, et qu'après la
manifestation du 2 novembre, les journaux *le Réveil* et
l'Avenir national ont, les premiers, annoncé la souscription pour élever un monument à Baudin, comme
née sur sa tombe et acceptée simultanément par ces
deux organes de la presse, » alors qu'elle était entrée
antérieurement dans l'esprit des deux gérants;
qu'elle rentrait nécessairement dans leurs prévisions
et combinaisons ; qu'elle a été retardée et appréciée
par eux comme un appel aux passions politiques,
et, dès lors, comme le complément de la manœuvre
organisée et le moyen d'en poursuivre les résultats
attendus... »

Vous voyez ici toute la doctrine du tribunal. Pré-
cisant tout ce qui a été dit dans les attendus précédents, il n'a eu qu'un but, dégager le sentiment. la
conviction intime des gens qui ont pris part à la souscription Baudin; ici on arrive au plus près à dire ce
qu'on incrimine : c'est la souscription même, c'est le

délit de la glorification de la mort de Baudin. Je m'en
rapporte, à cet égard, à vous. Vous, Messieurs, avez
assez étudié les annales de l'humanité, vous avez assez
vécu pour apprécier si un jour ne viendra pas où la
postérité, plus calme ou dépouillée de nos passions
politiques, glorifiera ce grand acte d'héroïsme comme
il le mérite.

M. LE PRÉSIDENT. — Maître Gambetta, laissez la
postérité et restez fidèle à votre programme.

Me GAMBETTA. — La postérité, elle a commencé, elle
a devancé les arrêts de la justice.

M. DELESCLUZE. — Il faut que la défense soit complète.

M. LE PRÉSIDENT. — La défense n'en sera que plus
complète.

Me GAMBETTA. — Je continue : En effet, Messieurs,
remarquez que lorsque les juges disent que la souscription a été engagée simultanément, ils disent la
vérité, mais ils contredisent cette même vérité quand
ils ajoutent de suite qu'elle est entrée antérieurement
dans l'esprit des deux gérants. Je vous adjure, Messieurs, de dire si, le 3 novembre, il y avait un concert
préparé et organisé par les deux gérants des deux
journaux l'Avenir national et le Réveil.

N'est-il pas établi premièrement que le 2 novembre,
personne à Paris ne savait où était la tombe de Baudin ; secondement, que MM. Peyrat et Delescluze ne
se connaissaient pas, qu'il n'y avait aucune relation
entre eux avant la lettre du 4 novembre? Comment
alors le tribunal peut-il alléguer que l'idée de la souscription était entrée antérieurement dans l'esprit des
deux gérants? Je demande qu'on m'apporte un commencement de preuve de cette affirmation. Si on m'en
donne une fraction, si petite qu'elle soit, je déclare
que c'est le renversement de tout ce que je sais de ce
procès. Non, jamais il n'a pu être rien avancé qui
permette de dire que l'idée ait germé dans leur esprit

avant la découverte de la tombe de Baudin. Avant
cette époque, il n'y avait que le néant, et je vous défie
de mettre quelque chose à la place de ce néant. Il n'y
a absolument rien, antérieurement à la date du 4 novembre, le seul fait précis, le seul fait incriminé. Il
n'y a que pure invention. C'est une contre-vérité manifeste. Si cela est, voyez ce qui en résulte; tout l'é-
chafaudage du vingt-quatrième attendu croule par la
base, parce que ce qui préoccupait les premiers juges,
c'était d'établir que la souscription était non seulement le fruit des manœuvres pratiquées au cimetière
Montmartre, mais qu'elle était la pensée antérieurement organisée, que tout n'a été fait que parce qu'elle
avait été résolue, et pour la préparer, la lancer. De
notre côté, nous avons prouvé par des faits irrécusa-
bles qu'aucune entente n'avait été concertée antérieurement au 4 novembre. D'un autre côté, on n'a aucune
preuve à faire valoir.

Or comment peut-on dire que Peyrat et Delescluze
se soient concertés? Il faut leur prouver qu'ils sont
coupables pour des faits remontant plus haut que le
4 novembre, et rien de semblable n'est même essayé.
Le mot *antérieurement* est, j'avais raison de le dire,
une pure invention du tribunal.

Vingt-cinquième attendu :

« Attendu que Delescluze, gérant du *Réveil*, Charles
Quentin, secrétaire de la rédaction, et Peyrat. gérant
de l'*Avenir national*, sont les promoteurs principaux
de cette manœuvre, qui se caractérise de plus en plus
par des publications d'articles et de listes de souscriptions; que Charles Quentin a prononcé, le premier. une
allocution au cimetière Montmartre, comme représentant du *Réveil*, encore bien qu'il aurait été prié de
parler en cette qualité, donnant ainsi le signal à ceux
qui lui ont succédé..... »

Vous voyez, c'est parce que le tribunal a allégué
qu'il y avait antériorité qu'il en est venu à dire que

nous étions promoteurs. Voilà les mots qui entraînent
les mots; mais quand cette chaîne de mots peut entraîner en police correctionnelle, on doit pousser
l'enquête plus loin et rechercher la vérité. On ne doit
pas se contenter d'insinuer les allégations, on ne doit
pas rechercher les tendances pour conclure à un délit,
il faut établir un fait répréhensible, et votre impuissance est complète à cet égard.

J'ai déjà établi longuement que M. Charles Quentin
n'avait pas parlé au nom du *Réveil*, qu'il n'avait été
chargé d'aucune mission : je savais bien l'intérêt de
cette preuve. En effet, les premiers juges donnent à
son discours une signification particulière; ils disent
que ce discours était un signal. Si donc M. Charles Quentin a joué le rôle de promoteur, s'il était, comme dit
le jugement. le représentant du *Réveil*, vous voyez
comment M. Delescluze se trouve engagé dans le procès. Aux mêmes affirmations, j'opposerai, sans me
lasser, les mêmes réponses : M. Charles Quentin. ceci est
établi, ne savait pas où était la tombe de Baudin; il
n'avait pas mission de parler au nom du *Réveil;* il ne
pouvait donner de signal, par cette admirable raison
que, pour donner un signal, il faut que les choses aient
été convenues à l'avance. Or vous n'avez pu prouver
qu'il y eût à ce moment un concert préalable; par
conséquent, le système du signal doit être rangé à
côté des autres inventions qui se trouvent dans ce
procès.

Si vous ne pouvez faire un promoteur de Charles Quentin, comment en ferez-vous un de Delescluze ? La vérité
est que Charles Quentin se trouvait là pour recueillir
des nouvelles; s'il a parlé, c'est à la suite des circonstances que vous savez; mais il n'a pas donné de signal. Si les faits qu'on lui reproche eussent pu être
relevés à sa charge, les agents de police envoyés par
M. Piétri les auraient signalés; le lendemain, le surlendemain, M. Quentin aurait été signalé; mais il n'est

pas question de lui dans le rapport de police qui est au dossier, on ne prononce pas son nom, et ce n'est que quinze jours après qu'on arrive à lui prêter l'idée d'avoir donné un signal. Il est impossible, quelque génie, quelque imagination qu'on ait, de faire que le roman ait le pas sur la réalité. De telle sorte que ce qui reste incriminable, c'est la seule chose saisissable, c'est toujours l'ouverture de la souscription.

(L'audience est suspendue pendant dix minutes.)

M. LE PRÉSIDENT. — Me Gambetta, continuez votre plaidoirie.

Me GAMBETTA. — Je reprends l'analyse du jugement.

Vingt-sixième attendu :

« Attendu que Gaillard père et Gaillard fils et Peyrouton, par leurs agissements, leurs discours dans cette circonstance, ont pris part activement à ces manœuvres, dont ils connaissaient le but, et qu'ils se sont dans tous les cas appropriées et en ont accepté la responsabilité... »

A cet égard, je dirai purement et simplement, en ce qui touche Gaillard père, Gaillard fils et Peyrouton, qu'ils ont répondu au tribunal sur les faits qui se sont passés au cimetière Montmartre : le tribunal a statué. Je n'ai pas à discuter ces faits, ni l'attendu qui les relève ; je ne veux présenter qu'une seule observation, observation que j'ai déjà faite. C'est que M. Delescluze ne connaissait ni Gaillard père, ni Gaillard fils, ni Peyrouton, et j'ai donné pour preuve cette lettre insérée dans l'*Électeur*, et dont M. Delescluze avait refusé l'insertion dans le *Réveil*. Dès lors, les motifs de cet attendu ne peuvent s'appliquer à M. Delescluze.

Vingt-septième attendu :

« Qu'enfin les journaux *la Revue politique* et *la Tribune*, par l'annonce de la souscription et les articles qui en sont le commentaire, ont continué ladite manœuvre, et, connaissant son but, se sont rendus propres, dans tous les cas, les faits qui l'ont constituée...»

Cet attendu concerne la *Revue politique* et la *Tribune*, dont la défense vous sera présentée : nous n'avons donc pas à nous en occuper.

Vingt-huitième attendu :

« Attendu que cet ensemble de faits ou d'actes, le concours et l'accord des volontés qu'on y trouve de la part de tous les prévenus, caractérisent la manœuvre coupable spécifiée par la loi... »

J'ai à dire que lorsqu'on a fait l'analyse laborieuse à laquelle nous venons de nous livrer, au lieu d'obtenir un ensemble, un concours, un accord de volontés, on ne relève que des faits isolés, sans rapports et sans liens ; il y a bien un ensemble de faits, mais un ensemble chronologique. Vous suivez les faits incriminés de telle date à telle date, et quant à ce concert, à cette réunion, à cette combinaison de volontés pour atteindre un but, il est impossible que vous les trouviez dans les pièces de ce procès. En effet, comment des gens qui ne se connaissaient pas auraient-ils pu se concerter et s'entendre ? D'où pouvez-vous faire naître dans cette affaire cet esprit de concert, de corrélation, de conspiration qu'exige la loi de 1858 ? Assurément vous ne pourriez le faire naître de l'absence de Delescluze au cimetière Montmartre, non plus que de la non-connaissance qu'il avait des Gaillard père et fils ? Alors je me demande où est le fait de concert. Toutes les fois qu'on est placé en face d'un fait de complicité, en présence d'un fait de conspiration, il n'y a rien de plus simple à établir qu'une pareille situation. On vous présente deux, trois, quatre prévenus, et l'on vous dit : Ils se sont réunis, ils se sont attendus à tel endroit, tel jour, telle heure, sur tel point, ils ont fait un acte convergent, concomitant. Tous les jours, devant la justice criminelle, on peut dire que ce délit commis par plusieurs personnes réunies dans un même but, dans un même désir, est le plus facile à

établir, parce qu'il y a fait matériel; mais dans l'affaire pour laquelle je plaide, on a voulu créer une
collectivité métaphysique; on a voulu réunir par des
liens purement intellectuels et non pas matériels des
volontés, des individualités diverses et inconnues les
unes des autres.

Évidemment, pour que ce nouveau système soit accepté par vous, Messieurs, il faut qu'on fasse une démonstration autrement sérieuse que celle qui résulte
de l'analyse du jugement de première instance.

Dans les vingt-neuvième et trentième attendus, le
tribunal s'occupe surtout de la pénalité statuée à l'é-
gard de tous les prévenus et leur fait l'application de
l'article 2 de la loi du 27 février 1858. A l'égard de
Delescluze, il dit :

« Et statuant à l'égard de tous les prévenus, leur
faisant l'application de l'art. 2 de la loi du 27 février
1858;

« Et encore à Delescluze, déjà condamné à plus
d'une année d'emprisonnement, de l'art. 4 de la même
loi, des art. 42 et 58 du code pénal.

« Vu l'art. 463 du code pénal :

« Condamne Delescluze en six mois de prison,
2.000 francs d'amende, le déclare interdit de l'exercice des droits civiques de vote, d'électeur et d'éligibilité énoncés aux numéros 1 et 2 de l'art. 42 du code
pénal pendant le même temps. »

Messieurs, comme j'aurai occasion de m'expliquer
en détail sur le dispositif de ce jugement, je laisse de
côté ce qui est relatif à ces attendus, et j'aborde immédiatement deux questions de droit bien faites pour
frapper la conscience et l'esprit de la Cour.

La loi de 1858 dont on a fait l'application à Delescluze, est-elle réellement applicable aux faits qu'on
relève contre lui? Première question.

La rigueur de la pénalité qu'on lui a appliquée peut-
elle être maintenue en présence de l'acte d'amnistie

du 17 août 1859 ; ne doit-elle pas être réformée selon la jurisprudence de la Cour suprême? Seconde question.

Reste la loi du 27 février 1858. Vous connaissez cette loi et ses origines. Après dix ans de silence, je vais essayer, en recherchant dans les travaux préparatoires et dans les explications données soit par les représentants du gouvernement, soit par les membres de la commission, de préciser le sens, la portée, le caractère, l'étendue de cette loi.

Cette loi a été une loi de colère, une loi d'exception et de représailles, qui faisait porter aux têtes françaises la peine des tentatives italiennes, ce qui était dur pour nous autres Français. On ne relit pas ces travaux préparatoires sans tristesse et sans amertume. Vous-mêmes qui les relirez pour vous mettre face à face avec l'esprit du législateur de 1858, vous ne verrez pas ces discussions sans quelque souci pour la justice, car il n'existe pas de loi où les principes habituels du droit criminel aient été plus ouvertement méconnus. Elle porte le caractère de l'exception et de la précipitation. Loi politique, elle fut discutée et votée en vingt-quatre heures. Pour la partie permanente de cette loi, je veux dire la partie qui subsiste encore, je rechercherai dans les discussions préparatoires de la loi le sens et la portée de l'article 2.

L'exposé des motifs, le rapport, et surtout les discours prononcés par MM. Baroche, Richer et Cassagnac sur cet article précisent le but, le cas spécial et politique qu'avait en vue d'atteindre le gouvernement par cette disposition de la loi du 27 février 1858. On a dédaigné d'écrire dans ce texte une disposition correcte, conforme aux principes, mais on s'est expliqué avec une si terrible netteté sur la portée, la tendance de l'art. 2, qu'il vous sera bien difficile, après avoir examiné ces divers documents préparatoires, d'admettr l'application de l'art. 2 de cette loi de 1858

aux faits du procès dont vous êtes saisis. Parcourons
rapidement ces textes.

L'art. 2 est ainsi rédigé :

« Est puni d'un emprisonnement d'un mois à deux
ans et d'une amende de 100 francs à 2,000 francs, tout
individu qui, dans le but de troubler la paix publique
ou d'exciter à la haine ou au mépris du gouvernement
de l'Empereur, a pratiqué des manœuvres ou entretenu des intelligences, soit à l'intérieur, soit à l'é-
tranger. »

C'est pour la défense d'un tel texte qu'on entendit
se produire d'étranges théories. M. Richer, notamment, s'écria qu'il fallait inaugurer en politique l'école
du bon sens. Or savez-vous ce qu'il entendait par
là? C'était la souveraineté du but; la fin justifie les
moyens; c'était le dédain, l'abandon des vieilles formes protectrices du droit: l'arbitraire à haute voix,
selon le mot de M. Pasquier qu'il invoquait à ce
propos.

Ces choses font frémir. L'école du bon sens! Comme
si, en droit et en politique, le bon sens pouvait être
autre chose que la justice dans les lois, c'est-à-dire la
plus haute formule de la civilisation, de la conscience
humaine.

Ah! les Romains se faisaient une autre idée
des droits de la raison dans les lois, eux qui ont laissé
au monde le monument du bon sens dans leur droit!
Ratio scripta. Cette prétention même de M. Richer
marque jusqu'à l'excès le caractère exceptionnel de
la loi de 1858, et il insistait, en s'adressant aux jurisconsultes, aux avocats qui siégeaient à la Chambre,
tels que MM. Olivier, Legrand et autres :

« Je vous trouve bien susceptibles avec vos brocards
du Palais. Il ne s'agit que d'une seule chose. Il s'agit
de réprimer des conspirateurs, et vous voulez nous
renfermer, nous enchaîner dans une formule juridique. »

On pourrait dire que ce sont là des paroles sans responsabilité, prononcées par de simples députés. Mais voici le langage des représentants du gouvernement.

Dans le *Moniteur* du 21 février 1858, je lis ce que M. Baroche a dit sur cet article 2 :

« Que la présence dans le pays d'hommes en relations *clandestines, correspondances occultes*, avec les ennemis du gouvernement impérial, a été signalée et constatée..... »

« La loi qui existe contre *les sociétés secrètes* ne suffit pas, et il faut une disposition nouvelle..... »
« En vertu de la nouvelle loi, les hommes dont parle M. Baroche pourront être livrés à la justice sous la prévention de manœuvres et intelligences. »

C'est bien établi, dans la pensée du principal orateur du gouvernement, l'art. 2 est dirigé contre des menées occultes, dissimulées, de véritables conjurations clandestines. Ce caractère de clandestinité a été présenté avec insistance, non seulement par M. Baroche, mais par MM. Langlais, Richer et Cassagnac.

Il semble bien que les faits du procès actuel sont en dehors des prévisions de l'art. 2. Par définition, ils en sont exclus. Mais il y a mieux, les faits qu'on nous reproche, loin d'être atteints par la loi, en sont clairement exceptés par les explications de l'orateur du gouvernement. M. Baroche continue : « Si certains hommes sont sous l'empire de regrets, de souvenirs, et même d'espérances (assurément futiles et déraisonnables), *la nouvelle loi n'est pas faite contre eux.* » Est-ce clair ?

Quand je vous disais que le tribunal avait aggravé, outrepassé cette exceptionnelle et draconienne loi de 1858 !

M. Baroche poursuit ainsi ; la citation est du plus haut intérêt au procès, et je la complète : « Que l'on témoigne son affection, sa reconnaissance, ses hom-

mages à ceux que l'on a aimés ou servis, la loi ne s'y
oppose pas. »

« Le projet n'est pas fait non plus contre ceux qui
émettent sur le gouvernement de l'Empereur une
opinion plus ou moins vive, plus ou moins hostile. »

Voilà qui commence à préciser singulièrement la
volonté, le dessein, le but, les catégories visées par
l'art. 2 dans l'esprit des auteurs de la loi de 1858.

Ce n'est pas tout. On demande à M. Baroche, c'est
M. Émile Ollivier qui lui pose la question précise :

« Qu'est-ce que vous entendez par manœuvres et
intelligences à l'intérieur? Dans *quels cas la loi sera-
t-elle applicable?* »

M. Baroche ne répond pas à l'interpellation de
M. Ollivier, ou plutôt il répond en posant à son tour
une autre question :

« Doit-il être permis de provoquer à la haine et au
mépris du gouvernement? »

C'est alors que M. Ollivier lui dit : « Ce n'est pas ce
que je vous demande. Ce que je demande, c'est que
vous précisiez nettement la portée de la loi, de manière à ne pas embarrasser les tribunaux? »

Quand on fait une loi exceptionnelle, il est bien
certain que l'on doit respecter les traditions de la
justice. Qu'est-ce que les tribunaux pourront comprendre, disait M. Émile Ollivier, sur ce mot manœuvres, intelligences à l'intérieur? Il n'était pas seul à
parler ainsi.

M. Talhouet et M. Legrand avaient les mêmes scrupules. Le vague, l'incertitude, la contradiction étaient
visibles, et M. Baroche s'en est tiré, non par une définition impossible à donner, mais par un exemple.

Une lettre saisie renfermant un blâme, une critique,
une attaque contre le gouvernement peut-elle constituer une manœuvre dans le sens de la loi? On décide
qu'une lettre saisie ne peut même, dans ce cas, constituer une manœuvre dans le sens de la loi. M. Ba-

roche, après avoir répété à quelle situation particulière voulait remédier cet article 2, ajoute : « Ce qui
caractérise la manœuvre, c'est l'habitude et le but
coupable. »

Vous noterez ce passage, Messieurs, pour nous
l'appliquer, car il nous protège efficacement. En effet,
de tous les éléments relevés et imputés à M. Charles
Delescluze, il ne subsiste plus que la lettre du 4 novembre 1868; la prévention peut vouloir l'incriminer,
d'après ce que je viens de vous dire, d'après les citations que je viens de vous faire, en admettant par
hypothèse l'action du ministère public sur cette lettre
de Delescluze à Peyrat. Peut-on maintenant soutenir
plus longtemps qu'elle n'est pas irréprochable, la prévention même est obligée d'abandonner ce point ou
de récuser M. Baroche quand il dit : « Une lettre saisie renfermant un blâme, une critique, une attaque
contre le gouvernement ne constitue pas une manœuvre dans le sens de la loi. » Poursuivons. Qu'est-
ce qui caractérise les manœuvres? M. Baroche en a
essayé une définition. C'est, dit-il, l'habitude et le but
coupable!

Avant d'examiner ce que doit être *juridiquement* la
manœuvre de l'article 2, j'insiste sur la signification
du mot manœuvre, donnée par l'organe même du
gouvernement. L'article 2 était dirigé contre les pratiques dissimulées, contre les conspirations ourdies
dans l'ombre, et, par là même, plus difficiles à saisir.

Donc, aucune analogie à établir entre ce que nous
avons fait à ciel ouvert, par la voie du journal, en
pleine lumière par la publicité, avec ces pratiques
dissimulées, ces menées clandestines, qui sont la préoccupation ouvertement déclarée du législateur.

Dès lors, Messieurs, si vous respectez l'esprit de la
loi, si vous maintenez le sens du mot « manœuvre à
l'intérieur » tel qu'il a été déterminé et défini par les
auteurs mêmes de la loi de 1858, cette loi ne saurait

nous atteindre, et c'est illégitimement qu'elle nous a frappé.

On a dit : Mais le mot *manœuvres* est susceptible d'un autre sens que celui qui lui a été donné par M. Baroche. Le mot *manœuvres* se retrouve dans les articles 76 à 79 du Code pénal. C'est vrai ! Seulement vous allez voir avec quelle différence. La dissemblance est telle que la précision des mots *manœuvres* dans les articles 76-79 est la condamnation du vague, de l'incertitude de ces mêmes mots dans l'article 2 de la loi de 1858. C'est par la comparaison des articles 76, 77, 78, 79 du Code pénal avec l'article 2 que vous allez juger de la méthode d'interprétation des premiers juges.

J'observe d'abord que les rédacteurs du Code de 1810 ont emprunté ces mots *manœuvres* à la législation impériale, antérieure au Code de 1791, et ils en ont précisé presque immédiatement la portée. En effet, la rubrique même de la section Ire du livre III du Code pénal actuel où figurent les articles 76-79 constitue une première définition des manœuvres que le législateur va définir, énumérer et punir.

En effet, on lit en tête du titre Ier du livre III du Code pénal :

« Crimes et délits contre la chose publique. »

Chapitre Ier. Crimes et délits contre la sûreté de l'État.

C'est ici que j'appelle l'attention de la cour : « Section Ire, Crimes et délits contre la sûreté EXTÉRIEURE de l'État. » De telle sorte que la rubrique employée par le législateur de 1810 est désignative, limitative des manœuvres spécifiées et énumérées dans les articles placés dans cette section première, et, sous cette rubrique spéciale, ces manœuvres ne pourront jamais être confondues avec d'autres, parce qu'il s'agira de la sûreté *extérieure* de la France vis-à-vis des autres pays. D'ailleurs il n'y a qu'à lire les articles 76-79. C'est la précision même. On n'était pas assez éloigné de la grande époque pour ne pas faire de claires lois en matière pénale.

L'article 76. « Quiconque aura pratiqué des machinations ou entretenu des intelligences *avec les puissances étrangères* ou leurs agents, pour les engager à commettre des hostilités ou à entreprendre la guerre contre la France, ou pour leur en procurer les moyens, sera puni de mort. Cette disposition aura lieu dans *le cas* même où lesdites machinations ou intelligences n'auraient pas été suivies d'hostilités. » — Est-ce clair?

L'article 77 est également très précis. Écoutez et vous verrez s'il y a moyen de s'y tromper ou de trouver une analogie quelconque avec les manœuvres de la loi de 1858. « Sera également puni de mort quiconque aura pratiqué des *manœuvres* ou entretenu des intelligences avec les *ennemis* de l'État, à l'effet de faciliter *leur entrée* sur le territoire et dépendances du royaume ou de leur *livrer* des villes, forteresses, places, postes, ports, magasins, arsenaux, vaisseaux ou bâtiments appartenant à la France ou de *fournir aux ennemis* des secours en soldats, hommes, argent, vivres, armes ou munitions, ou de *seconder* les progrès de leurs armes sur les possessions ou contre les forces françaises de terre ou de mer : soit en ébranlant la fidélité des officiers, soldats matelots ou autres envers le roi et l'État, soit de toute autre manière. »

Ici chaque manœuvre est prévue, le dénombrement est la définition même.

Article 78. « Si la correspondance avec les sujets d'une puissance ennemie, sans avoir pour objet *les crimes énoncés en l'article précédent*, a néanmoins eu pour résultat de fournir aux ennemis des instructions nuisibles à la situation militaire ou politique de la France ou de ses alliés, ceux qui auront entretenu cette correspondance seront punis de la détention, sans préjudice de plus forte peine dans le cas où ces instructions auraient été la suite d'un concert constituant un fait d'espionnage. »

Article 79. « Les peines exprimées aux articles 76-77 seront les mêmes, soit que les manœuvres ou machinations *énoncées* en ces articles aient été commises envers la France, soit qu'elles l'aient été envers les alliés de la France agissant contre l'ennemi commun. »

Je vous demande si, après la lecture de ces textes, il est possible de soutenir encore qu'il existe une parenté, une ressemblance entre ce mot *manœuvres*, indication de la loi de 1858, et cette même expression si bien spécifiée, si bien déterminée par le Code de 1810; et si on saurait conclure de la signification d'une loi à l'autre.

Ah! c'est qu'en 1810 il y avait dans la confection de ces articles un jurisconsulte soucieux du bon sens juridique, des vraies garanties légales. Treilhard..... (voyez Locré, t. XXIX, p. 335-336) en plein conseil d'État, lorsqu'on rédigeait ces articles, s'écriait sur ce mot *manœuvres :* Il faut que cela soit clair. il faut une définition pour chaque cas qui pourra se présenter. Et comme on lui répondait : Mais on ne peut pas! Si l'on ne peut pas rendre ce mot *manœuvres* clair, il ne faut pas le mettre dans la loi. Il était de la vieille école!

Il disait ailleurs : Il faut que le juge ait sous les yeux la loi, rien que la loi, elle doit suffire à garantir les citoyens contre l'arbitraire. Voilà, Messieurs, comment, même en 1810, nos jurisconsultes s'étaient préoccupés des garanties sérieuses dans l'ordre criminel. Ils pensaient aux citoyens encore plus qu'au pouvoir en faisant des lois pénales. Certes, je ne prétends pas dire que ce fut l'âge d'or de la législation française, il s'en faut bien : mais c'est une raison plus convaincante encore des scrupules que vous devez apporter dans l'interprétation de la loi de 1858.

Eh bien, s'il est établi, ce que je crois, que le mot *manœuvres* défini par la loi de 1810, circonscrit par M. Treilhard, n'a aucun rapport avec le mot *manœuvres* employé dans la loi de 1858, savez-vous, Messieurs, ce qu'il vous reste à faire? Il vous reste à choisir entre l'interprétation donnée par M. Baroche au Corps législatif qui a seul pu faire la loi, et l'interprétation donnée par le tribunal de première instance, qui n'est chargé que de son application. Avant de vous laisser rechercher ce que vaut l'interprétation donnée par le tribunal de première instance à l'article 2 de la loi de 1858, je veux vous soumettre le commentaire de cet article, tout à fait conforme à ma thèse, d'un des criminalistes les plus savants et les plus autorisés de notre pays. M. Achille Morin, commentant la loi de 1858, article 2, et voulant en définir la portée et le caractère, s'exprime ainsi :

(Ici M. Gambetta donne lecture d'un long passage de M. Morin (*Revue de droit criminel*, tome XXX, année 1858, pages 86-87), d'où il résulte que c'est contre les menées occultes et clandestines entre les hommes des anciens partis, que l'article 2 a été rédigé.)

Il est donc bien clair qu'au moins, comme caractère apparent, comme nature, comme définition des actes du procès, même de ceux qui sont relevés à tort, sans justification contre Delescluze, il n'y a aucune espèce de rapport et d'analogie avec la nature des délits et manœuvres tels qu'ils ont été définis dans la loi de 1858, dans tous les travaux préparatoires, et tels enfin qu'ils ont été analysés et compris par la doctrine des criminalistes les plus versés dans la connaissance de nos lois pénales.

Il reste alors à se demander ce que vous, Messieurs, vous allez entendre par manœuvres et intelligences à l'intérieur. Il faut bien que, lorsque vous vous mettrez en face de ce délit théorique, vous trouviez une règle, une limite, car enfin on ne peut pas, en matière criminelle, être livré à l'incertitude et à l'arbitraire sans bornes. Non! il faut que votre arrêt, — cette tâche est la vôtre, et, quoique difficile, il vous appartient de la remplir, — apprenne à tous ce que sont les manœuvres, les intelligences à l'intérieur.

Au milieu des contradictions, des confusions, des incertitudes qui envahissent les tribunaux du pays, vous rendrez un véritable service à l'opinion, à l'esprit public et même à la loi, en fixant d'une façon scientifique et définitive l'interprétation sur ce point délicat et même périlleux.

Sans vouloir préjuger quelle opinion vous allez formuler de ce mot *manœuvres*, il m'a semblé que je pourrais moi-même, sans immodestie, tenter à mon tour une définition du mot *manœuvres* au point de vue de l'excitation à la haine et au mépris du gouvernement et au point de vue de la paix publique.

De la lecture de l'article 2 il ressort que le mot *manœuvres* ne peut être interprété par les lois antérieures, il faut chercher à l'expliquer par les termes mêmes de l'article, si toutefois cela est possible : « Les manœuvres qui ont pour but d'exciter à la haine ou au mépris du gouvernement ou de troubler la paix publique. »

Vous voyez dès à présent que ces *manœuvres* à l'intérieur, que les auteurs de la loi de 1858 ont voulu rendre insaisissables, indéterminables à dessein, vous ne pouvez les expliquer que par une formule aussi vague que le mot lui-même. En effet, tout ce que l'article dit, c'est que les manœuvres se précisent, se qualifient par leur but. Il faut que leur but soit de troubler la paix publique et d'exciter à la haine ou au mépris du gouvernement.

Tout d'abord, je vous accorde que «troubler la paix publique », cela a un sens ; je vous accorde que c'est suffisamment clair, à la condition toutefois que nous

nous entendions sur la valeur, sur la consistance de ce mot : *la paix publique.*

J'entends que sous tous les gouvernements, que sous tous les régimes il y a une paix qu'il faut assurer, la sécurité matérielle qu'il faut maintenir et sauvegarder dans la rue.

Si vous voulez que la paix publique soit ainsi définie, je l'admets, je l'accorde, je l'exige même. C'est là seulement ce qu'on peut entendre par la paix publique. Mais si vous sortez de cette définition qui me paraît la seule légale et que vous vouliez faire tenir dans ce mot, paix publique, une certaine unité et conformité de vues politiques, l'assentiment imposé et forcé à un dogme gouvernemental ou autre, et que vous disiez qu'on ne peut pas troubler cette opinion commune, morale, sans troubler la paix publique, je ne vous l'accorde plus par un excellent motif, c'est que le législateur pénal n'a ni titre ni compétence, ni capacité pour protéger et régler la paix morale, la paix des esprits. Ces intérêts moraux sont au-dessus et en dehors de ses attributions. Le législateur ne peut assurer par les lois répressives que la paix matérielle, l'ordre et la sécurité dans la rue. Or, toutes les fois que cette paix publique aura été troublée, — et, pour ne rien négliger de cette subtile et draconienne disposition, si elle a pu être troublée, — vous appliquerez la loi. Mais lorsqu'il est prouvé que la paix publique n'a pas été troublée, ce qui est établi, qu'elle ne pouvait pas l'être, — car même en admettant le succès de toutes les manœuvres que vous avez imputées à MM. Gaillard, Delescluze, Peyrat et consorts, la paix publique ne courait aucun risque, la paix publique n'était pas troublée, — vous seriez obligés de dire, si vous vouliez respecter la volonté du législateur de 1858, que la première partie du délit est abolie, que des manœuvres, des intelligences ne peuvent pas troubler la paix publique ; quelle que soit leur éner-

gie, leur merveilleux résultat, il était impossible,
dans l'espèce, que la paix publique fût troublée.

Cette preuve, je n'ai pas à la faire, et cependant
je pourrais la faire de deux manières; je pourrais la
faire par les faits. La manifestation, comme on l'a déclaré, n'a pas été interrompue, la nuit seule a suffi
pour dissiper les groupes d'hommes réunis au cimetière Montmartre, et de ce qui s'est passé dans cette
journée, il n'est rien sorti qui ait produit et pu produire un trouble quelconque, une altération de la
paix publique.

Est-ce vrai? Est-ce constaté? Oui! puisque c'est le
rapport du préfet de police qui l'atteste, rapport qui
est au dossier. Voilà pour les faits.

Maintenant en droit. Est-ce que la paix publique
peut dépendre d'un acte, d'un discours, alors même
que plusieurs personnes s'associent à cet acte, à ce
discours, si cet acte, ce discours ne déterminent pas
une immense passion populaire, s'ils ne mettent pas
en mouvement des forces séditieuses, si vous ne ren-
contrez pas les preuves matérielles pour juger un
grand soulèvement qui se serait formé et aurait pris
une attitude menaçante? Ici, je rappelle que c'est
pour obvier à cette absence de tous les éléments at-
tentatoires à la paix publique, que les premiers juges
ont déposé dans un de leurs attendus cette insinuation sans fondement, que la question de provocation
avait été mise à l'étude au cimetière Montmartre:
c'est parce qu'il fallait que les résultats se fissent
pressentir, qu'il fallait créer dans le corps du jugement
un incident quelconque qui pût permettre de croire
que la paix publique avait été troublée ou qu'elle
avait pu être mise en péril. Je me suis expliqué à
cet égard, et franchement, loyalement, au moment
où nous en sommes de la discussion de ce procès, il
y a une chose à dire et je la dis : « La paix publique
n'a pas été, et n'a pas pu être troublée. »

Reste maintenant la seconde branche du délit : l'excitation à la haine et au mépris du gouvernement.

J'observe d'abord ce qu'il y a d'essentiellement vague, d'indéfinissable, dans ce délit d'excitation à la haine et au mépris du gouvernement.

Je comprends l'excitation à un fait déterminé, à la commission d'une action, mais, en matière pénale, il ne faut admettre que ce qui est prouvé, bien établi sur des faits, sur des actes.

Si on me disait : Je vous interdis d'exalter, de provoquer, même d'exciter à commettre tel acte, telle injure, tel outrage capable d'exciter à la haine et au mépris du gouvernement, je comprendrais. Mais non ! La loi, à dessein probablement, a dit : Il suffira d'avoir excité à des *sentiments* de haine et de mépris.

Messieurs, je dis qu'à moins de livrer toutes les actions humaines, tous les faits qui relèvent de l'activité des citoyens français à cette incrimination d'excitation à la haine et au mépris du gouvernement, il faut que vous trouviez une limite. Il est bien certain que les délits politiques comportent une certaine somme d'arbitraire. Cela est reconnu par tous les législateurs, mais encore faut-il que cet arbitraire s'arrête quelque part et se limite.

Sinon, tout deviendra texte et prétexte à cette redoutable accusation, et la sécurité publique ne sera plus qu'un vain mot.

Eh bien ! la limite à l'arbitraire des juges en matière de répression politique ne peut se trouver que dans deux points fixes. L'extension de la loi répressive doit s'arrêter devant : 1° la vérité ; 2° le principe de la souveraineté nationale. Je m'explique. La vérité du fait relevé par le parquet, d'après la prévention, est-elle de nature à exciter à la haine et au mépris du gouvernement ?

Première barrière à l'arbitraire.

La seconde, qui me paraît la plus importante, celle

que vous ne pouvez vous empêcher de proclamer surtout, c'est l'organisation du pays, c'est le principe
même du gouvernement, la souveraineté nationale.

Au point de vue du délit d'excitation à la haine et
au mépris du gouvernement, la vérité du fait allégué
est-elle de nature à exciter à la haine et au mépris
du gouvernement? Si le fait est calomnieux, si j'ai
inventé une légende absolument sans fondements, si
j'ai reproché au pouvoir une perversité, une action
coupable, criminelle, et que mon allégation ne repose
sur rien, il est clair que j'ai menti sciemment, et, pour
exciter à la haine et au mépris du gouvernement,
alors je comprends que vous me frappiez : mais si,
au contraire, mon allégation, au lieu d'être calom-
nieuse, est fondée sur l'histoire, si au lieu d'une invention c'est une réalité, à moins de supprimer le
droit à la critique, le droit à la vérité pour chacun de
nous, vous devez admettre en principe que chaque
citoyen a le droit d'émettre son opinion, sa critique
en toute véracité, quels qu'en soient les résultats ; sans
cela remarquez à quoi l'on aboutirait. On aboutirait
à ceci, c'est que l'on ne pourrait plus exprimer,
surtout aux heures décisives, une opinion rigoureuse
mais vraie sur les fautes les plus lamentables du
pouvoir. Remarquez surtout que plus serait impérieux, utile à tous le besoin d'exercer ce droit. ce
pouvoir censorial que les membres d'une société libre
doivent conserver en face de l'État, plus la spoliation
serait cruelle et par conséquent plus le dommage
public serait grand et peut-être irréparable.

De même que vous avez le droit d'exiger la vérité
de la part des délinquants, vous devez aussi vous-
mêmes la rechercher, vous devez vous assurer si le
délinquant dit la vérité ; il ne suffit même pas là de
loyauté et de bonne foi surprise, il faut que le fait
soit vrai, et si la vérité n'est pas attachée à l'acte du
délinquant, vous devez le frapper ; mais s'il a dit la

vérité ou même s'il nous est impossible de prouver
qu'il ne l'a pas dite, je soutiens que, sous peine de
renverser le principe constitutionnel du gouvernement, on doit laisser passer le fait, parce qu'il est la
vérité et qu'il ne peut pas exister de loi, de punition
contre la vérité.

Songez, Messieurs, d'où nous vient le délit d'excitation à la haine et au mépris du gouvernement.
D'où vient-il? vous le savez : c'est en 1822 qu'on a
inventé cet inexplicable délit; le temps a marché, les
régimes les plus divers, les plus opposés, se sont succédé, et le délit est resté, mais évidemment le champ
d'action de cette disposition répressive a changé avec
chaque régime.

La protection organisée par la loi de 1822 pour la
personne du roi a disparu de nos mœurs et de nos
institutions. Il s'agit aujourd'hui de bien autre chose.
Tel acte criminel ou délictueux à cette époque est
devenu légitime : ce n'est pas le caractère le moins
affligeant des lois politiques, incessamment variables
dans leurs effets. J'indique ces considérations pour
établir que le juge, en ces matières, doit s'inspirer
surtout des principes organiques qui régissent le pays
au moment où il prononce son arrêt. Il ne peut frapper juste s'il ne s'est point fait une philosophie constitutionnelle, et son arbitraire, *arbitrium judicis,* doit
être dirigé, éclairé par les principes constitutionnels.

Prenons donc la constitution actuelle. L'article 5
de notre constitution édicte non seulement la responsabilité directe, exclusive du chef de l'État, de l'Empereur, mais elle proclame aussi le dogme fondamental de la souveraineté nationale.

Ce principe, véritable palladium de la société mo-
derne, entraîne des conséquences nécessaires. Il y a
eu entre le pays et le pouvoir un contrat de gouvernement. Chaque contractant avec l'Empereur, simple mandataire, a retenu sa part, son tantième de

souveraineté nationale et, sous peine de violer la
constitution, il vous faut accorder à chaque contractant le droit d'examiner, à son point de vue, et avec
soin, la conduite du gouvernement, sa conduite
passée et future, ses origines et son présent. Si cette
argumentation n'était pas admise et respectée, on
violerait le contrat même du gouvernement, on supprimerait les conséquences de ce mandat, mais on
supprimerait aussi sa cause, son origine, ce qui en
fait le titre.

Faisons à la cause application de ces principes. Je
dis que le délit d'excitation à la haine et au mépris
du gouvernement, n'existe pas dans notre affaire ;
j'affirme que Delescluze et Peyrat, en relevant la mémoire de Baudin, en rendant hommage à un des leurs
tombé en héros et en défenseur du droit, n'ont fait
que dire la vérité, toute la vérité, rien que la vérité.
Je ne plaide pas au fond, vous savez ces choses mieux
que moi, je me tiens sur le terrain du droit. Je dis
que le délit tel que celui qu'a voulu réprimer, atteindre le législateur de 1858, ce délit n'existe pas dans
l'espèce, et que l'article 5 de la constitution s'oppose
énergiquement à la prétention contraire.

S'il en est ainsi, savez-vous ce qu'il vous reste à faire ?
Il vous reste à chercher une loi nouvelle qu'on n'a pu
invoquer parce qu'elle n'existe pas. Pour nous frapper, oui, il vous faudra une loi, outre la loi de 1858,
qui réprime l'acte particulier auquel s'est livré M. Delescluze en suscitant M. Peyrat à ouvrir dans le journal l'*Avenir national* la souscription Baudin ; mais
quant aux manœuvres, aux intelligences, aux combinaisons, au délit enfin particulier à l'article 2 de la loi
de 1858, rien de cela n'existe dans ce procès, rien de
tout cela ne saurait être précisé, et il n'y a pas de dé-
tours de logique qui puisse vous l'imposer. Je suis
persuadé que lorsque vous prendrez face à face ce procès, vous ne trouverez qu'une règle, que vous vous

direz : Il faut que nous trouvions un principe, une limite, et j'espère que ce principe et cette limite se présenteront à vous sous deux aspects. Le premier, la vérité de la chose alléguée. Le second, l'étendue du droit de critique et de censure qu'a conservé chaque citoyen vis-à-vis des actes et des pratiques du gouvernement. Voilà à peu près ce que j'avais à dire sur la loi du 27 février 1858.

Je pourrais aussi développer cette autre considération que si la loi de 1858 n'était pas définie, resserrée au moins dans le cercle où avaient voulu la maintenir ses auteurs, vous frapperiez tout le monde. En effet, il n'y a pas un acte qui ne soit répréhensible, si les cas prévus par cette loi sont ainsi illimités. Fonder un journal, ce serait un acte répréhensible et une manœuvre plus grave encore que d'ouvrir une souscription, puisqu'à la faveur des lois constitutionnelles ce journal a le droit d'être républicain ou de représenter les intérêts et les aspirations politiques des partisans des monarchies déchues. Soyez, Messieurs, des hommes logiques et sincères, et demandez-vous si les journaux opposants de doctrines et de principes politiques au gouvernement actuel pourront se croire en sûreté, si la loi de sûreté générale de 1858 devait être interprétée dans le sens que les premiers juges lui ont donné. Évidemment, non! Ces journaux seraient impossibles. Il deviendrait même dangereux de s'y abonner et de les lire. Il suffirait, pour qu'on vous reconnût coupable, que l'on sache que vous êtes animé de sentiments hostiles au pouvoir, et ces convictions sont bien vite dévoilées et connues; la loi de 1858 vous serait appliquée, et alors savez-vous où l'on arriverait? On arriverait à faire de la loi de sûreté générale, telle qu'elle a été mise en pratique en 1858, la loi des suspects. Il suffirait d'avoir la même âme pour être frappé simultanément.

Certes, s'il existe quelque part un endroit où l'on

ose défendre les principes juridiques en face, ce doit
être ici. Je suis convaincu, quant à moi, que vous ferez un arrêt modèle qui fixera, établira pour le public
ce qu'il lui reste en ces matières de droit et de franchise. C'est là-dessus que je compte, et j'aurais fini si
je n'avais pas à vous dire un mot sur l'amnistie.

Il s'est passé en première instance un fait tout à
fait inexplicable. M. Delescluze, dès le début du procès
et de son interrogatoire, entend la lecture de son casier judiciaire; il fait observer que cette lecture est
illégitime, vu l'amnistie du 17 août 1859. On n'a tenu
nul compte de son observation. J'ai été désolé de voir
que les premiers juges appliquaient à M. Delescluze
la récidive d'après l'article 58 du Code pénal comme
si l'amnistie était une pure fiction.

Certes, ce n'est pas pour des esprits comme les
vôtres que j'ai besoin de me livrer à un grand développement sur les conséquences nécessaires de l'amnistie. A ce sujet, on peut dire qu'il y a unanimité de
la jurisprudence, dans les auteurs, dans les cours, sur
l'amnistie; aussi je ne perdrai pas mon temps à diffé-
rencier la grâce de l'amnistie; ce sont là des défini-
tions qu'on peut débattre en style d'école, mais dont
la discussion ici serait superflue, tant la matière est
claire, certaine, séculairement établie! Je dirai cependant qu'il est étrange que ce soit sous le gouvernement de Napoléon III qui a reçu, de la tant généreuse
république de 1848, amnistie pleine et complète pour
lui et ses compagnons, qu'on puisse discuter de semblables questions et négliger d'aussi solennels précédents. Ce n'est pas sous ce règne qu'on peut nier
que l'amnistie soit l'eau lustrale !

Je n'insiste pas davantage : le mot lui-même signifie
effacement, abolition. Et l'amnistie générale rétroagit
dans le passé, elle abolit non seulement les condamnations, leurs suites, mais les faits eux-mêmes qui en
furent le prétexte.

Au surplus, écoutez ce que dit la Cour suprême dans le dernier arrêt rendu sur cette matière à la date du 18 février 1864 (affaire Marin) : « Attendu qu'il est justifié que le demandeur en cassation a été condamné pour délit de société secrète à trois ans de prison, et qu'il a de plus été interdit pendant dix ans de ses droits civils et politiques ; que cette condamnation était en cours d'exécution quand a paru le décret d'août 1859 ; que, comme condamné politique, le demandeur était appelé au bénéfice de cet acte ;

« Attendu que l'amnistie emporte l'abolition des crimes et délits politiques auxquels elle est relative ; qu'elle en efface jusqu'au souvenir et ne laisse rien subsister des condamnations qui avaient été encourues ;

« Attendu dès lors que postérieurement au décret d'août 1859 tous les effets des condamnations qui avaient été prononcées contre le demandeur ont disparu, que dès lors, etc., etc. »

(D. 1858. Cassation, arrêt de rejet, p. 197.)

Voici donc les motifs nouveaux, invincibles, devant lesquels le dispositif du jugement du tribunal de première instance doit être réformé, parce qu'il a appliqué à M. Delescluze deux fois la même erreur juridique : la récidive comme élément de pénalité. La première fois pour la condamnation à six mois de prison, et la seconde fois pour l'application spéciale de l'interdiction pendant le même temps des droits civiques et politiques.

La première fois, on a appliqué à Delescluze six mois de prison, tandis que vous savez parfaitement que le minimum est un mois, de sorte qu'en le frappant de six mois de prison, on lui a fait l'application de l'art. 58 du Code pénal sans tenir compte des effets de l'amnistie.

Il faut supprimer ces six mois de prison, puisque le jugement lui-même admet l'application au même

Delescluze des circonstances atténuantes, et vise spécialement à son égard l'art. 463. Enfin, la privation
des droits politiques, prononcée seulement contre lui,
n'est amenée que par l'application de la récidive, que
l'amnistie doit légalement abolir.

Voilà mon procès, au point de vue légal. J'ai
cherché à établir que les trois éléments que la prévention reproche à Delescluze sont sans fondement;
qu'il n'a pas été le provocateur d'une convocation;
qu'il n'a été mêlé en rien aux personnes qui étaient
allées au cimetière Montmartre; qu'il n'a fait qu'une
chose qu'il revendique comme légitime, c'est d'avoir
ouvert une souscription pour honorer la mémoire de
Baudin. Vous ferez, Messieurs, ce que vos esprits, vos
lumières vous dicteront.

J'ai la conviction que, comme la première cour du
royaume, vous nous devez un bon arrêt — et une leçon
au pouvoir qui entreprend d'aussi téméraires procès.

M. LE PRÉSIDENT, à Me Gambetta, qui s'est assis. —
Nous rendons la justice, mais nous ne donnons pas
des leçons au pouvoir.

Après une suspension d'audience, le président donne la
parole à M. Jules Favre, défenseur de M. Duret. On trouvera
le texte de la plaidoirie de M. Jules Favre dans la brochure
publiée par M. Le Chevalier sous ce titre : *Affaire de la souscription Baudin, appel.* M. Grandperret, procureur impérial,
prononça le réquisitoire qui a été publié dans la même brochure.

M. Gambetta répliqua à M. Grandperret :

Messieurs, je demande à la Cour quelques minutes
de son attention pour répondre à M. le procureur général sur les trois points du procès, et je passerai la
parole à mon illustre confrère. J'avais posé à l'organe
du ministère public trois questions qui n'ont pas été
résolues. Je les reprends.

Est-il vrai, oui ou non, que plusieurs journaux, *la*

Patrie, la Cloche, le Siècle, avaient annoncé, quatre jours avant *le Réveil*, que le cimetière Montmartre pourrait être fermé par la police le 2 novembre? J'attends encore la réponse. J'ai produit les journaux, j'ai donné lecture de leurs articles à la cour. J'ai dit que l'affirmation des premiers juges s'est évanouie devant cette preuve matérielle. A-t-on établi le contraire? Non. On ne le pouvait, on ne l'a même pas tenté. Sur ce premier point il n'y a rien, absolument rien, dans le réquisitoire de M. le procureur général qui puisse affaiblir ma démonstration.

Le second point. Est-il vrai, oui ou non, que Charles Quentin n'avait reçu aucune mission spéciale et répréhensible du *Réveil?* M. le procureur général n'a fait à cet égard qu'une réponse évasive. La voici : M. le procureur général a pris le compte rendu des débats, et il en a extrait les notes suivantes attribuées à Delescluze : « J'ai envoyé pour le journal *le Réveil*, mon ami, M. Charles Quentin, en qualité de journaliste.» En effet, c'est en cette qualité que le journal *le Réveil* et la plupart des autres journaux avaient été représentés par un de leurs rédacteurs au cimetière Montmartre. Mais a-t-on le droit d'essayer par induction, et sans autre élément de preuve, d'établir, par cet envoi d'un journaliste aux informations pour un journal, une mission spéciale, particulière, répréhensible, qu'il faut établir sur le corps même du délit dont l'appréciation vous est livrée? Outre cet envoi normal, régulier, professionnel, tout à fait licite, a-t-on établi qu'il y eût entre Charles Quentin et les autres prévenus une relation préméditée, un point commun avec le prétendu concert de l'entente de la manifestation? Évidemment non! Ce qui le prouve, c'est qu'on cherche à détourner la question, à lui enlever sa précision; on équivoque sur les termes d'une réponse de Delescluze dans son interrogatoire. On voudrait que Delescluze eût avoué cette mission délictueuse, on veut qu'il ait confié à M. Charles Quentin la mission de participer à la manifestation et d'y prononcer un discours. Vos esprits, Messieurs, ne se laisseront pas prendre à une pareille confusion; il n'y a que la vérité qui puisse avoir accès et triompher auprès de vous. Eh bien! ce qui est le vrai, nous l'avons dit : M. Charles Quentin est allé au cimetière Montmartre afin de recueillir des nouvelles. On n'a pu rien reprendre à la série des preuves que j'en ai données dans ma plaidoirie.

Il reste le troisième point. La lettre adressée à M. Peyrat par M. Charles Delescluze. On a bien vu que M. Delescluze avait écrit une lettre à M. Peyrat, mais comme on n'a pas pu rattacher cette lettre aux manœuvres imputées aux autres prévenus, on n'a pu faire sortir de cette lettre ni concert ni combinaison délictueuse, sans établir, par contre-coup, que l'ouverture de la souscription était un délit, ce qu'on n'ose ni veut tenter, et c'est là seulement qu'on rencontre l'acte saisissable. Alors les preuves juridiques faisant défaut, M. le procureur général fait dévier la question sur le terrain exclusivement politique. On nous a dit : Ce n'est pas la souscription qui est incriminée; on a le droit d'ouvrir une souscription; la reconnaissance des partis, nous la saluons, nous la respectons comme un droit.

Voilà le langage que l'on vous a tenu. Est-il sincère? Allons au fond des choses; ce qui est vrai, c'est que vous permettez d'honorer la mémoire des morts, à la condition qu'elle ne mette rien en question, à la condition qu'elle ne blesse en rien vos susceptibilités politiques, à condition qu'elle ne nuise ni à vos origines ni à vos intérêts politiques, voilà la vérité. Eh bien, il faut avoir le courage de la proclamer, sinon, je maintiens que vous n'osez pas aborder la vraie question. que vous n'osez pas dévoiler le but que vous vous proposez, qui est celui-ci : Parce que nous sommes opposants, adversaires résolus, notre souscription ne peut être réputée légitime, et c'est nos convictions qu'on veut frapper et atteindre. Vous donnez d'une main et vous reprenez de l'autre.

Ah! vous vous extasiiez tout à l'heure, et paraissiez surpris de ce que le minimum des libertés que vous aviez restituées au pays n'eût pas fait éclater de toute part, et jusque dans le cœur de vos adversaires, un concert unanime de louanges!

Mais depuis quand un pouvoir a-t-il droit à l'unanimité des sentiments de ceux qu'il gouverne? Est-ce que nous n'avons pas le droit de manifester nos sentiments et nos ressentiments si longtemps comprimés? Oui, je crois que j'ai le droit, que c'est le droit inviolable de chaque citoyen de manifester ses ressentiments, et si je ne commets pas un acte prévu et puni par la loi répressive, vous ne pouvez pas rechercher si c'est l'expression de la colère, de la haine et de l'hostilité. Apportez un fait.

M. le Procureur général, *se levant.* — Vous n'avez pas le droit de dire cela! Vous n'avez pas le droit de tenir ce langage, de parler d'un sentiment de haine, de commettre en quelque sorte un délit.

Me Gambétta. — Permettez, Monsieur, je ne commets aucun délit, je dis : tout gouvernement doit rencontrer et subir des contradictions, et respecter l'hostilité des adversaires déclarés.

M. le Président. — Me Gambetta, arrêtez-vous, vous n'avez pas le droit de proclamer que vous êtes l'ennemi du gouvernement.

Me Gambetta. — Je ne proclame rien, monsieur le Président. Je ne me suis pas servi du mot ennemi! Je sais la valeur des termes que j'emploie, et j'évite les synonymies périlleuses.

M. le Président. — J'avais l'intention de vous arrêter.

Me Gambetta. — Je le savais, M. le président, mais

comme je voulais développer ma pensée tout entière,
j'ai donné à ma parole toute sa franchise.

M. LE PRÉSIDENT. — Votre parole a été beaucoup
trop loin.

Mᵉ GAMBETTA. — Voulez-vous me citer ma phrase?

M. LE PRÉSIDENT. — Il n'appartient à personne de
manifester ici ses haines politiques. Nous sommes
ici dans le sanctuaire de la loi, nous rendons la justice au nom du souverain, vous ne devez pas attaquer
son gouvernement.

Mᵉ GAMBETTA, — M. le président, je tiens à constater que je ne suis pas entré dans une voie qui pouvait
autoriser la réquisition de M. le procureur général.
Je me suis servi de termes que j'avais le droit d'employer. Je me surveillais, car je savais ce qui m'attendait. Ces termes m'ont permis d'aller jusqu'à la
frontière extrême de mon droit, mais je suis convaincu de ne pas l'avoir outrepassé. Pour en finir, je
crois avoir donné à la Cour, dans une plaidoirie très
longue, très fatigante pour elle, la preuve que je suis
capable de faire œuvre de modération. Mais lorsque le
réquisitoire, au lieu de raison juridique, jette au visage des adversaires la passion politique, je la relève,
c'est mon droit, je veux constater que l'on a prononcé le mot : *Je vous attends*. Qu'est-ce à dire, je vous
attends ? C'est un défi, je ne le refuse pas, mais je
tiens à constater que ce n'est pas moi qui l'ai provoqué.

M. LE PRÉSIDENT. — Il n'est pas possible de faire
entendre un réquisitoire plus modéré que celui de
M. le procureur général, et il a été loin de vous provoquer à des représailles.

Mᵉ GAMBETTA, *s'adressant à M. le procureur général.*
— Avez-vous dit le mot : *Je vous attends*, l'avez-vous
dit?

M. LE PROCUREUR GÉNÉRAL. — Toute ma pensée, au
début de mon réquisitoire, était de ne présenter que

des observations calmes, parfaitement simples, j'ai laissé au débat tout le calme qu'il avait jusque-là, et je ne crois pas que mes expressions aient pu modifier cette pensée; je déclare que telle était ma pensée et qu'elle n'a pu avoir d'autre sens.

M⁰ GAMBETTA. — J'en prends acte, M. le procureur général, mais seulement comme je ne suis pas seul à avoir interprété ainsi votre pensée, et les paroles qui l'ont traduite; comme le mot : « Je vous attends » que vous avez jeté dans votre réquisitoire n'a pas d'autre signification que celle que je lui ai donnée, une signification de provocation...

M. LE PROCUREUR GÉNÉRAL. — Une parole de provocation n'est pas dans mon caractère. Je n'ai eu, en aucune façon, une pensée de provocation.

M. LE PRÉSIDENT. — Maître Gambetta, continuez votre plaidoirie.

M⁰ GAMBETTA. — Je suis tout prêt, je suis très calme, et pour pacifier l'incident, je veux bien revenir sur le terrain du droit, et vous dire un mot de la jurisprudence invoquée par M. le procureur général. On nous a cité à l'appui de l'interprétation prétendue juridique donnée par le tribunal de première instance aux mots : manœuvres, intelligences, pratiquées à l'intérieur, deux arrêts de la Cour de cassation. On a invoqué l'arrêt Taule et l'arrêt de Curzon. Je prétends que la jurisprudence sévère, rigoureuse de la Cour suprême, en ce qui touche la loi de 1858, ne fournit aucun argument applicable à la situation de M. Charles Delescluze telle que je l'ai établie, en fait et en droit.

On vous a bien cité l'argument légal, le résumé jurisprudentiel de la Cour de cassation dans l'affaire Taule; mais dans cette affaire comme dans l'affaire de Curzon, on ne vous a fait connaître ni les faits relevés, ni leur enchaînement.

Que s'est-il passé dans l'affaire de Curzon? L'arrêt.

attaqué devant la Cour suprême établissait que les demandeurs en cassation avaient rédigé, signé et fait signer, à l'intérieur de la France, une adresse au comte de Chambord, *à l'étranger;* que, dans cette adresse, les signataires lui donnaient le titre de Roi, qu'ils se disaient ses sujets et parlaient d'adhérents qui pensent et sentent comme eux, et dont *les bras* et les cœurs ont foi et attendent avec impatience.

Je n'apprécierai pas la légitimité de la condamnation en fait, la Cour sait pourquoi. Mais en droit, au point de vue de l'analogie, ce n'est pas devant vous que j'ai besoin d'insister pour faire voir quelle série de faits, de pratiques, d'agissements, constitue ici les manœuvres et les intelligences; c'est trop clair, cela éclate à tous les yeux. Les faits reprochés ne vous échappent pas, on peut les grouper et les séparer, les composer ou les décomposer à volonté. Il n'y a aucune analogie entre la situation de Delescluze et cette hypothèse spéciale, particulière, qu'a résolue la cour de Poitiers, et qu'a confirmée la Cour suprême. De sorte qu'en invoquant cet arrêt, la prévention met en lumière toute la différence et la légitimité de notre situation.

C'est d'ailleurs l'effet de la plupart des arguments qui vous ont été présentés contre nous.

Dans l'affaire Taule, l'arrêt de la Cour suprême nous est encore moins préjudiciable. Examinons. Le procureur général vous a dit : « Il n'y a eu qu'un seul fait dans l'affaire Taule pour constituer la manœuvre. » Comptons bien, en relevant les circonstances, les faits qui ont été établis devant la Cour même qui m'écoute, nous trouverons près d'une dizaine d'actes successifs et liés entre eux.

Voici votre arrêt :

« Par manœuvres et intelligences, la loi de 1858 entend un ensemble de faits ou d'actes, un concours ou un accord de volontés ou d'intentions tendant,

soit à troubler la paix publique, soit à exciter à la
haine et au mépris du gouvernement. »

« Spécialement, il y a lieu de considérer comme
constituant la pratique de manœuvres à l'intérieur le
fait d'un étudiant, *rédacteur de journal*, d'avoir adressé
à un réfugié politique avec lequel il est en correspondance, et dont il a lui-même reçu l'envoi d'un discours
politique, des écrits politiques et des numéros de son
journal, l'avertissant que « ce journal est une tribune
et un ralliement pour la jeunesse des écoles; que
celle-ci répondra quand l'heure sera venue d'engager
le combat; que la phalange des républicains sincères
s'organise, et que le moment approche où le pouvoir
qui opprime la France aura mis le comble à l'indignation publique » .

Je ne dis pas qu'il y ait lieu de ratifier en bonne
conscience le jugement que je viens de lire; mais, ce
qui est certain, c'est qu'au point de vue de la doctrine
légale, c'est un arrêt, il se tient, il offre à la critique
une consistance juridique, il se rapproche de l'interprétation que je vous ai rappelée de M. Baroche. Entretenir une correspondance avec des exilés, des
proscrits, avoir des relations occultes, clandestines,
cela rentre dans les manœuvres qu'on a voulu punir,
prévenir, réprimer par la loi de 1858. Mais dans l'affaire qui nous occupe, il n'y a rien de semblable, ni
correspondance occulte, ni actes secrets, ni concert,
ni entente dissimulée; une initiative ouverte, publique,
pour consacrer un droit et honorer la vérité. Toute
analogie avec les espèces invoquées disparaît au
moindre examen. La lecture même des arrêts se re-
tourne contre le ministère public. Il faut donc revenir à la vérité, il faut revenir à la loi. La loi de 1858
serait violée, si vous mainteniez la décision des premiers juges.

Il y a une chose que je n'accepterais jamais; c'est
que la cour de Paris puisse ratifier un jugement où

les erreurs de fait le disputent en gravité aux hérésies
légales.

Confirmer le jugement de la Seine, ce serait ratifier
la théorie des premiers juges, que ni la vérité des faits,
ni le droit, ne peuvent ni se défendre, ni prévaloir.

M. Jules Favre réplique à son tour au procureur général
dans l'intérêt de M. Duret.

L'arrêt, rendu le mercredi 16 décembre, maintint la peine
de six mois de prison contre M. Delescluze, mais réduisit l'a-
mende de 2,000 fr. à 50 fr. La peine prononcée contre M. Duret était simplement confirmée.

MM. Delescluze et Duret se pourvurent en cassation contre
l'arrêt de la Cour impériale. Le pourvoi de M. Delescluze fut
soutenu par M. Dubey, celui de M. Duret par M. Hérold. La
Cour de cassation rejeta les deux pourvois.

DISCOURS

SUR

L'ENVOI EN AFRIQUE DE DEUX MILITAIRES
DU 71ᵉ RÉGIMENT DE LIGNE

AYANT ASSISTÉ A DES RÉUNIONS PUBLIQUES

(Question posée au Ministre de la guerre)

Prononcés le 10 janvier 1870

AU CORPS LÉGISLATIF

———

Les élections générales de 1869 avaient plus que doublé les forces de la minorité républicaine du Corps législatif; elles avaient amené une cinquantaine de membres nouveaux à la réunion dite du *tiers parti*; elles mettaient à l'ordre du jour la question de la transformation de l'empire autoritaire en une sorte de monarchie semi-parlementaire que le prince Jérôme-Napoléon Bonaparte, M. Émile Ollivier, M. Buffet, M. Daru et leurs amis du tiers parti avaient baptisée d'avance l'*Empire libéral*.

M. Gambetta avait été élu député dans deux circonscriptions : la première circonscription du département de la Seine et la première circonscription du département des Bouches-du-Rhône. (Voir à l'*Appendice* le texte des circulaires de M. Gambetta aux électeurs de ces deux circonscriptions, et de la réponse au cahier des électeurs de la première circonscription de la Seine.)

Nous sommes forcé, pour l'intelligence des discours que nous allons reproduire, de donner ici un court historique de la formation du cabinet du 2 janvier 1870.

Le Corps législatif s'était réuni pour la première fois, le 28 juin 1869, en session extraordinaire pour la vérification des pouvoirs. Le 19 juillet. M. Rouher, encore ministre d'État, monta à la tribune et donna lecture d'un Message dans lequel l'Empereur, après avoir rappelé sa promesse de déposer à l'ouverture de la session ordinaire les résolutions et les projets qui lui auraient paru les plus propres à réaliser les vœux du pays, annonçait qu'il venait au-devant des aspirations du Corps législatif, en l'investissant désormais du droit de faire son règlement intérieur, d'élire son bureau, de voter les modifications de tarifs stipulées par des traités internationaux, ainsi que le budget par chapitres; réformes qui seraient accompagnées de la simplification du mode de présentation et d'examen des amendements, de l'extension du droit d'interpellation et de la suppression de l'incompatibilité entre le mandat de député et certaines fonctions publiques, notamment celles de ministre (1). L'Empereur avait reçu, disait le message, le conseil de recourir au plébiscite pour sanctionner ces changements, mais tout bien pesé, il jugeait suffisant de les soumettre au Sénat pour qu'il en fit l'objet d'un sénatus-consulte. Le message se terminait ainsi : « Ces modifications sont le développement naturel de celles qui ont été successivement apportées aux institutions de l'Empire; elles doivent d'ailleurs laisser intactes les prérogatives que le peuple m'a plus explicitement confiées et qui sont les conditions spéciales d'un pouvoir, sauvegarde de l'ordre et de la société. »

La lecture de ce message avait été précédée par l'annonce d'une interpellation, signée de 116 députés du tiers parti, sur « la nécessité de faire participer le pays d'une manière plus efficace à la direction des affaires publiques ». Un décret du 19 juillet prorogea le Corps législatif à une date que l'Empereur se réservait de fixer ultérieurement. Un autre décret convoqua le Sénat pour le 4 août. Tous les ministres donnèrent leur démission. Le 17 juillet, douze décrets datés de Saint-Cloud nommaient M. Duvergier, ministre de la justice; M. Bourbeau, ministre de l'instruction publique; M. Alfred Le Roux, ministre du commerce et de l'agriculture; M. de la Tour d'Auvergne, ministre des affaires étrangères; M. Gressier, ministre des travaux publics; M. de Chasseloup-Laubat, ministre présidant le conseil d'État; le maréchal

1. Taxile Delord, *Histoire du Second Empire*, tome V, page 487. Nous aurons l'occasion de faire de fréquents emprunts à cet excellent ouvrage.

Niel, l'amiral Rigault de Genouilly, M. Magne, M. Forcade de la Roquette gardaient leurs portefeuilles. Le ministère d'État était supprimé. M. Rouher était nommé président du Sénat.

Le cabinet Duvergier-Bourbeau n'était qu'un simple pont entre le cabinet Rouher, renversé en fait par les élections générales, et le cabinet Émile Ollivier à venir.

Le Sénat se réunit le 4 août. M. Duvergier, le nouveau garde des sceaux, à l'ouverture de la séance, donna lecture d'un long rapport précédant le projet de sénatus-consulte qui donnait au Corps législatif l'initiative des lois, initiative qui trouvait un contrepoids dans la faculté laissée au Sénat de s'opposer à la promulgation d'une loi, restriction qui portait une assez grave atteinte au suffrage universel, en permettant à la Chambre, nommée par le pouvoir exécutif, d'annuler les décisions de la Chambre élective. La responsabilité ministérielle existait et n'existait pas, car l'article 2 du sénatus-consulte, après avoir déclaré les ministres responsables, ajoutait textuellement : « Les ministres *dépendent* de l'Empereur. » L'article 7 concédait bien à la Chambre le droit d'adopter un ordre du jour, mais en laissant aux ministres la faculté de suspendre en quelque sorte la discussion, en réglant que le renvoi aux bureaux était de droit quand le gouvernement demandait l'ordre du jour. Les réformes contenues dans ce sénatus-consulte étaient donc contre-balancées par d'habiles précautions qui dissimulaient la prépondérance du gouvernement sans la diminuer.

La discussion du sénatus-consulte s'ouvrit le 1er septembre sur un rapport de M. Devienne. MM. Bonjean, le prince Napoléon, de Maupas, Devienne, Delangle et de Chasseloup-Laubat prirent part à cette discussion. Le discours du prince Napoléon, par ses hardiesses calculées, produisit une vive émotion dans le parti bonapartiste. « Jamais, s'écriait M. Forcade de la Roquette, ministre de l'intérieur, dans une longue réplique indignée, jamais je ne consentirai à servir une telle politique! » M. de Ségur d'Aguesseau traita le discours du prince « d'affligeant et de scandaleux ». Le sénatus-consulte fut voté à la presque unanimité des sénateurs : il ne réunit contre lui que trois opposants.

Le 3 octobre, le *Journal officiel* publia un décret portant convocation du Corps législatif pour le 29 novembre.

La convocation des Chambres, d'après les journaux officieux, aurait pu être faite, aux termes de la Constitution,
pour le mois de janvier suivant, c'est-à-dire six mois après
la session du mois de juillet. Les journaux de l'opposition
prétendirent, au contraire, que le décret était un véritable
outrage aux représentants du corps électoral et comme un
défi à la nation. Se faisant l'interprète, en cette occasion, et de
la presse démocratique et de l'opposition irréconciliable du
Corps législatif, M. de Kératry déclara, dans une lettre rendue publique, que le délai fixé par la Constitution pour la
session étant de six mois, ce délai serait écoulé le 25 octobre, et que par conséquent la Constitution, à laquelle « les
grands et les petits doivent respect », serait violée si la
Chambre n'était pas convoquée avant cette date. En conséquence, M. de Kératry engageait ses collègues « à se trouver
le 26 sur la place de la Concorde, où il leur donnait rendez-
vous, pour se rendre de là au Palais-Bourbon, où, après
avoir pénétré, s'il le fallait, par la force, ils reprendraient
leurs sièges et continueraient la session ».

M. Gambetta était en Suisse. Il s'associa à la proposition
de M. de Kératry par une lettre adressée à M. Peyrat, directeur de l'Avenir national. M. Bancel et M. Jules Ferry
adhéraient de leur côté. La manifestation, dans la pensée de
ceux qui l'avaient inventée ou qui l'avaient acceptée, ne
devait être qu'une manifestation pacifique et légale des députés. Mais forcément, dans l'esprit d'un grand nombre
d'électeurs républicains et démocrates de Paris, ce projet devait se transformer. Il fut bientôt question d'une manifestation populaire. « Un pareil mouvement, dit aussitôt l'Avenir
national, serait inutile, inopportun : il pourrait être fatal. »
Les députés de la gauche le comprirent; Victor Hugo, dans
une lettre adressée au Rappel, déconseilla toute démarche
pour le 26; M. de Kératry renonça à sa proposition.

Le gouvernement convoqua les électeurs des 1re, 3e, 4e et
8e circonscriptions de la Seine, de la 2e circonscription de la
Vendée et de la 1re de la Vienne, pour élire des députés en
remplacement de MM. Gambetta, Bancel, Ernest Picard et
Jules Simon, deux fois nommés, et qui avaient opté pour
les départements du Rhône, des Bouches-du-Rhône, de
l'Hérault et de la Gironde, et de MM. Bourbeau et Alfred Le
Roux, nommés ministres. MM. Henri Rochefort, Emmanuel

Arago, Crémieux et Glais-Bizoin furent élus à Paris, MM. Bourbeau et Alfred Le Roux réélus dans la Vendée et dans la Vienne.

Le 15 novembre, les membres de la gauche, réunis chez M. Jules Favre, adressèrent à la presse républicaine le manifeste suivant :

« Les députés de la gauche, soussignés, ont cru, au mois de juillet dernier, qu'il était de leur devoir de rester dans la réserve pour ne pas contrarier les effets de l'interpellation déposée par 116 de leurs collègues.

« Aujourd'hui, qu'après avoir subi un abusif et long interrègne, la Chambre va reprendre ses travaux, il leur importe de préciser la ligne de conduite qu'ils entendent suivre pour atteindre le but qu'ils se sont toujours proposé : le gouvernement du pays par lui-même, pour et par la liberté.

« Ces simples mots indiquent la transformation inévitable qui seule peut assurer le repos, la prospérité, la grandeur de la France.

« La nécessité de cette transformation s'impose chaque jour davantage à la conscience publique par l'autorité des faits la liberté de la discussion, la puissance de la vérité.

« C'est à ces armes que les soussignés entendent recourir ; ils n'en saisiraient d'autres que si la force essayait d'étouffer leur voix ; mais ils ont le ferme espoir que, soutenus par l'assentiment de leurs concitoyens, ils pourront pacifiquement réaliser les changements que réclame impérieusement l'opinion.

« Les dernières élections ont prouvé qu'elle veut en finir sans retour avec le pouvoir personnel. A cette volonté, le pouvoir personnel oppose des résistances dont il faut à tout prix avoir raison.

« Le premier soin des soussignés sera donc de déposer une interpellation, avec ordre du jour motivé, sur l'injustifiable retard apporté à la convocation du Corps législatif. Grâce à la clairvoyance du peuple de Paris, ce retard n'a point amené un mouvement dans la rue.

« Le pouvoir, qui a volontairement bravé cette chance terrible, a commis un acte dont les soussignés sont résolus à demander un compte sévère, et, comme corollaire, ils réclameront une loi rendant la Chambre maîtresse absolue du droit de prorogation.

« Ils doivent aussi déposer une interpellation sur les désordres dont certains quartiers de Paris ont été le théâtre au mois de juin dernier.

« L'amnistie a coupé court à l'examen du complot prétendu qu'on dénonçait bruyamment, mais elle ne peut empêcher la lumière d'éclairer ces scènes déplorables, dans lesquelles le rôle de l'autorité est encore environné de nuages.

« Il en est de même des drames sanglants qui ont jeté l'épouvante et le deuil dans deux centres industriels.

« Outre les interpellations qui leur permettent d'interroger le pouvoir et de soumettre ses actes au jugement de la Chambre, les députés peuvent user de leur droit d'initiative et formuler, par des projet de lois, les réformes qui leur paraissent immédiatement nécessaires.

« La première touche à l'élection même du Corps législatif. Aucun progrès régulier n'est à espérer sans une modification profonde de la législation sur ce point décisif.

« L'administration ne peut conserver la faculté, dont elle a fait un usage scandaleux, de former et de remanier les circonscriptions électorales; ce droit n'appartient qu'au législateur.

« Le vote doit être affranchi de l'entrave d'un serment préalable et de toute intervention de l'autorité. Sa sincérité doit être garantie par l'indépendance municipale. A cet égard, tous les esprits impartiaux sont d'accord.

« Les soussignés ne feront qu'obéir au vœu public en demandant par un projet de loi l'élection des maires, et en exigeant que Paris et Lyon soient replacés sous l'empire du droit commun.

« Ils devront en même temps assurer la liberté d'action des municipalités et les délivrer d'une tutelle qui les paralyse.

« La liberté électorale, la liberté municipale seraient inefficaces si les privilèges intolérables qui couvrent les fonctionnaires publics étaient maintenus.

« Là encore, l'opinion est certaine, et le projet de loi qui abrogera l'article 75 de la Constitution de l'an VIII ne sera pour elle qu'une légitime et tardive satisfaction.

« Il en est de même de l'abrogation de la loi militaire.

Cette loi, qui renferme une double menace contre la paix et contre la liberté, épuise le pays en le privant de ses plus fécondes ressources. Elle doit disparaître et faire place à un système armant la nation pour la défense de la nation et de ses libres institutions.

« Comme sanction de ce système, c'est à la volonté nationale que doit être remis le droit de déclarer la guerre.

« Aux yeux des soussignés, ces réformes sont la condition vitale de l'ordre et du progrès.

« Pour le préparer, la presse doit être dégagée de ses entraves. Supprimer le timbre et le cautionnement; rétablir la juridiction du jury; décréter la liberté de l'imprimerie et de la librairie : voilà ce que demande l'opposition et ce que les soussignés formuleront en vertu de leur droit d'initiative.

« Ils réclameront enfin l'abrogation de l'article 291 du Code pénal et la liberté d'association; la révision de la loi sur les réunions, pour faire disparaître les dispositions arbitraires qui, en humiliant et en limitant l'exercice d'un droit essentiel, irritent les esprits et font naître des causes de conflits toujours regrettables.

« En indiquant ainsi les principaux sujets de leurs préoccupations actuelles, les députés soussignés n'ont pas la prétention de tracer un programme complet et d'épuiser la nomenclature des changements dont ils poursuivront la réalisation.

« Ils ont voulu simplement signaler ce qui leur semble urgent, indispensable, hors de contestation pour tous les esprits éclairés.

« Dans l'accomplissement de cette tâche, ils déclarent ne relever que de leur conscience.

« On a essayé de réhabiliter la théorie du mandat impératif, on a répété que le député, mandataire de ses électeurs, leur restait incessamment subordonné et qu'il devait les consulter sur ses desseins et sur ses votes.

« On a même ajouté qu'il était leur justiciable : que, cité devant eux, il pouvait y être jugé et condamné.

« Les députés soussignés repoussent cette prétention comme fausse et dangereuse et ne pouvant conduire, si jamais elle s'accréditait, qu'à la tyrannie des minorités.

« Ils sont décidés à la combattre résolument.

« Sans doute, ils seront toujours heureux de multiplier avec leurs électeurs les communications amicales et les rapports confiants. Ils se considèrent comme engagés d'honneur à défendre les principes qui les unissent à eux par le lien d'une étroite solidarité.

« Si leur conscience les en éloignait, elle leur imposerait l'obligation de faire apprécier leur conduite en déposant leur mandat; mais c'est elle seule qu'ils consulteraient. Ils n'ont ni injonctions ni ordres à recevoir.

« Le mandat impératif fausserait radicalement le suffrage universel en livrant l'élu, c'est-à-dire la majorité des électeurs, à la merci d'une minorité usurpatrice.

« Le principe électif reste seul debout au milieu des révolutions qui se succèdent, il est désormais la seule garantie de l'ordre, il est appelé à transformer, de la base au sommet, toutes les institutions du pays.

« Pour le conserver intact, il faut le dégager tout à fait des compromis monarchiques qui le corrompent.

« Ont signé :

« Bancel, Barthélemy Saint-Hilaire, Bethmont, Desseaux, Dorian, Esquiros, Jules Favre, Jules Ferry, Gagneur, Gambetta, Garnier-Pagès, Grévy, Guyot-Montpayroux, Léopold Javal, Kératry, Larrieux, Le Cesne, Lefèvre-Pontalis, Malézieux, Magnin, Marion, Ordinaire, Pelletan, Ernest Picard, Rampont-Lechin, Jules Simon, Tachard.

« A adhéré depuis : Steenackers.

« N'a pas signé : J.-V. Raspail. »

Ce manifeste est important : il donne l'expression la plus exacte des sentiments de l'opposition républicaine du Corps législatif en 1869 et 1870. C'était au gouvernement issu du crime du Deux Décembre que la gauche, et particulièrement la gauche dite *fermée*, celle qui tenait ses réunions rue de la Sourdière, sous la présidence de M. Grévy, avait déclaré une guerre sans conciliation possible. Peu importait que l'Empire s'intitulât libéral ou non. Peu importait que le chef du conseil s'appelât Eugène Rouher ou Émile Ollivier. C'était toujours le régime issu du crime. L'opposition républicaine et démocratique tenait à honneur de ne pas l'oublier.

Le Corps législatif se réunit le 29 novembre. Le jour même de la séance impériale, M. Jules Favre, au nom de la gauche, déposa quatre demandes d'interpellation : 1° sur la

conduite des différentes autorités chargées de veiller à la
tranquillité publique et à l'exécution des lois au mois de
juin 1869; 2° sur le maintien des candidatures officielles;
3° sur la répression sanglante des troubles du bassin de la
Loire et du bassin de l'Aveyron; 4° sur les motifs qui
avaient retardé la convocation du Corps législatif au mépris
de ses droits. M. Jules Favre déposa également un projet de
loi sur lequel nous aurons à revenir dans la suite et qui se
composait de cet article unique : « Le pouvoir constituant
appartiendra désormais exclusivement au Corps législatif. »

Pendant que M. Émile Ollivier, par l'intermédiaire de
M. Clément Duvernois, négociait avec l'Empereur son entrée
aux affaires (voir *Papiers et Correspondance de la famille
impériale*), le Corps législatif continua la vérification des
pouvoirs. Quatre députés officiels seulement furent invali-
dés : MM. Gourgaud, Sainte-Herminne, Rouxin et Isaac Pe-
reire. L'élection de M. Dréolle, dans la 4ᵉ circonscription de
la Gironde, fut vivement contestée par M. Jules Ferry dans
la séance du 8 décembre, mais validée après un long discours
de M. Forcade de la Roquette, ministre de l'intérieur, et
malgré les protestations répétées de M. Gambetta.

La vérification des pouvoirs achevée, un décret prononça
la clôture de la session extraordinaire. La session ordinaire
commença le 28 décembre. M. Schneider fut élu président.
Le Corps législatif s'ajourna au 10 janvier, pour donner à
M. Émile Ollivier le temps de former le cabinet dont le
laborieux enfantement avait déjà duré plus d'un mois.

Le 2 janvier 1870, l'Empereur signa les décrets nommant
M. Émile Ollivier, garde des sceaux, ministre de la justice
et des cultes; M. Daru, ministre des affaires étrangères;
M. Chevandier de Valdrôme, ministre de l'intérieur; M. Buffet, ministre des finances; M. Segris, ministre de l'instruction publique; M. de Talhouët, ministre des travaux publics;
M. Louvet, ministre du commerce et de l'agriculture;
M. Maurice Richard, ministre des beaux-arts. L'amiral Rigault de Genouilly, le général Lebœuf, qui avait remplacé
le maréchal Niel, et le maréchal Vaillant conservaient les
portefeuilles de la marine, de la guerre et de la maison
de l'Empereur.

Le manifeste de la gauche, que nous avons reproduit plus

haut, avait dit d'avance quelle serait, vis-à-vis de l'Empire soi-disant libéral, l'attitude de l'opposition. M. Émile Ollivier et ses amis n'en comptaient pas moins sur une désorganisation de la gauche. A la rentrée du Corps législatif, le 10 janvier, M. Gambetta se chargea de faire perdre à M. Ollivier cette première illusion. Le développement d'une question posée par lui au ministre de la guerre lui donna l'occasion de déclarer que la gauche « voulait ardemment, résolument, loyalement, l'établissement d'un régime libéral, » mais que l'Empire se trompait s'il croyait que la gauche consentirait jamais à fonder la liberté avec lui, la liberté vraie n'étant possible que par la République.

Il convient de rappeler les origines de la question posée par M. Gambetta au général Lebœuf, ministre de la guerre.

Au mois de novembre 1869, deux militaires du 71e régiment de ligne, en garnison à Paris, les nommés Collette et Dufour, étaient allés assister à une réunion publique qui se tenait dans la 1re circonscription, où MM. Carnot, Henri Rochefort et Terme étaient candidats.

Ces militaires n'étaient retenus par aucun service. Ils étaient électeurs. Ils ne prirent aucune part à la discussion. En assistant à une réunion publique tenue dans la circonscription où ils étaient inscrits, ils ne commettaient aucune espèce de délit ni de contravention. (Article 14 du décret organique pour l'élection des députés au Corps législatif, en date des 2 et 21 février 1852.)

Néanmoins, quelques jours après, on apprit que ces militaires avaient été l'objet des mesures disciplinaires les plus sévères, qu'ils avaient été mis au cachot, réprimandés devant le front de leur compagnie et finalement expédiés en Afrique. Des lettres qui leur avaient été adressées ne leur étaient pas parvenues.

Aussitôt la presse républicaine et démocratique s'émut. François-Victor Hugo, dans un article du *Rappel*, proposa d'ouvrir une souscription pour racheter ces deux malheureux. Michelet, Victor Hugo et Edgar Quinet adhérèrent à l'idée émise par le rédacteur du *Rappel*. On remarqua parmi les souscripteurs un grand nombre de militaires qui ne donnaient que les initiales de leurs noms, mais qui, par la suite, furent presque tous recherchés et punis.

Le 4 décembre, la souscription atteignait le chiffre de

5,500 fr., et Charles Hugo publiait, dans le *Rappel*, un nouvel et brillant article, intitulé *les Deux Parias*. Le ministre de la justice, M. Duvergier, fit aussitôt poursuivre le *Rappel*, et moins de huit jours après, Charles Hugo était condamné à quatre mois de prison et à 2,000 fr. d'amende. Cette condamnation excessive donna une nouvelle impulsion à la souscription. Victor Hugo écrivit à son fils une admirable lettre datée de Hauteville-House, Jersey, le 18 décembre ; Charles Hugo, dans un troisième article, intitulé *Chronique Révolutionnaire*, et M. Félix Pyat, dans un article intitulé *les Soldats*, reprirent dans le *Rappel* la thèse déjà développée par Victor Hugo et par Michelet. La souscription atteignit, le 31 décembre, le chiffre de 12,000 fr.

Le 4 janvier, M. Émile Ollivier, ministre de la justice et garde des sceaux depuis deux jours, ordonna de nouvelles poursuites contre le *Rappel*.

Le 8 janvier, Charles Hugo et M. Barbieux, gérant du *Rappel*, comparaissaient devant la 8e chambre, présidée par M. Brunet, « comme coupables de provocation aux armées de terre et de mer dans le but de les détourner de leurs devoirs et de l'obéissance due à leurs chefs ». M. Félix Pyat faisait défaut.

M. Gambetta présenta la défense de M. Charles Hugo.

M. Emmanuel Arago présenta la défense de M. Barbieux.

Les prévenus furent condamnés, Charles Hugo à quatre mois de prison et 4,000 fr. d'amende. M. Félix Pyat aux mêmes peines, M. Barbieux à trois mois de prison et 1,000 fr. d'amende.

L'Empire *libéral* débutait par un procès de presse ! et dans quelles conditions ! La nouvelle condamnation des rédacteurs du *Rappel* produisit une vive émotion dans toute la presse. Des journaux sympathiques au cabinet du 2 janvier, entre autres le *Journal des Débats*, blâmèrent M. Ollivier.

Le jour même de la rentrée des Chambres, M. Gambetta porta la question devant le Corps législatif. M. Ollivier venait d'ouvrir la session par un appel à tous les députés, sans acception de parti, « personne ne pouvant refuser son concours à la constitution d'un gouvernement qui donne le progrès sans la violence et la liberté sans la révolution ». M. Gambetta lui succéda immédiatement à la tribune.

Nous reproduisons *in extenso*, en même temps que les

deux discours prononcés par M. Gambetta dans la séance du
10 janvier, les discours prononcés dans la même séance par
le ministre de la guerre et par M. Émile Ollivier, qui, justement alarmé par les maladresses provocatrices du *général
Lebœuf*, crut habile d'intervenir et, sous prétexte d'élever le
débat, marqua sa première journée parlementaire de ministre *libéral* en proclamant la légitimité du *régime de Décembre*.

M. LE PRÉSIDENT SCHNEIDER.—M. Gambetta a la parole.

M. GAMBETTA. — Messieurs, la question que j'ai déjà
eu l'honneur de communiquer à M. le ministre de la
guerre est des plus.simples, elle a été provoquée par
des faits dont je n'aborderai pas la discussion. puisque
je ne fais que poser une question ; mais vous en sai-
sirez la gravité par le simple exposé que je vais vous présenter.

Il y a à peu près deux mois, deux militaires, appartenant au 71e de ligne, allèrent assister, alors qu'ils
n'étaient retenus par aucun service, à une réunion publique qui se tenait à Paris, dans la première circonscription.

En cela, ils ne commettaient aucune espèce de délit
ni de contravention ; cependant on apprit, quelques
jours après, qu'ils avaient été l'objet de mesures disciplinaires tout à fait exorbitantes.

On les avait mis au cachot ; après les avoir mis au
cachot. on les avait fait comparaître devant le front
de la compagnie, où on les avait violemment réprimandés. Et là ne s'arrêta pas l'intervention des chefs.
Ces deux hommes furent mis en voiture cellulaire, et,
sous la garde de la gendarmerie, expédiés en Afrique.
où ils sont actuellement ; et c'est ici que se pose la
question que je voulais adresser à M. le ministre de
la guerre.

Ils sont en Afrique, mais où ? Ils sont dans un régiment différent de celui dont ils étaient membres avant
cette déportation militaire.

Mais malgré toutes les précautions prises, il a été impossible de savoir dans quelle garnison ils étaient et impossible aussi d'obtenir aucune espèce de renseignement sur leur résidence actuelle. (*Mouvements divers.*)

Je ne fais qu'un récit, et encore une fois je n'apprécie pas.

A la suite de l'émotion produite dans la population par cette arrestation et de ce châtiment tout à fait excessif, une souscription spontanée a été ouverte, à laquelle s'est associé un grand nombre de citoyens, tellement, que dans ce pays-ci, qui n'est pas donnant, on a vu en huit jours une somme de 12,000 francs réunie et déposée à la Caisse des dépôts et consignations pour obtenir la libération de ces deux victimes de la servitude militaire.

On a expédié une lettre chargée en Algérie au 16ᵉ de ligne, qui tient garnison à Sétif.

La lettre chargée est partie le 4 décembre. Nous sommes au 10 janvier et nous n'avons pas obtenu signe de vie des personnes à qui elle était adressée, et qui, évidemment, se seraient empressées, si elles l'avaient reçue, d'y répondre, vu l'intérêt immense qu'elles y avaient.

Eh bien, je demande à M. le ministre de la guerre une justification et un renseignement : d'abord un renseignement que je serais très désireux d'obtenir, car je n'incrimine pas personnellement M. le ministre de la guerre. Je comprends que, lorsque des questions de hiérarchie sont engagées, et qu'elles intéressent de simples soldats, il ne peut pas tout savoir, mais il doit répondre de tout.

Eh bien, je lui demande s'il peut me faire la réponse suivante : Oui, ces soldats sont dans le 16ᵉ de ligne et je prends l'engagement de leur faire parvenir la lettre chargée ; des ordres seront donnés pour que ni la poste civile ni la poste militaire ne suspendent leurs services à leur égard.

Voilà le renseignement que je lui demande, et maintenant, s'il pouvait me donner une justification sur les sévices, sur l'atteinte grave portée à la liberté individuelle dans la personne de ces deux militaires, auxquels on ne peut reprocher aucune infraction aux lois et aux règlements militaires, je dis qu'il satisferait la conscience publique et qu'il se laverait d'un reproche qu'il ne peut pas supporter; car c'est un reproche qui atteint l'honneur militaire dont il doit être le défenseur.

M. LE GÉNÉRAL LEBŒUF, ministre de la guerre. — L'interpellation de l'honorable M. Gambetta...

M. GAMBETTA. — Ce n'est pas une interpellation, monsieur le ministre.

M. LE MINISTRE DE LA GUERRE. — Oh! je traiterai toute la question.

M. GAMBETTA. — Je vous demande pardon, mais j'ai cédé la parole à tant de monde, et si souvent, que je puis me montrer quelque peu désireux de la retenir.

Je tiens à dire que ce n'est pas une interpellation, mais que c'est une simple question. (Ah! ah!)

Je le dis, et pourquoi? pour qu'on sache bien que quelle que soit la gravité du débat, j'ai voulu n'y pas apporter un caractère comminatoire, de peur de nuire à ces deux soldats à qui je m'intéresse.

M. LE MINISTRE DE LA GUERRE. — L'honorable M. Gambetta a dit qu'il n'incriminait pas le ministre de la guerre.

M. GAMBETTA. — Personnellement.

M. LE MINISTRE. — Le ministre de la guerre réclame l'entière responsabilité de ses actes.

M. Gambetta a dit qu'il voulait que je dégageasse mon honneur militaire. Eh bien, je dois dire que mon honneur militaire consiste à maintenir la discipline dans l'armée et que je la maintiendrai tant que j'aurai l'honneur d'être à ce poste. (Très bien! très bien!)

Maintenant, j'arrive au fond de la discussion.

Je répondrai d'abord à la question incidente posée par M. Gambetta, question qui n'avait d'autre but que d'amener une interpellation déguisée. (*Non! non! à gauche.*)

Je suis heureux que M. Gambetta l'ait faite.

Je regrette que, dans la Chambre, se traitent des questions de discipline, mais je ne reculerai jamais devant aucune explication.

Dans le mois de septembre, je fus informé par les rapports réguliers que je dois recevoir, qu'une douzaine de militaires de la garnison de Paris suivaient des réunions politiques. Eh bien, mon opinion est que les soldats ne doivent pas aller dans ces réunions. Ce n'est pas là leur place. (*Vives exclamations à gauche.*)

M. GUYOT-MONTPAYROUX. — Sont-ils citoyens oui ou non?... Otez-leur alors le droit de voter!

M. LE MINISTRE. — Je pourrais invoquer divers motifs pour expliquer la décision que j'ai prise et qui est conforme à tous les précédents de l'armée; je pourrais dire que les soldats ne sont pas, selon l'expression d'une ancienne constitution, des citoyens actifs. qu'ils ne votent que quand ils sont dans leurs foyers et que, par conséquent, lorsqu'ils sont présents sous le drapeau, ils n'ont pas à s'occuper de politique. Mais j'irai plus loin.

Il est dans le droit du ministre. il est dans le droit de tous les chefs de corps, d'interdire aux soldats la fréquentation des lieux où ils pourraient recevoir de mauvais principes. et entendre de mauvaises leçons... (*Très bien! très bien! Murmures à gauche.*)

Je reviens à l'exposé du fait.

Je fus informé que tous les hommes qui avaient été dans les réunions publiques, étaient venus d'eux-mêmes dire à leurs chefs qu'ils regrettaient d'avoir fait une chose contraire à la discipline. Aucun d'eux ne fut puni.

Seuls, deux hommes du 71e de ligne ne voulurent

pas se nommer ; mais on les connaissait, et c'est
chose bien facile que de reconnaître des soldats. Le
numéro du régiment, la couleur du bataillon, le numéro de la compagnie, le numéro matricule qui est
sur leurs effets, les désignaient suffisamment, bien
qu'ils ne voulussent pas se faire connaître.

On reconnut donc les deux soldats en question. On
savait depuis longtemps qu'ils avaient de très mauvaises relations, des relations qui pouvaient les entraîner dans une voie contraire à la discipline. On
m'en a rendu compte, et j'ordonnai de les diriger sur
l'Algérie ; je n'ai prononcé qu'un changement de
corps ; ils furent dirigés sur le 16ᵉ de ligne, et je puis
répondre à M. Gambetta qu'ils doivent être actuellement à la portion principale du corps à Sétif, à moins
qu'ils ne soient détachés.

Maintenant, je demande à ajouter quelques paroles
et à tout dire. (*Parlez! parlez!*)

L'honorable M. Gambetta a paru me reprocher
l'envoi de ces deux militaires en Afrique.

Eh bien, ces deux hommes ne sont pas les seuls
qui y aient été envoyés ; vous pourriez l'ignorer, je
tiens à ne rien cacher.

Vous connaissez la souscription qui a été ouverte
dans différents journaux pour ces deux hommes : on
a cherché à l'ouvrir aussi dans divers corps. Un article
du règlement, — il y a ici plusieurs anciens officiers qui
pourraient l'attester, — défend aux militaires de souscrire, quel que soit leur grade, sans l'autorisation du
ministre de la guerre ou du chef de corps. Une liste
de souscription a circulé et a été saisie dans un régiment. Qu'a-t-on fait? On a infligé les punitions les
plus légères à quelques soldats qui avaient souscrit
sans trop savoir pourquoi. Mais parmi eux se trouvaient deux meneurs, deux hommes qui s'étaient
chargés de recueillir des signatures pour la souscription ; ces meneurs étaient deux sous-officiers cassés, —

c'est toujours dans cette classe qu'on trouve ces gens-
là. — Ils sont en route pour l'Afrique.

Il y en a encore deux dont je pourrais ne pas vous
parler, mais que je ne veux pas passer sous silence,
parce que tout ce que je fais, je le dis. (*Approbation sur
un grand nombre de bancs.*)

M. GAMBETTA. — Je demande la parole.

M. LE MINISTRE. — Deux hommes ont propagé dans
la garnison de Paris un écrit incendiaire qui vient
d'être condamné : on l'a trouvé jusque dans le sac du
soldat. Ces hommes étaient également des agents de
la révolution, je dis le mot, et ils sont dirigés sur l'A-
frique ; ils sont en route. (*Approbation à droite et au
centre. — Rumeurs à gauche.*)

Ah! je tiens à poser nettement la question, soyez-en
très convaincus. (*Bien! bien! très bien! — Nouvelles rumeurs à gauche.*) Ce n'est pas tout ; il y en a encore un
autre... Oui, il y en a encore un, c'est un homme de
la garnison de Lyon ; il avait poussé des cris séditieux
et il s'était mis en rébellion contre la garde. La connaissance de ces faits m'est venue par le garde des
sceaux, il y a trois à quatre mois. Je pouvais faire
traduire le coupable devant un conseil de guerre, je
l'ai dirigé sur l'Afrique.

Il n'y en a pas d'autres, et j'espère qu'il n'y en aura
pas d'autres à punir ; mais soyez sûrs que s'il y en
avait encore qui manquassent à leurs devoirs, je ferais ce que je dois. (*Très bien! très bien!*)

Au surplus, soyez convaincus que la masse des soldats rend justice à ces actes de sévérité...

Plusieurs membres. — Oui! certainement.

M. LE MINISTRE. — Et ce n'est pas en recrutant quelques sous-officiers ou caporaux cassés, qu'on parvien-
dra à faire tourner l'armée, qui est dévouée à son
pays et à l'Empereur ; en toutes circonstances, j'en
réponds. (*Applaudissements prolongés sur un grand
nombre de bancs.*)

M. GAMBETTA. — Messieurs, il est évident que ce que vous applaudissez...

Sur un grand nombre de bancs. — Oui! oui! nous avons applaudi!

M. GAMBETTA. — Messieurs, veuillez écouter la fin de ma phrase.

Quelques voix à gauche. — Parlez! parlez!

M. GAMBETTA. — Il est évident que ce que vous avez applaudi, c'est la franchise et la loyauté de M. le ministre de la guerre.

Plusieurs membres à droite et au centre. — Sa franchise et aussi ses actes! — Le maintien énergique de la discipline!

M. GAMBETTA. — Messieurs, vous êtes, en vérité, bien impatients. Vous imaginez-vous donc que je n'ai pas compris que, derrière ces affirmations retentissantes de discipline excessive, vous applaudissiez les actes? Mais ce sont ces actes que précisément, avant tout, je veux reprocher au gouvernement.

Oui, Messieurs, M. le ministre de la guerre a quelque droit à vos applaudissements quand il dit : « Je ne cache rien de ce que je fais et je viendrai toujours ici, sans dissimulation, vous livrer toute ma conduite. »

Cependant, j'ai bien le droit, moi, de lui prouver contre lui-même que quand il invoque ici la discipline, il crée une équivoque. (*Rumeurs à droite et au centre.*)

M. le ministre nous dit qu'il est préposé au maintien de la discipline militaire. Il énonce une proposition que personne ici n'attaque, moi, moins que les autres. Mais la question est de savoir s'il s'agissait de discipline dans l'affaire qui nous occupe, et si l'emploi qu'on a fait de ce facile moyen de relégation en Afrique était nécessité par la situation, en un mot, s'il était légitime.

C'est cette question que, très brièvement et sans

sortir du fait qui a motivé ce débat, je vais traiter devant vous. (*Exclamations.*)

Les paroles qui viennent d'être prononcées par l'honorable ministre de la guerre ne nous ont en rien édifié sur le point même de la discussion.

En effet, je lui ai demandé : « Où sont ces deux militaires? » Il m'a répondu...

A *droite et au centre.* — En Afrique! A Sétif!

M. GAMBETTA. — Permettez, j'ai quelque mémoire. Il m'a répondu : « A Sétif, s'ils ne sont pas détachés ailleurs. »

M. LE MINISTRE DE LA GUERRE. — Parfaitement.

M. GAMBETTA. — Avec la meilleure volonté du monde, il m'est impossible, et à vous aussi, Messieurs, de savoir où ils sont, à l'heure qu'il est.

Voix nombreuses. — Ils sont au 16e de ligne! (*Bruit.*)

M. GAMBETTA. — Vous le savez?... Eh bien, que quelqu'un parmi vous, sachant dans quelle résidence se trouvent ces deux soldats — et c'est là l'objet principal de ma question, — se lève et prenne la place de M. le ministre de la guerre pour me répondre.

Les mêmes voix. — Mais ils sont au 16e de ligne!

M. GAMBETTA. — Au 16e de ligne soit, mais à Sétif ou ailleurs? Par conséquent, il n'a pas été répondu à la partie de ma question qui était relative à la résidence actuelle de ces deux soldats: or, je voulais précisément arriver à obtenir la garantie que les lettres qui leur seraient adressées leur fussent remises exactement.

Pourquoi ai-je demandé à M. le ministre cette simple déclaration de résidence? Est-ce parce que j'ai la prétention d'exiger que M. le ministre se charge personnellement de faire parvenir à ces deux soldats les lettres qui leur seront adressées? En aucune façon. Seulement, comme je puis affirmer que lorsque des soldats sont sous le coup d'une mesure de ce genre et qui ressemble si fort à une séquestration... (*Excla-*

mations). on ne laisse arriver à eux aucune lettre, je voulais obtenir de M. le ministre un engagement de laissez-passer qui donnât à l'administration des postes un zèle et une intelligence que, intentionnellement, elle n'a pas toujours dans ces sortes d'affaires,

Sur le second point, celui de savoir quels sont les motifs que M. le ministre a allégués pour sa justification... (*Vives rumeurs au centre et à droite.*)

Permettez, Messieurs! il est évident que M. le ministre a à se justifier, puisque je lui reproche une atteinte, un outrage à la liberté individuelle. (*Nouvelles rumeurs sur les mêmes bancs.*)

Ce n'est pas votre sentiment: la question est de savoir, entre nous, qui se trompe.

Eh bien, je dis que M. le ministre de la guerre, pour se justifier de la mesure de rigueur à laquelle il s'est laissé entraîner, n'a eu d'autre moyen que de prétendre que les soldats ne doivent jamais se mêler aux citoyens qui s'occupent des affaires politiques; c'est-à-dire qu'ils ne doivent jamais mettre les pieds dans les réunions publiques ou privées, où se traitent ces matières.

M. LE MINISTRE DE LA GUERRE. — Dans les réunions politiques, certainement.

M. GAMBETTA. — Vous avez même, M. le ministre, rappelé à ce sujet certain article de la constitution, l'article 14, et vous l'avez présenté comme une disposition moralisatrice au point de vue de l'armée. en ce qu'il décide que les militaires, à peu près toujours absents de leurs foyers, lors des élections. ne doivent être électeurs que dans leurs communes d'origine, de sorte que, par comparaison avec le régime précédent, et à la faveur duquel on a fait servir les votes de l'armée à l'installation de l'empire, on est en droit de dire que, une fois arrivés au pouvoir. on a soustrait à cette même armée sa capacité électorale; mais aujourd'hui, il s'agit pour elle de la repren-

dre, de la reprendre, entendez-vous, et de la garder...
(*Exclamations et murmures.*) Alors elle fera cause
commune avec les citoyens, et c'est précisément ce
rapprochement, cette conciliation qui vous apparaît
comme une menace, car vous avez laissé sortir de
votre bouche, par peur...

M. LE MINISTRE DE LA GUERRE. — Comment par
peur!

M. GAMBETTA. — ... ces étranges, mais significatives
paroles : Nous ne voulons pas qu'il y ait communication entre l'armée et les citoyens ; nous voulons
qu'elle soit, en tout état, à notre service. Ainsi, vous
ne pensez pas que la dicipline ait été violée, mais
vous voulez que l'obéissance passive règne dans l'armée...(*Oui! oui!*) non pas en vue de faire respecter la
loi, mais en vue d'occuper le pouvoir malgré la volonté du pays. (*Approbation sur quelques bancs à gauche. — Rumeurs et protestations à droite et au centre.*)

M. ROCHEFORT. — Des soldats on veut faire des auto-
mates! Ils doivent cependant avoir le droit d'aller
dans les réunions publiques. puisqu'ils sont citoyens.

M. HAENTJENS. — Où serait la liberté sans l'armée?

M. GAMBETTA. — Elle serait!...

M. LE MINISTRE DE LA GUERRE. — Je n'ai rien à ajouter
à ce qu'à dit l'honorable M. Gambetta lui-même dans
son interprétation de la discipline militaire.

Je répète que j'ai interdit aux militaires les réunions
publiques. Les chefs de corps les avaient déjà défen-
dues, et j'ai approuvé cette mesure. J'en prends la
responsabilité, et, tant que je serai ici, les militaires
n'iront pas dans les réunions publiques, quelles
qu'elles soient.

M. GAMBETTA. — Je demande la parole.

M. LE MINISTRE DE LA GUERRE. — Maintenant M. Gambetta dit que cette mesure a été prise par peur de la
révolution.

M. GAMBETTA. — C'est vous qui l'avez dit.

M. LE MINISTRE. — Elle a été prise contre la révolution : la révolution que nous ne craignons point.

A ce sujet, je vous dirai que le pays est de ce côté, avec la majorité de la Chambre, et non point avec vous. (*Exclamations à gauche — Assentiment à droite et au centre.*)

L'armée est avec le pays ; elle est contre vous, et je vous engage à ne jamais en faire l'épreuve ; car, voyez-vous, ces hommes que vous croyez à vous, parce qu'ils ont eu quelques mécontentements passagers, s'il y avait une émeute, je les mettrais en tête des colonnes et ils seraient les premiers à faire leur devoir. Oh ! vous ne connaissez pas la puissance de la discipline et le sentiment de fidélité au drapeau qui a été constamment l'honneur de l'armée française. (*Vive approbation sur un grand nombre de bancs.*)

M. GAMBETTA. — Messieurs...

Voix nombreuses. — Assez ! L'ordre du jour. La clôture.

M. GAMBETTA. — Un mot seulement...

M. LE PRÉSIDENT SCHNEIDER. — Vous voudrez bien remarquer, monsieur Gambetta, que la Chambre réclame l'ordre du jour.

M. GAMBETTA. — Vous demandez la clôture. Messieurs ? je ne m'y opposerai pas, quant à moi : seulement je vous ferai cette observation : vous prétendez qu'il existe maintenant un cabinet parlementaire, et vous voulez laisser le dernier mot à un ministre !

Au surplus, je n'ai qu'un mot à dire. (*Parlez ! parlez !*

M. le ministre de la guerre, dans sa réponse. n'a fait que confirmer ce que j'avais avancé, à savoir que ce qui l'avait déterminé dans les mesures qu'il a prises, ce n'était point. entendez-le bien. une punition à infliger à un délit, à une infraction à un règlement quelconque, c'était purement et simplement. la volonté de tenir l'armée absolument dépendante. en dehors de la société civile. (*Assentiment à gauche.*)

M. le ministre nous dit : Soyez bien convaincus que vous n'arriverez jamais à renverser ce mur de séparation, car de ceux-là mêmes qui paraissent le plus disposés à partager vos doctrines et vos espérances, nous ferons des têtes de colonnes contre l'émeute.

Mais qu'est-ce qui vous autorise à dire que nous voulons l'émeute ? (*Mouvements en sens divers.*)

Permettez, Messieurs! Je suis tout disposé à écouter vos appréciations... (*Bruit.*)

M. LE PRÉSIDENT SCHNEIDER. — Je demande un peu de silence.

M. GAMBETTA. — Permettez, monsieur le président!

M. LE PRÉSIDENT SCHNEIDER. — Je demande du silence en votre faveur, par conséquent ne vous plaignez pas.

M. GAMBETTA. — Je dis ceci : lorsque nous venons dans cette enceinte révéler des outrages faits à la loi, lorsque nous indiquons les victimes d'actes arbitraires, il ne vous est pas permis de répondre : Vous préparez une émeute! (*Très bien ! à gauche.*) Et c'est pourquoi nous voulons lutter contre vous.

M. ESQUIROS *et d'autres membres à gauche.* — *Très bien! très bien!*

M. GAMBETTA. — Vous n'êtes pas le seul gouvernement qui, en s'abritant sous des prétextes de légalité, se soit prévalu de la force brutale. Tous ceux qui vous ont précédé depuis soixante ans disaient comme vous, en se tournant du côté de l'opposition : Descendez donc dans la rue, et vous éprouverez notre vigueur! Ils sont tous tombés, qui dans la boue, qui sous le mépris, sans compter le gouvernement républicain qui est tombé sous les coups de l'usurpation et de la force. (*Marques d'approbation à gauche.*)

Et cette obéissance passive, que vous réservez comme un suprême argument et un suprême remède, eh bien, je vous le dis, ce n'est pas de la politique.

ce n'est pas un langage digne d'une assemblée déli-
bérante. (*Vive approbation à gauche.*)

C'est la pensée de ceux qui sentent qu'ils ne sont
qu'une faction au pouvoir et qu'ils ne peuvent y rester
que par la violence. (*Nouvelle approbation à gauche.*)

M. LE PRÉSIDENT SCHNEIDER. — La parole est à
M. Émile Ollivier, ministre de la justice.

M. ÉMILE OLLIVIER, *garde des sceaux, ministre de la
justice et des cultes.* — Messieurs, il y a dans le débat
soulevé par l'honorable M. Gambetta une question
spéciale de discipline militaire que l'honorable ministre de la guerre a discutée. Il y a, de plus, des considérations générales que le ministère et le gouvernement ne peuvent pas accepter.

Non, des ministres de l'Empereur ne peuvent pas
accepter qu'un gouvernement fondé sur le suffrage
universel, et qui vient d'accorder la liberté constitutionnelle la plus complète, la plus loyale, qui existe
dans aucun pays... (*Rumeurs à gauche*), soit considéré
comme une faction qui occupe le pouvoir par la force.
(*Non! non! — Très bien! très bien!*)

Nous sommes un gouvernement légitime, régulier,
constitutionnel, en route pour fonder la liberté, mais
n'oubliant pas que la liberté a une condition fondamentale sans laquelle elle est impossible : l'ordre, la
sécurité, la paix sociale... — (*Très bien! très bien!*)

M. GAMBETTA. — Je demande la parole.

M. LE GARDE DES SCEAUX — ... n'oubliant pas que
dès que l'ordre, la sécurité, la paix sociale sont menacés, la liberté est perdue. (*C'est vrai! c'est vrai!*)

Nous n'accusons pas l'honorable M. Gambetta, pas
plus que ceux qui siègent à côté de lui, de vouloir une
émeute. Nous les estimons et nous les respectons trop
pour nous permettre une telle accusation (*très bien!
très bien!*); l'attitude constitutionnelle que leur impose
leur présence dans cette assemblée nous le défend.
Nous sommes convaincus qu'entre eux et nous, il ne

peut y avoir loyalement, honorablement, de diver-
gences que sur des questions de mesure, d'opportunité,
de détails, et qu'entre eux et nous, il ne saurait y
avoir une question de révolution et d'émeute. Si leur
intention était de poser une question de révolution et
d'émeute, ils n'auraient pas accepté de siéger dans
cette assemblée. (*Approbation.*)

M. RASPAIL. — Entendez-vous avec M. le ministre de
la guerre.

M. LE GARDE DES SCEAUX. — Quant à l'armée, je ne
me permettrai d'en dire qu'un seul mot, pour compléter les observations de M. le ministre de la guerre.

L'histoire nous apprend que les armées ont quelquefois été dangereuses pour la liberté. Savez-vous
quand? Quand elles deviennent des armées prétorien-
nes... (*Mouvement à gauche*), c'est-à-dire des armées
politiques, ne respectant pas la discipline, et ne
s'assujettissant pas aux devoirs spéciaux sans l'observation desquels les armées ne seraient plus que la
contrefaçon dangereuse de ces cohortes qui introni-
saient Vitellius et faisaient triompher Galba. (*Mouvement.*)

Voilà ce que nous ne voulons pas, ce que nous
n'admettrons jamais. Nous ne laisserons pas détruire
la discipline de l'armée. Et puisque, dès le premier
jour de notre entrée dans cette enceinte nous avons
à nous expliquer sur une question importante, nous
en profitons pour déclarer formellement à la Chambre
et au pays que nous voulons ardemment, résolument,
loyalement, l'établissement d'un régime libéral...
(*Très bien! très bien!*), mais que nous n'admettrons
jamais que la liberté soit la faiblesse, encore moins
l'abandon des principes fondamentaux sans lesquels
aucune société ne peut vivre, se mouvoir, se développer. Et, précisément parce que nous serons dans
toutes les circonstances de notre vie politique des
libéraux résolus, nous serons en même temps des

hommes d'ordre inébranlables. (*Très bien! très bien!*)
— *Applaudissements.*)

M. GAMBETTA. — Je vous demande, Messieurs, la
permission de faire une courte réponse aux paroles
que vous venez d'entendre. Je m'y sens doublement
attiré ; attiré d'abord pour prendre acte de l'espèce
de désaveu donné aux réponses de M. le ministre de
la guerre, ensuite pour affirmer hautement qu'entre
celui qui vient de parler et nous, il n'est pas vrai de
dire, — ce serait une dissimulation à laquelle, quant à
moi, je ne me résoudrai jamais, — qu'il n'y ait qu'une
question de mesure : il y a une question de principes.
(*Marques d'approbation à gauche.*)

Donc, si vous voulez fonder la liberté avec l'Empire
et que vous vouliez la fonder avec notre concours, il
vous faut y renoncer et vous attendre à ne le rencontrer jamais. (*Oh! oh!*)

M. GRANIER DE CASSAGNAC, *ironiquement.* Jamais.
(*Très bien! très bien!*)

M. GAMBETTA. Et en voici les motifs, je puis les
donner.

On a invoqué tout à l'heure le suffrage universel ;
on a dit qu'il est à la fois la base de l'ordre, de la paix
sociale et de la liberté. C'est ma conviction absolue.

Mais je sais et je dis, — et je le démontrerai quand
on voudra, — que le suffrage universel n'est pas compa-
tible avec le système que vous préconisez (*Oh! oh!*). Je
dis que vous entretenez les conditions perpétuelles
de ces révolutions que vous voulez éviter et qui coûtent si cher au pays.

Mais à qui en revient la faute? Aux hommes politiques qui n'ont jamais su fixer leur choix. Les uns,
ceux qui voulaient la monarchie, l'ont fondée avec un
entourage d'institutions qui la corrompent, la faus-
sent et la dénaturent.

Les autres, ceux qui veulent la république et la
démocratie, ont eu le tort de vouloir les accompa-

gner d'institutions monarchiques, qui bientôt les
enlacent et les font disparaître. (*Rires ironiques.*)

Ce que nous voulons, c'est qu'on fasse un choix,
mais un choix harmonique et logique ; c'est qu'à la
place de la monarchie, on organise une série d'institutions conformes au suffrage universel, à la souveraineté nationale ; c'est qu'on nous donne, sans révolution, pacifiquement, cette forme de gouvernement
dont vous savez tous le nom : la République. (*Rumeurs.*)

Et je dis qu'au nom du suffrage universel, qui m'a
envoyé ici, comme mandataire du pays, je reste constitutionnel en démontrant qu'il y a incompatibilité
absolue entre la forme actuelle, entre le système que
vous défendez et les principes, les droits et les aspirations du suffrage universel. Et ce n'est pas à dire
pour cela que, nullement satisfait du présent, je cher-
cherais à y porter remède par un appel à la force. Non !

Cette situation n'a rien d'illogique, parce que je
crois qu'à la lumière de cette tribune, sous le jour
qui en découle, il se fera, peu à peu, dans la conscience de la France, un progrès de certitude et d'évidence, et qu'il arrivera un moment, qui n'est peut-
être pas loin, où la majorité qui vous remplacera, sans
secousse, sans émeute, sans employer l'épée, sans
faire appel au renversement de la discipline, par la
force des choses, par une conclusion logique sera
amenée inévitablement à un autre ordre de choses ; car
vous n'êtes qu'un pont entre la République de 1848
et la République à venir, et nous passerons le pont (1).
(*Oh! oh! — Mouvements et bruits divers.*)

(1) Nous nous sommes fait une règle de ne donner dans ce
recueil que le texte du *Journal officiel*, sans modification aucune. Pourtant, il importe de faire observer que le texte sténographique est ici inexact. M. Gambetta n'a pas dit : « et nous
passerons le pont, » mais bien : « et ce pont, nous le passons! »

M. LE PRÉSIDENT SCHNEIDER. — La parole est à M. le garde des sceaux.

M. LE GARDE DES SCEAUX. — Messieurs, il y a dans les paroles que vous venez d'entendre une contradiction que je ne me charge pas d'expliquer et que je signale.

On nous a déclaré, en premier lieu, qu'on veut agir constitutionnellement, n'employer que des moyens constitutionnels.

M. GAMBETTA. — La discussion !

M. LE GARDE DES SCEAUX. —Puis, et immédiatement après, on a annoncé qu'on veut renverser la Constitution et qu'on n'a qu'une pensée, c'est d'inaugurer en France une forme nouvelle de gouvernement. Se charge qui voudra de concilier ces deux propositions contradictoires. Quant à moi, je réponds à l'honorable M. Gambetta : Vous invoquez le suffrage universel, vous l'acceptez comme l'arbitre souverain entre vous et nous... (*Oui !*)

Eh bien, le suffrage universel a prononcé. Son approbation se trouve à l'origine de ce gouvernement. (*Très bien ! très bien !*)

J'affirme, moi, qui étais dans la minorité du suffrage universel, que l'Empire a été l'expression spontanée, libre, incontestable, de la volonté de la nation. (*Rumeurs sur quelques bancs de la gauche. Approbation sur les autres bancs.*)

Si je n'en étais pas convaincu, il est deux choses que je n'aurais jamais faites : je ne lui aurais pas prêté serment, et je n'aurais pas accepté d'être son ministre. (*Très bien !*)

Donc, si c'est le suffrage universel qui est notre juge, il a prononcé : respectons ses décisions.

M. GAMBETTA. — Elles ne sont pas immuables, c'est l'objection. (*Bruit.*)

M. LE GARDE DES SCEAUX. — Il a tellement prononcé, qu'en 1863, lors des élections, il ne s'est rencontré

personne qui ait osé se présenter au suffrage universel dans une attitude inconstitutionnelle.

En 1869, quelques-uns l'ont fait dans les villes,
mais partout ailleurs, même parmi les députés de
l'opposition, les candidats ont affirmé que s'ils réclamaient la liberté, ils ne la réclamaient qu'avec l'Empire.

M. GAMBETTA. — Du tout! Il y en a eu un seulement.

M. ARAGO. — Je demande la parole.

M. LE GARDE DES SCEAUX. — L'honorable M. Gambetta lui-même me rendra, je l'espère, la justice que
je réponds à ses doctrines avec la plus courtoise modération. Il n'y a que cette manière de discuter qui
honore une assemblée. Mais je ne crois pas manquer
de modération en affirmant, avec énergie, que nous
n'avons pas accepté avec un sous-entendu la mission
de servir le Gouvernement.

Il nous a appelés pour que nous l'aidions à établir
la liberté. Nous nous sommes engagés, en acceptant
cette mission, à ne pas permettre qu'on attaque son
origine légitime, ni qu'on conteste la raison d'être
incontestable qu'il doit au suffrage universel. (*Marques
nombreuses d'approbation.*)

Le débat, comme on voit, avait été singulièrement élargi :
à M. Gambetta, protestant contre une punition injuste et
cruelle, M. Ollivier avait répondu par l'éloge des bienfaits
passés et présents de l'Empire, et M. Gambetta avait aussitôt répliqué en faisant la déclaration franche et nette du
programme de la gauche, en dénonçant une incompatibilité
absolue entre la forme du gouvernement impérial et les
principes, les droits et les aspirations du suffrage universel,
en prédisant l'avènement logique, inévitable de la République. Le garde des sceaux ayant répondu en s'efforçant
de mettre les paroles de M. Gambetta en contradiction avec
sa présence même à la Chambre, M. Gambetta voulut remonter à la tribune. Mais M. Jules Favre était inscrit avant
lui. M. Jules Favre reprit, avec beaucoup de force, la thèse

développée par M. Gambetta dans son second discours, et
constata qu'au moment même où M. Ollivier avait célébré
l'inauguration d'un nouveau régime, il avait ramené le Corps
législatif en plein régime passé.

Après les discours de M. Gambetta et de M. Jules
Favre, le cabinet du 2 janvier ne devait plus avoir d'illusions sur l'adhésion qu'il pouvait attendre du côté gauche de
la Chambre.

Le Corps législati. entendit encore une courte glorification du passé impérial par M. Pinard (du Nord) et prononça
la clôture.

La somme nécessaire pour exonérer les soldats Collette et
Dufour ayant été produite par les souscriptions du *Rappel* et
du *Réveil*, le général Lebœuf refusa formellement de permettre le rachat de ces deux militaires. (*Séance du 5 février
suivant.*)

DISCOURS

CONTRE

LA MISE A L'ORDRE DU JOUR DE LA DISCUSSION
DE LA DEMANDE EN AUTORISATION DE POURSUITES
CONTRE M. HENRI ROCHEFORT

CONTRE

LA CLOTURE DE LA MÊME DISCUSSION

ET

SUR UNE INTERRUPTION DE M. ÉMILE OLLIVIER, GARDE DES SCEAUX

Prononcés les 13, 17 et 18 janvier 1870

AU CORPS LÉGISLATIF

Les décrets de nomination du ministère Ollivier avaient paru le 4 janvier au *Journal officiel*. Le 10 janvier, pendant qu'à la tribune du Corps législatif, le nouveau garde des sceaux inaugurait la session en promettant aux députés « de réaliser la plus belle œuvre qui puisse être accomplie par « des hommes politiques, » un prince de la famille impériale assassinait à Auteuil un jeune journaliste républicain.

Les incidents du meurtre de Victor Noir sont trop connus pour qu'il soit nécessaire d'insister longuement sur ce sanglant épisode de l'histoire du second Empire. A la suite d'une violente polémique entre l'*Avenir de la Corse*, la *Revanche* (de Bastia) et la *Marseillaise*, M. Pierre-Napoléon Bonaparte, fils de Lucien Bonaparte, cousin germain de l'Empereur et rédacteur de l'*Avenir*, avait provoqué en duel M. Henri Rochefort, directeur de la *Marseillaise*, et, de son côté, M. Paschal Grousset, rédacteur de la *Marseillaise* et correspondant

de la *Revanche*, avait prié deux de ses amis, MM. Ulric de
Fonvielle et Victor Noir, de se rendre chez le prince Pierre
pour lui demander raison de ses injures et de la menace
adressée aux rédacteurs de la *Revanche* « de mettre leurs
tripes aux champs », *le stentíne per le porrette.*

MM. Ulric de Fonvielle et Victor Noir se rendirent le
10 janvier chez le prince Pierre-Napoléon Bonaparte, à Auteuil. MM. Grousset et Sauton se promenaient dans la rue
en attendant. Tout à coup M. Ulric de Fonvielle se précipita
hors de la maison en criant: « Au secours! à l'assassin! » et
au même instant Victor Noir tombait à ses côtés, expirant.
Il avait la poitrine traversée par une balle que le prince
Pierre lui avait tirée presque à bout portant dans le salon où
le prince avait introduit lui-même les deux témoins de
M. Grousset. Victor Noir, rédacteur de la *Marseillaise*, avait
vingt-deux ans. Le prince Pierre avait déchargé le second
coup de son revolver sur M. Ulric de Fonvielle, dont le pale-
tot avait été traversé par la balle.

La nouvelle de cette scène sauvage se répandit dans la
soirée à Paris, où elle produisit une indignation générale.
M. Henri Rochefort publia dans la *Marseillaise* un article
qui commençait par ces exclamations : « J'ai eu la faiblesse
de croire qu'un Bonaparte pouvait être autre chose qu'un
assassin! J'ai osé imaginer qu'un duel loyal était possible
dans cette famille, où le meurtre et le guet-apens sont de
tradition et d'usage!... » et que terminait cette interroga-
tion hardie : « Voilà dix-huit ans que la France est entre les
mains ensanglantées de ces coupe-jarret, qui, non contents
de mitrailler les républicains dans les rues, les attirent
dans des pièges immondes pour les égorger à domicile :
Peuple français, est-ce que décidément tu ne trouves pas
qu'en voilà assez? » M. Ollivier, dès que la nouvelle du
meurtre d'Auteuil lui était parvenue, avait ordonné l'arrestation de M. Pierre Bonaparte.

Le lendemain, 11 janvier, presque au début de la séance
du Corps législatif, alors qu'un violent incident soulevé par
M. Rochefort était à peine calmé, le président Schneider
donna lecture d'une lettre de M. Grandperret, procureur général près la Cour impériale de Paris, portant demande d'autorisation de poursuites contre ce député pour l'article publié dans la *Marseillaise*. Une commission fut nommée dans

les bureaux, composée uniquement de membres de la droite,
et dès le surlendemain, 13 janvier, M. Nogent Saint-Laurens
déposait un rapport dont la conclusion était que « la commission, à l'unanimité et au nom du principe de l'égalité
devant la loi, émettait l'avis qu'il y avait lieu d'autoriser
les poursuites contre M. Rochefort ».

A la fin de la séance, le président Schneider demanda à la
Chambre si elle voulait mettre à l'ordre du jour du lendemain la discussion du rapport, c'est-à-dire discuter d'urgence la question d'autorisation de poursuites. M. Gambetta
demanda le renvoi au lundi suivant, c'est-à-dire après l'impression et la distribution du rapport. M. Garnier-Pagès
insista dans le même sens. M. Rochefort déclara qu'il lui
était très indifférent que le rapport fût discuté le lendemain
ou un autre jour. M. Gambetta prit la parole pour réclamer
du Corps législatif un ajournement conforme à sa dignité et
à des sentiments élémentaires d'équité et de convenance :

Je n'ai qu'un mot à dire, Messieurs, c'est pour réclamer de vous un ajournement plus long. Je crois
que, quelle que soit la justesse des observations que
vient de vous présenter M. le Président, et quelle
que soit l'offre tout à fait conforme à son caractère
de générosité que vient de faire M. Rochefort...
(*Bruit.*)

Je ne comprends pas que, quand je caractérise la
personne et le sentiment d'un collègue, je puisse rencontrer ici des susceptibilités et des murmures (*Non!
non!*). Je dis une chose qui me semble ne pouvoir être
constatée; je le dis comme je le pense et, par conséquent, je ne puis pas m'expliquer que vous y fassiez
résistance. (*Parlez! parlez!*)

Je reprends et je vous demande un délai plus long,
non pas que je craigne avec notre honorable collègue, M. Garnier-Pagès, une précipitation hâtive
dans vos délibérations, mais pour cette simple considération que je soumets à votre impartialité.

Aujourd'hui le rapport ne nous est encore connu
que d'une manière imparfaite : il ne sera distribué

que demain. Ce rapport soulève de très graves questions ; il fait allusion à des précédents ; ces précédents,
il faut pouvoir les vérifier, les contrôler et en tirer les
conclusions qui s'appliquent ou ne s'appliquent pas à
l'espèce qui nous est soumise. Par conséquent, je ne
crois pas que pour aborder le débat d'une façon complète, — et certes, si un débat mérite d'être appro-
fondi, c'est celui-ci, — nous puissions le mettre dès à
présent à l'ordre du jour de l'Assemblée, et alors nous
nous trouverions reportés à samedi au plus tôt. Eh
bien, je crois qu'on peut prévoir que la discussion
franchira très certainement la fin de la semaine, c'est-
à-dire un jour, et il me semble qu'il ne serait convenable ni pour l'Assemblée, ni pour la gravité du
débat, qu'il y eût cette sorte d'intervalle entre le commencement et la fin, et c'est pour cela que je prie la
Chambre de mettre cette discussion à l'ordre du jour
de lundi. (*Mouvements divers.*)

M. Emmanuel Arago et M. Ernest Picard appuyèrent les
observations présentées par M. Gambetta. La discussion du
rapport fut renvoyée au lundi suivant, 17 janvier.

Le meurtre de Victor Noir, ses funérailles suivies par cent
mille personnes et qui faillirent être le prélude d'une insurrection, l'article de la *Marseillaise*, les discours de plus
en plus exaltés tenus dans les réunions publiques, tous ces
évènements avaient causé à Paris une émotion et une irritation qui ébranlaient fortement, dès son début, le cabinet du
2 janvier. M. Émile Ollivier décida de jouer le Casimir Perier.
Aussi, lorsque le 17 janvier, au début de la séance, plusieurs membres du centre gauche, M. Estancelin, M. Cochery,
M. Antonin Lefèvre-Pontalis, M. Malézieux, M. Riondel, dé-
posèrent un ordre du jour où, tout en exprimant la confiance du Corps législatif dans la fermeté du cabinet, ils demandaient au garde des sceaux de renoncer aux poursuites
intentées contre M. Rochefort, M. Ollivier déclara qu'il considérait « tout ce qui n'était pas le vote pur et simple des
poursuites comme un vote de défiance qui le mettrait dans

l'impossibilité de continuer l'œuvre commencée ». M. Nefftzer devait lui faire remarquer le lendemain, dans le *Temps*,
qu'un vote demandé dans de telles conditions, ce n'était pas
un vote de confiance, c'était un vote de contrainte, vote qui
laissait entière la responsabilité du cabinet et qui prouverait
à la France que le Casimir Perier du second Empire n'était
pas encore trouvé.

La déclaration du garde des sceaux mécontenta assez vivement le centre gauche ; mais l'affaire étant jugée d'avance
par la majorité de droite, peu importait à M. Ollivier. Ce fut
à peine si M. Ernest Picard et M. Emmanuel Arago purent
traiter le côté purement juridique de la question et plaider
les circonstances atténuantes en faveur de M. Rochefort.
M. Gambetta, M. Jules Ferry et M. Bancel comptaient porter
la question sur son véritable terrain, le terrain politique, et
ils s'étaient fait inscrire pour combattre les conclusions de
la commission et les prétentions du garde des sceaux. Le
Corps législatif ne le leur permit pas. Après avoir entendu un
court discours de M. Ollivier et une réplique de M. Jules Simon,
il vota la clôture, malgré les protestations énergiques de M. Jules Ferry et de M. Gambetta, et par 222 voix contre 34 auto-
risa les poursuites. On remarqua l'abstention significative de M. Thiers et de ses amis du centre gauche. La séance
du 17 n'avait pas répondu à l'attente du public qui se pres-
sait dans les tribunes et qui couvrait la place de la Concorde. Mais le discours de M. Ollivier avait été marqué par
un incident que nous ne saurions passer sous silence, parce
qu'à la séance du lendemain , il devait provoquer entre
M. Ollivier et M. Gambetta une scène parlementaire où
l'orateur de la gauche irréconciliable trouva l'occasion
de dénoncer et de flétrir la conduite politique du garde des
sceaux du 2 janvier.

M. Ollivier ayant remplacé M. Arago à la tribune, dans la
séance du 17, avait commencé par répondre d'une manière assez confuse aux considérations judiciaires qui avaient
été présentées par le député de la Seine, puis, pressé d'arriver
aux considérations « purement politiques », il avait cru habile de mêler l'armée à une discussion où elle n'avait rien à
voir.

M. LE GARDE DES SCEAUX. — J'en ai fini avec les considérations judiciaires, j'arrive aux considérations purement politiques.

Nous sommes résolus à ne plus tolérer les habitudes que prend le parti révolutionnaire (*Très bien! très bien!*). Nous ne redoutons pas pour ce pays, nous ne redoutons pas pour cette capitale une révolution. Et cela non pas parce que nous sentons autour de nous une armée fidèle, loyale et courageuse, quoi qu'on en dise... (*Vive interruption à gauche.*)

M. GAMBETTA. — Cela a l'air d'une allusion (*N'interrompez pas!*). Je demande la parole.

M. TACHARD. — Jamais il n'est parti aucune accusation pareille de ces bancs.

M. GAMBETTA, *vivement*. — Laissez-moi donc parler. je vous prie! (*Hilarité.*)

M. LE PRÉSIDENT SCHNEIDER. — J'invite la Chambre au silence. Jamais elle n'a eu besoin de plus de calme.

M. GAMBETTA. — Je vous demande pardon, monsieur le président, d'avoir interrompu ; mais c'était pour une rectification.

M. LE GARDE DES SCEAUX. — Je vous autorise à parler.

M. LE PRÉSIDENT SCHNEIDER, *à M. Gambetta.* — Puisque M. le garde des sceaux y consent, je vous donne la parole ; mais je ne saurais trop vous recommander le calme dans l'intérêt même du débat.

M. GAMBETTA. — Mon calme est parfait, monsieur le président, et si vous voulez que je vous en donne la preuve, laissez-moi parler.

M. LE PRÉSIDENT SCHNEIDER. — Je vous donne la parole.

M. GAMBETTA. — J'ai interrompu monsieur le ministre et je lui en demande pardon...

M. LE GARDE DES SCEAUX. — Je vous cède la parole.

M. GAMBETTA. — C'est qu'il m'a semblé qu'il faisait une allusion personnelle aux paroles que j'avais prononcées dernièrement. Il m'a paru qu'il m'attribuait, dans une troisième épithète sur l'armée, une appréciation que je repousse.

Je n'ai jamais mis en doute, ni ici ni ailleurs, le courage de l'armée, entendez-le bien! Nul ici ne fait plus patriotiquement que moi cause commune avec elle.

M. Ollivier répondit qu'il n'avait voulu faire aucune allusion aux paroles de M. Gambetta, et qu'il visait uniquement la campagne qui se poursuivait dans une certaine presse contre l'armée. Mais le ministre se disait pleinement rassuré, non seulement parce qu'il sentait autour de lui une armée fidèle, loyale et courageuse, mais parce que la force matérielle était soutenue par la force morale irrésistible qui résulte de la volonté du peuple :

M. LE GARDE DES SCEAUX. — Eh bien, Messieurs, nous n'admettons pas qu'un représentant de la nation s'attribue le droit, quand il le voudra, à l'heure qu'il aura choisie, de faire un appel aux armes et d'attirer toute une population dans la rue.

Nous ne voulons pas de l'impunité pour ceux qui provoquent les journées, précisément parce nous sommes décidés à les réprimer. Je ne prononce qu'avec émotion ce mot de réprimer, ce mot redoutable, ce mot plein de douleur et plein d'angoisses ; réprimer, c'est répandre le sang, et nous demandons à Dieu, comme unique faveur, de nous accorder de quitter le pouvoir sans avoir répandu une goutte de sang. (*Applaudissements.*)

Et pour qu'il en soit ainsi...

M. GAMBETTA. — Il ne vous faut pour cela qu'un éclair de bon sens. (*Oh! oh! Vives protestations.*)

M. LE GARDE DES SCEAUX. — Il vous faudrait...

M. LE MINISTRE DE L'INTÉRIEUR. — Ne répondez pas !

M. LE GARDE DES SCEAUX. — Il vous faudrait, à vous, monsieur Gambetta, un éclair de patriotisme et un éclair de conscience... (*Très bien !*)

Nous avons déjà dit quelle fut l'issue de la discussion : quoique régulièrement inscrits, M. Gambetta, M. Bancel et M. Jules Ferry ne purent prendre la parole, et ce fut seulement après la proclamation du vote autorisant les poursuites, que M. Gambetta put monter à la tribune pour protester contre la brusque clôture du débat :

M. GAMBETTA. — Messieurs, je vous demande la permission et je suis sûr que, malgré la décision que vous avez rendue sur la clôture de la discussion, vous comprendrez que je remplis en mon nom personnel et aux noms de deux de mes honorables amis, MM. Ferry et Bancel, un devoir de conscience politique en vous exprimant l'appréciation que nous devons au suffrage universel sur le vote que vous venez de rendre. (*Murmures.*)

Nous avions pris la précaution...

Un membre. — Vous rouvrez la discussion.

M. GAMBETTA. — Messieurs, ce n'est pas une discussion sur le vote. Je ne veux pas rouvrir la discussion ; mais il m'appartient de faire savoir nettement aux électeurs que je représente ici, pourquoi, inscrit aussitôt le rapport déposé, c'est-à-dire il y a trois jours. je n'ai pu prendre part à un débat d'une telle gravité que... (*Réclamations.*)

Maintenant que le vote est rendu et que le membre que vous avez frappé n'est plus à son banc...

Un membre. — Nous ne l'avons pas frappé !

M. GAMBETTA. — Il me semble que vous pourriez avoir la patience d'écouter mes explications.

Voix nombreuses. — Non ! non ! L'ordre du jour !

M. GAMBETTA. — Il faut qu'on sache que, en France, dans un débat d'apparence juridique, mais purement politique dans la réalité, et pour lequel les membres de l'opposition avaient pris la précaution de se faire inscrire d'avance, ils n'ont pu, malgré leurs efforts, protéger de leur parole ni l'intégrité de l'Assemblée, ni la prérogative inviolable du suffrage universel, dont

ils sont les défenseurs, et que vous avez, par un coup
d'État parlementaire, étouffé la discussion et repoussé
la lumière. (*Vifs murmures au centre et à droite. — A
l'ordre! — Approbation à gauche.*)

M LE PRÉSIDENT SCHNEIDER. — Je me borne à faire
remarquer à M. Gambetta que la Chambre est toujours maîtresse de demander la clôture, quand elle
croit la discussion assez complète pour que son opinion soit entièrement faite. M. Gambetta et les deux
collègues dont il a cité les noms...

M. GAMBETTA. — Bancel et Ferry.

M. LE PRÉSIDENT. — ... n'étaient pas d'ailleurs les
seuls inscrits. D'autres membres avaient également
demandé la parole ; par conséquent la clôture n'a point
été prononcée contre M. Gambetta, M. Ferry ou
M. Bancel seuls. mais bien contre la série des orateurs qui étaient encore inscrits.

M. GAMBETTA. — C'était les trois seuls orateurs où
il ne pouvait y avoir d'équivoque. (*Murmures et bruit.*)

La séance fut levée sur cette protestation. Le lendemain
18, aussitôt après la lecture du procès-verbal, le président
Schneider donna la parole à M. Gambetta pour un fait personnel.

M. GAMBETTA, *de sa place*. — Je prends la parole,
d'abord pour demander une rectification portant sur
les derniers mots qui me sont attribués à la fin de la
discussion d'hier, aussitôt après le vote. C'est une
question de pure forme... (*Plus haut! on n'entend pas!*)

Le *Journal officiel* me prête une phrase qui serait
tout à fait immodeste de ma part et qui serait, je ne
dirai pas une injure, mais une offense incompréhen-
sible à l'égard de plusieurs de mes collègues. (*On n'entend pas!*)

Le *Journal officiel* me fait dire, à propos des orateurs
qui étaient inscrits, que « c'était les seuls orateurs où
il ne pouvait y avoir d'équivoque ».

Je proteste contre la forme et le sens de ces paroles. J'ai dit qu'il y avait une série d'orateurs de l'opposition, MM. Bancel, Ferry, Crémieux, Garnier-Pagès. qui s'étaient inscrits d'avance et qui avaient un droit acquis, dans un débat d'accusation, à prendre la parole, et qu'on leur avait fermé la bouche parce qu'on prévoyait très bien quels seraient leurs discours... (*Interruption.*)

Cette rectification de pure forme étant faite, il m'en reste une autre qui est une rectification d'intérêt personnel.

L'absence du garde des sceaux à son banc fait que je ne peux pas formuler ma protestation dans les termes énergiques qu'elle mérite.

Hier, lorsque je faisais allusion aux paroles prononcées par lui, et par lesquelles il demandait à Dieu qu'il n'y ait pas sous ce ministère une goutte de sang répandu, j'ai dit : « Il vous suffirait d'un éclair de bon sens et de retirer les poursuites pour éviter ce malheur. »

Il me répondit par ces mots, et c'est la seule phrase que j'aie entendue : « Et vous, monsieur Gambetta, il vous faudrait un éclair de patriotisme. »

J'ai trouvé une addition au *Journal officiel*, celle-ci : « et un éclair de conscience. »

Eh bien, permettez-moi de le dire, je suis très partisan de la liberté de discussion la plus absolue, et je crois que nous devons favoriser les luttes, même les plus ardentes et les plus passionnées ; mais quant à la conscience et au for intérieur, je n'accepte la juridiction de personne ; et si M. Émile Ollivier était là, je lui expliquerais par quel motif je l'accepterais de lui moins que de personne. (*Bruits et rumeurs en sens divers. Quelques applaudissements se font entendre dans une des tribunes hautes du côté droit.*)

M. LE PRÉSIDENT SCHNEIDER. — Si une interruption venait à se produire dans une tribune, ou une mani-

festation quelconque, je serais obligé de la faire évacuer immédiatement.

M. Gambetta. — Il n'y a pas eu de manifestation.
(*Si! si!*)

M. Chevandier de Valdrôme , *ministre de l'intérieur*. — Au nom de mon collègue absent, je déclare que je proteste contre les observations de l'honorable M. Gambetta. Au surplus, lorsque M. le garde
des sceaux sera à son banc, il saura lui répondre.

M. Gambetta. — Je crois qu'on me rendra cette justice que c'est moi qui ai dit que, en l'absence de M. le
garde des sceaux, je ne formulerais pas mes protestations dans le langage qu'il me conviendrait d'employer. (*Allons donc! allons donc!*)

Je n'ai violé aucune convenance, et je tiens surtout
à dire ici que je suis, moins que personne, disposé à
frapper mes adversaires par derrière, je les veux en
face de moi. (*Le bruit couvre la voix de l'orateur.*)

J'attends d'ailleurs que celui que j'attaque soit à son
banc. Il y sera demain et nous nous expliquerons.

M. Gambetta n'eut pas à attendre au lendemain : il venait
à peine de descendre de la tribune, que M. Émile Ollivier
entra dans la salle des séances, et, aussitôt, demanda la parole pour un fait personnel :

M. le garde des sceaux. — Je regrette d'avoir été
empêché de me trouver à mon banc à l'ouverture de
cette séance. On me dit qu'en mon absence. l'honorable M. Gambetta s'est plaint de ce que j'aurais
ajouté au *Journal officiel* un mot aux paroles que j'ai
prononcées hier...

M. Gambetta. — Ce n'est pas dans cette forme que
j'ai produit mon observation ; mais, puisque vous êtes
là et que cette observation concerne chacun de nous
individuellement, je vais la faire de nouveau.

J'ai dit que, lorsque je vous avais interrompu hier.
à propos des mots que vous aviez prononcés sur vos

souhaits d'éviter, pendant votre passage aux affaires,
l'effusion du sang, de ne pas en répandre une seule
goutte, je l'avais fait ainsi : « Cette goutte de sang.
vous ne la verserez pas si vous avez un éclair de bon
sens et si vous retirez la demande d'autorisation de
poursuites. »

La réponse que je vous ai entendu m'adresser contenait ces mots : « Quant à vous, il vous faudrait,
monsieur Gambetta, un éclair de patriotisme... »

M. LE GARDE DES SCEAUX. — Et de conscience !

M. GAMBETTA. — C'est là-dessus précisément que
porte ma protestation ;

« ... et de conscience. »

Je dis que je n'ai pas entendu ces mots, je ne dis
pas que vous ne les ayez pas prononcés ; il suffit que
je les retrouve au *Journal officiel* pour que je vienne
protester contre ces paroles. Je disais à l'Assemblée
que je ne les qualifiais pas, parce que vous étiez absent, mais, puisque vous voilà, je m'en vais vous donner ma façon de penser à cet égard.

Je ne reconnais à personne, je l'ai dit, — et vous re-
trouverez mes paroles demain au *Journal officiel*, dans
la discussion que je réclame, car j'en ai besoin pour
moi-même. aussi libre, aussi passionnée que le comportent les intérêts en jeu, — je ne reconnais à personne le droit de se faire le juge de ma conscience et
de porter sur mon for intérieur aucune appréciation
et aucun jugement.

J'ai ajouté que, moins qu'à tout autre, je vous re-
connaissais ce droit, car je tiens, pour l'avoir su et
pratiqué, que votre conscience est trop mobile et trop
variable pour que je puisse en tenir compte. (*Vives
réclamations. — Murmures et cris : A l'ordre!*)

M. GRANIER DE CASSAGNAC. — Vous pratiquez un
droit que vous refusez aux autres !

M. LE PRÉSIDENT SCHNEIDER. — M. le garde des sceaux
a la parole.

M. Émile Ollivier, *garde des sceaux, ministre de la justice et des cultes.* — Messieurs, il est des injures et des insinuations au-dessus desquelles j'ai le droit de me tenir... (*Très bien! très bien!*)

M. Gambetta. — C'est cela, toujours la même théorie, le dédain, n'est-ce pas?

M. le garde des sceaux. — ...sans craindre que j'en puisse être atteint...

M. Gambetta. — Je demande la parole.

M. le garde des sceaux. — Seulement je ferai remarquer à M. Gambetta, qu'il donne aujourd'hui une fois de plus l'exemple de la contradiction continuelle qui est dans ses paroles et dans sa conduite.

M. Gambetta s'arroge le droit de juger les autres: il ne se passe pas de séance dans laquelle il ne fasse entendre des paroles qui, pour un homme d'honneur, sont blessantes.

Nous y répondons par la plus complète modération et quand, interrompu injustement, je dis à M. Gambetta que si sa conscience n'était pas troublée par la passion qui l'entraîne...

M. Gambetta. — Vous n'avez pas dit cela!

M. le garde des sceaux. — C'est le sens que j'ai voulu donner à ce mot de conscience. Oui, votre conscience est troublée par les passions, car si elle ne l'était pas, vous n'auriez pas prononcé les tristes paroles que vous venez de faire entendre. (*Très bien! très bien!*)

M. Gambetta *se lève pour parler.*

Voix nombreuses. — Assez! assez!

M. le président Schneider. — Monsieur Gambetta, permettez-moi...

M. Gambetta. — Comment, Messieurs, vous trouvez que l'explication est suffisante!

M. le président Schneider. — Monsieur Gambetta, laissez-moi vous faire un appel. Il y a une question qui prend dans la discussion un caractère irritant. Je crois que, de part et d'autre, il est bien désirable que l'incident se termine. (*Oui! oui!*)

M. GAMBETTA. — Monsieur le président, permettez. Il me semble qu'il est impossible qu'après avoir aussi loyalement posé la question que je l'ai fait... (*Vive interruption*) vous vous refusiez à entendre ma réponse aux paroles que vient de prononcer M. Émile Ollivier, puisqu'il dit, en parlant de nous : «ces Messieurs». Eh bien, je vais lui faire une réponse que je crois catégorique et décisive.

Non, Monsieur, je ne vous ai pas adressé une injure, je vous ai purement, simplement, rappelé qu'il ne vous appartenait pas, à vous, d'attaquer ma conscience et de la qualifier... (*Nouvelle interruption et nouveaux murmures.*)

M. LE PRÉSIDENT SCHNEIDER. — Il serait désirable de clore cet incident. Les observations prennent un caractère direct et personnel qui est regrettable.

M. GAMBETTA, *continuant et s'adressant à M. le garde des sceaux.* — Vous l'avez si bien compris, que vous avez déplacé la question ; vous avez dit que c'était moi l'agresseur, et qu'il ne se passait pas de séance où je ne vinsse prononcer des paroles blessantes contre votre honneur.

Cela n'est pas, et, à coup sûr, il est de bien amers souvenirs que je pourrais rappeler dans cette enceinte. J'ai dit, et je le répète, que vous avez une conscience mobile. (*Exclamations diverses.* — *A l'ordre! à l'ordre!*)

Non pas que je vous conteste le droit de changer d'opinion ; mais il y a quelque chose que vous ne pourrez expliquer, pour la moralité française, c'est que votre changement d'opinion a coïncidé avec votre fortune. (*Nouvelles et vives exclamations.* — *A l'ordre! à l'ordre!*)

M. LE GARDE DES SCEAUX. — Laissez-moi répondre.

M. LE PRÉSIDENT SCHNEIDER. — La parole est à M. le garde des sceaux.

M. LE GARDE DES SCEAUX. — Je ne crois pas qu'il soit nécessaire de justifier la rectitude inébranlable de ma conduite. (*Interruption sur quelques bancs à gauche.*)

M. GAMBETTA. — Elle a été stigmatisée et déclarée indigne par vos électeurs ! (*Bruit.*)

M. LE GARDE DES SCEAUX. — Depuis le jour où je suis rentré dans la vie politique, dès le premier discours que j'ai prononcé dans cette enceinte, en 1857...

M. GAMBETTA. — J'y étais.

M. LE GARDE DES SCEAUX. — Faites un peu de silence, je vous prie, et ayez la patience de m'écouter...

M. GAMBETTA. — Je vous écoute, puisque je vous interromps.

Plusieurs voix. — Laissez donc parler ! n'interrompez pas !

M. LE GARDE DES SCEAUX. — Dès 1857, dès le premier discours que j'ai prononcé dans cette enceinte, alors qu'il ne s'agissait pas pour moi de fortune, pas plus qu'aujourd'hui ; car, sachez-le bien, exercer le pouvoir dans le moment où nous sommes, c'est une mission difficile...

M. GAMBETTA, *avec vivacité.* — C'est un acte de courtisanerie ! (*A l'ordre ! à l'ordre !*)

M. LE PRÉSIDENT SCHNEIDER. — Encore une fois, monsieur Gambetta, veuillez ne pas interrompre, et surtout avec cette animation.

M. LE GARDE DES SCEAUX. — Permettez, je vous en prie.

Oui, monsieur Gambetta, si vous aviez davantage la conscience des réalités ; si vous aviez davantage le sentiment de la justice, vous sauriez que le pouvoir, dans les circonstances actuelles, est un fardeau lourd qu'on accepte par devoir, et parler de fortune à ceux qui se sont décidés à pareil dévouement, c'est donner aux autres le droit de croire qu'on ne cherche soi-même dans la politique qu'une occasion de fortune. (*Très bien ! très bien ! — Réclamations à gauche.*)

Et j'ajoute...

M. Planat. — Monsieur le président, il y a un article du règlement qui interdit les personnalités, et je demande qu'on le mette à exécution.

M. le ministre. — J'ajoute que si dès 1857...

M. Planat. — Nous ne sommes pas ici pour entendre des personnalités.

M. Chevandier de Valdrôme, *ministre de l'intérieur*. — Ce n'est pas de nos bancs que sont parties les personnalités, c'est du vôtre.

M. Vendre. — C'est lorsque M. Gambetta parlait qu'on aurait dû rappeler les dispositions du règlement. (*Oui! oui!* — *Très bien!*)

M. le garde des sceaux. — Je ne me permets aucune attaque personnelle, mais je tiens à compléter ma pensée. Je le dois, non pas pour cette Assemblée. — elle n'a plus besoin de mes explications, — non pas pour le pays, — il n'en a pas besoin davantage; mais je ne puis tolérer qu'en ma présence on prononce certaines paroles. Dès 1857, lorsque je suis rentré dans la vie politique, je n'ai poursuivi qu'un but : la liberté.

M. Gambetta. — Vous vous êtes dit républicain à cette tribune ! (*A l'ordre! à l'ordre!*)

M. le président Schneider. — Monsieur Gambetta, si vous interrompez de nouveau, je serai obligé de vous rappeler à l'ordre.

M. le garde des sceaux. — Depuis 1857, je n'ai eu qu'une pensée, c'est de me rappeler le conseil si noble d'un homme qui a su, dans des circonstances graves, remplir aussi de grands devoirs, le conseil du général Cavaignac disant qu'il avait en mépris la théorie immorale des réticences et des arrière-pensées; depuis 1857 je n'ai eu qu'un but : être fidèle à la religion du serment, tenir ce que j'avais juré.

Il est vrai qu'un jour dans cette enceinte je me suis dit républicain, — c'était en 1861; après le décret du 24 novembre, — je me suis levé et j'ai dit à l'Empereur:

« Sire, donnez-nous la liberté, et moi qui suis républicain au moment où je parle, j'admirerai et j'aiderai. »

Voilà ce que j'ai dit publiquement en 1861.

L'Empereur a donné la liberté, il a fait appel à mon dévouement. Ce dévouement, Messieurs, il l'a absolu ; j'ai été fidèle à ma promesse de 1861, je crois qu'en agissant ainsi j'ai accompli un acte de conscience et que je me suis honoré aux yeux de mon pays. (*Oui! oui! — Bravos et applaudissements prolongés.*)

M. GAMBETTA. — Je demande à M. Ollivier si c'est à lui de se juger lui-même! (*Assez! assez! — La clôture!*)

M. LE PRÉSIDENT SCHNEIDER. — Monsieur Gambetta, ne renouvelez pas, je vous prie, ce débat. La Chambre a demandé la clôture, et je vais la consulter. (*Oui! oui!*)

M. GAMBETTA. — Mais il y a le règlement, qui dit qu'on parle toujours après un ministre.

M. Gambetta prononce avec une très grande animation quelques paroles qui, au milieu du bruit, ne parviennent pas jusqu'au banc des sténographes. (*Nombreux cris : A l'ordre! à l'ordre!*)

M. LE PRÉSIDENT SCHNEIDER. — Je vous rappelle à l'ordre, monsieur Gambetta... (*Très bien! très bien!*)

M. GAMBETTA. — Rappelez M. Ollivier à lui-même!... (*Bruit.*)

M. LE PRÉSIDENT SCHNEIDER. — Je vous rappelle à l'ordre, non pas pour ce que vous avez dit, je ne l'ai pas entendu, mais à raison du trouble que vos paroles jettent dans la Chambre et pour la véhémence que vous montrez, (*Oui! oui! Très bien!*)

Un membre. — Dites : Pour la violence!

M. JULES FERRY. — C'est la véhémence d'une conscience honnête!

M. LE PRÉSIDENT SCHNEIDER. — Assurément, je ne mets pas en question la conscience de M. Gambetta.

M. GAMBETTA. — Je le crois bien! (*Exclamations.*) Je

signale un fait... (*Le bruit couvre la voix de l'orateur.*)

M. Gustave Fould. — Nous ne sommes pas ici pour nous occuper des affaires de conscience de M. Gambetta. Nous sommes ici pour nous occuper des affaires du pays.

M. le président Schneider. — Je mets aux voix la clôture de l'incident.

(La clôture, mise aux voix, est prononcée.)

M. Gambetta. — C'est toujours votre ressource, misérable ressource! (*Bruit. Murmures au centre et à droite.*)

M. le baron de Plancy. — Je crois avoir entendu le mot «misérable». Monsieur, je ne l'accepte pas; et je proteste quant à moi.

M. Gambetta. — Mais vous n'entendez pas ce que je dis. J'ai dit que c'est une ressource misérable.

M. le président Schneider. — Monsieur Gambetta, permettez-moi de vous demander le calme qui est nécessaire dans cette enceinte...

M. Gambetta. — Mais, monsieur le Président, l'indignation exclut le calme. (*Nouveaux murmures et cris: A l'ordre!*)

DISCOURS

UNE QUESTION RELATIVE A LA GRÈVE DU CREUZOT

Prononcé le 26 janvier 1870

AU CORPS LÉGISLATIF

———

Le Corps législatif avait voté, en 1864, un projet de loi, présenté par le gouvernement, qui, abrogeant la loi sur les coalitions, autorisait les grèves sans reconnaitre les associations ouvrières. La loi de 1864 avait eu pour rapporteur M. Émile Ollivier, et ce fut même à l'occasion de cette loi que M. Jules Favre, à la suite de l'un de ses plus beaux discours, avait consommé la rupture de l'opposition avec l'ancien membre des *Cinq*, devenu le protégé de M. de Morny.

La loi de 1864 avait été favorablement accueillie par la classe ouvrière. Malgré ses imperfections nombreuses, elle constituait un progrès considérable sur la législation antérieure. M. Jules Favre avait dit, dans un amendement à l'adresse, amendement qui avait failli être adopté : « Les ouvriers, convaincus que la liberté est à la fois la seule garantie de l'ordre et du travail, et la source la plus féconde du bien-être moral et matériel, ne demanderont plus à l'État que le droit d'améliorer leur position par leur propre énergie; l'instruction et une latitude plus grande accordée au droit d'association leur en donneront les moyens. »

Il restait à savoir comment le gouvernement impérial appliquerait la loi sur les coalitions. Les grèves de la Ricamarie et d'Aubin répondirent cruellement à cette question. Au mois de janvier 1870, une nouvelle grève éclata au Creuzot: M. Ollivier n'appliqua pas autrement que M. Rouher la loi

dont il avait été le rapporteur. Il nous faut entrer ici dans
quelques détails :

« Les ouvriers du Creuzot, raconte Taxile Delord (1),
avaient nommé un comité de cinquante membres, chargé
de la surveillance des intérêts des ouvriers de l'usine, et
présidé par un ouvrier nommé Assy ; les commissaires ré-
clamèrent la gestion de la caisse de secours et de prévoyance
fondée au Creuzot, et alimentée par les retenues faites sur
leurs salaires. Les recettes annuelles atteignaient au moins
250,000 fr., et le fonds de réserve 450,000 fr. La caisse
payait une subvention de 40 ou 50,000 fr. aux écoles des
filles et garçons, 70,000 fr. de frais de médecin ou de phar-
macie, 25,000 fr. pour l'entretien des églises catholiques ou
protestantes, et 6,000 fr. d'indemnités aux ouvriers victimes
d'accidents. M. Schneider, propriétaire de l'usine du Creuzot, repoussa la demande du comité et proposa de soumettre
la question à la décision de tous les ouvriers ; 2,379 seulement (les autres s'abstinrent) votèrent : 536 pour le *statu quo*,
1,483 contre. Assy, président du comité, et plusieurs autres
ouvriers, en se présentant le lendemain à l'atelier, apprennent qu'ils sont renvoyés. Leurs camarades, informés de
cette mesure, cessent à l'instant tout travail et envoient des
délégués au directeur pour lui expliquer les causes de leur
détermination. Il ne s'agit pas, selon eux, d'une grève, mais
d'une suspension de travail, qui cessera dès qu'on leur ac-
cordera la gestion complète de la caisse, la réintégration
des ouvriers expulsés et le renvoi d'un employé dont ils
avaient à se plaindre.

« M. Schneider, arrivé le 10 janvier, refusa d'accepter ces
conditions. Ce jour-là même, des forces considérables en
infanterie et en cavalerie, sous les ordres de deux généraux,
occupèrent le Creuzot. M. Schneider fit afficher une invitation aux ouvriers de rentrer dans leurs ateliers, en les pré-
venant que la liberté du travail serait protégée. Le préfet
de Saône-et-Loire lança une proclamation menaçante. »

Le 26 janvier, M. Esquiros, député des Bouches-du-Rhône,
posait au ministre de l'intérieur cette question : « Est-il vrai
qu'une force considérable ait été appelée au Creuzot, durant
la dernière grève d'ouvriers ? » « Au nom de l'ordre, au nom

1. *Histoire du Second Empire*, tome VI, page 71.

de la paix publique, continuait M. Esquiros, je réprouve toute intervention de l'élément militaire dans une question de travail. J'ai vécu en Angleterre, j'ai vu une grève formidable, la grève des ouvriers du bâtiment, en 1860 : je les ai vus se réunir 150,000 hommes dans Regent's Park. Je me suis promené dans ces vastes terrains, je n'ai pas même rencontré un *policeman*... Oh ! j'adjure le nouveau ministère d'abandonner cette politique dangereuse dont ses prédécesseurs ont fait par deux fois l'essai, funeste essai, funeste expérience, car nous avons encore à la mémoire ces deux noms de la Ricamarie et d'Aubin ! »

M. Chevandier de Valdrôme, ministre de l'intérieur, répondit brièvement à M. Esquiros « qu'il était *parfaitement* vrai que 3,000 hommes avaient été envoyés au Creuzot et mis à la disposition du préfet de Saône-et-Loire pour défendre l'ordre, le propriété, la liberté du travail, le respect de la loi qui paraissaient menacés ; et que le gouvernement était *parfaitement* disposé à prendre des mesures pareilles de précaution, chaque fois que de pareilles circonstances viendraient à se présenter. »

La droite applaudit ; M. Gambetta monta à la tribune.

M. GAMBETTA. — Messieurs, je demande pardon à la Chambre d'insister, mais il me semble qu'à côté des déclarations de prudence de M. le ministre de l'intérieur, il eût été nécessaire de placer des considérations de justice.

Je sais tout ce qu'un pareil sujet comporte, dans les circonstances que nous traversons, de mesure et de réserve, je n'y faillirai pas. Seulement, permettez-moi de vous dire que vous me semblez vous départir singulièrement des prescriptions mêmes de la loi qui a été votée dans cette enceinte en 1864, lorsqu'on a reconnu, pour les membres de la classe ouvrière, ce droit de débattre les conditions de leur travail et le salaire qui doit le rémunérer...

Un membre à droite. — Ce droit, personne ne le conteste.

M. GAMBETTA. — Lorsqu'on a voulu les mettre sur

un pied d'égalité et de franc jeu absolu avec les patrons, on n'a pas pu réserver, au bénéfice de ces derniers, le droit, — toutes les fois qu'une émotion gréviste se produira dans une agglomération quelconque,
— de faire intervenir la puissance publique, la force
armée. Sans cela, on eût donné et retenu ; en même
temps on eût octroyé aux classes ouvrières le droit
de se mettre en grève, et on eût détruit, par des
dispositions comminatoires, l'exercice même de ce
droit.

En effet, Messieurs, qu'est-ce qui se passe.... — je
traiterai le sujet avec la plus grande circonspection, —
qu'est-ce qui se passe au Creuzot ?

Des ouvriers, à la suite d'une discussion élevée sur
une caisse de prévoyance, ayant émis un vote qui n'a
pas obtenu l'assentiment des directeurs de l'usine,
ont jugé à propos d'organiser la résistance légale, de se
retirer dans leurs foyers, et d'obliger, par leur abstention, les directeurs de l'usine à capituler et à entrer en
négociations avec eux. Rien de plus légitime, rien de
plus respectable, rien de plus sacré (*Exclamations ironiques*) ; et la loi des coalitions n'est qu'une vaine comédie si elle n'est pas appliquée en leur faveur et si aujour-
d'hui ils ne sont pas fondés à en réclamer l'application
contre les mesures prises par M. le ministre de l'intérieur (*Allons donc !*). Il n'y a pas eu de provocations,
l'ordre n'a pas été troublé ni même menacé, car, remarquez à quels sophismes ont toujours recours les
défenseurs du gouvernement ; ils vous disent, ils vous
répétaient encore il n'y a qu'une minute : L'ordre a été
menacé, la propriété a été mise en péril ; nous avons
voulu conserver, protéger ces deux intérêts.

A merveille ! mais il faut qu'à l'appui de ces paroles
qui ont la prétention de légitimer des actes de force
et d'arbitraire, il y ait une démonstration, un document quelconque. Or, il n'y en a pas. Après une
semaine de grève, de rassemblements organisés pour

résister à des prétentions que les ouvriers trouvent injustes, l'ordre dans cette agglomération de plusieurs milliers d'individus n'a couru aucun risque.' (*Rumeurs.*)

Que dirai-je de l'équilibre que vous avez voulu maintenir entre les patrons et les ouvriers, de l'intervention parfaitement **sinistre**, parfaitement **provocatrice** de 3,000 baïonnettes au Creuzot? (*Réclamations.*)

Ne dites pas que ce n'est pas là une mesure sinistre, une mesure comminatoire.

Il a suffi de la présence des chassepots pour amener les résultats sanglants de la Ricamarie et d'Aubin.

Je le déclare, c'est là une mauvaise politique; c'est surtout une violation de la justice distributive. Il y a violation de la loi, et c'est pour ce motif surtout que je sollicite votre attention ; je vous adjure de déclarer si, oui ou non, la loi de 1864 est un leurre, est un piège; si, lorsque vous avez proclamé le libre débat, la libre discussion, la libre agglomération des ouvriers, l'organisation de la résistance du travailleur en face du patron, on verra toujours mettre du côté des patrons les baïonnettes?

Voilà la question que je vous pose. Renversez l'hypothèse, et supposez, — je pourrais rencontrer des industries qui ont donné cet exemple, — supposez, dis-je, que les patrons se réunissent pour organiser l'évacuation des ateliers, l'abaissement des salaires; est-ce que, lorsque les ouvriers feront entendre leurs plaintes et leurs réclamations, vous mettrez des baïonnettes à leur service? Non, et vous aurez raison!

Eh bien, ce que je réclame au nom de la justice, au nom de l'égalité devant la loi, au nom de la loi des coalitions dont vous vous faites un mérite devant les classes laborieuses, c'est le droit égal. J'exige l'égalité pour tous, et je dis que, par conséquent, l'envoi au Creuzot de 4,000 hommes a été une mauvaise mesure, une mesure d'intimidation (*Vives réclamations*), une

manœuvre contraire à la loi et aux vœux légitimes de
la classe ouvrière. (*Approbation sur quelques bancs à
gauche.* — *Protestations dans les autres parties de la
salle.*)

M. LE MINISTRE DE L'INTÉRIEUR. — La Chambre comprendra que ce n'est pas au moment où les évènements du Creuzot ne sont pas complètement terminés,
que le gouvernement pourrait accepter la discussion
sur les évènements eux-mêmes.

M. GAMBETTA. — Je ne les discute pas.

M. LE MINISTRE. — Je veux donc ramener la question
à ses termes les plus simples, et éviter de suivre le
précédent orateur sur un terrain qui pourrait passionner le débat; ces termes sont ceux-ci :

Qu'est-ce qui a motivé l'intervention du gouvernement? Quelle a été cette intervention? et quelles instructions ont été données et suivies?

Le ministre de l'intérieur était prévenu par les autorités administratives que des menaces étaient faites et
qu'elles pouvaient empêcher la liberté du travail :
que des ouvriers, qui n'étaient pas d'accord avec leurs
patrons, voulaient peser sur les autres, pour les empêcher de rentrer dans leurs ateliers.

Aucune intimidation, je l'affirme, n'a été exercée,
je l'affirme...

M. GAMBETTA. — J'affirme le contraire. (*Vives réclamations.*)

M. LE MINISTRE. — Je l'affirme une troisième fois,
monsieur Gambetta... (*Très bien! très bien!*), et quand
vous apporterez des preuves contraires, nous les discuterons; mais vous ne m'amènerez pas sur un terrain
qui puisse passionner le débat, et je ne discuterai pas
des faits qui sont en cours d'exécution.

Je réponds à la question qui est adressée au gouvernement, j'entends ne pas faire autre chose. (*Très
bien!*)

M. le préfet de Saône-et-Loire avait rendu compte

au ministre de l'intérieur de faits qui pouvaient provoquer une collision. Quel était le devoir du ministre de
l'intérieur ? De donner au préfet de Saône-et-Loire les
moyens de faire respecter la loi, et ces moyens
devaient être suffisants pour que, au lieu d'être une
cause d'irritation, comme vous le supposez, ils
soient par leur présence même une cause de pacifica-
tion. (*Très bien !*)

M. Esquiros. — On ne pacifie pas avec des baïonnettes !

M. LE MINISTRE. — Permettez ! je ne vous ai pas interrompu, je vous prie d'écouter ma réponse.

On a donc ordonné l'envoi de 3,000 hommes au
Creuzot. Dans quelles conditions ? Alors que j'étais
prévenu que des menaces et des violences pourraient
être exercées sur d'honnêtes ouvriers qui voulaient
continuer leur travail.

Quelles instructions ont été données ? Il suffira,
pour que la Chambre en comprenne l'esprit, de lire la
fin d'une dépêche adressée le 20 janvier. à 7 heures
15 minutes du soir, au préfet de Saône-et-Loire :

« Pénétrez-vous bien des principes qui doivent diriger votre conduite dans cette circonstance. L'autorité
a pour mission d'assurer à chacun l'exercice de ses
droits, de protéger la liberté du travail, de prévenir
toute violence contre les choses ou les personnes, de
maintenir l'ordre avec autant de prudence que de fermeté. » (*Très bien !*)

Une dépêche précédente, datée du même jour, à
5 heures 35 minutes, se terminait par ces paroles :

« Avant tout, ne vous inspirez que de l'intérêt
général. »

Le gouvernement ne s'est donc pas préoccupé de
l'intérêt des patrons ; il s'est préoccupé de la loi, de
l'intérêt de tous ; il s'est préoccupé de faire respecter
la liberté du travail et d'assurer précisément l'exécution loyale et complète de cette loi de 1864 à laquelle

on faisait allusion tout à l'heure (*Très bien!*). J'ajouterai que telle est notre intention, partout où la liberté
du travail, ou les prescriptions quelconques d'une loi
existante et non abrogée, pourront être mises en péril
par la violence, partout on nous trouvera prêts à défendre la loi, prêts à la faire respecter (*Très bien*), et
prêts à répondre à ceux qui ne le trouveront pas bon.
(*Vif mouvement d'approbation.*)

M. Gambetta. — Je veux ajouter un mot... (*L'ordre
du jour! l'ordre du jour!*) aux observations que j'ai eu
l'honneur de présenter à la Chambre.

M. le ministre de l'intérieur vous a donné lecture des
instructions qu'il a transmises à son préfet. Étant
donné, et c'est là le point de dissentiment entre l'honorable organe du gouvernement et moi, étant donné
en effet, que vous acceptez comme légitime et comme
nécessaire, toutes les fois qu'il y a une émotion gréviste dans un centre industriel, l'intervention, selon
vous protectrice, selon moi provocatrice, de la force
armée... (*Réclamations.*)

Permettez, Messieurs, je précise le débat, et je crois
le faire dans les termes d'une courtoisie absolue. Eh
bien, je dis : Étant donné que ce soit là votre préoccupation, je comprends les instructions que vous
avez transmises à vos agents.

Seulement je vous prie de considérer, monsieur le
ministre de l'intérieur, que je ne place pas le débat
sur ces instructions mêmes, que je ne discute même
pas l'attitude des troupes, les troupes n'ayant pas usé
de leurs armes; je mets le débat plus haut et je vous
dis : si la loi sur les coalitions n'est pas un vain mot,
si vous tenez comme un principe inviolable que la
liberté du travail n'existe pour les ouvriers, en face
des patrons, que tout autant qu'elle est absolument
placée en dehors de toute contrainte, de toute pression, de toute menace, de toute anxiété; je dis qu'il
ne faut jamais, dans aucun cas, envoyer des forces

militaires sur le lieu d'une grève. (*Allons donc! allons donc!*)

M. ÉDOUARD DALLOZ. — Je demande la parole.

M. GAMBETTA. — Mais je comprends, écoutez-moi bien, je comprends à merveille vos résistances. Seulement je voudrais établir, dans une discussion très brève et très loyale avec M. le ministre de l'intérieur, le fondement légitime de mon opinion, et lui démontrer sa propre erreur. (*Assez! assez! L'ordre du jour!*)

Je prétends que toutes les fois que vous envoyez des troupes sur le lieu d'une grève, vous favorisez... (*Bruit*), vous favorisez injustement un des deux intérêts qui sont en présence. (*Allons donc!*)

Oui, je maintiens que, lorsque deux parties contractantes sont en conflit, en rivalité, l'une représentant l'offre, l'autre la demande, vous placez la force publique derrière l'une des deux parties contractantes, vous rompez l'équilibre (*Vives réclamations*); et vous le sentez si bien, que lorsque vous m'avez répondu, vous m'avez dit : Les troupes que nous envoyons sur le terrain de la grève, nous ne les mettons ni au service des patrons, ni au service des ouvriers. C'est là votre réponse. Est-ce exact? (*Oui! oui! Assez! assez!*)

Eh bien... Messieurs, je vous demande pardon, mais vos murmures m'obligent à donner à ma voix un volume qui me fatigue beaucoup, et je crois que j'apporte assez de modération dans le débat pour pouvoir réclamer votre bienveillante attention.

Eh bien, quelque honorable que soit votre préoccupation, quelque légitime que vous paraisse votre thèse, elle est fausse et je vous demande la permission d'en démontrer la fausseté. Je dis qu'il est impossible que, lorsqu'un groupe d'ouvriers se met en grève et qu'à la suite de cette grève on voit arriver sur le lieu même de la grève un bataillon ou un régiment, l'impression immédiate, l'impression humaine, l'impression directe, accessible à tous, ne soit pas celle-ci : c'est contre les ouvriers que cet appareil militaire est dirigé. (*Non! non!*)

Je dis que j'exprime là un sentiment absolument irréfutable. (*Nouvelles dénégations.*)

Mais, Messieurs, mettez-vous en présence des faits et demandez-vous si lorsque l'intervention de la force armée arrive dans une grève, ce sont les patrons qui se sentent protégés ou les ouvriers. (*Exclamations diverses.*)

Eh bien, si les patrons considèrent que c'est là un surcroît de force qui leur arrive, s'ils regardent cet appareil militaire comme un moyen de trancher le débat, s'ils le regardent comme une garantie de leurs prétentions, je dis que vous avez, sans le vouloir, peut-être, rompu les conditions de l'équilibre... (*Bruit*), et je suis en droit de dire : De deux choses l'une : ou la liberté des coalitions n'existe pas, ou l'intervention de la force armée ne doit pas avoir lieu.

Je vous enferme dans ce dilemme : Ou vous reconnaîtrez que la liberté du travail ne peut pas s'exercer sous la pression des baïonnettes, ou vous reconnaîtrez la liberté du travail pure et simple, c'est-à-dire que vous vous abstiendrez de tout emploi de la force publique. La force sociale dont vous disposez ne vous est donnée que comme moyen répressif; vous ne pouvez l'employer comme force préventive que lorsque vous ne trouvez pas en face de vous l'exercice d'un droit ou d'une prérogative.

Ah! si dans les conditions ordinaires d'un gouvernement, un individu ou une collectivité quelconque qui n'est pas véritablement investie d'une franchise, d'une prérogative, excite au désordre, alors vous avez le droit de recourir à la mesure préventive. Si, au contraire, l'individu ou la collection exerce une prérogative, une franchise, vous n'avez plus à prendre de mesure préventive, vous n'avez droit qu'à la mesure répressive.

Si vous n'acceptez pas cette théorie, vous n'êtes pas l'ordre, vous n'êtes que la dictature, que l'anarchie et le désordre... (*Vives exclamations.*) Car l'ordre ne peut exister qu'avec la justice. Or, les ouvriers n'auront le bénéfice complet de la justice qu'à la condition que vous vous désintéresserez absolument de leurs luttes, de leurs conflits, de leurs contestations avec leurs patrons, et qu'au lieu de vouloir protéger les uns et les autres par le déploiement de la force publique, vous leur tournerez le dos et les laisserez faire.

Depuis huit jours, ceux qui veulent la liberté commerciale ont dit avec raison, dans cette enceinte, que le vrai remède aux situations difficiles et tendues, au point de vue économique comme au point de vue politique, c'est la liberté. Eh bien, je demande pour les ouvriers ce qu'on a demandé pour les intérêts industriels, et j'espère que vous ne leur refuserez pas la liberté qui leur appartient. (*Mouvements divers.*)

M. LE PRÉSIDENT BUSSON-BILLAULT. — M. le ministre de la justice a la parole.

M. ÉMILE OLLIVIER, *garde des sceaux, ministre de la justice et des cultes.* — Messieurs, il importe que ces discussions ne soient pas laissées dans des termes vagues, à cause du retentissement qu'elles ont dans les classes populaires que notre devoir est d'éclairer en toute occasion.

On nous parle de la loi des coalitions. Cette loi se compose de deux parties parfaitement distinctes, qui se complètent, se soutiennent et se motivent l'une par l'autre.

La première disposition de la loi des coalitions accorde aux ouvriers et aux patrons la liberté de débattre les conditions du travail sans que la puissance publique intervienne sous aucune forme, ni administrative ni judiciaire.

La seconde disposition de la loi des coalitions interdit les violences, les manœuvres frauduleuses, les intimidations sous toutes les formes. Si cette seconde disposition n'existait pas, la première ne serait qu'un mot et, dans la réalité des faits, il n'y aurait aucune liberté.

Aussi, dès que, dans une grève, se produisent des manifestations de nature à faire craindre que des violences soient exercées, ou bien lorsqu'en réalité des violences sont exercées, le devoir de la puissance publique commence : elle doit, en vertu des exigences de la police préventive, empêcher l'oppression quand elle s'annonce; en vertu des exigences de la justice répressive, elle doit la punir quand elle s'est produite. (*Très bein! très bien!*)

M. GAMBETTA. — Je demande la parole. (*Oh! oh!*)

M. LE GARDE DES SCEAUX. — S'il en était autrement, si la violence n'était pas réprimée avec autant de sollicitude que la liberté est respectée, la loi des coalitions ne serait plus qu'un instrument désolant de despotisme, un moyen de désordre social ; elle ne devrait pas être maintenue dans la législation. (*Nouvelles marques d'approbation.*)

Les principes rappelés, est-il juste de prétendre que l'attitude du gouvernement dans l'affaire du Creuzot a été répréhensible?

Il existe au Creuzot un centre d'ouvriers considérable : 10,000 ouvriers agglomérés. Une grève éclate, des rapports arrivent soit au ministère de la justice, soit aux ministères de l'intérieur, de la guerre et des travaux publics, annonçant qu'une portion de ceux qui dirigent la grève sont résolus à exercer une pression matérielle sur le plus grand nombre des ouvriers pour les empêcher de reprendre leur travail... (*C'est cela!*) et que si l'autorité publique ne prend aucune précaution, un conflit peut éclater entre ceux qui veulent travailler et ceux qui ne le veulent pas.

Supposez maintenant un gouvernement ainsi averti,

se croisant les bras, ne remuant pas, laissant faire ;
supposez que, cette inertie se prolongeant, une collision ait lieu; supposez que, dans cette collision, un
seul ouvrier soit tué ou même blessé. Entendez-vous
les reproches de l'opposition? (*Oui! oui! Très bien!
très bien!*)

M. Gambetta. — Non! non! Jamais! (*Exclamations
diverses.*)

M. le garde des sceaux. — Entendez-vous les reproches de l'opposition? Entendez-vous les paroles enflam-
mées avec lesquelles elle nous dirait : Nous vous rendons responsables du malheur arrivé; vous vous êtes
abstenus parce que vous cherchiez une répression
contre les ouvriers! Comment! vous saviez qu'un
désordre se préparait, vous saviez que les esprits
étaient émus, et vous êtes restés immobiles! Votre
immobilité a été provocatrice et coupable; vous avez
voulu que le sang coulât!...

Voilà ce que dirait l'opposition.

Nous ne sommes pas restés immobiles. Nous avons
immédiatement donné des ordres pour qu'une force
imposante se rendît au Creuzot. Savez-vous pourquoi
nous y avons envoyé une force imposante? Précisément pour éviter l'effusion du sang. (*C'est cela! Très
bien! très bien!*)

Mon honorable collègue et ami, M. le ministre de
la guerre, pourrait vous l'expliquer mieux que moi :
il est périlleux d'envoyer de petits détachements au
milieu d'une population nombreuse, en état de sur-
excitation.

N'étant pas contenue, cette population s'excite,
s'anime, profère des menaces, jette des pierres,
hue les soldats. Ceux-ci, quelque humains qu'ils
soient, s'impatientent, s'irritent; on les entoure,
on les presse; alors, poussés par le sentiment d'honneur militaire, sans lequel il n'y a pas d'armée, ils ne
songent qu'à se dégager; ils tirent, et le sang est

répandu. Nous ne voulons pas que le sang soit répandu. (*Vive approbation.*)

Nous portons le plus vif intérêt aux travailleurs ; nous avons pour eux une sérieuse affection ; nous ne voulons pas qu'ils soient placés dans des situations douloureuses ; nous ne voulons pas que, par notre faute, il y ait dans leurs familles des femmes, des enfants privés d'un mari, d'un père. Nous avons envoyé une forte troupe au Creuzot, pour empêcher les ouvriers de céder à des tentations qui ont toujours une issue funeste. (*Très bien! très bien!*)

Les troupes arrivées au Creuzot, comment s'y sont-elles comportées?

On a prononcé une parole que je demande la permission à mes honorables contradicteurs de ne pas accepter. On a parlé de l'intervention de la force armée ; si la force armée était intervenue, elle serait sortie de son rôle.

M. Esquiros. — Je demande la parole.

M. LE MINISTRE. — Le mot intervention n'est pas le mot juste. La présence de la force armée, voilà l'expression dont il convient de se servir. La troupe envoyée au Creuzot s'y est montrée bienveillante, calme, ferme, impassible ; elle ne s'est mêlée à aucun des incidents de la grève ; elle ne s'est prononcée ni pour les uns, ni pour les autres ; elle ne s'est rangée ni du côté des patrons, ni du côté des ouvriers ; elle est restée au Creuzot, comme partout, le rempart de la loi ; elle n'a eu qu'une préoccupation, être pour tous la sauvegarde du droit et de la liberté.

Du reste, aucune précaution n'a été épargnée par le gouvernement pour que tout se passât avec mesure et régularité. M. le ministre de la guerre a envoyé un général, et M. le ministre de la justice a prié le procureur général de se rendre sur les lieux.

Avant de conclure, M. Esquiros, qui a le droit de parler des choses anglaises, parce qu'il en a écrit à merveille, me permettra de lui rappeler qu'en Angleterre aussi, lorsqu'on est dans une situation semblable à celle dans laquelle se trouve le gouvernement, on prend des mesures, et je lui citerai un exemple qui est récent. Il y a quelques jours, à Sheffield, une grève s'est produite dans des circonstances extrêmement graves.

Vous savez que les associations ouvrières, en Angleterre, les *trades' unions* soumettent les ouvriers qui s'y incorporent à des obligations quelquefois sanguinaires; une enquête récente l'a prouvé.

Une compagnie industrielle importante, voulant détruire l'autorité de ces associations, a résolu de n'admettre dans ses ateliers que les ouvriers ayant signé l'engagement de n'appartenir à aucune de ces associations; une grève s'en est suivie. Les ouvriers associés voulurent violenter les ouvriers non associés. La police anglaise n'est pas restée les bras croisés, ni avant, ni après; elle a agi avec vigueur pour protéger la liberté du travail.

En agissant comme on l'a fait en Angleterre, comme on le fait dans tous les pays civilisés, nous n'avons obéi qu'aux exigences du bon sens, et le bon sens, vous le savez, est le législateur suprême du genre humain. (*Très bien! très bien!*)

Puisque nos paroles doivent être recueillies spécialement par les ouvriers, qu'ils les accueillent avec le sentiment qui me les dicte. Qu'ils soient bien convaincus que le gouvernement n'a pas l'intention d'intervenir contre eux dans des différends où lui-même a établi la liberté comme seul arbitre (*Très bien!*). Mais le gouvernement est fermement résolu à ne pas permettre que, nulle part, sous aucune forme, sous aucun prétexte, une minorité active, ardente, audacieuse, pèse despotiquement sur la volonté d'une majorité honnête, paisible, laborieuse, et qui demande à être protégée contre les violences qui la menacent!

*(Bravos et applaudissements. — L'ordre du jour! l'ordre
du jour!)*

M. GAMBETTA. — Je ne veux pas prolonger outre
mesure.....

M. LAROCHE-JOUBERT. — J'ai demandé la parole,
monsieur le président.

M. GAMBETTA. — Je n'ai que quelques mots à dire.

M. LE PRÉSIDENT BUSSON-BILLAULT. — Pardon, monsieur Gambetta; mais depuis longtemps déjà, M. Laroche-Joubert a demandé la parole.

M. GAMBETTA. — Je dois cependant avoir le droit de
répondre à M. le garde des sceaux.

M. LE PRÉSIDENT BUSSON-BILLAULT. — M. Laroche-
Joubert insiste pour avoir son tour de parole.

M. GAMBETTA. — Entre qui le débat?... Voilà la
question que j'adresse à M. le président.

M. LE PRÉSIDENT BUSSON-BILLAULT. — M. Laroche-
Joubert insistant, je le répète, pour avoir son tour de
parole, je lui donne la parole; mais je le prie de vouloir bien remarquer que le débat s'est élevé à l'occasion d'une simple question adressée au gouvernement,
et à laquelle le gouvernement a répondu, et qu'il ne
peut y avoir lieu qu'à de courtes observations.

M. GAMBETTA. — Il y a une réponse à faire à M. le
ministre de la justice... *(Bruit.)*

M. LE PRÉSIDENT BUSSON-BILLAULT. — La parole est
d'abord à M. Laroche-Joubert; vous l'aurez après lui.

Après un court discours de M. Laroche-Joubert,
M. Gambetta se lève pour parler.

Au centre et à droite. — L'ordre du jour!

M. GAMBETTA. — Messieurs, je ne veux pas prolonger l'incident. Je comprends très bien... *(Bruit.)*

Sur les mêmes bancs. — L'ordre du jour!

M. GAMBETTA. — Je demande à la Chambre de vouloir bien écouter ma réponse. Je promets de ne pas
parler plus de deux minutes, et je tiendrai parole.
(Parlez! parlez!)

L'analyse que M. le garde des sceaux a présentée
de la loi sur les coalitions ne saurait constituer, en
aucune façon, une réponse aux critiques que j'avais
dirigées contre le gouvernement. (*Ah! ah!*)

Qu'est-ce qu'a dit M. le garde des sceaux? Il a dit
que la première partie de la loi sur les coalitions organise la liberté du travail. Soit! — Il a ajouté que
la seconde partie de cette loi prévoit les manœuvres,
les pressions, les fraudes, qui auraient pour but d'empêcher l'exercice de cette liberté du travail.

Un membre. — Elle prévoit aussi les violences.

M. GAMBETTA. — Et les violences, si vous voulez,
les actes tout à fait délictueux que peut se permettre
un ouvrier contre un autre ouvrier pour le distraire
de l'atelier.

Mais je vous fais observer ceci : c'est qu'il n'est nul
besoin de convoquer une force armée de trois ou
quatre mille hommes sur le lieu de la grève, pour
assurer l'exécution de cette dernière partie de la loi,
qu'il n'y a aucune espèce de nécessité de mettre immédiatement en suspicion la grève tout entière par
cette manœuvre que M. le ministre a appelée la présence, et non l'intervention, de la force publique.
Présence ou intervention, c'est une pure équivoque...
(*Exclamations*). L'intervention ou la présence de la
force militaire, c'est une même chose.

Mais je ne veux pas discuter les mots; je veux simplement ramener M. le ministre de la justice à cette
question précise que j'ai posée, et à laquelle il n'a pas
répondu...

Voix nombreuses. — Mais si! mais si!

M. GAMBETTA. — Vous allez voir qu'il n'y a pas répondu.

M. le ministre de la justice a fait un tableau des
violences et des faits tout à fait séditieux qui auraient
pu se produire au Creuzot, mais qui ne s'y sont pas
produits.

Un membre. — Parce qu'on les a prévenus !

M. Gambetta. — Et il vous a dit que la prudence exigeait que, pour empêcher ces faits de se produire, il était indispensable qu'il y eût sur les lieux une force armée imposante.

Je dis que ce n'est pas là une réponse directe à la critique que j'avais présentée.

En effet, qu'avais-je demandé à M. le ministre de la justice ? Oui ou non, en fait, l'intervention, — ou la présence, comme on voudra, — de la force militaire, rompt-elle l'équilibre du débat entre patrons et ouvriers ? Il n'a pas répondu.

La preuve que la liberté du travail, cette liberté que la loi sur les coalitions a prétendu organiser, n'est pas respectée, c'est cette parole grave, significative, de M. le garde des sceaux : Nous n'avons pas voulu envoyer quelques bataillons ; nous avons voulu, selon la science stratégique, envoyer une force imposante, tellement considérable, qu'elle emportât et résolût toutes les difficultés.

Dans cet aveu se trouve, je le répète, la preuve manifeste que la liberté du travail n'a pas été respectée... (*Assez ! assez !* — *L'ordre du jour !*)

Il ne saurait être question ici d'une minorité usurpatrice voulant obliger une majorité, par l'excellente raison que, dans une lutte, dans un conflit de ce genre, la majorité a assez de ressources et de volonté en elle-même pour se faire respecter par la minorité. Il y a des majorités qu'on n'intimide pas, ce sont les majorités d'ouvriers. Je le dis à leur honneur, pour l'exemple et pour l'enseignement des majorités qui ne savent ni se respecter ni se faire respecter.

Sur un grand nombre de bancs. — L'ordre du jour ! l'ordre du jour !

M. le président Busson-Billault. — La Chambre veut clore l'incident et reprendre la suite de ses travaux ?

Voix nombreuses. — Oui ! oui !

M. LE PRÉSIDENT BUSSON-BILLAULT. — Je déclare l'incident terminé.

Des arrestations nombreuses eurent lieu au Creuzot. Les ouvriers essayèrent de continuer la lutte, mais ils se trouvaient en présence d'un ennemi trop bien préparé à la résistance. Il fallut céder. Le 15 avril, une affiche du comité gréviste engageait les ouvriers à retourner dans les puits. Le tribunal d'Autun avait jugé, le 6 avril, vingt-six grévistes du Creuzot et les avait plus que sévèrement frappés. La Société dite *Internationale* proposa « à tous les citoyens pénétrés du sentiment de la solidarité républicaine socialiste », de prélever sur leur travail 1 pour 100 par semaine au profit des condamnés et de leurs familles. Le mouvement de grèves, parti du Creuzot, se répandit dans l'Isère, dans la Nièvre, dans le Maine-et-Loire, dans le Gard et à Paris.

DISCOURS

SUR

LE PROJET DE LOI RELATIF A LA LIBERTÉ DE L'IMPRIMERIE ET DE LA LIBRAIRIE

(Question posée au Ministre de l'intérieur)

Prononcé le 3 février 1870

AU CORPS LÉGISLATIF

———

L'article 2 de la loi du 21 octobre 1814 sur la liberté de la presse avait supprimé la liberté de l'imprimerie et de la librairie. Il était ainsi conçu : « Nul ne sera imprimeur ni libraire, s'il n'est breveté par le roi et assermenté. » Et depuis 1815, dans les Assemblées parlementaires de la Restauration, de la monarchie de Juillet et de la seconde République, c'était toujours en vain que le parti libéral demandait l'abrogation de cet article 2, la suppression des brevets d'imprimeur et de libraire. La gauche du Corps législatif, dans son *Manifeste* du 15 novembre 1869, s'était engagée à réclamer formellement la liberté de l'imprimerie et de la librairie, garantie essentielle de la liberté de la presse.

A la séance du 3 février, M. Gambetta, au nom de la gauche, exécuta la promesse faite par le Manifeste aux électeurs de l'opposition. Dès 1868, un projet de loi relatif à la liberté de l'imprimerie et de la librairie avait été déposé au Corps législatif. Mais la discussion sur ce projet était à peine commencée, que le gouvernement en demandait le retrait et, tout en annonçant les intentions les plus favorables, insistait sur la nécessité d'une nouvelle enquête préalable. L'enquête avait été accordée par la Chambre, puis, en retour, promptement abandonnée par le gouvernement. Cependant, depuis deux ans, sur la foi des promesses officielles,

des associations d'ouvriers s'étaient formées, elles avaient
réuni, non sans difficulté, le capital suffisant, elles s'étaient
procuré les locaux et le matériel nécessaires, et ces associations si intéressantes se trouvaient paralysées, presque dés-
agrégées, par le prolongement du *statu quo.* Le cabinet du
2 janvier était-il décidé à mettre fin à un état de choses
aussi précaire? C'est sur cette grave question que M. Gambetta demanda à interroger le ministre de l'intérieur.

M. LE PRÉSIDENT SCHNEIDER. — M. Gambetta a la
parole pour une question à adresser à M. le ministre
de l'intérieur.

M. GAMBETTA. — Messieurs, la question que je me
propose d'adresser à M. le ministre de l'intérieur, et
dont je lui ai communiqué préalablement l'objet, est
des plus simples : elle n'exige aucune espèce d'exposé,
elle n'appelle qu'une simple réponse affirmative ou
négative. J'espère qu'elle sera affirmative et dans le
sens des intérêts que je représente.

Il y a déjà trois ans que, par un projet de loi, on a
annoncé, promis à tous ceux qui vivent de l'industrie
de la typographie, la liberté du travail, c'est-à-dire la
suppression des brevets d'imprimeur et de libraire
pour l'exploitation de leurs industries.

Ce projet de loi a été déposé en 1868 ; il est arrivé
en discussion devant l'Assemblée qui nous a précédés.
Au cours de la discussion, par des motifs qu'on n'explique que très sommairement, la disposition relative
à la suppression des brevets d'imprimeur et de libraire fut retirée. On réserva cependant, en partie,
la promesse qui avait été faite au nom du gouvernement, et on annonça qu'une enquête allait être ouverte; que, dans cette enquête, on entendrait tous les
intéressés; qu'elle serait rapidement conduite, et
qu'on viendrait ensuite devant vous avec un projet de
loi qui aurait été le résultat de ce travail préparatoire.

Cette enquête a eu lieu : on a entendu, je crois, les

trois industries dont la réunion compose l'imprimerie typographique.

Par suite de circonstances politiques, on n'a pas donné suite à cette enquête. Cependant, et quoiqu'il s'agisse ici d'un intérêt particulier, comme il se rattache à une question d'ordre général, je dois vous faire connaître la situation qui fait que je porte la question devant vous.

Sur la foi des promesses du gouvernement, il s'était formé à Paris diverses sociétés d'ouvriers imprimeurs et typographes pour l'exploitation de leur industrie. A l'aide de cotisations, à l'aide d'épargnes, ces ouvriers étaient arrivés à se constituer en sociétés anonymes ayant formé leur capital, acheté leurs machines et loué des locaux pour l'exploitation de leur industrie.

Ces sociétés se trouvent aujourd'hui matériellement arrêtées par suite de l'inexécution des promesses du gouvernement, et elles continuent cependant à payer, de leurs deniers, l'intérêt de leur capital et de plus le loyer des locaux qu'elles ont pris à bail.

Il y a là une situation extrêmement critique, extrêmement grave. Je dis que la responsabilité du gouvernement est engagée, et il me suffira, je crois, d'avoir posé la question pour obtenir une réponse favorable de la bouche du ministre de l'intérieur. « Tout vient à point à qui sait attendre. »

M. CHEVANDIER DE VALDRÔME, *ministre de l'intérieur*. — La commission qui avait été nommée pour examiner la question relative au régime de l'imprimerie et de la librairie, s'est réunie six fois et elle a entendu cinquante-trois déposants, qui représentaient tous les intérêts engagés.

La Chambre comprendra qu'un nouveau ministère. venu aux affaires depuis si peu de temps, n'a pas pu examiner toutes les questions qui se présentaient à lui ; mais, dès les premiers jours, sa sollicitude a été

éveillée sur ces questions importantes, sur les intérêts
engagés, et il s'occupera le plus tôt qu'il le pourra de
trouver les solutions qu'il est de son devoir de soumettre à la Chambre. (*Très bien! très bien!*)

M. Gambetta. — Je demande pardon d'insister. Il
me semble que les dispositions de M. le ministre de
l'intérieur, quoique satisfaisantes, ne sont pas suffisamment précises. Il nous faut plus que cette promesse d'aviser, dans un délai assez rapproché, à une
solution favorable. La question que j'ai posée impliquait une réponse plus précise.

Je veux savoir si le gouvernement ou les ministres
qui le représentent pensent sur cette matière ce que
pensaient leurs prédécesseurs, à savoir : que, sauf les
questions d'indemnité qui resteront à régler, le
gouvernement est disposé à proclamer ou à faire voter
la liberté de l'imprimerie et de la librairie, puisque
de l'issue de cette réponse dépendra, pour les intérêts
que je représente, la sécurité ou la ruine.

Si vous déclarez que vous proclamez la liberté de
l'imprimerie, ces travailleurs patients qui ont attendu
trois ans la réalisation des promesses qu'on leur a
faites, attendront encore, avec des sacrifices, que
vous les réalisiez définitivement, mais attendront avec
espérance.

Mais si vous étiez dans des dispositions contraires
à la liberté de l'imprimerie, il faudrait encore le déclarer avec précision, parce qu'ils aviseraient à modifier leur organisation de manière à ne plus supporter
des charges par trop onéreuses. (*Approbation autour de
l'orateur.*)

M. le ministre de l'intérieur. — J'espère que l'honorable M. Gambetta et la Chambre avec lui recon-
naîtront que les nouveaux ministres n'ont pas été
parfaitement maîtres de choisir les affaires dont ils
ont eu à s'occuper, et que beaucoup de questions incidemment apportées dans cette enceinte ne leur ont

pas permis de s'occuper de ces sujets dans l'ordre qui peut-être aurait dû avoir la préférence.

Je dois donc déclarer qu'il nous a été impossible jusqu'à présent d'examiner la question qui est soulevée, et qui excite toute la sollicitude du gouvernement et la mienne en particulier.

N'ayant pas eu le temps de l'examiner, je ne puis indiquer une solution sur laquelle le cabinet n'a pu encore être appelé à se prononcer. (*Marques d'approbation.*)

M. GAMBETTA. — Une simple réflexion. (*Assez! assez! l'ordre du jour!*)

Je comprends très bien que, puisque le cabinet ne s'est pas entendu et n'a pas délibéré sur cette question, M. le ministre ne puisse me faire une réponse précise, une réponse qui ait un caractère collectif; mais ce que je demande, c'est qu'on veuille bien, d'ici à un temps très court, nous dire ce que pense le cabinet sur cette question, et quand il nous aura fait connaître sa pensée, le cabinet prendra un délai convenable pour la présentation d'une loi.

Mais vous comprenez, Messieurs, toute l'importance et toute l'urgence qu'il y a, pour l'intérêt dont je vous ai donné une idée sommaire, de savoir immédiatement l'opinion du cabinet pour ou contre la liberté de l'imprimerie et de la librairie.

M. LE MINISTRE DE L'INTÉRIEUR. — Messieurs, je constate avec plaisir que l'honorable M. Gambetta a compris ce qu'il y avait dans ma réponse, c'est-à-dire que je ne pouvais pas exprimer une opinion individuelle, que je ne pouvais exprimer ici que l'opinion du cabinet, alors qu'il en aurait délibéré. Eh bien, je le prie de se reporter à la première réponse que j'ai eu l'honneur de lui faire, à savoir que le cabinet s'en occupera le plus promptement qu'il le pourra, et qu'il apportera la solution quand il aura pu examiner la question. (*Très bien! très bien!*)

M. Haentjens. — Elle est certaine, la liberté de l'imprimerie!

M. Gambetta. — Je ne crois qu'aux libertés réalisées, M. Haentjens est trop homme d'affaires pour les accepter sans cela.

M. Haentjens. — Vous avez raison.

M. Gambetta avait bien raison de ne vouloir croire qu'aux libertés réalisées. Le cabinet du 2 janvier ne supprima pas les brevets d'imprimeur et de libraire.

Le 10 septembre 1870, le Gouvernement de la Défense nationale rendait le décret suivant :

« Article premier. — Les professions d'imprimeur et de libraire sont libres.

« Art. 2. — Toute personne qui voudra exercer l'une ou l'autre de ces professions sera tenue à une simple déclaration faite au ministère de l'intérieur.

« Art. 3. — Toute publication portera le nom de l'imprimeur. »

DISCOURS

UNE INTERPELLATION ADRESSÉE PAR M. CRÉMIEUX
AU GARDE DES SCEAUX

Prononcé le 7 février 1870

AU CORPS LÉGISLATIF

Nous avons raconté le vote par lequel le Corps législatif avait autorisé les poursuites contre M. Henri Rochefort, député de la Seine et rédacteur en chef de la *Marseillaise*. Quatre jours après ce vote, le 22 janvier, M. Rochefort paraissait devant la sixième chambre : sur le réquisitoire de M. Aulois, substitut du procureur impérial, il était condamné à six mois de prison et à 3,000 francs d'amende pour offenses envers l'Empereur et provocation à la révolte et à la guerre civile (articles 26 du Code pénal et 2 de la loi du 17 mai 1819).

Le jugement était exécutoire le 7 février. Dès la veille, les garnisons de Versailles et des forts avaient été appelées à Paris ; toute la police fut mise sur pied. Le Ministre de l'intérieur, M. Chevandier de Valdrôme, monta à cheval pour prendre lui-même la direction des troupes massées sur les quais et vers l'avenue d'Antin.

Cependant M. Rochefort s'était rendu tranquillement au Corps législatif. M. Crémieux, député de la Seine, demanda à interpeller le garde des sceaux sur la conduite qu'il se proposait de tenir en ce qui concernait l'exécution du jugement rendu contre M. Rochefort et devenu définitif.

M. Ollivier ayant accepté de discuter l'interpellation séance tenante, M. Crémieux développa dans un remarquable discours cette thèse juridique : le Corps législatif a autorisé les poursuites, il n'a pas autorisé l'arrestation ; un nouveau vote est nécessaire ; le ministère public ne peut procéder à l'arrestation que sur une nouvelle autorisation de la Chambre.

Le garde des sceaux répondit à M. Crémieux et chercha à établir qu'une nouvelle autorisation était non seulement inutile, mais encore injurieuse pour la justice et le Corps législatif : « La loi est exécutée, dit M. Ollivier, elle le sera jusqu'au bout. Imaginer que lorsqu'une Assemblée souveraine a dit à la magistrature : « Poursuivez, mettez-vous en « mouvement », un Gouvernement puisse dire après la condamnation : « Arrêtez-vous, n'exécutez pas cette condamna- « tion » ; c'est, par suite d'une double erreur, conseiller une division de la justice du pays, une division de la Chambre, c'est demander qu'après avoir engagé et compromis deux pouvoirs, on les désavoue, on les abandonne. »

Le vote du Corps législatif, comme d'habitude, était acquis d'avance au Cabinet. M. Arago et M. Garnier-Pagès n'en insistèrent pas moins pour répondre au Ministre et traitèrent avec une grande élévation le côté juridique de la question. M. de Piré, membre de la droite, combattit également la théorie du garde des sceaux. Pressée de voter, la majorité demanda la clôture et l'ordre du jour pur et simple. Mais M. Gambetta avait réclamé la parole depuis le commencement de la séance, et pour ne pas perdre son droit comme dans une occasion précédente, il avait déposé un ordre du jour motivé. Le Corps législatif, quelque désir qu'il eût d'en finir avec une interpellation gênante, dut se résigner : M. Gambetta reprit la question déjà traitée au point de vue juridique par MM. Crémieux et Arago, et il la porta sur son véritable terrain, le terrain politique.

M. LE PRÉSIDENT JÉRÔME DAVID. — L'ordre du jour est demandé de différents côtés ; mais je dois prévenir la Chambre que je suis saisi d'un ordre du jour motivé signé de M. Gambetta.

Si l'honorable M. Gambetta a des observations à présenter à la Chambre en faveur de l'adoption de l'ordre du jour motivé qu'il a présenté, je l'invite à prendre, dès ce moment, la parole, car il me serait impossible, je l'en avertis loyalement, de la lui donner après avoir mis aux voix l'ordre du jour pur

et simple, si cet ordre du jour était adopté. (*Très
bien!*)

Je ne sais si le sentiment de la Chambre est que la
discussion soit close immédiatement ou demeure
encore ouverte pour vous entendre; dans tous les cas,
pour qu'il n'y ait pas de surprise, je répète que, une
fois l'ordre du jour pur et simple adopté par la
Chambre, il me serait impossible, sans manquer
au règlement, de vous donner la parole sur votre ordre
du jour motivé. (*Très bien! très bien!*)

M. GAMBETTA. — Je le sais bien, Monsieur le président, et je vous remercie de votre avertissement.

Je ne suis certainement pas dans un état qui me
permette un long discours que, d'ailleurs, le débat ne
comporte pas; seulement, je présenterai quelques très
brèves observations sur l'ordre du jour motivé que
j'ai proposé, lorsque M. le président aura bien voulu
le lire à la Chambre. Je crois que cet ordre du jour
met la question qui vient d'être soulevée par voie
d'interpellation sur un terrain qui n'est pas tout
à fait le même que celui choisi par mes honorables
amis.

M. LE PRÉSIDENT JÉRÔME DAVID. — L'ordre du jour
motivé, proposé par M. Gambetta, est ainsi conçu :

« Considérant qu'à l'occasion de la première demande
d'autorisation le gouvernement, par ses déclarations,
a fixé définitivement le caractère politique de la poursuite et du jugement qui l'a suivi ;

« Considérant, dès lors, que la nature politique de la
condamnation intervenue permet à la Chambre d'appliquer le sursis à l'exécution du jugement rendu
contre un député;

« La Chambre, dans l'intérêt supérieur des droits
du suffrage universel, invite le ministre de la justice
à surseoir, jusqu'après la session, à l'exécution du
jugement,

« Et passe à l'ordre du jour. »

La parole est à M. Gambetta.

M. GAMBETTA. — Messieurs, je n'ai que quelques brèves explications à donner à la Chambre sur l'ordre du jour motivé dont vous venez d'entendre la lecture : ce sont plutôt des considérations purement d'ordre politique et parlementaire qu'une réfutation de la thèse juridique de M. le garde des sceaux.

J'ai quelque regret à le déclarer, mais je partage la doctrine qui a été développée sur ce point que l'immunité parlementaire une fois abaissée, elle l'est pour la poursuite comme pour ses conséquences. (*Mouvements divers.*)

Seulement, Messieurs, par cela même que vous discutez aujourd'hui sur l'exécution d'un jugement devenu définitif, vous n'avez pas à vous préoccuper, comme corps parlementaire, de savoir par quelle voie vous avez été saisis. La question majeure actuelle que vous devez vous poser est celle de savoir si vous n'êtes pas les maîtres de retenir l'affaire, et, sans violer aucune loi, de lui imprimer une direction plus politique et plus élevée que celle qu'on vous propose. (*Approbation à gauche.*)

Mon sentiment est que non seulement vous avez le droit de décider et de surseoir, mais encore que vous y avez un intérêt puissant.

Si nous considérons, en effet, dans quelles circonstances, au milieu de quelle émotion véritablement inouïe, on était venu solliciter de la Chambre la première autorisation de poursuite, et si nous comparons la situation actuelle, le jugement intervenu, en les rapprochant des déclarations primitives du gouvernement, il n'est pas, parmi nous, un esprit impartial et sincère qui puisse nier que les circonstances sont tout à fait différentes.

Or, les circonstances étant différentes, ne devez-vous pas rechercher si vos dispositions d'esprit ne sont pas également différentes et si, ayant changé, elles ne vous portent pas à adopter aujourd'hui des solutions profondément modifiées ?

Évidemment, Messieurs, la politique ne doit pas avoir le pas sur le droit et sur la loi, lorsqu'il s'agit d'un intérêt de droit commun, lorsqu'on est en présence d'une situation pénale, d'une situation criminelle ordinaire. Oh ! alors je reconnais que vous n'avez pas le droit de laisser sommeiller la loi ; que vous n'avez pas le droit de l'appliquer capricieusement ou de suspendre son cours.

Mais lorsque, au contraire, il ne s'agit pas d'une situation pénale, d'une situation criminelle ordinaire, lorsque vous vous trouvez dans ce domaine parfaitement variable, mobile, contingent, très passager de la polémique politique, où je ne dis pas que la morale perd tous ses droits, entendez-le bien, mais où je dis que, très certainement, il n'y a pas une responsabilité de même ordre et de même nature que celle qui existe habituellement dans les matières usuelles du Code pénal, je prétends que vous êtes, non pas un tribunal auquel on soumet seulement une question d'exécution de loi pénale, mais un corps politique qui, par cela seul qu'on sollicite de lui l'exécution d'une sentence politique, a le droit de se prononcer, de décider sur le plus ou moins d'opportunité de cette exécution. (*Assentiment à gauche.*)

Alors nous avons le droit de rechercher s'il n'y a pas dans le procès politique qui est ainsi soulevé, un intérêt supérieur aux intérêts de parti, un point de contact, un point de réunion, un intérêt qui fasse taire momentanément les passions pour nous rallier sur un intérêt parlementaire, sur un intérêt politique antérieur et supérieur. Eh bien, Messieurs, où est l'intérêt politique ? Est-ce qu'il est dans l'exécution du jugement ? Est-ce que votre politique sera servie, avancée. par l'exécution et l'emprisonnement de l'honorable député de la première circonscription de la

Seine ? Que celui d'entre vous qui le pense se lève et le dise. Aussi, M. le garde des sceaux s'est-il bien gardé de dire ce qu'il nous disait la première fois : qu'il y avait là un intérêt politique. Il vous a présenté une considération que, pour ma part, je trouve parfaitement mal fondée. Il vous a dit : Si aujourd'hui nous n'exécutions pas la loi, le jugement ; si nous n'emprisonnions pas M. Rochefort, vous pourriez croire que nous nous sommes joués de vous.

Et alors, parce qu'il vous a arraché une première concession... (*Exclamations au centre et à droite.*) Permettez, Messieurs, si vous saviez combien peu j'ai l'intention, en l'état de santé où je me trouve, d'irriter ou de passionner le débat, vous comprendriez aisément pourquoi je me sers de ce terme, en l'expliquant. Je dis là une chose que tout le monde sait ; que vous vous êtes confessés les uns aux autres ; que vous avez très certainement senti, le jour où l'on vous a demandé cette autorisation, pendant le débat où on l'a discutée, pendant le scrutin du vote ; que vous avez, dis-je, très certainement senti, que vous vous êtes très certainement dit et répété les uns aux autres, et je ne serai point démenti, à savoir, que vous faisiez un acte purement de cabinet, un acte de concession politique. (*Marques d'approbation à gauche.*)

Je me rappelle les déclarations tout à fait émues et exagérées faites, dans le sein de la commission, par l'un des honorables ministres qui siègent sur ces bancs ; je ne veux pas revenir sur ce précédent, autrement que pour dire que, très évidemment, les motifs qu'on avait invoqués pour obtenir la première décision se sont évanouis avec les circonstances qui les avaient fait naître. Voyons le jugement qui est intervenu, apprécions-le dans son dispositif et dans ses motifs. Est-il vrai, oui ou non, qu'il a été, pour les partisans du gouvernement comme pour ses adversaires, je ne dis pas une déception, — je ne veux pas me

servir d'une telle expression, lorsqu'on nous a parlé
d'aussi criminelles espérances, —mais un étonnement
pour tous ?

Lorsqu'on venait dire à cette tribune que la société
était en danger, que le gouvernement était menacé,
que l'émeute grondait dans les rues de Paris, que le
péril était imminent ; lorsqu'on avait fait le tableau de
tous les désordres et des désastres qui pouvaient sortir
d'une révolution imminente ; après un pareil réquisitoire, après l'article qu'on vous avait lu, pouvait-on s'attendre à ce que la sixième chambre, qui cependant n'a
pas de tradition de clémence excessive, — je peux en
témoigner pour l'avoir quelque peu pratiquée pour le
compte d'autrui (*Sourires sur divers bancs*), — n'appli-
quât que six mois de prison à ce délit qui avait, à
votre dire, touché les frontières mêmes du crime, et
fait courir de véritables dangers à tout votre ordre
politique et social?

Avouez-le, il y a eu là un moment de résipiscence,
un moyen de rétraction de poursuite, au moins dans
la conscience. Mais aussitôt l'on sentait qu'on n'était
plus sous la pression artificielle des circonstances qui
avaient inspiré les poursuites parlementaires. On re-
prenait ses sens, on se trouvait dans une atmosphère
plus sereine et plus calme, et alors, tout naturellement, la clémence relative de Messieurs du tribunal
trouvait l'occasion de s'exercer.

Dans quelle situation sommes-nous aujourd'hui? Le
jugement est rendu, il n'a été l'objet d'aucune espèce
de manifestation. Songez qu'on parlait aussi de manifestations à propos du jugement! Cette population de
Paris, tant calomniée, vous donne à la fois le spectacle
de la modération et de la force.

Vous n'y comptiez pas, car c'était précisément sur
le danger possible de ces grands rassemblements, de
ces agglomérations, que vous vous fondiez pour mettre un terme, disiez-vous, à ces provocations, à ces exci-

tations. Après avoir donné à cette population le spectacle de la précipitation politique, le spectacle d'un
jugement qui ne vous a pas fortifiés, vous allez lui
donner cet autre spectacle, — et c'est ici que j'invoque
vos esprits et votre sagesse politiques, — d'exécuter
prématurément une condamnation contre un membre
de cette Assemblée. Pour cela, on peut bien invoquer
des raisons de droit, de texte, mais on ne saurait
trouver une raison politique, un motif de bonne politique, et c'est pourquoi je viens vous poser la question
contenue dans mon ordre du jour.

Je dis que le sursis qui est écrit dans les traditions
parlementaires de ce pays-ci, et qui permet de poursuivre et d'exécuter contre un député, dans l'intervalle
des sessions, toutes actions judiciaires et leurs conséquences, doit être invoqué et appliqué. La société,
à votre sens, ne courant plus de périls, la loi ayant
reçu la satisfaction que vous avez voulu qu'elle reçût,
la question se pose, question très humble, très mes-
quine dans les termes, mais d'une grande importance
par le jugement qu'elle provoque dans l'opinion, de
savoir si vous exécuterez sans répit le jugement,
mettant de côté les droits du suffrage universel d'une
circonscription électorale de Paris, de ce Paris dont
vous ne connaissez pas suffisamment la sagesse et l'esprit. (*Rumeurs sur plusieurs bancs.*) Oui, je vous déclare
qu'il est impossible de ne pas parler avec émotion de
la sagesse d'une population qui peut agglomérer
jusqu'à 150,000 à 200,000 personnes sur un même
point de Paris, en proie à une émotion immense, à
cette fièvre particulière de l'esprit français qu'on
appelle la pitié déchaînée, et de laquelle il ne sort ni
un crime, ni une colère, ni une explosion. (*Approbation à gauche.*)

Je dis que pour des hommes politiques qui savent
voir, qui se préoccupent du fond des choses, il y a là
réellement un enseignement pour tous, mais pour

vous surtout, un enseignement de modération. (*Très bien ! à gauche.*)

Je dis que la Chambre, sous les yeux de laquelle s'accomplissent de pareilles leçons, qui est investie du droit supérieur de se protéger, même après avoir décidé qu'elle doit livrer un de ses membres, je dis que la Chambre, en présence d'une situation nouvelle, doit peser ce qu'il y a de juste et d'injuste dans la proposition du gouvernement.

C'est son devoir, si elle veut faire un juste arbitrage entre l'autorité de la loi et le suffrage universel, qu'il ne faut jamais méconnaître, car on ne le méconnaît pas impunément, comme le rappelait tout à l'heure mon illustre maître M. Crémieux, si elle veut défendre son propre intérêt et sa propre dignité. En agissant ainsi, elle donnerait une véritable satisfaction au pays, qui l'accueillerait avec reconnaissance.

Si vous voulez, en un mot, comme vous le répétez sans cesse, tendre à la paix sociale, il faut pour qu'elle naisse, il faut que tout ce qui, à tort ou à raison, peut ressembler à une mesure d'hostilité, de rancune personnelle, soit avec soin évité par vous; il faut que vous ne fassiez pas d'un texte de loi une arme de procureur, alors que vous ne devez invoquer que les raisons de véritables hommes d'État. (*Approbation sur quelques bancs.*)

Il faut qu'alors que vous vous trouvez en présence d'un homme investi d'un mandat législatif, vous ne vous préoccupiez pas seulement de la question de savoir comment il a usé de sa liberté, de son initiative dans l'exercice de sa mission, mais s'il est convenable, opportun, nécessaire de l'arracher, même temporairement, je ne dis pas à son mandat, mais à l'exercice de son mandat. (*Très bien ! à gauche.*)

N'est-ce pas là toute la question ? Est-ce que je ne la pose pas sur son véritable terrain, qui est celui-ci :

Entre six mois de prison, satisfaction puérile, mes-

quine, qui a l'air d'une vengeance, et le droit reconnu
du suffrage universel de conserver son député sur ces
bancs, est-ce que vous hésiterez? (*Très bien! à gauche.*)

Vous n'hésiterez pas, parce que le droit de sursis
vous appartient ; vous n'hésiterez pas, parce que par là
vous ne donnerez pas un blâme au cabinet ; vous
n'hésiterez pas parce qu'il vous sera permis, tout en ne
laissant rien dans l'impunité, de concilier la raison et
les intérêts de la justice avec les intérêts de votre
propre politique. Faites un acte de sagesse, imposez-
le au cabinet. Vous ne vous introduisez pas par là
dans l'administration. Vous n'administrerez pas, ce
qui est l'argument ordinaire à l'aide duquel on repousse de pareilles théories, on repousse de pareilles
requêtes.

Vous administreriez, si M. Rochefort avait commis
un crime de droit commun, si c'était un fait de droit
commun, et si vous vouliez, parce qu'il est député,
arrêter l'exécution d'une loi et d'un jugement, ce qui
est la même chose. Mais lorsqu'il s'agit d'un fait politique, d'un adversaire politique, d'une théorie politique, d'une discussion politique, alors vous n'admi-
nistrez plus ; vous êtes dans la plénitude de vos
fonctions, vous êtes dans la majesté d'une assemblée
qui veut se protéger et qui commence d'abord par
protéger ses adversaires. (*Vive approbation et applaudissements à gauche.*)

Le ministre de la justice répondit à M. Gambetta en se
plaignant que le débat eût été déplacé. M. Crémieux, dit le
ministre, a confondu les droits du pouvoir législatif avec
ceux du pouvoir judiciaire ; M. Gambetta confond les droits
du pouvoir législatif avec ceux du pouvoir exécutif. Et cette
affirmation une fois lancée sans autre preuve à l'appui, au
milieu des applaudissements répétés de la droite, M. Ollivier revint à son système de discussion favori : un panégyrique de son gouvernement et de la liberté qu'il fondait.

Après une courte et spirituelle réplique de M. Ernest Picard,
M. Gambetta reprit la parole :

M. GAMBETTA. — Je demande la parole pour présenter
ce que je pourrais appeler une explication sur un fait
personnel ; mais le mot ne serait pas bien choisi. Cependant la Chambre comprendra que je ne puis rester
sous le coup de la réplique de M. le garde des sceaux.
En effet, — je vais peut-être me servir d'un mot bien
ambitieux, — M. le garde des sceaux, pour échapper
au dilemme que j'avais posé...

M. LE GARDE DES SCEAUX. — Ah! ah!

M. GAMBETTA. — Vous riez, c'est de mon ambition,
n'est-ce pas? Je vous le rendrai une autre fois. (*Très
bien! à gauche.*) Seulement, j'avais eu l'honneur de
dire à la Chambre que la question dont elle était saisie
la plaçait dans une alternative que j'ai définie. La
Chambre ne peut pas méconnaître qu'après un débat
de cette importance et de cette durée, c'est véritablement de notre propre responsabilité parlementaire qu'il s'agit.

L'issue de ce débat, Messieurs, on l'imputera à la
Chambre et nullement au ministre, car le ministre,
comme il l'a avoué lui-même, ne fait que suivre le
corollaire nécessaire de sa première demande en autorisation de poursuite.

Mais nous, Messieurs, qui n'avons pas la même
nécessité logique de situation, qui pouvons nous
mouvoir sans nous trouver liés par les précédents,
qui pouvons, c'est là le droit absolu des Assemblées,
lier et délier, faire et défaire, juger et déjuger, dire et
nous contredire, surtout lorsqu'il s'agit de questions de
personne, nous avons la latitude de dire que M. Rochefort condamné, que M. Rochefort ayant satisfait à la
loi, nous ne sommes plus saisis de la question de savoir,
ce qui est cependant la prétention de M. le ministre,
si la loi sera ou ne sera pas respectée. Elle l'est.

Vous êtes saisis de cette unique question, — et j'en
demande pardon à M. le garde des sceaux, mais il
n'y a rien qui ressemble à la raison d'État dans mes
paroles ; — vous êtes saisis de cette unique question
qui est une pure question d'empirisme politique, de
considération politique, et, sous peine de s'interdire
toute liberté de mouvement dans l'administration des
choses d'un gouvernement et d'une société, on ne
peut pas venir dire que vous n'avez pas le droit, entendez-le bien, de suspendre l'exécution d'un jugement
rendu en matière politique, la loi étant satisfaite. Ce
n'est qu'une pure ressource de dialectique embar-
rassée que de me dire : « Vous réclamez au nom de
la raison d'État. » Permettez ! la raison d'État, je ne
l'ai pas fait intervenir. Si vous saviez quelle haine
inextinguible je lui ai vouée, à la raison d'État, de
quelque côté qu'elle vienne, vous n'auriez pas pu
vous tromper sur le sens, sur la forme extérieure de
ma parole, quand j'ai dit qu'il y avait à faire intervenir les considérations politiques, les raisonnements politiques, les raisons d'opportunité politique.

A coup sûr il n'y avait pas là de confusion possible avec ces mots sinistres et sanglants de la raison
d'État.

Non, je ne crois pas que la raison d'État soit jamais
bonne à invoquer, contrairement à ce que vous avez
dit ; je ne crois pas qu'il faille jamais la laisser peser
dans les délibérations d'un gouvernement; car elle
est toujours le prélude et le préparateur d'un crime.
(*Assentiment à gauche.*)

Non, j'admets la raison politique, et, en vérité, quels
hommes seriez-vous donc si vous n'admettiez pas que
vous avez la libre détermination de vous-mêmes, le
libre arbitre parlementaire qui consiste, après une
décision qui ne viole pas la loi, au contraire, de choisir le moment, l'heure, la minute à laquelle vous

donnerez la dernière exécution à la loi! Voilà la question.

Elle n'a rien de commun avec ce sophisme détestable, la raison d'État!

Ah! Messieurs, oui, moi aussi je suis pour le respect de la loi; moi aussi, et je trouve que s'il y a un vice dans ce pays-ci, c'est d'avoir trop souvent changé les lois et de n'avoir pas suffisamment respecté la majesté des lois, même mauvaises.

Non, Monsieur, ce n'est pas le moyen d'inspirer, dans ce pays, le respect de la loi ni de fonder la liberté, que de ne poursuivre avec rigueur que l'exécution de la plus détestable des lois, d'une loi de presse, d'une loi politique! (*Approbation à gauche.*)

Le Corps législatif prononça la clôture de la discussion, et, par 189 voix contre 46, adopta l'ordre du jour pur et simple, demandé par le Cabinet.

À l'issue de la séance, M. Rochefort se rendit en voiture à une réunion publique convoquée par lui dans une salle de la rue de Flandre et que Gustave Flourens devait présider. À huit heures et demie du soir, au moment où le député de la Seine allait entrer dans la salle qu'emplissait une foule agitée, un commissaire de police se présenta et, ayant exhibé à M. Rochefort un mandat d'amener, le fit monter dans une voiture qui le conduisit à la prison de Sainte-Pélagie. Aussitôt Gustave Flourens proclama l'insurrection et tenta une ébauche de barricade dans la rue du Faubourg-du-Temple. M. Rochefort ne sortit de Sainte-Pélagie que le 4 septembre et Flourens se réfugia à Londres.

DISCOURS

CONTRE

LES CONCLUSIONS DE LA COMMISSION D'INITIATIVE PARLEMENTAIRE

TENDANT AU REJET

DE LA PROPOSITION DE LOI ÉLECTORALE

PRÉSENTÉE

PAR MM. FERRY, GAMBETTA ET ARAGO

Prononcé le 29 mars 1870

AU CORPS LÉGISLATIF[1]

Le 27 décembre 1869, MM. Jules Ferry, Gambetta et Emmanuel Arago avaient déposé sur le bureau du Corps législa-

1. Nous croyons inutile de reproduire dans ce recueil les observations présentées par M. Gambetta, dans la séance du 14 janvier 1870, sur l'article 23 du projet de règlement ; dans la séance du 22 mars 1870, pour demander le renvoi à l'examen des bureaux de la proposition de M. Jules Simon relative à l'abolition de la peine de mort, renvoi qui fut accordé ; dans la séance du 23 mars (discussion sur les conclusions de la commission d'initiative parlementaire au sujet de la proposition de M. de Kératry, sur le recrutement de l'armée), pour demander au Ministre de la Guerre s'il existait un écart appréciable entre la solde des sous-officiers de la ligne et celle des sous-officiers de la garde ; dans la séance du 24 mars pour réclamer l'abrogation du décret-loi du 8 décembre 1857, relatif à des mesures de sûreté générale, en même temps que l'abrogation de la loi du 19 juillet 1852, abrogations demandées par M. Steenakers, acceptées par le Gouvernement et votées par la Chambre ; dans la séance du 25 mars, pour demander de retarder de quelques jours le renvoi aux bureaux du projet de loi de Code rural, retard qui ne fut pas accordé ; dans la séance du 3 juin 1870, sur la nature du droit d'interpellation méconnu par le garde des sceaux.

latif une proposition de loi électorale en 96 articles, précédée d'un exposé des motifs. La proposition avait pour base la loi du 15 mai 1849. Ses auteurs demandaient :

1° De déclarer nulle, en principe, l'élection d'un candidat officiel, patronné ou publiquement recommandé par l'administration ;

2° De frapper de peines correctionnelles les fonctionnaires de l'ordre administratif ou judiciaire, dépositaires de l'autorité publique, et les chefs de service qui interviendraient en cette qualité dans les élections pour patronner une candidature par voie d'affiches, lettres, circulaires, distributions de bulletins ou recommandations publiques, de quelque nature qu'elles fussent;

3° De limiter aux communes comptant au moins 300 électeurs le principe du vote à la commune; les communes de moins de 300 électeurs devant voter soit au chef-lieu du canton, soit avec la commune de 300 électeurs la plus voisine;

4° De rétablir le scrutin de liste, chaque département devant former une circonscription unique, à raison d'un député par 80,000 âmes;

5° De réduire à trois années la durée du mandat législatif.

Le projet fut renvoyé à la commission d'initiative parlementaire, qui conclut au rejet de l'ensemble du projet comme *inopportun* et *inconstitutionnel*. M. Bourbeau, dans un rapport sommaire, déclara que la commission avait fait preuve d'une grande modération en ne proposant pas la question préalable.

Le 29 mars, après avoir longtemps refusé de les inscrire à son ordre du jour, le Corps législatif se résigna à discuter les conclusions de la commission d'initiative.

Ce fut M. Jules Ferry qui prit la parole pour défendre le projet de loi : « On l'a traité d'inconstitutionnel, dit l'orateur. Mais qu'est-ce alors que ce sénatus-consulte de 1866 qui prononce immuables, inattaquables, indiscutables les dispositions de la Constitution de 1852? On l'a traité d'inopportun. Mais que signifie cette objection, si ce n'est ceci : que la réforme électorale, c'est la dissolution, et que vous ne voulez pas de la dissolution! Et cependant il y a eu dans cette Chambre 126 membres de la majorité qui, dans le programme du centre droit, ont proclamé la nécessité d'une réforme électorale opérée avant la fin de la législature ! La vérité, c'est que la majorité actuelle du Corps législatif a peur du suffrage universel, c'est que la Chambre, bien qu'elle n'ait pas une année d'existence, est une Chambre vieille, une Chambre usée. Voter, n'est pas vivre, car vivre, c'est avoir une politique, c'est avoir un ministère pris, non pas dans la minorité, mais dans la majorité de la Chambre, ce qui n'est pas aujourd'hui. La Chambre n'a pas de gouvernement parlementaire : elle a un gouvernement ministériel, c'est-à-dire un gouvernement bâtard du gouvernement personnel, un cabinet maître de la Chambre, parce qu'il la tient sous la menace de la dissolution, et maître du Prince... tant qu'il plaira au Prince... »

M. Bourbeau, rapporteur, essaya de réfuter le discours de M. Jules Ferry, et se contenta de paraphraser longuement son propre rapport. M. Bethmont, membre de la minorité de la commission d'initiative, rappela spirituellement les déclarations précédentes de M. Daru et de M. Ollivier sur la nécessité d'une prompte réforme électorale. « Le gouvernement, dit M. Bethmont, ne sera cru sincère, malgré son désaveu des candidatures officielles dans la séance du 27 février, que s'il laisse faire les élections générales avec le système absolu de l'indépendance vraie et complète des électeurs vis-à-vis des candidats... La dissolution ne deviendra pas nécessaire, parce que la loi électorale aura été votée, mais la loi électorale est nécessaire aujourd'hui, parce que la dissolution l'est devenue. »

Le discours de M. Bethmont était une attaque directe contre M. Ollivier qu'il plaçait, à plusieurs reprises, en contradiction flagrante avec lui-même. Le garde des sceaux ne put se dispenser de monter à la tribune, mais après avoir annoncé qu'il irait droit au cœur du débat, il se déroba et recommença le panégyrique de son libéralisme, « de la conscience énergique et intrépide avec laquelle ses amis et lui essayaient de remplir leur devoir ». La droite applaudit le Ministre; les centres restèrent froids. M. Gambetta demanda la parole.

M. LE PRÉSIDENT MÈGE. — M. Gambetta a la parole.

M. GAMBETTA. — Messieurs, après la discussion qui vient de s'agiter devant vous, je demande la permis-

sion de ramener le débat à une proposition plus mo-
deste et à des proportions moins élevées que celles
qu'il a affectées jusqu'ici. Non pas que je ne partage
point les opinions, les doctrines qui vous ont été ex-
posées tour à tour, et d'une façon si puissante et si
éloquente, par mes honorables amis MM. Ferry et
Bethmont ; mais je crains que le débat se soit quelque
peu égaré et que l'on ait, inconsciemment d'un côté.
et, M. le garde des sceaux me permettra de le lui
dire, avec infiniment d'art et trop d'habileté de l'autre,
transporté l'attention de la Chambre sur ce qui n'est
pas précisément en cause, sur la dissolution de cette
assemblée, question purement politique, au lieu d'une
question de législation qui vous est soumise par la
commission d'initiative, et que je peux poser en ces
termes :

Quelle que soit l'opinion de chacun de nous, minorité ou majorité, sur l'opportunité ou l'inopportunité
d'une dissolution, est-il convenable, est-il sérieux de
ne pas faire un statut légal dans ce pays-ci pour les
élections prochaines ? Et suffit-il d'opposer aux revendications des députés qui réclament la confection
d'une loi électorale, cette fin de non-recevoir, que
dans certains esprits la dissolution s'associe à la confection de cette loi, pour ne pas faire la loi elle-même
et pour ne pas assurer à ce pays et à cette assemblée
un statut régulier électoral ?

Je crois que si vous vouliez vous préoccuper uniquement de cette question, restreinte, je l'avoue, mais
qui est la véritable question, alors vous comprendriez
qu'il n'y a dans le renvoi aux bureaux aucune espèce
de signification de dissolution, aucun péril à courir
(*Interruptions*), aucun danger pour l'autorité de cette
assemblée.

M. JOHNSTON. — M. Ferry a dit le contraire...

M. GAMBETTA. — Messieurs, je saisis très bien le
sens de vos interruptions. Je ne me suis pas mis en

contradiction avec M. Ferry; je me place, pour discuter les conclusions de votre commission et pour demander le renvoi aux bureaux, sur un autre terrain, et je vous propose des raisons nouvelles, différentes, qui me semblent devoir légitimer la demande de renvoi que je vous adresse.

Je dis que l'on a associé, que l'on a soudé l'une à l'autre ces deux questions qui sont parfaitement divisées, parfaitement distinctes, savoir : faire une loi électorale qui est réclamée de tous côtés et attacher la dissolution à la promulgation de cette loi.

Je soutiens qu'elle est réclamée de tous les côtés. et je remonte, pour le prouver, à l'origine même de nos pouvoirs. Il est incontestable qu'à travers tous les vœux. toutes les préoccupations de l'opinion, il y a une exigence qui domine toutes les autres, c'est la revision de la loi électorale et la substitution d'une législation à ce qui n'était qu'un décret de la période dictatoriale.

Une voix. — Vous êtes en contradiction avec M. Ferry.

M. GAMBETTA. — J'entends bien l'objection, Messieurs; je saisis bien que tout à l'heure le ministère disait : Oui, une loi est nécessaire ; oui, les diverses parties de cette assemblée se sont mises d'accord pour en reconnaître la nécessité, mais nous sommes restés maîtres du jour, de l'heure, du moment opportun pour la rédaction et la discussion de cette loi. Et il ajoutait, non sans audace, qu'il avait devant lui un délai de cinq ans.

Eh bien, permettez-moi de vous dire que si cette parole est exacte, s'il est vrai que vous avez cinq ans devant vous pour faire une loi électorale, je dis que vous trahissez les volontés et les préoccupations de l'opinion publique. (*Interruptions.*)

Et je vais vous dire pourquoi. C'est que dans ce pays-ci il y a une chose capitale, fondamentale, à laquelle le peuple tient par-dessus tout, qui est l'instrument par excellence d'émancipation, de fondation des mœurs et des bonnes lois, c'est le suffrage universel.

Eh bien, le suffrage universel a posé cette question, vitale pour lui, de son propre affranchissement. Toutes les autres questions lui sont inférieures, secondaires, accessoires. De lui, il veut disposer en maître, et pour cela, il lui faut un statut légal, débattu par vous.

C'est pour cela que je dis qu'avant toute entreprise, avant toute réforme, avant toute tentative progressive ou libérale, il faut placer pour correspondre aux exigences certaines de cette démocratie qui veut être libre, il faut placer l'étude, l'examen, la préparation, le vote d'une loi électorale. (*Approbation à gauche.*)

Pourquoi ? Parce que demain le pays peut être appelé, par surprise ou à l'occasion d'un évènement subit, à exprimer sa volonté, volonté directe ou volonté qu'il confie à des représentants librement élus. (*Assentiment à gauche.*)

Eh bien. Messieurs, oui ou non, a-t-on besoin pour cela d'avoir une loi? Est-il écrit dans tous les cahiers, dans toutes les protestations émanées de toutes les réunions électorales qui ont eu lieu, est-il écrit : « Vous réclamerez d'abord l'indépendance du suffrage universel; vous réclamerez que la population soit prise pour base ; vous réclamerez l'augmentation du nombre des députés, des circonscriptions électorales fixes, le vote d'un seul jour à la grosse commune ou au canton? » (*Dénégations sur quelques bancs.*)

On pourra discuter, mais c'est, — permettez-moi de relever cette interruption, — parce que c'est un problème très complexe, très délicat, où il faudra s'aventurer avec beaucoup de précaution et de minutie. C'est parce qu'il faudra des études profondes et complètes que je vous convie à les faire immédiatement. Et je dis que vous n'avez pas trop de vos jours, trop de vos efforts pour préparer une bonne loi électorale,

et cette œuvre est la plus haute que nous puissions
réaliser; car lorsque le pays, lorsque le suffrage universel aura une véritable loi électorale, il ne pourra
s'en prendre qu'à lui-même s'il ne s'émancipe pas
complètement. (*Très bien! à gauche.*)

Je dis que par conséquent cette considération de la
nécessité d'une loi immédiate domine toutes les autres
et qu'il y a dans l'esprit de la France comme une sorte
de hiérarchie des questions, qu'elles s'échelonnent,
qu'il y a une progression, qu'il y en a auxquelles on
tient beaucoup ou modérément, qu'il y en a d'autres
auxquelles on tient davantage; il y a une véritable
gradation dans les vœux et dans les aspirations publiques. Eh bien, l'aspiration qui domine, celle qui a
le plus d'énergie, celle qui voudrait être satisfaite immédiatement, celle à laquelle on attache le plus grand
prix dans toutes les communes de France, partout où
il y a des électeurs, c'est l'obtention d'un statut électoral... (*Interruptions et dénégations.*) Oui, car partout
où il y a un électeur, il y a un homme jaloux de ses
droits, soucieux de ses prérogatives et qui, — ou il
n'est pas digne de ce nom, —n'a pas d'autre souci que
d'assurer par la loi son indépendance et sa part de
souveraineté dans les affaires du pays. (*Très bien! à
gauche.*)

Mais pour cela qu'est-ce qu'il lui faut? Il lui faut la
constitution d'un parlement libre, et tant que vous
n'aurez pas donné au suffrage universel l'occasion et
les moyens légaux de créer un parlement irrécusable
dans son origine et dans son indépendance, vous
n'aurez pas donné au pays la satisfaction qu'il réclame et qu'il réclame d'urgence. Non pas que je dise
qu'il faille vous dissoudre; je mets cette question absolument de côté, et si vous voulez toute ma pensée,
je vous la donnerai avec ma sincérité habituelle.

Eh bien, je crois que la dissolution, dans les circonstances actuelles, pendant quelque temps encore,

cette année-ci, est une chose impolitique et impossible; mais je crois que l'année prochaine, à l'entrée même de l'année, elle est inévitable, indispensable. (*Mouvements divers.*)

Voilà mon opinion. Elle peut rencontrer des contradicteurs sur ces bancs; je les ajourne au printemps de l'année 1871. (*Très bien! très bien! à gauche.*)

Seulement, Messieurs, au moment où l'on touche à tout, où l'on remet tout en question, où l'on forme des comités, — et je ne m'en plains pas, — des comités d'investigation, des commissions d'examen sur toutes les questions, sur toutes les institutions de la France, je dis qu'il y a une institution, je dis qu'il y a un examen qui s'impose, qui est le plus désirable, qui est le plus urgent de tous : c'est l'examen de cette question : Quelles sont les règles que la loi doit promulguer pour assurer l'indépendance du suffrage universel?

Et cette question, vous êtes toujours aptes à la résoudre; vous devez la résoudre, avant de vous séparer. Je sais bien qu'on vous a dit : Prenons du temps! nous avons du temps devant nous, la question est inopportune; ajournons!

Eh bien, Messieurs, non, il ne faut pas ajourner ces questions-là, parce que ce sont des questions sur lesquelles l'esprit public ne transige pas, vous le savez; et pourquoi ne transige-t-on pas? Parce que, pour la Chambre actuelle, tout ce qui touche au suffrage universel est décisif; c'est là ce qui différencie la nouvelle politique de l'ancienne, celle du pays légal. C'est que quand il y a participation et souveraineté du nombre, de la foule, de la multitude dans les affaires publiques, ce qu'il y a de plus délicat et de plus haut, c'est le droit de vote; ce qu'il y a de plus jaloux, de plus ombrageux, de plus susceptible, c'est le droit de vote, et tant que vous n'aurez pas fait pour ce vote ce que vous faites tous les jours pour d'autres intérêts précieux, respectables, mais des intérêts qui sont, en somme, en seconde ligne à côté de l'intérêt de la démocratie exprimé par le suffrage universel et de la souveraineté nationale affirmée au scrutin; tant que vous n'aurez pas fait une constitution pour le suffrage universel comme vous êtes en train d'en faire pour une infinité d'autres matières beaucoup moins intéressantes, vous n'aurez pas répondu à la revendication première et instante de l'esprit public et, par conséquent, vous ne pourrez pas, d'une façon régulière, autorisée, procéder à la solution des autres questions.

Il ne faut pas sans doute se préoccuper outre mesure de la question de dissolution possible; cependant, quand le ministre vous disait : « C'est à nous qu'il appartient de la prononcer », je ne le conteste pas, mais je dis que ce n'est pas d'eux seuls que cela dépend, que cela dépend aussi du chef de l'État, que cela dépend aussi des évènements. Eh bien, je ne puis pas me résoudre à subir cette fin de non-recevoir qui consiste à dire : Nous ne ferons une légalité électorale, — car il n'en existe pas, vous l'avez pulvérisée, vous l'avez anéantie, — nous ne la ferons que lorsque nous n'aurons plus rien à faire, nous ne la ferons que lorsque nous nous trouverons au lendemain de la dissolution prononcée.

Et qu'arriverait-il, Messieurs, si demain vous étiez obligés de vous dissoudre, de vous séparer?

L'honorable M. Bourbeau envisageait cette opinion tout à l'heure et je croyais apercevoir, dans sa pensée, que si cette dissolution se présentait avec ce caractère d'imprévu, on résisterait peut-être et on irait jusqu'à la rébellion contre la dissolution. (Oh! oh!)

Évidemment non ! Eh bien ! si vous écartez l'hypothèse de la rébellion contre la dissolution, cependant vous êtes bien obligés de reconnaître que l'on mettra le pays dans un état absolument révolutionnaire, si on nous dissout et si l'on procède à de nouvelles élections générales, sans avoir refait notre code électoral, parce qu'il n'y aura pas de légitimité pour les élus.

Il n'y aura pas de légitimité parce qu'il n'y aura pas eu un moyen légal, assuré pour tous et chacun, de montrer que les résultats du suffrage universel sont au-dessus de la contradiction.

C'est pour cela que je vous invite, non pas à voter notre projet de loi, mais à l'examiner, mais à vous réunir dans vos bureaux et à y apporter vos idées, à prier le gouvernement d'apporter lui-même son projet, et soyez convaincus que cet examen, cette élaboration, cette discussion dureront autant que durera votre existence parlementaire. Car enfin il n'est pas possible de soutenir plus longtemps que lorsqu'on voit tout changer, tout se transformer, et même empirer, lorsqu'au bout de dix-huit ans on nous apporte une constitution absolument contraire à celle qui a été proclamée il y a vingt ans comme l'idéal de la perfection, de soutenir que nous resterons immobiles au milieu de ce changement et que cette éternité relative de six années nous est assurée.

Cela n'est pas vrai, c'est contraire à la nature des choses. Et tenez, j'ajoute cette considération : Est-il vrai, oui ou non, que nous n'avons pas reçu un mandat politique en harmonie, en conformité avec l'ordre de choses qu'on traite ou qu'on va traiter au Luxembourg ?

Est-il vrai, oui ou non, que lorsque nous sommes entrés dans cette enceinte, il y avait un ordre constitutionnel particulier ? Est-il vrai, oui ou non, que cet ordre s'est effondré sous vos propres coups et sous la pression des évènements et des déclarations du peuple ? Est-il vrai, oui ou non, que vos électeurs auraient le droit de vous dire : « Rapportez ce mandat que nous vous avons donné, il n'est pas à la hauteur de la situation nouvelle ; il faut qu'avec vous nous discutions

aussi ces changements et ces modifications que l'on a
fait subir à la patrie française ; il faut que vous veniez
retremper vos propres pouvoirs dans l'élection ; revenez, car vous êtes sans titre, car vous êtes disquali-
fiés ; vous aviez fait avec nous un contrat politique,
un contrat synallagmatique ; eh bien, l'objet, la sub-
stance de ce contrat sont changés, il s'agit de le renouveler. »

Et si ce langage vous était tenu par le gouvernement, si le pouvoir exécutif le tenait lui-même, que
feriez-vous ? qui se plaindrait dans cette enceinte ? Si,
après le vote du sénatus-consulte, l'exécutif faisait
appel au peuple, s'il voulait faire confirmer par un
plébiscite l'ensemble des modifications nouvelles de
la constitution, qui donc ne regretterait pas qu'on
n'ait assuré au suffrage universel la sincérité et l'indépendance ? (*Très bien ! à gauche.*)

Eh bien, si cela est vrai, si cette situation est
instante, si elle peut se produire demain, serait-il
sage, serait-il politique, serait-il digne de votre esprit
de conservation d'écarter plus longtemps ces solutions qui sont, permettez-moi de le dire, celles qui intéressent le plus l'avenir de la patrie, l'état de la
France entière, car c'est une question d'État que je
traite devant vous.

Il faut savoir si, oui ou non, vous vous refusez
actuellement à donner satisfaction à l'opinion manifeste qui s'est déclarée depuis le 31 mai 1869. Refuse-
rez-vous plus longtemps, sous prétexte qu'on vous
demande un ajournement, qu'on allègue une inopportunité, à cause des embarras d'un ministère qui est
chargé, je le sais, de préoccupations, mais qui ne devrait pas en connaître de plus grande que d'affranchir
le suffrage universel devant lequel il doit se présenter
comme un serviteur, et non point comme un tempo-
risateur ?

Voilà ce que je soutiens. Je crois que vous pou-

vez mettre de côté l'hypothèse d'une dissolution.
On vous l'a dit, vous trouverez dans votre énergie un
frein contre les ministres, vous empêcherez la dissolution jusqu'au jour, — et rien ne peut vous garantir à
cet égard, — jusqu'au jour où le chef de l'État voudra faire usage de sa prérogative; mais cette prérogative, qui l'a à sa disposition, qui peut répondre des
surprises qu'elle nous réserve ?

Est-ce que c'est le ministère ? Est-ce le Prince lui-
même ? Est-ce qu'il peut répondre du lendemain ?
Évidemment non, puisque les évènements peuvent
faire changer ses résolutions. Je dis donc que tant
que vous êtes dans cette situation, à la discrétion
d'un décret de dissolution, vous êtes, pour me servir
d'une expression romaine, *in manu*, et vous ne pouvez
en sortir qu'en faisant la loi; et j'espère que vous la
ferez, car vous la devez au pays. (*Très bien! très bien!
à gauche.*)

Voix nombreuses. — La clôture! la clôture!

La commission d'initiative concluait, comme on l'a vu, au
rejet de la proposition de loi électorale présentée par
MM. Ferry, Gambetta et Arago.

Le Corps législatif adopta ces conclusions, au scrutin public, par 184 voix contre 64.

DISCOURS

SUR

LE DROIT D'INTERPELLATION

(Mise à l'ordre du jour de l'interpellation de M. Grévy
sur le pouvoir constituant)

Prononcé le 30 mars 1870

AU CORPS LÉGISLATIF

———————

Le 30 novembre 1869, M. Jules Favre, au nom de la gauche, avait déposé sur le bureau du Corps législatif la proposition suivante : «*Article unique*. Le pouvoir constituant appartiendra désormais exclusivement au Corps législatif. »

Quelques jours après, la commission d'initiative demanda la question préalable sur cette proposition jugée inconstitutionnelle.

Le 21 mars 1870, l'Empereur adressa au garde des sceaux une lettre officielle pour l'engager à préparer, de concert avec ses collègues, un projet de sénatus-consulte destiné à fixer « les dispositions qui découlent du plébiscite de 1852 », « à partager le pouvoir législatif entre les deux Chambres », et « à restituer à la nation la part du pouvoir constituant qu'elle avait déléguée ». « Dans les circonstances actuelles, disait l'Empereur, je crois qu'il est opportun d'adopter toutes les réformes que réclame le gouvernement constitutionnel de l'Empire, afin de mettre un terme au désir immodéré de changement qui s'est emparé de certains esprits et qui inquiète l'opinion en créant l'instabilité.

Dans la pensée de Napoléon III et de M. Ollivier, le sénatus-consulte de 1870 devait être à la Constitution de 1852 ce que l'acte additionnel avait été en 1815 à la Constitution de

l'an VIII. Le sénatus-consulte devait fonder l'Empire libéral ;
l'Empereur disait : « Amener la création d'un régime constitutionnel en harmonie avec les bases du plébiscite. »

Le jour même où l'Empereur chargeait les ministres du
2 janvier de la confection d'un projet de sénatus-consulte,
M. Grévy déposait sur le bureau du Corps législatif la demande d'interpellation suivante : « Les députés soussignés,
considérant que la question préalable, proposée par la commission d'initiative sur leur proposition tendant à rendre
aux représentants élus du pays le pouvoir constituant, né-
cessite, par voie d'interpellation, une discussion sur la restitution de ce pouvoir, demandent à interpeller le pouvoir
à ce sujet. » La demande d'interpellation portait trente-trois
signatures. Le Corps législatif décida d'attendre, pour porter la discussion de cette interpellation à son ordre du jour,
que le texte officiel du sénatus-consulte fût rendu public.

Le sénatus-consulte fut présenté, le 28 mars, au Sénat
par M. Émile Ollivier. Il portait que le Sénat partageait le
pouvoir législatif avec l'Empereur et le Corps législatif, mais
que tout projet d'impôt devait être d'abord voté par le Corps
législatif (article 1er) ; que les ministres ne dépendaient que
de l'Empereur et ne pouvaient être mis en accusation que
par le Sénat (article 2) ; que la Constitution ne pourrait
plus être modifiée que par le peuple sur la proposition de
l'Empereur (article 5) ; que l'Empereur était responsable devant le peuple auquel il aurait toujours le droit de faire appel (article 13) ; que l'Empereur était le chef de l'État, qu'il
commandait les forces de terre et de mer, déclarait la guerre,
faisait les traités de paix, d'alliance et de commerce, nom-
mait à tous les emplois, faisait les réglements et décrets
nécessaires pour l'exécution des lois (article 14).

Le lendemain, 29 mars, M. Arago et M. Picard demandèrent au Corps législatif de mettre à l'ordre du jour du 30 la
discussion de l'interpellation sur le pouvoir constituant, ainsi
que, la veille encore, cela avait été convenu entre M. Ollivier et les signataires de l'interpellation. Mais M. Ollivier
avait parfois la mémoire très courte (il devait en donner
une nouvelle preuve dans la séance du lendemain) ; et M. Picard avait à peine formulé sa demande, que le garde des
sceaux s'élança à la tribune, nia qu'il eût jamais pris avec
M. Grévy et ses collègues de l'opposition un engagement re-

latif à leur interpellation, et déclara qu' « alors que le souverain, usant de son initiative, avait proposé constitutionnel-
ment un sénatus-consulte et que ce sénatus-consulte était
discuté devant le Sénat, le Cabinet ne pouvait pas accepter
une discussion devant le Corps législatif; que, par conséquent, il demandait un ajournement indéfini de l'interpellation. » La gauche protesta avec énergie. « C'est une confiscation humiliante du droit de la Chambre! » s'écria
M. Gambetta. « C'est l'abdication de notre dignité, dit
M. Arago, entre les mains du pouvoir personnel, qui semble
aujourd'hui vouloir se diminuer et qui se constitue plus fort
et plus insolent que jamais! » M. Grévy se leva en vain pour
prendre la parole. M. Ollivier reparut à la tribune : « L'honorable M. Picard a raison, dit le ministre, nous sommes
vos ministres en ce sens que nous n'avons le droit de conseiller le Souverain de parler au Sénat que si nous avons
votre confiance. Eh bien! nous vous demandons, comme
acte de confiance, de repousser l'interpellation : si vous
l'accueillez, nous cesserons aussitôt d'être vos ministres. »
On vota sur l'ajournement indéfini demandé par le garde
des sceaux : il rallia 196 voix contre 46.

Pourtant, M. Ollivier ne triompha que pendant vingt-quatre heures : il avait oublié, et le Corps législatif avait oublié,
avec lui et avec son président M. Mège, que le vote d'ajournement indéfini était contraire au règlement qui disposait
comme suit : « Une interpellation étant déposée, le Gouvernement doit être entendu; puis, dans la même séance ou dans
une séance suivante, la date de la discussion est fixée. » Ce
fut M. Jules Favre qui, dans la séance du mercredi 30 mars,
se chargea de rappeler à M. Ollivier les articles 33 et 34 du
règlement. Assez embarrassé, cherchant à nier qu'il eût demandé la veille un ajournement indéfini, le garde des sceaux
finit par dire : « Lundi, quand je me serai concerté avec
l'Empereur et avec mes collègues, je vous dirai ce que je
dois répondre à votre question. »

M. Gambetta demande la parole.

M. GAMBETTA. — Messieurs, les questions de règlement sont des questions sur lesquelles l'Assemblée a
un pouvoir souverain d'interprétation, et, en même

temps, ce sont les questions les plus délicates qui
puissent se soulever dans une Assemblée, car le règlement est la protection du droit de chaque député.

Eh bien, je crois pouvoir établir deux points : le
premier, c'est que hier, sans le vouloir, on a violé le
texte et l'esprit de l'article 34, — j'indique tout de
suite la démonstration que je vais faire, — et le second
point, c'est que c'était bien un ajournement indéfini
que l'on votait...

M. LE GARDE DES SCEAUX. — Je l'ai demandé, mais
il n'a pas été mis aux voix.

M. GAMBETTA. — Vous vous trompez, car lorsqu'on
a eu proclamé le résultat du vote au scrutin sur la
clôture, voici ce que je lis au *Journal officiel :*

« M. LE PRÉSIDENT JÉRÔME DAVID. — La Chambre a maintenant à voter sur la demande d'ajournement de l'interpellation.

« *Plusieurs voix au centre et à droite.* — Sur le rejet.
(*Exclamations à gauche.*)

« M. LE GARDE DES SCEAUX. — Sur l'ajournement indéfini
que j'ai proposé.

Voilà ce que rapporte le *Journal officiel*...

M. LE GARDE DES SCEAUX. — Oui, je l'ai dit, mais ce
n'est pas l'ajournement indéfini qui a été mis aux
voix...

M. GAMBETTA. — C'est la déclaration officielle, c'est
la déclaration écrite, la déclaration rigoureuse, et
j'ajoute : qu'elle a été corroborée par l'assentiment
immédiat qui a suivi les paroles de M. le garde des
sceaux, car on a dit : *Oui! oui! C'est cela!*

Donc ce premier point est parfaitement hors de
controverse. Ce qu'on a voté hier à propos de l'interpellation de l'honorable M. Grévy et de nos amis,
c'est l'ajournement indéfini.

Or ce que l'article 34 du règlement, — et ici je
rentre dans mon premier point, — ce que l'article 34

a voulu empêcher, a voulu proscrire, c'est l'ajournement indéfini. Pourquoi, Messieurs? Parce que le
droit d'interpellation n'a d'importance, n'est un droit
précieux que lorsqu'il est inviolable, même si l'exercice en est absurde, dans la personne du député.
Vous ne pouvez pas rejeter une interpellation si soit-
elle dérisoire dans ses termes et dans son esprit.
Ainsi le veut le droit... (*Interruptions.*)

Cela peut vous choquer et je le comprends. Alors
qu'on ne vous présente le droit que du côté de ses
abus et du côté de ses excès, il vous semble qu'il y
ait là quelque chose qui répugne au bon sens. N'en
croyez rien, parce qu'il n'y a de véritable droit de
raisonner que lorsque le droit de déraisonner l'accompagne. Le droit et l'exercice du droit sont choses
distinctes et on ne peut rien conclure d'une mauvaise
application du droit contre le droit lui-même.

Aux termes de l'article 34, vous avez un droit et un
devoir.

Le devoir, c'est de respecter le droit d'interpellation en ne le rejetant jamais *de plano*, et vous ne pouvez pas faire obliquement, par voie indirecte, ce que
l'article 34 vous empêche de faire, c'est-à-dire prononcer l'ajournement indéfini.

Or c'est ce que vous avez fait hier sans le vouloir,
et ici j'en appelle au texte de l'article 34.

Écoutez bien, Messieurs : je crois qu'un examen
attentif des termes de cet article, en reconstruisant
l'hypothèse dans laquelle se sont nécessairement placés ses rédacteurs, vous donnera la solution de la
question soulevée devant vous.

Quelle est l'hypothèse? Quand un député a déposé
une interpellation sur une question quelconque, le
jour même de ce dépôt... — car le texte dit « dans la
séance », ce qui indique bien que c'est le jour même,
— la Chambre peut fixer, sans débat, le jour où l'interpellation sera faite, comme aussi elle peut refuser

de le faire dans cette première séance et renvoyer la
fixation à une séance ultérieure.

Eh bien, cette séance ultérieure est venue. Elle est
venue hier! (*Oui! oui! à gauche.*)

C'est à ce moment-là que vous deviez faire droit,
et fixer le jour de la discussion...

M. LE GARDE DES SCEAUX. — Veuillez lire le règlement!

M. GAMBETTA. — Je le lis : « Le Corps législatif,
après avoir entendu un des membres du gouvernement!... »

M. LE GARDE DES SCEAUX. — Permettez-moi de vous
arrêter ici.

Vous le voyez, le règlement dit : « Après avoir
entendu un des membres du gouvernement. »

Or, dans la première séance, aucun membre du
gouvernement n'a été entendu sur ce point.

M. GAMBETTA. — Je vous demande pardon.

Lorsque l'honorable M. Grévy a déposé son interpellation, M. le comte Daru était à son banc, car
vous, Monsieur le garde des sceaux, vous étiez allé
au Sénat porter le projet de charte, et, en votre
absence, M. le ministre des affaires étrangères a dit :
« Nous ne pouvons pas en ce moment fixer de date :
nous réservons pour le gouvernement le choix du
jour et de l'heure de la rencontre avec l'opposition. »
Et c'est précisément parce que l'honorable comte
Daru s'est exprimé ainsi à la première séance, que
lorsqu'on est revenu à nouveau sur la fixation du
jour, vous étiez dans la seconde séance, la séance
ultérieure dont parle l'article 34, la séance dernière
dans laquelle vous ne pouviez faire qu'une chose.
fixer le jour où vous entendriez l'auteur et les signataires de l'interpellation.

Pour le moment, je n'examine point l'interpellation en elle-même, je ne veux même pas évoquer les
graves difficultés politiques qui sont au fond du dé-

bat; je ne parle que pour défendre une thèse de procédure parlementaire. Lorsque vous trouvez une interpellation embarrassante, oiseuse, dérisoire, ce que vous pouvez faire, c'est de l'ajourner à une telle date que cela constitue pour elle la peine capitale, parce que ce sont les calendes grecques. Mais ce que vous ne pouvez pas faire, c'est de ne pas lui assigner un jour, lui marquer une date certaine, sans quoi le droit d'interpellation ne serait plus qu'une vaine comédie.

Il faudra donc, de toute nécessité, dans la première séance ou dans une autre, dans la séance ultérieure dont parle l'article 34, il faudra que vous disiez à l'opposition : Nous discuterons tel jour : le 1er, le 2. le 3 avril ou le 30, peu importe le jour, mais enfin une date certaine...

Eh bien, si mon interprétation est juste, — et je le crois avec le texte du règlement dont nous avons expliqué mot pour mot toutes les dispositions, après l'analyse que j'ai faite de ce droit d'interpellation, qui nous a été restitué, — si mon interprétation est juste, il faut que vous regardiez comme parfaitement caduque la décision que vous avez rendue hier, car il ne peut pas se faire que vous mainteniez une autorité quelconque à une décision contraire à l'esprit et au texte de votre règlement.

Vous n'êtes pas liés, comme vous le disait lui-même l'honorable garde des sceaux ; vous êtes maîtres de votre ordre du jour. Je vais plus loin : lorsque l'erreur, que nous avons commise, que nous pouvons commettre, viole un droit individuel dans la personne du député, viole la liberté parlementaire, il faut revenir sur cette erreur. Il y a pour cela une infinité de raisons, et je ne pourrais pas comprendre que vous ne teniez pas à honneur de la réparer! (*Approbations autour de l'orateur. — Mouvements divers.*)

M. Ollivier répondit à M. Gambetta et conclut, assez mo-
destement, en ces termes contradictoires : « Je crois que la
Chambre doit persévérer dans son vote d'hier ; qu'elle doit
déclarer qu'elle a bien appliqué le règlement; que le Gouvernement a le devoir de reconnaître qu'il ne s'est pas servi
d'une expression exacte en employant les mots d'ajournement indéfini; que les membres de l'opposition ont le droit
de demander la fixation ultérieure d'un jour et que le Gouvernement a l'obligation, quand ils feront cette demande, de
leur répondre. »

Malgré la vive insistance de M. Ernest Picard, le Corps législatif renvoya au lundi, comme M. Ollivier l'avait demandé,
la fixation de la mise à l'ordre du jour de l'interpellation
déposée par M. Grévy et ses collègues de la gauche.

DISCOURS

CONTRE

LE PLÉBISCITE

(Interpellation relative au pouvoir constituant)

Prononcé le 5 avril 1870

AU CORPS LÉGISLATIF

———

On a vu par quels moyens étranges M. Ollivier avait obtenu du Corps législatif que la fixation du jour pour l'interpellation de la gauche sur le pouvoir constituant fût
remise au lundi 4 avril. Le lundi venu, à la suite d'un revire-
ment sur lequel il serait inutile d'insister, M. Ollivier demandait la discussion immédiate de la même interpellation
dont il avait réclamé, cinq jours auparavant, l'ajournement
indéfini. Le Corps législatif consacra deux séances à la discussion de cette interpellation, qui lui permettait de s'exprimer indirectement sur la nouvelle Constitution.

Nous avons donné plus haut le texte de l'interpellation
déposée par M. Grévy. Mais postérieurement au dépôt de
l'interpellation, le *Journal officiel* avait publié la lettre de
l'Empereur à M. Ollivier, le sénatus-consulte avait été porté
au Sénat, le Gouvernement avait projeté de faire ratifier par
un plébiscite la Constitution de l'*Empire libéral*. « Dans cette
situation, dit M. Grévy, qui prit le premier la parole, la

question que notre interpellation soulève est celle-ci : « Le projet de sénatus-consulte, préparé par le ministère, rend-il au peuple le pouvoir constituant dont il était dépouillé ? A cette question, je réponds hardiment : Non ! »

Et M. Grévy, prenant aussitôt pour thèse de son discours cette affirmation dont l'histoire ne devait démontrer que trop la triste exactitude, continuait ainsi : « La restitution au peuple du pouvoir constituant n'est que nominative et apparente. Et en effet, d'après le projet de sénatus-consulte, il n'y aura plus d'Assemblée constituante, plus de représentation législative : pour toucher aux institutions fondamentales, il n'y aura plus que le plébiscite, c'est-à-dire les citoyens interpellés isolément, sans concert, sans discussion, sans initiation, ne pouvant ni proposer une modification, ni exprimer spontanément leur pensée, forcés de répondre passivement, par oui ou par non, à une question qui les place brutalement entre l'abîme et l'acceptation du fait accompli. Le plébiscite n'a jamais été la forme de la manifestation sincère et libre de la volonté nationale. Entre les mains du chef de l'État, le plébiscite est un ordre. Quel est celui qui n'a pas été voté ? Quel est celui qui ne pourrait l'être encore sous l'empire des mêmes circonstances ? Tous les plébiscites n'ont-ils pas été rendus après des coups d'État sous la pression des évènements, dans la contrainte et la terreur ? Étaient-ils l'expression libre et spontanée de la volonté du peuple ? »

« Je me résume, disait enfin M. Grévy. Le projet de sénatus-consulte ne restitue pas à la nation le pouvoir constituant ; il ne le retire au Sénat que pour le concentrer dans les mains de l'Empereur ; il condamne la nation à l'immobilité ou à la révolution ; il fait du plébiscite un danger permanent, un instrument légal de coups d'État... Œuvre puérile ! Vous croyez pouvoir enfermer un grand peuple dans vos petites combinaisons ! Vous croyez pouvoir arrêter la marche du progrès et enchaîner la nation à une Constitution. L'exemple de ceux qui vous ont précédés dans cette œuvre impossible ne vous a donc pas instruits ! Le peuple, à son tour, brisera vos entraves comme il en a brisé d'autres, jusqu'à ce qu'il arrive enfin, à travers les révolutions dont vous lui ouvrez la carrière, à la forme du gouvernement des peuples modernes, à la forme démocratique, la seule qui soit appropriée à notre état social,

la seule qui soit possible et durable, la seule dans laquelle il
puisse trouver enfin l'ordre, la liberté, le repos et la prospérité dont il a si grand besoin. »

M. Émile Ollivier remplaça M. Grévy à la tribune pour annoncer que le plébiscite serait proposé sur la nouvelle constitution présentée au Sénat, et qu'il donnerait à la nation le
choix entre la réaction et la réforme libérale. « Nous n'a-
vons pas introduit le droit d'appel au peuple dans la constitution, dit le garde des sceaux, nous l'avons respecté, et si
nous faisons immédiatement du sénatus-consulte l'objet d'un
appel au peuple, c'est que nous voulons donner à l'œuvre de
constitution libérale commencée le 24 novembre 1860 la même
consécration qui a été donnée à la Constitution autoritaire
de 1852. » Les discussions de l'Empereur et du ministère sur
l'adoption du plébiscite et celles des ministres entre eux étaient
trop connues pour que le garde des sceaux pût se dispenser
d'en faire l'aveu. Mais cet aveu n'embarrassait guère M. Ollivier : il déclara hardiment qu'à son avis le régime plébiscitaire était une des *beautés* de la nouvelle réforme soumise
au Sénat, et, jugeant que cette déclaration d'esthétique constitutionnelle ne laissait rien subsister du discours de M. Grévy,
il descendit de la tribune en s'écriant : « En dehors du gouvernement constitutionnel de l'Empereur, la nation n'a le
choix qu'entre la réaction et la révolution, elle optera pour
ce que nous lui proposons : la liberté! » La droite applaudit
avec enthousiasme. Le centre gauche, qui, dès le 1er avril,
s'était prononcé contre le plébiscite avec beaucoup de fermeté, ne dissimula pas son mécontentement. M. Thiers
adressa aux ministres les reproches les plus amers. Ce n'é-
taient plus *ses* idées qui étaient assises sur *leurs* bancs. Le
lendemain, toute la presse libérale se fit l'écho des récrimi-
nations de M. Thiers. « Le plébiscite, écrivait Prévost-Para-
dol dans les *Débats*, le plébiscite est une maladresse insigne :
il montrera le Gouvernement en perte, et en perte considérable sur le chiffre de voix obtenu en 1852 par la constitution dictatoriale et par l'Empire. » Le Cabinet avait repoussé
la dissolution, sous prétexte qu'elle agiterait inutilement la
nation, et il venait proposer un plébiscite! Nefftzer écrivit dans
le *Temps* que le gouvernement venait d'adopter la politique
de Gribouille. Du reste, le plébiscite annulait les quelques
avantages parlementaires que le sénatus-consulte restituait

au Corps législatif. Visiblement, l'Empire libéral n'était
plus qu'une mauvaise comédie.

Donc, l'appel au peuple était décidé, décidé en dehors du
Corps législatif, décidé, sans plus de formalité, entre l'Empereur et quelques-uns de ses ministres : il n'y avait pas à
revenir sur ce point. Mais une grave question restait intacte :
« Le plébiscite sera-t-il librement discuté par les citoyens ?» Ce
fut M. Ernest Picard qui traita cette question à la reprise de
la séance : « Ou bien, dit-il, le sénatus-consulte sera soumis à l'acceptation du peuple sans avoir été examiné et discuté, ou bien il l'aura été? Dans le premier cas, il manquera
de portée sérieuse ; dans le second, il sera un danger pour
la tranquillité. »

Le dilemme était redoutable et enfermait littéralement le
Cabinet ; mais l'embarras de quelques-uns des collègues de
M. Ollivier augmenta encore lorsque M. Martel et M. d'Andelarre, deux des membres les plus modérés du centre gauche, vinrent déclarer après M. Picard, — le premier, que la
pratique du plébiscite serait pour le ministère du 2 janvier
un affaiblissement moral si considérable qu'il ne pouvait se
défendre d'espérer qu'on trouverait encore un moyen de
conjurer le danger; — le second, que le plébiscite était la
négation même du régime parlementaire, et que « partout
où l'on se trouve en présence du plébiscite, il n'y a plus de
parlement, il n'y a plus de liberté ». M. Jules Favre, qui prit
la parole après le marquis d'Andelarre, ne manqua pas de
tirer profit de sa déclaration, et il le fit avec une éloquence
admirable, élevant le débat à la plus grande hauteur politique qu'il eût encore atteinte, écartant le Cabinet, écartant
le Sénat, allant droit à l'Empereur.

« Voilà la vérité, s'écria M. Jules Favre, l'Empereur peut
tout. Quant à la nation, elle doit attendre. Et ce grand pays
de France, dans lequel toutes les idées ont été agitées, généreux, plein d'expansion, vous le traitez comme une sorte
d'esclave auquel on pourra relâcher la chaîne un jour, quand
il plaira au maître. Voilà la vérité telle qu'elle ressort de votre sénatus-consulte... Eh bien, encore une fois, au lieu de
diminuer le pouvoir personnel, vous l'avez exagéré. Et laissez-moi vous le dire en finissant, je le dis à regret, mais telle
est ma profonde conviction, à partir de ce sénatus-consulte
vous avez démontré que vous n'étiez pas les ministres de

celle Chambre, que vous étiez les serviteurs du pouvoir
personnel. Et vous avez démontré à la France qu'il y a pour
elle un embarras : cet embarras, c'est le Pouvoir qui a la
prétention de s'élever au-dessus d'elle, de s'attribuer des prérogatives qui lui étaient propres, de lui dicter des lois, quand,
en définitive, elle est souveraine, de sorte qu'entre le Pouvoir et elle, il y a une incompatibilité absolue. »

M. Jules Favre était à peine descendu de la tribune, que
M. Gambetta réclama son tour de parole. Mais l'heure était
avancée : sur la demande de M. Gambetta et malgré l'extrême
droite bonapartiste qui eût voulu clore immédiatement le
débat sur l'interpellation de M. Grévy, la suite de la discussion fut renvoyée au lendemain.

Pendant la soirée du 4 au 5 avril, les deux centres se réunirent pour chercher à s'entendre sur la question du plébiscite. Malgré les efforts de M. Thiers, qui, cette nuit-là, s'efforça une dernière fois de croire à l'Empire libéral, on
n'aboutit à rien. Le lendemain, après un violent discours de
M. Jérôme David à la plus grande gloire du régime impérial et du 2 Décembre, discours que M. Pelletan interrompit avec indignation pour traiter le coup d'État « de
crime et de honte pour le pays...», M. Gambetta monta à la
tribune :

M. LE PRÉSIDENT ALFRED LE ROUX. — La parole est à
M. Gambetta.

M. GAMBETTA. — Messieurs, la résolution qu'a prise
la Chambre de mettre en discussion les interpellations de nos honorables collègues de la gauche me
semble avoir donné à notre situation parlementaire
le droit d'examiner, non pas le sénatus-consulte en
lui-même, mais toutes les idées de principes qui peuvent être engagées dans la question, et vous pouvez
compter que si pour ma part j'entre dans ce débat...
(*Plus haut! on n'entend pas!*)

M. LE PRÉSIDENT ALFRED LE ROUX. — Je réclame le
silence le plus complet. L'orateur a des motifs que
tout le monde connaît, pour le demander à votre
bienveillance, et je crois qu'il importe de lui donner

à cet égard toutes facilités. (*Oui! oui! Écoutez écoutez!*)

M. GAMBETTA. — La Chambre d'ailleurs, je ne saurais trop le reconnaître, m'a habitué à une telle bienveillance, que je suis certain qu'elle voudra bien encore me faire crédit de cette bienveillance accoutumée, et elle peut être certaine que je saurai la reconnaître par la mesure et la modération de langage que la grandeur du débat comporte. (*Très bien! très bien!*)

Seulement, Messieurs, en même temps que je prends cet engagement, nécessaire surtout dans les causes qui soulèvent d'aussi redoutables et aussi périlleux problèmes, j'ai besoin de trouver en vous l'esprit politique de tolérance, si je puis ainsi parler, pour faire l'exposition et la démonstration des principes. Et il est bien certain qu'au cours des observations, très brèves d'ailleurs, que je veux produire devant vous, je heurterai beaucoup de vos convictions. Je provoquerai certainement des résistances intimes dans l'esprit de beaucoup qui veulent bien m'écouter, mais je tâcherai de n'apporter dans ma discussion d'autre préoccupation que celle des principes. Et alors, au nom d'une certaine liberté d'examen purement intellectuel, je vous demanderai, sans cependant abuser de votre patience, la permission de m'exprimer avec une entière franchise de langage. (*Parlez! parlez! parlez!*)

J'espère bien que la discussion qui est commencée continuera, et qu'elle descendra du terrain élevé des principes pour toucher au sol de la réalité et dessiner les lignes précises que vous voudrez donner à la nouvelle réglementation des pouvoirs. Par conséquent, il y a lieu de rechercher brièvement d'où a pu naître ce besoin, senti au bout de dix-huit ans, de changer, sinon dans le fond même des choses, au moins sur un très grand nombre d'importantes questions, le régime constitutionnel de ce pays-ci.

Je n'hésite pas à dire, pour ma part, que c'est au
suffrage universel qu'il en faut attribuer avant tout
l'honneur, et que, lorsqu'on veut retrouver l'origine
véritable du mouvement, dont on voit la trace dans
les diverses tentatives de réformes ministérielles, il
faut interroger non seulement les scrutins du 31 mai
1869, mais les scrutins antérieurs de 1863, étudier le
travail politique qui avait précédé cette élaboration
électorale ; alors, on s'aperçoit, — je dis ceci non
pour faire une critique, mais pour marquer la certitude historique de notre développement politique, —
on s'aperçoit que c'est la nation, le suffrage universel
seul qui est véritablement l'auteur, l'initiateur du
mouvement de transformation auquel vous assistez.
(*Très bien! très bien! à gauche.*)

Il n'est pas d'une médiocre importance, dans un
pareil débat, d'être bien fixé sur l'origine de ce mouvement de transformation. Pour ma part, je ne peux
pas admettre avec l'honorable ministre de la justice que le Prince y ait cette part tout à fait léonine
qu'on a voulu lui faire. Loin de là, je crois, — et il
avait, à son point de vue, un amour-propre d'auteur
à ménager, — je crois qu'il considérait la constitution de 1852 comme une œuvre politique sans rivales,
qu'il l'avait présentée avec sincérité, sincérité tout
à fait chimérique, cruellement démentie, frappée par
les évènements, qu'il l'avait présentée comme un
modèle politique supérieur aux essais qui l'avaient
précédée ; et ce n'était pas sans une certaine satisfaction d'orgueil qu'en l'offrant à la ratification du peuple, il traçait rapidement le portrait des fragiles constitutions antérieures qui, disait-il, étaient tombées
devant la souveraineté nationale parce qu'elles repo-
saient sur des fictions.

Mais, Messieurs, est-ce que l'on fait des expériences
politiques sur un peuple? et ce mot si froid «d'expérience», lorsqu'il est appliqué au corps social, ne

cache-t-il pas tout ce qu'il y a de plus cruel, de plus
tragique, de plus douloureux dans les étapes successives de l'humanité? On peut faire des expériences
avec un peuple, mais on n'en a pas le droit. J'imagine que, si l'on mettait réellement en jeu, au point
de vue de la conscience comme au point de vue du
peuple et de l'histoire, la responsabilité de l'auteur
de la constitution de 1852, il serait fort embarrassé
pour éviter la punition encourue par les hommes
d'État qui ont pris en main d'une manière ou d'une
autre la direction de leur pays, qui ont imposé un
régime à une nation, et qui, au bout de dix-huit ans,
lorsque ce régime a tourné contre les prétentions, les
désirs, les conceptions, les projets, les tentatives, les
pratiques du maître, purement et simplement se
retournent vers le pays pour lui dire : Je me suis
trompé et nous allons remonter dans le passé, rapprocher des morceaux composites de constitutions
déjà faites et déjà condamnées, et vous replacer sous
une de ces formes contre lesquelles j'avais dirigé, à
l'origine de ma tentative, toutes mes forces. (*Très
bien! très bien! à gauche.*)

Évidemment, il y a là, au point de vue politique.
quelque chose qui ne peut pas ne pas blesser la justesse de vos esprits.

Ce projet de constitution, qu'on veut soumettre au
peuple, vous en êtes saisis, car on a très bien compris
qu'il fallait revenir sur cette première déclaration par
laquelle on repoussait le débat : on n'a pas pu vous
refuser la connaissance du fond, et s'il vous appartient
de la retenir, il vous appartiendra également de faire
prévaloir vos volontés. Il y a des précédents à cet
égard, les Assemblées sont et deviennent ce qu'elles
veulent être, parce que, quelle que soit la résistance
du pouvoir exécutif, il y a un pouvoir qui est au-
dessus de tout : c'est le pouvoir collectif du pays
représenté par ses députés! (*Très bien! à gauche.*)

Je ne dis pas que vous aurez recours à des mesures plus ou moins audacieuses, que vous aurez de véritables hardiesses parlementaires. Vous savez, et je n'ai pas besoin de m'expliquer plus clairement sur un sujet aussi délicat, pourquoi nous ne croyons pas. de ce côté de la Chambre auquel j'appartiens, que vous ayez la véritable grâce d'état qu'il faut, pour accomplir la révolution politique parlementaire. (Sourires.)

Mais je glisse sur ce sujet et je rentre dans cette appréciation impartiale, où je ferai la part de ce qu'il y a, à mon sens, de vrai, et de ce qu'il y a de mal fondé dans les promesses ministérielles.

Il n'est pas douteux que le pouvoir parlementaire proprement dit a été agrandi; il n'est pas douteux que, comme députés, entendez-le bien, comme députés réunis dans une enceinte pour légiférer, vous y avez retrouvé, — et ce n'est pas un des moindres mérites du suffrage universel de vous avoir donné cette force, à vous qui étiez sortis en grande majorité de la candidature officielle, — une force telle. que votre seul rapprochement soit devenu un péril et une pression suffisante pour forcer le pouvoir personnel à capituler. Enseignement précieux, si vous vouliez lui donner d'ultérieures conséquences! Mais enfin tout vient à point à qui sait attendre, cela viendra peut-être avant la fin de la discussion. (Mouvements divers.)

Au point de vue de vos attributions parlementaires, il faut convenir que le droit d'interpellation, le droit d'initiative, le droit de pétition qu'on veut vous restituer, le droit de faire monter au bureau un président élu par vous, le droit de régler votre organisation intérieure, cet ensemble de restitutions purement personnelles au parlement, constitue un accroissement de pouvoirs.

Voilà ce qu'on vous donne, ce qu'on nous donne; car, quoique je sois, à un certain point de vue, assez

éloigné de la monarchie parlementaire proprement
dite, je ne crois pas, — oh! tant s'en faut! — que le
régime parlementaire ne soit pas un régime excellent
et nécessaire. La Suisse, les États-Unis sont des régimes parlementaires, tout à fait parlementaires, et vous
verrez tout à l'heure que ce que je propose, — je vous
demande pardon, je voudrais éviter le moi, car je le
trouve surtout haïssable dans ma bouche, puisque ce
n'est pas de mon âge que je puis tirer l'autorité nécessaire pour vous entretenir, — ce que je voudrais proposer, puisque la question de plébiscite ouvre le droit,
ce serait de choisir entre le parlementarisme anglais,
— l'expérience ne nous en a pas été profitable et je me
servirai de cet exemple, — et le parlementarisme
américain ou suisse. (Exclamations et bruit prolongé.)

M. LE COMTE D'AYGUESVIVES. — Nous ne demandons
pas mieux.

M. GAMBETTA. — Messieurs, j'entends une voix d'in-
terrupteur qui me dit : « Nous ne demandons pas
mieux. » Cela veut-il dire, dans sa bouche, qu'il ne
demande pas mieux que d'accepter, ou cela veut-il
dire qu'il ne serait pas fâché de nous faire voter tout
de suite sur la question, pour la résoudre à son avantage?

Si vous voulez toute mon opinion, nous ne sommes
pas compétents pour nous prononcer; le peuple seul
est compétent, et j'ai sur le plébiscite un langage analogue, — oh! mais rien que le langage, — à celui de
M. le baron Jérôme David. Je crois que le plébiscite
est une sanction désormais nécessaire dans les sociétés qui reposent sur le droit démocratique, pour donner au pouvoir, qu'il soit issu de la révolution ou issu
d'une acceptation, d'une adhésion solennelle, la
sanction que les anciennes monarchies trouvaient dans
le droit divin.

Je dis que la philosophie politique exige que l'on
considère le peuple comme la source exclusive, iné-

puisable, sans cesse renouvelée du pouvoir et du droit.

Mais vous entendez bien qu'il faut que ce soit réellement un plébiscite ; et, puisque l'on parle ce langage impérial et romain, il ne sera pas oiseux de remonter à la formation même du mot plébiscite, *plebiscitum*.

Qu'est-ce que c'est que le plébiscite, dans ce style et dans ce langage ? C'est la science et la conscience que le peuple a d'un fait politique : *plebis scitum*. Vous voyez donc que, dès à présent, au point de vue de la pratique antique, comme au point de vue de la vérité de l'idée cachée sous le mot, pour que le peuple prenne science et conscience, il faut qu'il y ait eu débat, il faut qu'il y ait eu controverse, il faut qu'il y ait eu discussion.

A gauche. — C'est cela ! Très bien !

M. GAMBETTA. — Et entendez bien que tout le monde, après cette discussion, ne pourra pas, cependant, poser la formule. Non, il faudra reconnaître, sous peine de confondre le plébiscite avec le rescrit impérial, que les mandataires librement élus du peuple, de la nation, ont seuls le droit de rédiger cette formule, de préciser ces questions et de les soumettre à la ratification du peuple. (*Approbation à gauche.*)

Mais si la ratification n'y a pas passé, la légitimité n'en sortira pas ; il faut qu'il y ait ratification, cela est de droit et de tradition constante, et on a bien fait de le dire.

Dans une occasion solennelle, à cette tribune, le grand citoyen qui nous est rendu, Ledru-Rollin, au mois d'août 1842, posait d'une façon aussi complète, aussi savante qu'éloquente, devant la Chambre des députés de l'époque, ce droit en dehors duquel il n'y a pas de légitimité fondamentale pour la constitution, pour les lois organiques de l'État ; il disait que le pouvoir constituant sanctionnateur était dans le peuple

et pas ailleurs. Il fit, à ce propos, l'historique de la
question ; il démontra à l'Assemblée que les deux
Chambres ne pouvaient pas directement modifier la
constitution, mais il réserva, comme de jurisprudence constante depuis la Révolution française, que le
peuple n'intervenait qu'après délibération, qu'après
publicité dans les débats organiques et constitutionnels adoptés par l'Assemblée des députés du pays.
Est-ce que cela peut suffire ? Non, Messieurs, il faut
encore quelque chose de plus ; après les délibérations,
après les résolutions, après les propositions des représentants élus du pays, il faut que, dans le pays lui-
même, dans les assemblées électorales, non seulement
dans la presse, mais encore dans les réunions politiques convoquées à cet effet, la légitimité de la question posée, les contradictions qu'elle soulève, et les
adhésions qu'elle est susceptible de recevoir soient
encore l'objet d'un examen et d'une sorte de crible
public. Alors, et seulement alors, vous avez réalisé la
véritable procédure à l'aide de laquelle le plébiscite
devient véritablement le principe, la sanction et la
légitimité.

Qu'est-ce qu'il vous faudrait faire pour obtenir de
ce gouvernement le droit d'élaborer les plébiscites
par vous-mêmes? Il vous faudrait vouloir. Et remarquez-le bien, ce gouvernement n'a pas le droit de vous
le refuser, car il n'a pas, ou du moins il n'ose pas
afficher la prétention d'être, comme une monarchie
purement bourgeoise et parlementaire, au-dessus du
pouvoir constituant du peuple. Non, il s'est élevé par
le suffrage universel rétabli ; il l'a maintenu ; et, s'il
faut tout dire, à travers la responsabilité effroyable qu'il portera devant l'histoire, moi, je lui saurai
gré, et beaucoup des hommes de mon parti lui sauront gré d'avoir rendu cet hommage forcé au principe.
et d'avoir empêché la prescription du suffrage universel. (*Mouvement.*)

Eh bien, s'il en est ainsi, est-ce que vous ne pouvez pas, vous, pouvoir parlementaire, vous honorer
devant le suffrage universel, et puiser dans la nécessité actuelle cette force, cette virilité suffisante pour
dire au gouvernement : Nous voulons, pour nous et
nos successeurs, reprendre le droit inaliénable de la
nation d'élaborer directement et par elle-même le
plébiscite; nous l'exigeons, et, tant que cette restitution n'aura pas été opérée, le plébiscite n'est qu'un
leurre et un piège. (*Assentiment à gauche.*)

Pourriez-vous donc, Messieurs, refuser cette satisfaction au droit et aux principes? Qu'est-ce que c'est
qu'un plébiscite? C'est un **jugement**. c'est un arrêt
rendu, les parties contractantes entendues, par le
peuple tenant ses assises. Est-ce que le bon sens, les
règles ordinaires de la raison, ne vont pas s'appliquer
à cette hypothèse politique et sociale comme elles
s'appliquent aux hypothèses du droit civil ordinaire?
Est-ce que, pour rendre ce jugement, ce tribunal pourra
échapper lui-même à une procédure particulière, spéciale, tirée de la nature des choses et qui donnera l'assurance aux intéressés, c'est-à-dire à chacun et à tous,
que le droit sera respecté, qu'il n'y aura pas d'équivoque, de pression, de surprise et qu'on ne transfor-
mera pas un verdict rendu par la servitude en un
instrument d'usurpation et de dictature?

A gauche. — Très bien! très bien!

M. GAMBETTA. — Voilà la vérité, et, en somme,
pourquoi le refuserait-on? On se défierait donc des
représentants du pays?

Il y a, à mon point de vue, une objection ministérielle qui, perpétuellement, confond ma raison : alors
que, parmi les hommes réunis au nom du pays, ayant
la plénitude du mandat donné par leurs électeurs, on
vient revendiquer un droit d'où dépend une question
qui est une question nationale, une question de patrie, la grande question de l'avenir de la France, alors

qu'on vient le revendiquer, non pour en faire la satisfaction d'une ambition particulière, mais pour préparer la base, le fondement d'une constitution, d'une
charte, des ministres se lèvent et disent : Non, nous
ne vous accorderons pas ce droit, parce que ce droit
serait inconstitutionnel!... (*Sourires.*)

Eh bien, il faut biffer votre constitution, si elle est
contraire au droit et à la nature des choses! (*Très
bien! très bien! à gauche.*)

Messieurs, la situation que nous traversons néces-
site, je le reconnais, de la part du gouvernement impérial, plus que de tout autre, un plébiscite. Je m'explique à merveille que les amis de la première heure,
ceux qui avaient pris part à la gestation même de
l'œuvre constitutionnelle de 1852, ceux qui ultérieurement en avaient été les interprètes, les avocats, les
défenseurs les plus autorisés et les plus passionnés,
aient été singulièrement alarmés lorsqu'ils ont vu
poindre à l'horizon parlementaire une transformation
constitutionnelle qui aurait contre elle cette objection, si bien formulée hier par M. le garde des sceaux
dans un langage passionné, contre un sénatus-consulte auquel on ne donnerait pas la sanction populaire.

Ah! je comprends que ceux-là vous ont entourés,
vous ont pressés; je comprends que vous avez été
obligés de vous rendre à merci; je comprends que
c'étaient eux qui étaient dans la logique impériale, et
que c'était vous qui étiez dans la logique de la charte!

Et, Messieurs, je vais par ce mot, rentrer dans ce
que j'appelle la situation véritablement..., comment
dirai-je pour ne laisser échapper aucune expression
blessante?... dans la situation véritablement dérisoire, décevante, où nous nous trouvons (*Mouvements
divers*), je veux dire une situation fort embarrassante.
que j'expliquerai, et peut-être que je serai plus heureux à trouver l'expression qui la caractérise quand

j'en aurai, tout à l'heure, essayé l'analyse. En attendant, Messieurs, je dis que ce qui se passe sous nos yeux est tout à fait singulier.

En effet, qu'est-ce qu'on voit autour du gouvernement impérial qui se transforme? Quelles conditions particulières le nouveau contrat. qui est proposé au Sénat, et qui sera plus tard soumis au pays, quelles conditions particulières renferme-t-il?

A première vue, cet acte ressemble fort à un essai de gouvernement pondéré, de monarchie constitutionnelle à l'anglaise. En allant au fond des choses. je crois qu'on peut démontrer que c'est là une apparence peu consistante, qui sera promptement dissipée à l'épreuve, à l'expérience des évènements.

Toutefois, il faut retenir cette remarque, que depuis les élections générales, depuis le pas fait par l'Empire pour se dérober, comme le disait M. le garde des sceaux, à son passé autoritaire et entrer dans la voie du régime libéral, on a vu se grouper réellement autour du gouvernement tous les partisans de la monarchie constitutionnelle. Je ne dis pas cela pour lui inspirer la moindre susceptibilité à l'égard de ses recrues. En aucune façon, et je trouve même fort politique, de la part des partisans de la monarchie tempérée dans ce pays-ci, de comprendre que, en dehors de l'Empire, en face du suffrage universel et de la démocratie qui monte, il n'y a guère de monarchie en dehors de l'Empire à espérer pour eux.

Voix nombreuses. — Très bien! très bien!

M. GAMBETTA. — Ils ont pu réfléchir longtemps ; il y en a qui ont mis jusqu'à dix-huit ans révolus pour aller d'une certaine mairie de Paris à un certain palais... (*Rires sur quelques bancs*), mais, enfin, le temps ne fait rien à l'affaire.

A mesure que la question se précise, il faut bien que l'Empire fasse quelque chose dans le sens des idées qu'il a ralliées et groupées. Alors il supporte ce

qu'il peut de parlementarisme. Et mon objection, ma
contradiction invincible, c'est qu'il ne peut même pas
supporter cette dose. (*Mouvements en sens divers.*) Et
ce qui me surprend, c'est que des faits, comme ceux
qui s'accomplissent à l'heure présente, ne soient pas
faits pour désillusionner, pour enlever le bandeau sur
les yeux du plus obstiné monarchien constitutionnel!

Comment! vous êtes entrés dans ce régime monarchique parlementaire, et vous allez le mettre aux
voix, le soumettre à la ratification populaire? Mais
que devient le principe héréditaire? Que devient le
principe royal? Comment! cette monarchie on la mettra aux voix toutes les fois qu'on voudra toucher au
pacte fondamental! (*Mouvement.*) Permettez-moi de
vous dire qu'il n'y a rien de plus dangereux, de plus
funeste pour le principe dynastique et héréditaire :
ce sont les lettres de faire part, c'est l'acte de décès
du principe monarchique. (*Vive approbation à gauche.*)

Je comprends, Messieurs, toutes les espérances, je
comprends toutes les douleurs qu'un certain passé
peut susciter dans certaines âmes. Je les respecte ;
mais enfin on leur doit la vérité, si cruelle soit-elle.
Eh bien, la vérité c'est qu'alors qu'on a cru se rallier
à une monarchie, on s'est rallié à une transaction démocratique ; c'est qu'alors qu'on a cru se rallier au régime héréditaire, on s'est rallié au régime plébiscitaire, c'est-à-dire au système électif, ou qui le deviendra de par la souveraineté du peuple. (*Mouvement à
droite.*)

Vous en doutez?...

M. GRANIER DE CASSAGNAC. — Nous n'en doutons
pas.

M. GAMBETTA. — Vous n'en doutez pas, et vous avez
même dit, dans votre journal, ne l'oubliez pas, que le
jour où la souveraineté populaire proclamerait la nécessité de la république contenue dans les plis du suffrage universel, vous vous inclineriez.

M. Dugué de la Fauconnerie. — Mais c'est évident!
Ce jour-là nous serons républicains. Le droit divin
pour nous, c'est la souveraineté du peuple.

M. Gambetta. — Je ne demande pas autre chose.
C'est un évènement que tout le monde doit ici unani-
mement accepter. (*Très bien! très bien! à gauche.*)

Je suis enchanté de recueillir ces interruptions,
vous pouvez croire que je ne parle pas uniquement
pour vous contredire.

Je parle pour dégager les principes, auxquels j'ai
voué tout ce que j'ai de force et d'intelligence, des
compromissions que je considère comme funestes et
dangereuses. J'ai bien le droit, avant d'arriver à la
discussion de mes intérêts propres, d'envisager la situation qui est faite aux partisans de la monarchie
constitutionnelle.

Je crois que l'expérience démontrera qu'il y a une
incompatibilité absolue entre la monarchie parlementaire telle que nous l'avons connue, telle que ses
docteurs l'ont professée, telle que ses orateurs l'ont
doctrinée à cette tribune, et le suffrage universel.
(*Assentiment à gauche.*)

Oui, il y a une incompatibilité d'essence! Je pourrais, si j'avais l'amour des citations et des autorités,
apporter à cette tribune l'autorité irrécusable de
ceux-là mêmes qui ont consacré le plus immense talent oratoire, et, certainement, un grand génie politique à la défense de ces doctrines et de ces idées.
Lorsque M. Guizot, dans les accents de cette hautaine
éloquence qui lui était familière, répondait à notre
cher Garnier-Pagès : « Il n'y aura pas de jour pour le
suffrage universel! » à coup sûr il se trompait, comme
l'évènement le lui a cruellement prouvé — heureuse-
ment pour la France! — M. Guizot se trompait en
droit, car s'il avait senti cette démocratie indestructible dont le point de départ se trouve bien avant 1789
dans les palpitations et les aspirations des communes

françaises, il aurait compris que le suffrage universel
était l'avènement inévitable du droit et de la conscience humaine, et que c'était chaque membre de la
patrie venant en défendre les principes et prendre sa
part de responsabilité, de charges, de droits et de devoirs dans le mouvement général des affaires de son
pays.

C'est là ce qui honorera éternellement la révolution
de 1848, qui sera grande entre toutes les révolutions,
parce qu'elle a été la plus haute consécration de la
dignité humaine. (*Très bien! — Applaudissements à
gauche.*)

Eh bien, lorsque M. Guizot disait qu'il n'y aurait
pas de jour pour le suffrage universel, il se trompait
en fait et il se trompait en droit, mais il parlait excel-
lemment, admirablement, au point de vue de la doctrine de la monarchie parlementaire.

Cela voulait dire: Vous demandez le suffrage universel, mais pensez-y donc, nous sommes une classe
d'élite et le gouvernement parlementaire ne peut
vivre que par le gouvernement des classes d'élite.
Voyez-vous ces immenses masses populaires qui vont
entrer dans ces ressorts délicats, dans ces rouages si
difficiles à manier du gouvernement parlementaire ;
nous serons emportés; non, il ne faut pas qu'il y ait
de jour pour le suffrage universel.

Voilà ce que cela voulait dire. Eh bien, le suffrage
universel est venu, et ce qui m'étonne, ce qui me confond, c'est qu'il puisse y avoir une sincérité, — vous
entendez bien, une sincérité,— pour les partisans et les
docteurs de la monarchie constitutionnelle à accepter
l'accouplement du suffrage universel et de la monarchie sous le drapeau de l'Empire. (*Vive approbation
sur plusieurs bancs à gauche. — Dénégations au centre et
à droite.*)

M. GRANIER DE CASSAGNAC. — Pourquoi cela ? Nous
acceptons cette association, et je ne suis pas le seul.

M. GAMBETTA. — Pourquoi cela? Je vais vous le dire avec ma franchise habituelle.

M. GRANIER DE CASSAGNAC. — Je vous en remercie.

Voix de toutes parts. — Reposez-vous! reposez-vous !

M. LE PRÉSIDENT ALFRED LE ROUX. — Je propose à la Chambre de suspendre la séance pendant quelques minutes. (*Assentiment.*)

(La séance, suspendue pendant un quart d'heure, est reprise à quatre heures quarante-cinq minutes.)

M. LE PRÉSIDENT ALFRED LE ROUX. — J'invite M. Gambetta à reprendre son discours.

M. GAMBETTA. — Il me semble impossible, Messieurs, en reprenant le fil des idées dont vous voulez bien entendre le développement, de ne pas vous remercier de l'attention, qui m'a profondément touché, de vouloir bien me donner un moment de répit.

Au moment où la suspension s'est produite, j'exposais à la Chambre l'incompatibilité d'essence qui, selon moi, existe entre la monarchie parlementaire et le suffrage universel. Il faut la prouver.

Messieurs, on disait, à la séance d'hier, et c'était l'éloquent ministre de la justice qui tenait ce langage, que sous toutes les formes de gouvernement on pouvait obtenir la liberté. on pouvait la pratiquer, et on pouvait la garantir.

Il est vrai, — et c'est là le point de dissidence, mais il est essentiel, — il est vrai que sous toutes les formes de gouvernement, excepté sous la forme de la tyrannie pure, on peut pratiquer une certaine liberté, mais il n'y a qu'une certaine forme de gouvernement qui, dans des milieux particuliers, assure, garantisse la liberté; et soutenir que la recherche des formes pour atteindre ou pour organiser, pour réaliser la liberté politique, est illusoire, c'est un sophisme, et c'est en même temps une politique immorale. Non, non, et les faits protestent contre une aussi dégradante théorie. A quoi donc sont occupés les penseurs, les hommes d'État, les politiques, depuis que les intérêts et les rapports des hommes se sont étendus au point de constituer une société, si ce n'est à trouver et à réaliser les formes qui assurent la liberté?

Je dis que la forme aristocratique anglaise qui a assuré et garanti une certaine liberté dans la Grande-Bretagne, a été reconnue deux fois impuissante à la réaliser en France. Par conséquent, vous voyez bien qu'il y a des formes qui assurent la liberté et d'autres qui ne l'assurent pas, et que les mêmes formes appliquées à des milieux différents produisent des résultats absolument opposés.

Oh! tout cela sert la cause de la démocratie radicale, parce qu'il faudra bien, coûte que coûte, et malheureusement il nous en coûtera encore bien du sang et bien des larmes à ajouter au sang et aux larmes déjà répandus, mais c'est un problème qu'il faut résoudre, ou la France disparaîtra: il faudra bien qu'elle trouve le moyen d'associer l'ordre, la liberté plénière et la souveraineté nationale.

Eh bien, je dis que les réformes que vous avez essayées ont été reconnues fragiles, caduques, impuissantes, et qu'il faut faire du nouveau. (*Très bien! à gauche. — Mouvements divers.*)

Oui, je dis qu'il faut faire du nouveau, et ne croyez pas que dans ces paroles il y ait une contradiction ou une espèce d'impiété filiale contre la Révolution française. A coup sûr, quand je dis qu'il y a une forme par excellence pour assurer la liberté, cette forme, vous ne me permettriez pas de la taire, parce qu'elle est sur mes lèvres, dans mon cœur, c'est la forme républicaine. Si elle n'a pas assuré l'ordre avec la liberté, est-ce que vous entendez que je le nierai, que je ne le confesserai pas? En aucune façon.

Seulement je dis qu'en dehors de cette forme, qui est la seule qui soit corrélative, qui soit harmoni-

que, qui soit, passez-moi un mot un peu scolastique,
mais juste, qui soit adéquate au suffrage universel...
(*Mouvements divers.*)

Oui, en dehors de la réalisation de la liberté par la
République, tout ne sera que convulsion, anarchie ou
dictature.

Il ne s'agira cependant pas de changer le mot, et
peu m'importerait, quant à moi, que le premier magistrat de la République fût ou ne fût pas décoré du
nom de président ou du nom de roi, si c'est toujours
le même système, si c'est toujours la même législation, si c'est toujours la même exclusion de ceux qui
ont le droit de participer à la direction des affaires
publiques.

Non, non, je ne veux pas d'une république menson-
gère, je veux d'une république réelle, et si l'on ne l'a
pas essayée, c'est une raison de plus pour le faire.
(*Hilarité au centre et à droite. Très bien! à gauche.*)

Et quand je dis, Messieurs, que c'est une raison de
plus pour le faire, ne croyez pas que c'est là un mot
qui me soit échappé ; non, je crois au contraire que
c'est la seule tentative qui reste à expérimenter, et je
le dis au nom de la souveraineté nationale, dont
l'Empire se réclame, dont il reconnaît le principe
absolu et en dehors de laquelle il ne veut pas vivre.

Je vous demande la permission d'appliquer à la
monarchie impériale la méthode dialectique que j'ap-
pliquais tout à l'heure à la monarchie parlementaire,
et de chercher avec vous si les droits qui nous ont
été reconnus, qui ont été salués, confessés au
lendemain du coup d'État, par celui-là même qui en
avait violé, la veille, la réalisation, ne constitue pas
un titre, ne constitue pas un engagement dont nous,
les députés du suffrage universel, nous avons pour
mission absolue de poursuivre la revendication et la
restitution, de telle sorte que lorsque nous disons au
gouvernement : « Reconnaissez-vous le suffrage uni-

versel comme la seule expression, comme la seule
expression légitime de la souveraineté nationale? »
et qu'il répond : «Oui », il faut le mener au bout des
conséquences d'une pareille déclaration, quoi qu'il
arrive, quoi qu'il puisse en résulter ; et voici pourquoi : c'est que nous ne sommes pas les mandataires
de la dynastie, nous sommes les mandataires du peuple. (*Approbation à gauche.*)

S'il y a contradiction, il vous appartiendra de démontrer qu'elle n'est qu'apparente. Mais s'il y a
une contradiction virtuelle, indéniable, irréfragable
entre le droit de celui que nous représentons et qui
est le peuple souverain, et le droit de celui dont vous
défendez les prérogatives : il faudra que celui qui
n'est que la conséquence s'incline devant celui qui
est la cause. (*Adhésion à gauche.*)

Il faudra que notre droit tout entier ait satisfaction,
et pourquoi? Parce que c'est le droit, et que, selon la
parole de Bossuet, il ne saurait y avoir de droit contre
le droit.

A gauche. — Très bien! très bien !

M. GAMBETTA. — Et c'est ici qu'il est nécessaire
de déclarer que la souveraineté nationale ne saurait
exister que dans une certaine institution politique, et
c'est cette preuve que je vous demande la permission
d'essayer.

Qu'est-ce que c'est que la souveraineté nationale?
Bien des gouvernements qui ne sont pas la République, bien des politiques qui appartiennent à des
écoles différentes, ont dit, ont affirmé, ont prétendu
qu'ils représentaient la souveraineté nationale: qu'y
avait-il de fondé dans leurs prétentions?

Il n'y a moyen de se rendre compte de la légitimité
de leurs prétentions qu'en examinant le fond même
de l'idée de la souveraineté nationale.

Pour moi, je la définis d'une façon expérimentale,
et je dis : La souveraineté nationale n'existe, n'est re-

connue, n'est pratiquée dans un pays que là où le
parlement, nommé par la participation de tous les
citoyens, possède la direction et le dernier mot dans
le traitement des affaires politiques. (*Très bien! à
gauche.*)

S'il existe dans les constitutions quelles qu'elles
soient, qui ont la prétention de satisfaire le principe
de la souveraineté nationale, un pouvoir quelconque
qui puisse tenir le parlement en échec, la souveraineté
nationale est violée. (*Vif assentiment à gauche.*)

Exemple : je suppose que vous vouliez, que le pays
veuille, et que dans cette occasion vous ne soyez que
ses fidèles organes, je suppose que le pays veuille la
paix, et que le pouvoir exécutif veuille la guerre. Eh
bien, pour que vous ayez une constitution où la souveraineté nationale soit respectée, il faut, entendez-le
bien, que la souveraineté nationale se trouve garantie; il faut qu'un texte écrit ne soit pas à la merci
d'une capitulation, d'un conflit ou d'une révolution;
il faut, pour que cette constitution respecte la volonté
nationale, la souveraineté nationale, que le dernier
mot appartienne au pouvoir électif; et si ce dernier
mot n'appartient pas au pouvoir électif, vous avez
beau me dire : « Mais le vote du contingent, mais le
vote de l'impôt, ce sont des freins, ce sont des moyens
assurés », je réponds : Cela n'est pas vrai : dans la
pratique, dans la réalité des choses, on se résigne :
on est ainsi sous l'empire du despotisme, on courbe
la tête, on s'incline, et la volonté nationale est faus-
sée, la souveraineté nationale est violée. La nation
est jouée.

A gauche. — Très bien! très bien!

M. CREUZET. — Parlez à la Chambre, et non pas à
la gauche.

M. GAMBETTA. — Ou bien il faut dire que le suffrage
universel est en vérité bien gênant, il faut dire que l'on
ne peut pas gouverner avec un pays où tous ont la pré-

tention de se connaître aux affaires publiques, de s'y
mêler et d'y peser pour leur part individuelle de souveraineté, quel que soit le degré de leurs lumières et
de leur intelligence. En vérité, la politique va devenir
tout à fait impossible; et il se trouve pas mal d'hommes
d'État assez enclins à prendre leur très réelle compétence, leur très vaste intelligence comme une fin de
non-recevoir contre la participation du plus humble
au droit et à la souveraineté politiques.

A gauche. — Très bien !

M. GAMBETTA. — Cela est vrai, mais cela est la négation de la souveraineté nationale. Eh bien, je vous
dis que dans toute monarchie parlementaire et dans
toute monarchie quelle qu'elle soit, même celles qui
font semblant d'accepter le suffrage universel, la vérité. c'est qu'on ruse avec le suffrage universel, qu'on
ne peut pas vivre directement avec lui, qu'on est
obligé de l'enlacer, de l'entraver, de le diriger, de le
corrompre, de l'exploiter, et que c'est là le moyen à
l'aide duquel on vit; mais il ne s'agit point des conditions de vie pour un gouvernement, il s'agit de souveraineté et de liberté pour les peuples. (*Approbation
à gauche.*)

Cette idée de la souveraineté nationale, on peut
discuter sur elle au point de vue de sa réalisation dans
les chartes; mais là où la discussion est obligée de
cesser, c'est lorsqu'on assure à cette souveraineté nationale, comme instrument tout à fait décisif, le
Nombre; oui, le Nombre. Lorsqu'on lui donne le suffrage universel, alors elle devient invincible, irrésistible; elle renverse tout devant elle, quand elle veut,
et il arrive toujours une minute où elle veut.

Le suffrage universel prend conscience de lui-même
depuis quelques années; il s'élève peu à peu, j'avoue
qu'il était en tutelle, et puisqu'il y était, — je prends
les faits comme ils sont, — on pourrait bien lui appliquer le mot de De Maistre : « Les peuples n'ont

que les gouvernements qu'ils méritent. » Seulement.
il faudrait les placer dans des conditions d'inertie ou
de spontanéité absolues. il faudrait qu'il n'y ait pas
un prétendant ou un ambitieux pour les aider à dé-
mériter.

Oui. par l'observation de nos dernières années, je
dis qu'il n'est pas difficile de s'apercevoir que non
seulement dans les villes. mais aussi dans les cam-
pagnes. il y a une fermentation politique qui pénètre
les couches les plus inférieures de la population. et
que le suffrage universel leur apparaîtra très promptement comme le moyen émancipateur irrésistible.

Lorsque les masses auront saisi le lien qui existe
entre un vote électoral et les charges que subissent
les populations; lorsqu'elles sauront saisir et retenir
le rapport étroit qu'il y a entre la diminution du contingent, la diminution des impôts. l'augmentation des
lumières, la gratuité et l'obligation de l'enseignement
laïque et le vote politique; oh! lorsqu'elles auront
bien saisi, ces populations, ce lien et ce rapport, alors
il faudra bien s'incliner devant le suffrage universel.
parce que ce suffrage universel, en France, sera animé
d'une logique impitoyable. et il s'apercevra rapidement que, s'il est la souveraineté, il ne cède, ni n'a-
liène, ni ne transmet sa souveraineté, et qu'il doit
régner et gouverner.

On le lui dira et on le lui fera comprendre, car le
droit de propagande restera ouvert. — c'est la seule
protection contre l'emploi de la force, — et par ce
prosélytisme, le suffrage universel comprendra que la
souveraineté nationale ne se cède pas et qu'on n'en
délègue que l'exercice. Ce n'est pas sur le droit que
porte le contrat, c'est sur la pratique du droit. Et
alors, lorsque le peuple cède une partie de cette souveraineté, il ne constitue pas un maître, mais un serviteur, dans la langue politique, un fonctionnaire.

Quelles sont alors les conséquences? Oh! les conséquences sont immenses, c'est que le fonctionnaire sera responsable, sera révocable, sera mobile, électif, et qu'il ne saurait, à aucun degré, constituer une entrave, une barrière à la libre manifestation de la volonté populaire, et que, quand ce fonctionnaire disparaîtra, il sera remplacé. Je trouve que la véritable formule des États qui reconnaissent et admettent la démocratie, — ah! il faut admettre la démocratie, — c'est, comme l'a dit récemment un publiciste distingué, M. Gustave Chaudey, dans son livre : *L'Empire parlementaire est-il possible?* la mobilité dans les personnes, et la perpétuité dans les fonctions. (*Adhésion à gauche.*)

M. CREUZET. — Nous prions l'orateur de parler à la Chambre. Nous désirons l'entendre à droite. Ne sommes-nous pas aussi la Chambre?

M. GAMBETTA. — Je vous demande pardon, je reconnais la justesse de l'observation, et je m'y rends.

Je sais, Messieurs, que cela peut blesser bien des convictions dans cette enceinte, et même au dehors; mais je parle au nom des électeurs qui m'ont envoyé ici, j'exprime leur opinion parce que je la partage, je n'ai pas la prétention de dogmatiser au delà.

Eh bien, je le dis au nom de cette partie de la souveraineté nationale : il faut choisir entre les conditions, — oh! très dures! — entre les conditions de combats, de luttes perpétuelles et de victoires nécessaires que font aux gouvernements les démocraties libres. et les quiétudes stériles et périlleuses de la monarchie. Mais si l'on veut être sincère, et si, lorsqu'on proclame la souveraineté nationale, on veut son application, il faut reconnaître que tout ce qui a aujourd'hui un caractère permanent et héréditaire dans le pouvoir est désormais caduc, et que l'exécutif monarchique, dynastique, est condamné à être éliminé, à être expulsé. (*Assentiment sur quelques bancs à gauche.*)

Voilà la vérité démocratique.

Il faut choisir entre le suffrage universel et la monarchie; quand on fait de la politique et des institutions, il faut faire des institutions conformes aux principes qu'on veut faire triompher.

Quand vous ferez de la monarchie, entourez-vous d'institutions monarchiques.

Quand vous ferez de la république, et c'est un changement que je prends la liberté de recommander à ceux qui, au dehors et au dedans, pensent comme moi... (*Rires à gauche*), faites des institutions républicaines. Cela est nécessaire, si vous voulez faire œuvre durable.

Mais si vous associez deux opinions jalouses l'une de l'autre, dont les intérêts sont manifestement contraires, attendez-vous à des conflits, attendez-vous à la neutralisation des forces vives du pays, à un duel insensé, et il faudra de deux choses l'une : ou que la liberté du suffrage et l'universalité du droit succombent devant les satisfactions et les désirs d'un seul, ou que la puissance d'un seul disparaisse devant la majorité du droit populaire. (*Nouvelle approbation à gauche.*)

Je me demande maintenant, Messieurs, jusqu'à quel point le sénatus-consulte ou la charte nouvelle qu'on propose correspond à ces idées, à ces principes fondamentaux de l'organisation démocratique, et je ne peux pas, en vérité, m'arrêter à cette objection qu'on nous faisait hier, à savoir : que lorsque le peuple a délégué sa puissance à un homme, Rousseau s'oppose à ce qu'il la reprenne. Rousseau a tort, Messieurs (*On rit*); et quant à moi, je ne me fais aucune espèce de scrupule de déclarer hautement que les théories et les doctrines de ce grand esprit ne sauraient convenir aux théories, aux doctrines et aux espérances de la démocratie contemporaine. (*Très bien! à gauche.*)

Rousseau, — et c'est là peut-être l'explication de son avènement, en même temps que celui des disciples qu'il fit et rencontra sur les bancs de la Convention, — Rousseau, dis-je, écrivait contre un ordre de choses appelé l'ancien régime, qui avait été la concentration de la puissance du gouvernement dans les mains d'un seul, le tout fondé sur la grâce et le droit divin, et il était peut-être nécessaire de trouver un penseur et des hommes d'État qui, pour briser ce vieil appareil de la monarchie et de la centralisation de l'ancien régime, eussent, à leur tour, un principe et un esprit de gouvernement analogues dans leurs procédés, analogues dans leurs aspirations, et différents dans leurs résultats. (*Très bien! à gauche.*)

La politique tirée de l'Écriture sainte, étant le code véritable de l'ancienne monarchie, code si magnifiquement écrit par Bossuet, il était peut-être nécessaire qu'un grand esprit, enivré du culte de l'antiquité, mit son éloquence passionnée de républicain genevois au service de la politique tirée du *Contrat social*.

Mais aujourd'hui il faut bien avouer que la nation française est complètement changée et que la démocratie n'y est plus seulement impartie : la démocratie, elle est le soi-même de la France, elle est partout, et par conséquent, ces théories et ces procédés anciens ne sauraient lui convenir.

Le suffrage universel est son arche sainte; c'est de ce principe du suffrage universel qu'il faut désormais faire découler toute la politique.

Il faut que, nous aussi, nous ayons un Code politique, et que ce Code politique soit intitulé : De la politique tirée du suffrage universel.

C'est votre mission, c'est votre mandat, de nous faire de la politique tirée du suffrage universel, et c'est pour cela que je prends la liberté d'interroger votre nouvelle constitution, et de voir jusqu'à quel point vous avez rappelé les principes, vous avez mo-

delé et calqué votre œuvre constitutionnelle sur les
impérieuses exigences de la démocratie française.
(*Très bien! à gauche.*)

Vous avez commis, à mon sens, cinq violations, et
je ne parle que des violations fondamentales contre
le suffrage universel :

Vous avez établi, comme un dogme, l'hérédité ;

Vous avez établi l'immuabilité de votre constitution ;

Vous avez établi deux chambres ;

Vous avez établi, en outre, l'irresponsabilité du chef
de l'exécutif ;

Et, enfin, vous avez définitivement, si ce mot pouvait être employé dans l'arène politique, ravi à la
nation le pouvoir constituant. (*Approbation à gauche.*)

Ce sont là cinq violations, cinq usurpations, dont le
suffrage universel doit vous demander compte ; et,
lorsque vous lui poserez la question plébiscitaire, il
faudra, si vous voulez que la réponse ait une valeur
politique, que les questions soient nettement posées,
posées sous la formule d'une spoliation : « Consentez-
vous à vous démettre de tel et tel droit ? » (*Exclamations et rires.*)

Et voici pourquoi ; si vous voulez en hériter, si vous
voulez recréer cette situation que faisait la *lex regia,* à
Rome, au chef de la plèbe, absorber tour à tour toutes
les magistratures et tous les droits du peuple, il faut
bien que, pour pouvoir plus tard exciper de la concession, vous posiez directement la question, et vous
ne la poseriez pas avec loyauté si vous la posiez sous
une forme tout à fait juridique, sous la forme de ce
qu'on appelait « les sacro-saintes décrétales » dans le
langage des sénatus-consultes impériaux. Évidemment
la masse, qui a le droit, n'est pas obligée d'être raffinée
sur les questions constitutionnelles, et puisque vous
lui demandez une mutilation, il faut la lui demander
en termes nets, clairs et *en bon français.*

Ce n'est pas tout, il ne suffirait pas de lui poser la
question, il faudra qu'on puisse discuter partout si
vous avez le droit de la poser, et c'est par là que je
reprends ma première proposition, à savoir, qu'il y a
des propositions que l'on peut poser à l'universalité
même du peuple, mais qu'il y a des questions dont il
faut s'abstenir même de rédiger la formule, parce
qu'elle est contradictoire en droit ; par exemple, je ne
crois pas qu'on puisse demander au suffrage universel
de renoncer à la modification d'un acte constitutionnel.

Pourquoi? parce que le suffrage universel ne se
limite ni dans le temps, ni dans l'espace ; parce que le
suffrage universel que vous interrogerez tel jour ne
sera pas le suffrage universel du lendemain. (*Très bien!
très bien! à gauche. Bruit.*)

C'est l'essence même du suffrage universel, de ne
pouvoir pas stipuler sur sa propre aliénation.

Je cherche, Messieurs, à parler le langage le plus
simple, le plus dépouillé des formes oratoires, afin que
ma pensée soit parfaitement saisie. Qu'est-ce que le
suffrage universel? C'est la réunion, la collection des
volontés d'un peuple. Réfléchissez donc à ce fait, qu'à
chaque seconde, il y a une volonté qui meurt, qui
s'efface, qui disparaît, qui se modifie et qui est changée, remplacée par une volonté contraire ou diffé-
rente.

Plusieurs membres. — C'est vrai!

M. GAMBETTA. — Et vous voulez faire décréter la
pérennité par le suffrage universel! Vous voulez que
cet instrument, qui est bien l'expression de la souveraineté, mais qui ne peut pas abdiquer la souveraineté
parce qu'on ne dispose que de ce qui vous appartient,
stipule sur sa propre souveraineté et engage la génération qui la suit ; ce qui ne peut se faire sans violer
la justice. Le suffrage universel ne doit pas être considéré dans une génération, mais dans les générations

successives, et, à ce point de vue, il ne peut aucune-
ment aliéner la souveraineté, parce qu'il disposerait
d'un patrimoine qui ne lui appartient pas. Si cela est
vrai, — et je crois, la question étant donnée, que le
fait est absolument indiscutable, — le sénatus-consulte
qui prétend, par une simple disposition, clore, fermer
à tout jamais la constitution, non seulement pour
toute modification accessoire, mais pour toute modification du pouvoir, établir et assurer l'éternité, la
perpétuité du pouvoir dans une même famille; ce
sénatus-consulte est de nullité absolue. Une telle
question ne peut pas être posée, le peuple n'a pas
compétence pour répondre (*Ah! ah!*), parce qu'on ne
peut pas se suicider. (*Exclamations. Bruit.*)

Permettez-moi de vous faire, Messieurs, un raisonnement bien simple : le peuple ne peut pas plus abdiquer sa souveraineté, qu'un homme, qu'un simple
particulier, ne pourrait abdiquer sa liberté de penser :
la liberté de penser et la souveraineté nationale sont
inaliénables; s'il en était autrement, savez-vous à quoi
nous mènerait cette aliénation?

Permettez-moi le mot, il est un peu fort : elle nous
mettrait au rang des êtres qui n'ont ni raison, ni
liberté, au rang des brutes. Le caractère inaliénable et
imprescriptible des attributs essentiels de la liberté
humaine me semble la consécration du suffrage universel.

Donc, au point de vue de l'immobilité et de l'immu-
tabilité de la constitution, vous ne sauriez rien réclamer, rien attendre du suffrage universel. Au point de
vue des deux Chambres, je suis assez embarrassé pour
les discuter puisqu'elles existent de fait.

Cependant, il me sera bien permis de dire que,
puisqu'on pose la question, nous avons le droit de la
discuter.

Mais je me bornerai à une simple observation, c'est
que la constitution d'une Chambre haute dans un pays

d'égalité qui n'a aucune espèce de moyen de remplacer l'influence domaniale, aristocratique des Anglais,
ou bien de réaliser dans sa propre démocratie une
institution analogue au Sénat américain, parce que la
Chambre haute, le Sénat américain, représentent le
suffrage universel sous un aspect qui est absolument
impossible en France, c'est la souveraineté des États,
c'est l'autonomie fédérale; en sorte que c'est une
espèce d'assemblée d'ambassadeurs que le Sénat américain, représentant la collection des États associés et
groupés, et ce qui le prouve, c'est que ce Sénat admi-
nistre, c'est lui qui fait vraiment la politique, qui
ratifie les choix de l'exécutif : le président ne peut
nommer un ambassadeur, ne peut faire ni la paix ni
la guerre, entendez-le bien, sans l'assentiment et la
consécration individuelle des sénateurs.

Donc, au point de vue aristocratique, — je vais très
vite afin de ne pas vous retenir trop longtemps, —
rien d'analogue, pour nous donner la Chambre des
lords; au point de vue démocratique, rien d'analogue,
pour nous donner le Sénat américain. Quant à emprunter cette institution, qui languit à nos portes, en
Belgique, et qui, pour le dire en passant, fonctionne
assez mal, comme elle a pour base le cens, comme il
faudrait payer mille francs d'impôts pour être sénateur,
je ne pense pas que, dans un pays du suffrage universel, on puisse nous proposer de copier une institution
pareille, qui ne rend d'ailleurs aucune espèce de services; je le dis avec tout le respect que je dois à cette
vénérable institution.

Quand je dis que les Chambres hautes ne rendent
aucune espèce de services, je le dis peut-être avec un
certain sentiment de chauvinisme, car, permettez-moi
de le dire, je suis assez chauvin.

On cite le grand pouvoir de la Chambre des lords,
mais il ne me paraît pas que la Chambre basse anglaise en tienne grand compte; il ne me paraît même

pas que les ministres dirigeants aient de cette institution une opinion bien haute.

Vous vous rappelez que lors des derniers bills si
importants qui ont modifié profondément la constitution intime de l'Angleterre, — et l'aristocratie ne tardera pas à s'en apercevoir, — la Chambre des lords
avait manifesté plus que des velléités de résistance,
elle avait manifesté une répulsion absolue : par l'organe des plus grands hommes politiques de l'Angleterre, elle avait repoussé avec acharnement la réforme
deux fois de suite : la Chambre des communes n'a tenu
aucun compte de cette résistance, et il s'est même
trouvé un grand citoyen, un grand orateur devenu
récemment ministre, mais qui, quoique ministre,
a conservé la liberté et la franchise de ses allures,
l'honorable M. John Bright, qui, apprenant une tentative de résistance de la Chambre des lords, écrivait
dans un billet qui fut reproduit par toute la presse
anglaise que si la Chambre des lords se montrait
intraitable, on mettrait à l'étude la question de sa
suppression.

Voilà où l'on en est en Angleterre. De telle sorte
que profiter du moment où cette vénérable institution
tend à s'évanouir dans ce pays pour la lui emprunter,
me paraît, je ne dirai pas seulement tout à fait inopportun, mais blessant pour nos idées d'égalité. On
vous a expliqué, en dehors de ces conditions d'analogie, d'une façon qui ne me permettrait pas d'y revenir sans présomption, les embarras politiques, les difficultés, les conflits, les périls, les inconvénients de
toute nature qui peuvent ressortir de l'existence de
deux Chambres.

De telle sorte que dans cette série de vœux que l'honorable garde des sceaux semblait solliciter hier, on
pourrait peut-être écrire un vœu spécial et particulier, le premier, le plus hardi, qui conclurait purement
et simplement à la suppression de la Chambre haute,

ce qui nous ferait rentrer dans la vérité et dans la dignité de notre mandat (*Très bien! à gauche*), ce qui nous mettrait à couvert d'une usurpation, beaucoup plus blessante dans les termes que je ne la crois redoutable dans la pratique, mais enfin qui nous donnerait le rôle de revendiquer pratiquement et nettement les véritables attributions d'un parlement libre.

Signifiez votre vœu et il sera agréé, car on a besoin de vos votes pour traverser le présent et pour atteindre l'avenir, si tant est qu'on y touche ; par conséquent, pesez dans la balance, faites acheter vos services ; il n'y a là qu'un égoïsme bien entendu : c'est l'égoïsme de la patrie. (*Très bien ! à gauche.*)

Vous pouvez donc conclure à la suppression de la Chambre haute ; et enfin, si on croit qu'il y a des droits acquis, des situations qu'il faut laisser s'éteindre, alors vous conclurez qu'il faut infuser un sang électif dans la haute et noble assemblée. (*Très bien! à gauche.*)

Je ne suis pas inquiet de savoir si les nouveaux venus seront les moins importants, et lorsqu'on aura mis face à face l'élément électif et l'élément dynastique et capricieux, celui-ci ne tardera pas à disparaître. (*Réclamations.*)

Ce sont là des points précis dont vous pouvez vous charger et qui vous donneraient, par cela même qu'ils relèveraient de vous, la satisfaction qui vous est due comme assemblée législative.

Je dis que la nouvelle charte que vous préparez consacre, comme la première, — et c'est en ce sens que vous suivez la tradition du gouvernement personnel, et c'est en cela que peut-être les parlementaires ont trouvé grâce devant la politique et les conceptions personnelles du maître, — consacre l'irresponsabilité du chef de l'État. La responsabilité de l'exécutif, qui était nécessaire, qui était un hommage rendu à la souveraineté nationale, alors que le pouvoir reposait entre les mains d'un seul, cette responsabilité du chef de l'État, on pouvait l'atteindre, puisqu'on faisait une nouvelle charte, puisqu'on prétendait consacrer le droit du pays.

A-t-on cherché à l'organiser?

Oh! que nenni! le chef de l'État en reste toujours absolument le maître. C'est lui qui jugera s'il l'a ou s'il ne l'a pas encourue ; c'est lui qui jugera quel jour, à quelle heure il voudra bien venir confesser ses torts devant le pays.

En vérité, c'est une responsabilité dérisoire : j'aimerais bien mieux qu'on la supprimât purement et simplement, et qu'on la remplaçât par l'irresponsabilité de la Couronne.

Je sais très bien qu'il est fort difficile, dans une constitution où il y a des principes si contradictoires, où l'on accouple le suffrage universel et les principes de la monarchie tempérée, d'organiser la responsabilité effective du chef de l'État. Cependant, lorsqu'on fait une monarchie avec la responsabilité ministérielle, la logique, la tradition, la science politique, l'esprit de conservation qui vous anime, le bon sens, la pratique constante des pays voisins, auraient dû vous amener à dire que le souverain est irresponsable, parce qu'il est inviolable, parce que la politique se fait ici, que les ministres l'absorbent toute, et qu'il n'y a pas place pour la responsabilité du chef de l'État. Mais, enfin, puisque vous ne dites pas ce qu'il faudrait dire, puisque vous laissez subsister la responsabilité du chef de l'État, au moins aurait-il fallu l'organiser.

Au surplus, je n'y tiens pas, à cette responsabilité, ce n'est pas ma thèse. (*Rires approbatifs à gauche.*) Je n'y tiens pas le moins du monde. Je représente la théorie du gouvernement républicain et radical, et à ce point de vue, je dis que le premier magistrat doit

être responsable, et qu'il doit l'être surtout lorsqu'il
affecte l'hérédité, parce que l'hérédité, parce que
cette responsabilité augmente en raison de cette prétention à la perpétuité.

Vous me direz : Comment organiser cette responsabilité?

Je vous réponds : Je l'ignore. Mais si vous ne l'or-
ganisez pas, il y a quelqu'un qui, à des moments terribles, se charge, sans organisation préalable, de
l'appliquer. Ce quelqu'un, c'est la Révolution. (*Mouvements divers.*)

Vous verrez si dans l'analyse, dans l'examen de
cette charte, vous devez être satisfait d'une part au
point de vue monarchique, d'autre part au point de vue
démocratique : car il y a deux courants dans cette
assemblée, et, ce qui m'étonne, c'est qu'ils puissent
couler dans le même lit. (*Rires à gauche.*)

Enfin, Messieurs, il y a le pouvoir constituant. Il est
bien superflu et parfaitement surérogatoire d'établir,
après l'admirable démonstration qui en a été faite
depuis 1789, que le pouvoir constituant n'appartient
qu'à la nation. Aussi bien, n'est-ce pas cette thèse que
j'entreprends. Non ! je voudrais attirer votre attention
sur un aspect beaucoup plus restreint de la question,
à savoir, la déception qui est inscrite dans un article
inséré au sénatus-consulte, et par lequel le prince
enlève au Sénat le pouvoir constituant, ne nous le
restitue pas, mais désire le rendre tout entier à la
nation.

Vous allez voir l'ingénieux procédé qu'on a employé pour que la restitution de ce pouvoir ne s'é-
garât pas en route et arrivât bien directement aux
mains de ses légitimes propriétaires. (*Rires à gauche.*)

Le pouvoir constituant est enlevé au Sénat. On
trouve probablement que le Sénat avait abusé de ses
facultés constituantes... (*Nouveaux rires à gauche*),
qu'il s'était associé d'une façon immodérée, depuis

1860, cette heure de transformation de l'empire
autoritaire en empire libéral, au désir de l'opinion
publique de voir introduire des modifications libérales dans la législation constitutionnelle. Alors,
pour réprimer de semblables abus et conjurer de
pareilles témérités, on lui retire le pouvoir constituant !

Ce n'est pas tout : on lui en retire un autre. L'Empereur, ou plutôt le prince président de la République,
en homme qui prévoit toutes les conditions, toutes les
mutations dont un pouvoir peut devenir l'objet, avait
dit : Il faut un pouvoir fort, une constitution perfec-
tible, des institutions qui garantissent les principes
de 1789 ; je me charge, en vertu du mandat que j'ai
reçu du peuple, de protéger la constitution contre les
attaques de la rue ; comptez sur moi ! mais, contre
mes propres entraînements, contre ce que je pourrais tenter ou faire, il me faut aussi un frein : ce
frein, ce sera le Sénat, il sera gardien du pacte fondamental.

Le Sénat, Messieurs, n'a jamais fait une observation à toutes les tentatives que le prince a pratiquées !
(*Sourires ironiques à gauche.*)

Aussi, c'est à vrai dire un des meilleurs arguments
que l'on puisse produire, parce qu'il est expérimen-
tal et d'hier, contre la vigilance superflue des textes
constitutionnels.

On dit : écrivons solennellement dans cette constitution que le chef du pouvoir exécutif sera mis, en ce
qui touche les modifications constitutionnelles, sous
la garde d'un Sénat conservateur ! Mais voici ce qui
arrive : on ne trouve personne pour garder le Sénat :
Quis custodiet custodes ipsos? Et la constitution est
comme la fille mal gardée : il lui arrive malheur.
(*Rires et mouvements divers.*)

Pour le moment, ce malheur peut profiter à la
chose publique ; à la condition, toutefois, que vous

vous armiez de résolution et que vous disiez aux ministres : L'œuvre que vous tentez, avec des intentions
dont je ne veux pas suspecter la loyauté, est une
œuvre équivoque, bâtarde, dans laquelle il faut faire
entrer la vérité des principes, et, pour cela, il ne faut
pas que vous puissiez mettre le pays dans l'erreur en
lui faisant croire que vous lui rendez la libre disposition de lui-même, alors que si votre constitution devait être durable, elle ne ferait que sceller davantage
son oppression.

Voilà, Messieurs, le langage qu'il vous appartient
de tenir au ministère. Et, pour n'y plus revenir, permettez-moi de lui adresser le mien, sans aucune intention provocatrice, et de lui dire : Vous êtes les
complices d'une véritable spoliation du droit national.
Je le dis avec une profonde tristesse, parce que je suis
convaincu qu'il appartenait aux ministres qui siègent
sur ces bancs d'être le ministère du désarmement du
pouvoir personnel et qu'ils n'ont été que le ministère
des déceptions. (*Mouvements divers.*)

Je suis convaincu que si l'on veut rendre à ce pays-
ci, sincèrement, le pouvoir constituant, il ne peut pas
s'agir de ces procédés, qui consistent à rendre dans
une phrase — et à retenir dans la réalité : cela ne saurait être digne d'un peuple ; si l'on veut garder le pouvoir constituant, il faut avoir la fierté de le réclamer
et de le détenir. Mais ne dites pas que vous avez rendu
à ce pays le droit inaliénable qu'il ne vous a jamais
concédé, alors que la réalité vous donne le démenti le
plus flagrant.

A gauche. — Très bien ! très bien !

M. GAMBETTA. — Messieurs, je ne sais pas si cette
discussion, qui n'est que de principes, ne vous enga-
gera pas à entrer dans le détail même du sujet, et à
vous livrer à l'élaboration minutieuse du sénatus-
consulte et de chacun de ses articles, et si, puisant
votre volonté de faire respecter désormais les droits

de la nation dans votre caractère même de représentants du peuple, vous n'imposerez pas cette volonté à ce ministère qui est le vôtre, et qui la fera prévaloir aux Tuileries.

Voilà la vérité parlementaire, la vérité politique. L'histoire dira que vous avez été les maîtres de la situation, et l'histoire jugera si vous ne l'avez pas abandonnée. (*Vive approbation et applaudissements prolongés à gauche.*)

L'orateur, de retour à son banc, est entouré et félicité par ses collègues.

M. Émile Ollivier répondit à M. Gambetta par un discours qui avait pour objet de démontrer la compatibilité des deux formes parlementaire et plébiscitaire, mais dont la complexité défie toute analyse. M. Ollivier cita tour à tour Franklin, Bacon, Descartes, Machiavel, Montesquieu, J.-J. Rousseau, les ambassadeurs de Venise et M. Thiers, entonna un dernier panégyrique de ce cabinet du 2 janvier que les démissions imminentes de M. Buffet et de M. Daru allaient, suivant l'expression de Jules Favre, non seulement disloquer, mais démasquer, et ne réussit qu'à convaincre pleinement la majorité du Corps législatif de la nécessité urgente de clore au plus tôt la discussion. On ne pouvait retirer à M. Jules Simon son droit de répondre au ministre, mais quand M. Thiers, rompant décidément avec M. Ollivier, se leva pour prendre la parole, ce fut, sur tous les bancs de la droite, une tempête de protestations et de cris, et la clôture fut prononcée.

Par 225 voix contre 43, le Corps législatif vota l'ordre du jour suivant, qui avait été présenté par MM. d'Albuféra, Busson-Billault, Dupuy de Lôme et Chesnelong :

« Le Corps législatif, après avoir entendu les déclarations du ministère, confiant dans son dévouement au Gouvernement impérial et parlementaire, passe à l'ordre du jour. »

Plusieurs membres du centre gauche, M. Thiers, MM. Durfort de Civrac, Cochery, d'Estournel, de la Monneraye, avaient voté avec la gauche. Les signataires de l'interpellation, MM. Grévy, Jules Favre, Gambetta, Dorian, Arago, etc.,

avaient déposé un ordre du jour qui ne fut pas mis aux voix
et qui était ainsi conçu :

« Considérant que le projet de sénatus-consulte présenté
par le Cabinet est inconciliable avec le vœu du pays de se
gouverner lui-même et d'être maître de ses destinées; qu'il
est la négation des principes de 89 et de la souveraineté nationale, passe à l'ordre du jour. »

DISCOURS

SUR

UNE PROPOSITION DE LOI TENDANT A ORGANISER LA PROCÉDURE DU VOTE PLÉBISCITAIRE

Prononcé le 12 avril 1870

AU CORPS LÉGISLATIF

———

Dans la séance du 9 avril, à la suite du dépôt par M. Barthélemy Saint-Hilaire d'une proposition sur l'organisation du scrutin plébiscitaire, M. Ollivier avait déclaré que le Gouvernement considérait que les règles applicables en matière électorale ne régissent pas nécessairement la période plébiscitaire qui a un caractère spécial. M. Gambetta s'était immédiatement rallié à cette opinion du garde des sceaux et le *Journal officiel* reproduisait l'échange suivant de paroles entre le ministre et le député :

M. GAMBETTA. — Je partage cette opinion du ministre de la justice, que les règles ordinaires de la matière électorale ne s'appliquent pas à la matière plébiscitaire que je voudrais absolument libre, et je prends acte de la déclaration qui a été faite. Seulement, afin de bien préciser la nature de la réponse qui vient d'être donnée sur le délai de discussion préalable au scrutin plébiscitaire, je demande à M. le garde des sceaux de vouloir bien spécifier si, oui ou non, ce délai sera plus considérable qu'en matière électorale : première question.

Et secondement si, en outre de cette déclaration, que les règles ordinaires ne seront pas appliquées quand il s'agira du plébiscite, on pourra se réunir pendant les cinq derniers jours précédant le vote, que l'honorable M. Picard appelait spirituellement la retraite du peuple?

Voilà les deux questions auxquelles je prie l'honorable garde des sceaux de répondre.

M. LE GARDE DES SCEAUX. — Sur la seconde question, je ne puis pas répondre, parce que nous n'avons pas délibéré. Je puis répondre sur la première, parce que nous avons pris un parti.

Non, la période plébiscitaire ne sera pas plus longue que la période électorale ordinaire ; au contraire, elle sera plus courte. (*Mouvement.*)

Notre raison est qu'il serait impolitique de laisser le pays pendant un temps trop long dans l'incertitude naturelle qui résulte d'un vote sur une question constitutionnelle.

La réponse, je l'espère, paraîtra claire. (*Très bien! très bien!*)

La réponse du garde des sceaux à M. Gambetta était claire, mais la gauche la considéra comme insuffisante et comme étant en contradiction flagrante avec les précédentes déclarations du Cabinet. Aussi, le 12 avril, M. Gambetta déposait sur le bureau du Corps législatif un projet de loi complet tendant à organiser la procédure du vote plébiscitaire.

M. LE PRÉSIDENT MÈGE. — M. Gambetta a la parole pour le dépôt d'un projet de loi.

M. GAMBETTA. — Messieurs, dans une de vos précédentes séances, l'honorable ministre de la justice déclarait que les règles ordinaires de la matière électorale ne s'appliquaient pas à la matière plébiscitaire ; je me suis rallié spontanément à cette opinion et j'ai pensé que, au lieu de poser incidemment, tous les jours, une question sur tel ou tel point de la procédure plébiscitaire, il était expédient et urgent de saisir la Chambre d'un projet de loi qui reconnût sur ce point les exigences légitimes de l'opposition et du suffrage universel.

C'est de ce projet de loi que je vous demande la permission de vous donner lecture. Il ne porte absolument que sur la procédure.

Projet de loi tendant à organiser la procédure du vote plébiscitaire.

ARTICLE PREMIER. — La période plébiscitaire est de vingt jours pleins pour toute la France.

Le délai court à partir du jour de l'affichage, dans chaque commune, du décret qui ouvre les comices.

ART. 2. — Le scrutin ne durera qu'un seul jour, de six heures du matin à huit heures du soir.

Les votes seront recueillis, émargés, comptés suivant les règles ordinaires.

ART. 3. — Les maires transmettront au président du Corps législatif, dans le plus bref délai, les listes d'émargements et les procès-verbaux, auxquels auront donné lieu les opérations du vote.

Une commission nommée par la Chambre sera chargée de dépouiller tous les scrutins et d'en publier le résultat détaillé.

ART. 4. — Pendant toute la durée de la période plébiscitaire, tout citoyen électeur aura le droit de publier, imprimer et distribuer ou faire distribuer et afficher, sans timbre ni cautionnement, et par dérogation aux lois et règlements sur le colportage et l'affichage, et sans autre formalité que le dépôt préa-

lable, tout bulletin de vote et tout écrit de matières
politiques constitutionnelles.

ART. 5. — Durant la même période, tous les
citoyens français, sans distinction de circonscription, peuvent aller et venir sur toute la surface du
territoire, s'assembler pacifiquement et sans armes,
organiser, jusqu'au dernier jour, des réunions publiques, pour y traiter de toute matière politique, sans
être astreints à aucune autre condition que de déposer à la maison commune, douze heures avant l'assemblée, la notification du local et de l'heure de la
réunion.

ART. 6. — Le présent projet sera délibéré, rapporté.
discuté et voté d'urgence.

Tel est le projet de loi que j'ai cru devoir soumettre
en mon nom personnel et au nom des collègues qui
se sont associés à ma demande. Ce sont MM. Jules
Ferry, Crémieux, Emmanuel Arago, Jules Simon, de
Kératry, Dorian, Steenackers et Barthélemy Saint-
Hilaire.

M. GLAIS-BIZOIN. — Il y en aura d'autres. (*Rires.*)

M. GAMBETTA. — Maintenant il me reste un mot à
dire, et c'est sur ce point où la puissance d'intervention de la Chambre peut le mieux se manifester.

Il me reste à motiver brièvement, comme l'exige le
règlement, Messieurs, la demande d'urgence qui accompagne ce projet de loi.

Il est bien évident que le plébiscite approche et
qu'il faut, dès aujourd'hui, assurer au suffrage universel toutes les conditions de liberté, de sincérité de
délibération que comporte un acte semblable.

Je dis que le plébiscite n'est rien ou qu'il est la
remise dans un état d'intégrité parfaite du suffrage
universel dans tous ses droits, et alors il faut que
chaque citoyen actif recouvre les droits dont il ne
jouit pas par suite de législations dérogatoires aux

principes de 1789; qu'il recouvre tous les droits organiques de discussion. de délibération, de réunion, de prosélytisme, d'entente, de concert, de propagande politique qui sont indispensables à la formation d'une opinion raisonnée et légitime dans le sein de la nation. (*Très bien! à gauche.*)

Il est donc urgent que cette procédure tutélaire, que cette procédure qui doit garantir pour les plus humbles de tous les citoyens, pour toutes les opinions, pour les opinions rivales, pour les opinions contradictoires, une égalité d'ombre et de lumière dans le champ clos plébiscitaire: il est nécessaire que cette loi soit votée avant que vous abordiez les comices et le scrutin.

Ces considérations, je ferais injure à l'Assemblée en les développant; vous pouvez ne pas approuver, si bon vous semble, après la discussion qui aura lieu dans cette enceinte, les dispositions que je vous propose, que je crois indispensables, nécessaires, pour assurer la libre expression des volontés nationales. Mais leur refuser l'accès même de la discussion, leur refuser le caractère d'urgence, quand nous sommes dans une matière qui n'a été ni réglementée ni éclairée; ne pas reconnaître, — alors qu'on a proclamé que les règles habituelles en matière électorale ne régissaient pas les comices plébiscitaires, — qu'il faut faire quelque chose immédiatement, ce serait méconnaître vos devoirs et les légitimes exigences du peuple. (*Très bien! très bien! à gauche.*)

M. LE PRÉSIDENT MÈGE. — M. le garde des sceaux a la parole.

M. ÉMILE OLLIVIER déclare que la proposition tient à l'ordre constitutionnel et ne peut être tranchée dans cette enceinte: en conséquence il repousse l'urgence.

M. GAMBETTA. — Messieurs, il est incontestable que le gouvernement, par l'organe de l'honorable ministre que vous venez d'entendre, avait le droit de repousser l'urgence.

Seulement, vous êtes une Assemblée devant laquelle, pour obtenir des mesures aussi contraires aux intérêts sacrés qui sont engagés dans la question, il faut apporter des raisons décisives.

Eh bien, permettez-moi de vous dire que l'argument — et non la raison — que vous a présenté l'honorable garde des sceaux ne tient pas devant un examen attentif.

Qu'est-ce qu'il vous a dit? Il vous a dit qu'il s'agissait d'une question constitutionnelle.

En vérité, Messieurs, je ne le comprends pas.

Vous pouvez prendre connaissance du projet dont je vous ai donné lecture, et vous verrez que je n'ai soulevé aucune question constitutionnelle, et j'en avais le droit, car le plébiscite pose toutes les questions constitutionnelles. J'ai pris simplement des mesures de procédure parfaitement conformes au droit établi, au droit commun, appliquant une direction spéciale à des lois ordinaires qui ne sont pas des lois d'État, des lois constitutionnelles; en un mot, je vous propose pour une période particulière, exceptionnelle, déterminée, de légiférer sur la liberté d'expression du suffrage universel. D'où il suit que si l'on m'oppose une exception tirée de la constitutionnalité de la question, on m'oppose une fin de non-recevoir qui n'est pas dans le débat.

Il faut trouver une autre raison que celle-là, si l'on veut triompher de mon insistance.

M. le garde des sceaux ne veut pas dire la véritable raison, qui est celle-ci. C'est que, à propos de la loi que nous vous proposons, il redoute, — qu'il me passe l'expression, — il redoute une discussion sur le caractère, l'étendue, la valeur de l'acte plébiscitaire lui-même. (*C'est cela! autour de l'orateur.*)

Eh bien je prends l'engagement, quant à moi,

lorsqu'on discutera ma proposition de loi, de me
maintenir sur le terrain d'organisation plébiscitaire
pure et simple, de ne pas faire d'invasion dans la
question de doctrine; et alors je ne comprendrais pas
pourquoi on voudrait se refuser à soi-même, et refuser au pays d'abord et avant tout, cette satisfaction
que l'acte auquel vous allez procéder présentera quelque garantie de liberté et de propagande assurée.

Vous n'avez pas de législation organique plébiscitaire, vous le reconnaissiez hier lorque vous disiez à
l'honorable M. Barthélemy Saint-Hilaire : « Il n'y
aura qu'un seul jour de scrutin, qui commencera le
matin à cinq ou six heures et finira le soir à six heures. » On vous avait posé d'autres questions auxquelles vous avez répondu incidemment, mais est-ce là
une façon de légiférer sur des intérêts aussi sacrés et
aussi élevés? Est-ce par des demandes ou des réponses qu'on fait des lois? Est-ce qu'un dialogue peut
suffire pour nous éclairer tous sur ces grandes questions?

Les paroles qui sont échangées restent au *Journal
officiel*, je le veux bien ; les publicistes s'en emparent,
je le veux encore ; mais sont-ce là toutes les garanties qu'on veut donner? En vérité, pour qui nous prend-
on?

Je dis qu'il faut que vous prononciez aujourd'hui
même et d'urgence sur cette grande question de savoir
si, oui ou non, vous assurerez la liberté du plébiscite.
(*Vives marques d'approbation à gauche.*)

M. LE GARDE DES SCEAUX. — Je crois que l'honorable M. Gambetta se trompe lorsqu'il suppose que je
redoute une discussion sur le plébiscite. Je crois lui
avoir prouvé que j'étais toujours prêt à rendre compte
des actes que je conseillais ou que je soutenais.

J'ai dit, en quelques mots, que le projet de loi de
l'honorable M. Gambetta touchait au droit constitutionnel.

Pourquoi, lorsqu'on a une aussi bonne raison, prononcer de longs discours? Je n'ai rien à ajouter.

M. JULES FAVRE. — Ce n'est pas une raison, c'est la parole du maître.

M. CRÉMIEUX. — Nous protestons devant le pays.

M. GAMBETTA. — Messieurs, nous allons voter: mais on feint de croire, pour vous entraîner, que le vote favorable à la proposition d'urgence est un vote antiministériel. Au lieu de s'expliquer, au lieu de nous indiquer les raisons politiques, — et il y en a, — qui pourraient motiver, sinon le sentiment d'appréhension qu'éprouve le ministère d'entrer dans une discussion, au moins l'intérêt qu'il voit d'ajourner cette discussion, on affecte de croire qu'il s'agit d'un vote antiministériel. Il serait bien plus simple de reconnaître que ce n'est pas s'expliquer que de dire : Je ne veux pas ; ce qui, — permettez-moi l'expression, — ressemble aux plus beaux jours du pouvoir suprême, du pouvoir dictatorial.... (*Réclamations. — Oui! oui! C'est vrai! à gauche.*)

Ce n'est pas, dis-je, s'expliquer que de dire : Oui, voilà ma convenance, décidez-vous!...

On ne peut pas vous tenir tous les jours un semblable langage, Messieurs ; il vous faut et on vous doit des raisons. Les hauteurs ministérielles ne les remplacent pas. J'espère que votre vote, ne portant pas sur le fond de la question, mais sur cette simple question d'urgence qui est posée d'après les déclarations mêmes des ministres devant le pays, à savoir que le suffrage universel n'a pas de charte, il ne sera pas dit, alors qu'on vous propose d'en faire une et que vous êtes les maîtres de la faire, il ne sera pas dit que vous vous êtes refusés, avant l'épreuve, à toute espèce d'organisation régulière, légale du vote plébiscitaire.

Il était dit, au contraire, que la Chambre et le cabinet se refuseraient, avant l'épreuve, à l'organisation régulière, lé-

gale et probante que réclamait M. Gambetta. Une demande
d'urgence avait été déposée, ainsi qu'une demande de scrutin public. Par 173 voix contre 57, le Corps législatif rejeta
l'urgence et renvoya à la Commission d'initiative la proposition de M. Gambetta. Le *Journal officiel* ajoute : « Une certaine agitation se produit dans l'Assemblée, et la séance est
interrompue pendant quelques instants. »

DISCOURS

Prononcé le 19 avril 1870

AU BANQUET DE LA JEUNESSE

Le discours prononcé par M. Gambetta contre le plébiscite avait produit une vive émotion. Le Corps législatif avait été prorogé, le Sénat discutait le projet de sénatus-consulte. La jeunesse des écoles résolut d'offrir un banquet à M. Gambetta. Plus de six cents personnes répondirent à l'appel de M. Miret et de M. Lamy, depuis membre de l'Assemblée nationale et de la Chambre des députés. Le banquet eut lieu le 19 avril, à la salle Ragache. M. Lamy porta un toast à M. Gambetta, qui répondit en ces termes :

Mes chers contemporains,

J'ai besoin de demander toute votre attention ; dans l'état de fatigue où je me trouve, il ne me serait pas possible de dominer le tumulte. Cependant, je ne puis pas ne pas répondre aux paroles qui viennent de m'être adressées. Mais elles ont mis dans mon âme une émotion telle, que je ne pourrai qu'avec peine vous exprimer d'une façon vivante et sentie la joie, exempte de toute vanité et de tout orgueil, que je ressens à me trouver au milieu de la génération dont on a bien voulu dire que je suis et que je resterai l'organe. (*Applaudissements.*)

En effet, s'il m'était permis de dire que j'ai une ambition particulière, ce serait celle de résumer et de traduire, avec la fidélité, l'énergie et la sincérité d'une conscience qui a pris possession d'elle-même, vos as-

pirations et vos droits, et de poursuivre infatigable-
ment la réalisation définitive de la liberté dans la
forme républicaine. (*Bravos.*)

Certes, ce n'est pas moi, Messieurs, qui médirai
jamais de nos glorieux devanciers. Ce n'est pas moi
qui, coupable d'impiété filiale, oserai accuser, non pas
même leurs défaillances, mais leurs égarements. Non!
non! ce passé est sacré; c'est avec leur héroïsme
qu'ils nous ont permis de toucher à la terre promise
de la liberté par la science.

Car je crois qu'ici je ne rencontrerai pas de contradicteurs, quand je dirai qu'à côté des sentiments et
des aspirations idéales, nous avons pour nous la démonstration rationnelle, la possession de la vérité.
(*Vifs applaudissements.*)

Certes, beaucoup, — et je suis du nombre, — sont
républicains par tradition, par famille et par race.
C'est une noblesse aussi! (*Oui! oui! Bravos!*) Mais le
sentiment n'a pas de prise suffisante sur les autres
hommes, et pour conquérir leur adhésion, pour les
réduire au silence, pour leur imposer la foi, il faut
autre chose que de naturelles et éloquentes aspirations, il faut avoir pour soi cette lumineuse et décisive
force qu'on appelle l'évidence. Eh bien, j'ai cette conviction absolue, et que l'on peut opposer à toutes les
séductions comme à toutes les injures, comme à tous
les défis des partis : c'est que seuls, à travers la mêlée et la confusion des partis rivaux, nous avons raison, et nous le prouverons. (*Bravos prolongés.*)

Avoir raison, Messieurs, avoir raison, c'est cesser
d'être un parti; c'est prendre dans l'humanité cette
place éminente où on n'est plus attaquable; c'est dire
à la nation : Tu m'appartiens! tu m'appartiens
parce que seul je peux réaliser ton émancipation
morale et assurer sur les bases de la justice l'ordre
véritable et la sécurité matérielle. (*Bruyants applaudissements.*)

Eh bien, je dis que les temps héroïques du parti
républicain sont clos. Ah! non pas, entendez-le bien,
que si, dans une heure de vertige ou de provocation
au mépris du droit éternel, un homme osait pour la
seconde fois tenter les aventures de la violence, je
veuille dire qu'on ne puisse pas opposer la force à la
force!... (Salves réitérées d'applaudissements.)

Mais, mes amis, ce suprême recours, il ne doit être
que la suprême revanche du droit menacé. Jusque-là,
tant que le champ reste ouvert à la discussion, à la
controverse, au prosélytisme, à la propagande, tant
que l'homme peut aborder l'homme, le citoyen le citoyen, tant que les âmes et les esprits peuvent s'entendre et se pénétrer, tant que l'on n'a pas mis la
main de la police sur la bouche des citoyens libres,
jusque-là il faut proclamer hautement que l'on méprise la force entre ses mains comme on la méprise
dans les mains des usurpateurs. (Bruyants applaudissements.)

Et alors, il faut se recueillir, et alors, il faut avoir
un mot d'ordre ; ce mot d'ordre est : travail. Et quand
je dis travail, je me sers du mot le plus complexe, afin
que quiconque dans cette enceinte appartenant à des
ordres différents dans la société, et, puisqu'il faut dire
le mot, à des classes différentes, sache bien que le
travail, quel qu'il soit, est pour moi l'objet d'une
égale vénération.

Et, Messieurs, puisque nous sommes réunis, nous
la génération qui a charge, sous peine de se désho-
norer elle-même, de ne pas laisser se lever sur la
France le centenaire de 1789, sans avoir fait quelque
chose pour l'avènement de la justice sociale... (Applaudissements), laissez-moi dire que si cette génération est réellement marquée pour accomplir, — ne
disons pas de grandes et glorieuses œuvres, il ne faut
jamais devancer le jugement de ceux qui nous succé-
deront, — mais pour accomplir une mission néces-

saire, pour achever la Révolution française... (*Interruption d'applaudissements.*)

Laissez-moi parler, car sans cela je ne pourrais aller
jusqu'au bout... Si réellement cette génération n'était
pas marquée, désignée pour accomplir et réaliser ce
magnifique programme, il faudrait cesser de croire à
la loi organique qui régit et règle la marche des sociétés humaines. — Car il y a une loi qui domine, qui
commande, qui pousse les évènements ; non pas cette
loi providentielle dont l'ancien régime s'est paré et
s'est décoré, mais une loi immanente de justice progressive qui se développe à travers les faits heureux
comme à travers les résistances funestes.

Oui, Messieurs, notre génération entre dans la vie
sous des signes précurseurs de sa grandeur morale ;
elle y entre au moment où la légende du despotisme
qui avait gangrené deux générations avant nous s'est
effacée, s'est dissipée au contact de la critique et
de l'investigation historique. Oui, la génération qui
nous a précédés, qui n'avait vu dans le Dix-huit Brumaire qu'une espèce de syndicat protecteur de la sécurité publique contre je ne sais quelle aventure et
quelle conspiration du Directoire, — cette génération
tenue en tutelle, élevée au tambour, élevée au caté-
chisme impérial, corrompue par les convoitises et les
excitations des appétits matériels, cette génération
s'était fait, — pour elle-même, entendez-le bien, —
elle s'était fait une légende, elle adorait ses propres
vices dans la personne impériale. (*Applaudissements.*)

Et c'est ainsi qu'elle inocula dans les veines de la
France ce virus de corruption et de mort, qu'on appelle le culte de Napoléon Iᵉʳ. (*Applaudissements.*)

Eh ! Messieurs, c'est là l'origine de tous nos maux.
(*Nouveaux applaudissements.*)

En effet, grâce à l'éblouissement factice, à cette
sorte de coopération frauduleuse de tous les vaincus
de 1814 à 1848, on avait assisté à l'accouplement le

plus hideux qui se puisse voir, l'alliance entre ceux
qui se présentaient comme les héritiers de la Révolution française et les gardiens de la tradition de
l'homme qui, bien qu'il se glorifiât d'être un Robes-
pierre à cheval, n'était que la parodie sanglante et
sinistre du césarisme byzantin. (*Bravos prolongés.*)

De cette alliance sortit une véritable dépravation du
sens politique de la nation ; les ouvriers, les paysans,
les bourgeois que l'on trouve belliqueux à leur heure
et dans leurs propos, se mirent à regretter et à pleu-
rer le sort du martyr de Sainte-Hélène. (*On rit.*)

Ah! Messieurs, que vos rires me font de bien! et
qu'ils sont la preuve des bienfaits de cette triomphante critique qui a mis à néant et le *Mémorial de
Sainte-Hélène* et les prodigieuses doléances de ce cap-
tif... qui méritait mieux. (*Plusieurs salves d'applaudissements.*)

Et ce ne fut pas seulement le peuple qui fut ainsi
trompé et égaré. Ce furent même les hommes des
hautes classes, peut-être parce qu'ils avaient eu leurs
représentants dans les antichambres, chambellans
par-ci, domestiques par-là, et qu'ils avaient besoin de
faire excuser leur servilité en la décorant d'un grand
nom. Eux aussi cultivèrent la légende impériale. Ce
ne fut pas tout : après la Révolution de Juillet, on vit
un gouvernement entier se parer devant l'Europe de
cette espèce d'épopée militaire, et s'attribuer tout le
bruit et toute la pompe des victoires impériales. A
telles enseignes que, de ses propres mains, ce gouvernement donna et l'argent et la faveur et les places à
tous ceux qui se réclamaient du grand homme, et qu'un
beau jour, au pied de cette colonne qui est devenue,
comme vous le savez, une profession de foi dont nous
expions cruellement le succès, un homme. un roi! (*On
rit*) un roi tirait son sabre de garde national (*Nouveaux rires*), et criait aux yeux du peuple affolé et ivre
de souvenirs : *Vive l'empereur!* Si bien que si l'empe-

reur avait pu sortir de sa tombe, comme l'a remarqué M. Littré, et entrer dans Paris, certainement il eût couché le soir même aux Tuileries. (*Rires et applaudissements.*)

Vous saisissez là, Messieurs, sur le vif, la création, la construction, l'aménagement de la légende impériale; et alors, jugeant au point de vue critique, vous pouvez vous expliquer comment dans une heure d'abandon, sous le feu des canons, sous la pression de la police et sous le feu aussi des calomnies plus redoutables encore que le canon, un peuple a appliqué la légende qu'on lui avait apprise. (*Applaudissements.*)

Eh bien, cette légende est détruite, grâce à des travailleurs consciencieux, à des érudits implacables. On a feuilleté l'histoire jour par jour, et c'est sur les aveux mêmes du coupable que l'histoire a prononcé son arrêt. Désormais on peut appliquer à cet homme le mot que l'abbé Grégoire appliquait à un roi : « C'est un monstre au moral comme les monstres le sont au physique. »

Voilà la première épreuve dont nous sommes débarrassés. Désormais le terrain est déblayé sur cette avenue; désormais nous ne rencontrerons plus devant nous la figure imposante et radieuse de l'empereur; désormais nous pouvons mettre la vérité sous les yeux du peuple, sous les yeux des classes éclairées comme des classes qui ne le sont pas, et nous pouvons leur démontrer, pièces en mains, qu'elles se sont laissé séduire, tromper, égarer, dépraver, et que, quel que soit le travestissement qu'il revête, le système reste toujours le même. (*Applaudissements.*)

Mais il y a, Messieurs, une bien autre conquête, une bien autre victoire à mettre à l'actif de notre génération : c'est la compréhension, la connaissance de jour en jour grandissante de la constitution intime de la démocratie française.

Il y a trente-cinq ans, le mot démocratie était à
peine employé. On l'appliquait volontiers aux États
de l'autre côté de l'Atlantique. Quant à nous, on considérait que c'était tout à fait une excentricité, de
vouloir amener le gouvernement de la démocratie
dans ce pays.

Il y avait bien quelques penseurs, quelques phi-
losophes, quelques publicistes, et même des hommes
beaucoup plus simples d'esprit, mais très fermes
de cœur, qui avaient conservé la tradition et qui
savaient ce qu'était la démocratie, ce qu'elle portait dans ses flancs, quelle serait un jour sa grandeur,
et quels seraient un jour ses bienfaits.

Mais c'étaient là de véritables parias dans la société! il n'en était tenu nul compte, et vous savez avec
quel dédain, avec quel insolent mépris on traitait ceux
qui de 1830 à 1848 réclamaient au nom du peuple
l'avènement de la démocratie, c'est-à-dire de la main
dirigeante du peuple dans l'avenir.

Il n'en est plus ainsi, grâce à une révolution que je
trouve admirable pour ma part, non point pour ce
qu'elle a fait, non point seulement pour ceux qui l'ont
dirigée, qu'on me permette cette parole, mais, pour
ainsi dire, parce qu'elle est sortie des entrailles mêmes
du peuple, qu'elle s'est faite, malgré tout le monde,
sans la participation de ces conducteurs habituels
qui règlent d'avance les cérémonies révolution-
naires.

Il y a eu là comme une explosion volcanique spontanée de la conscience française, et l'on a du premier
bond, du jour au lendemain, constitué une nouvelle
base à l'édifice politique et social de la France. Du
jour au lendemain, on a fait de ce pays, qui était entre
les mains d'une classe, un pays qui est entre les mains
de tous et de chacun à un égal degré.

Oh! je reconnais que lorsqu'on a posé de pareilles
prémisses, il ne s'est trouvé personne ou d'assez fort.

ou d'assez heureux, ou d'assez puissant, ou d'assez bien servi par les circonstances au milieu desquelles s'agitait la création de la République, pour en faire sortir par l'application ce que comportait une mission pareille.

Mais si cette tâche n'a pas été accomplie, si ce glorieux mouvement a ainsi avorté, il faut voir à qui en est la faute, il faut établir nettement la responsabilité, il faut surtout rechercher ce qui résulte des habiletés de nos adversaires, de nos fautes personnelles, étudier de près si l'on n'avait pas été trop fier, trop dédaigneux avec tel ou tel intérêt puissant, si on avait apporté dans le nouvel ordre de choses cet amour, cet esprit du bien, cette abnégation républicaine et démocratique sans lesquels on ne fondera jamais rien de durable dans l'ordre social. (*Applaudissements.*)

Et la question se retrouve tout entière. Oui, cette République a péri sous la conjuration de ces deux forces que j'indiquais tout à l'heure : le compromis tout à fait hasardeux, tout à fait immoral que l'on avait noué pendant quarante-cinq ans : l'idée fausse que l'on avait inoculée à la conscience française; et ensuite les haines, les calomnies dont les partisans de l'ordre déchu se sont servis avec une activité redoutable contre les institutions nouvelles.

Et savez-vous ce qui les a fait triompher? C'est qu'ils ont compris dès le premier jour, dès la première heure, ce que valait le suffrage universel; ils se sont adressés à lui, et ils l'ont systématiquement troublé, ils l'ont continuellement apeuré et alarmé, ils ont mis le paysan dans l'inquiétude sur la possession de sa terre, ils ont porté l'anarchie jusqu'au foyer domestique, ils ont, avec une perfidie qui n'a été égalée que par leur persévérance, distillé jour et nuit le fiel sur la République, et empoisonné la conscience de ce pays. (*Bravos.*)

A cette tactique, nos amis n'ont eu ni l'à-propos, ni l'art d'opposer une tactique analogue.

Ils avaient le suffrage universel, et ils ne le comprenaient pas, et ils n'y croyaient pas Alors il s'est passé ce qui se passera toujours, il s'est passé que le suffrage universel s'est défié de qui se défiait de lui. On ne se livre qu'à celui qui aime ou qui a l'apparence d'aimer. (*Applaudissements.*)

Maintenant, nous savons ce qu'est le suffrage universel, nous savons que le suffrage universel c'est nous, que le suffrage universel ne peut avoir de droits, d'intérêts, d'aspirations, de passions, de colères, qui ne soient nos intérêts, nos aspirations, nos passions, nos colères et nos droits; car nous sommes le peuple et il est le peuple. (*Applaudissements.*)

Il faut donc nous adresser au suffrage universel, il faut le guider et l'éclairer, il faut que chacun de nous, dans la mesure de ses forces, se livre à un apostolat incessant du suffrage universel.

Et voici ce que cela commande, voici ce que cela impose, surtout à la génération nouvelle. Nous sommes, ici au moins, en majorité des jeunes gens qui ont eu cette faveur du sort et de la fortune de pouvoir, les uns sans imposer des sacrifices à leurs familles, les autres, au contraire, au prix de durs labeurs, d'épargnes méritantes arrachées au patrimoine domestique, conquérir ce levier supérieur de l'indépendance qu'on appelle l'éducation et l'instruction. (*Applaudissements.*)

Je dis que, ce jour-là, nous tous, nous avons contracté une dette, un engagement que nous ne pouvons rompre sans faire outrage à la plus sacrée de toutes les lois humaines, la solidarité sociale. (*Très bien! très bien!*)

Nous avons pris l'engagement devant nous et pour les autres, puisque nous reconnaissons la démocratie et le suffrage universel, de nous vouer incessamment à l'émancipation de ceux qui n'ont pas joui du même bénéfice de la fortune, de les attirer vers nous et de travailler à leur assurer tous les jours plus de lumière et plus de bien-être.

Nous n'aurons pas autrement, Messieurs, — et c'est par là que je reviens à la politique, — nous n'aurons pas autrement dans ce pays l'ordre et la stabilité; car je tiens à l'ordre et à la stabilité (*Bravos!*). Oui, croyez-le, si je veux, si j'appelle de toutes mes forces l'avènement de notre forme républicaine, c'est que ce sera un vrai gouvernement qui aura conscience de ses devoirs et qui saura se faire respecter.

Enfin, je proteste de tout mon pouvoir contre ceux qui, à force d'attaquer les institutions gouvernementales du pays, parce qu'elles sont placées dans les mains d'un homme qui en fait mauvais usage, oublient que le gouvernement, dans une société démocratique, ce serait nous-mêmes. Non pas, entendez-le bien. — car il ne faut pas d'équivoque. — non pas que le gouvernement puisse, selon moi, sortir de ses attributions, et que l'État puisse franchir le cercle légitime de ses prérogatives. Non! non! j'ai trop de respect pour l'individu, trop de confiance dans le développement naturel des forces libres et des énergies associées des citoyens, pour solliciter de l'État rien qui ressemble à une contrainte ou à une compression. Mais je ne veux cependant pas non plus bouleverser cette organisation qui tient la société en équilibre. Il faut un gouvernement! il faut notre gouvernement!

C'est pourquoi je dis que le suffrage universel émancipé, devenu majeur, éclairé par la raison, est seul capable de constituer le gouvernement qui s'imposera au respect de tous. (*Applaudissements prolongés.*)

Voilà, Messieurs, quelle est notre tâche. Quant à moi, je serai particulièrement touché si, dans la poursuite de ce but, je peux compter que je rencontrerai toujours, non pas à côté de moi, mais avec moi, sans distinction, et dans l'égalité parfaite et absolue de véritables compagnons d'armes, — votre appui et votre concours.

Ce qu'il faut donc emporter d'ici, mes amis, c'est la résolution énergique de pratiquer nos doctrines, de les pratiquer, non seulement dans ce for intérieur qu'on appelle la conscience, mais aussi au dehors, d'une façon expérimentale, par des actes. Par des actes! Il faut agir, Messieurs! et pour cela il faut vous associer, dans un but commun d'instruction et de propagande.

Et si j'avais, quant à moi, un mot d'ordre à donner ou à recevoir, je n'en accepterais pas d'autre que celui-ci : Le travail en commun. *Laboremus!* (*Vive sensation. — Applaudissements prolongés et unanimes.*)

Quatre jours après ce discours, le Sénat ayant naturellement adopté le sénatus-consulte qui lui était présenté [1], deux décrets, contresignés par tous les ministres, convoquèrent le peuple français et les Français de l'Algérie dans leurs comices le dimanche 8 mai, pour accepter ou rejeter le plébiscite suivant :

« Le peuple approuve les réformes libérales opérées dans la Constitution depuis 1860 par l'Empereur, avec le concours des grands corps de l'État, et ratifie le sénatus-consulte du 20 avril 1870. »

Le lendemain, l'Empereur faisait suivre la proclamation du 27 avril d'une proclamation où il disait :« Votez *oui*, vous rendrez plus facile dans l'avenir la transmission de la couronne à mon fils », et les ministres joignaient à la proclamation de l'Empereur une circulaire collective adressée aux fonctionnaires de l'Empire et où ils disaient : « Votez *Oui*, afin que sur le trône, comme dans la plus humble chaumière, le fils succède en paix à son père. »

Les journaux bonapartistes annoncèrent le dimanche de

---

1. Un seul sénateur, M. Bonjean, se prononça contre l'article 13, qui accordait à l'Empereur le droit personnel d'appel au peuple.

Pâques la création d'un *Comité central du plébiscite de 1870*, comprenant : un *Comité de fondation*, un *Comité de direction*, un *Comité d'exécution*. L'opposition s'organisa de son côté. Dans une réunion tenue chez M. Crémieux, le vote négatif fut décidé, sans exclusion d'aucun autre moyen de protestation, y compris l'abstention, et un comité, composé de députés et de journalistes, fut chargé de rédiger un manifeste au corps électoral et un manifeste spécial à l'armée. Ces deux manifestes étaient ainsi conçus :

LA GAUCHE ET LES DÉLÉGUÉS DE LA PRESSE

A LEURS CONCITOYENS

« Le 2 décembre a courbé la France sous le pouvoir d'un homme. Aujourd'hui, le gouvernement personnel est connu par ses fruits. L'expérience le condamne, la nation le répudie. Aux élections dernières, le peuple français a manifesté hautement sa volonté souveraine : au gouvernement personnel, il entend substituer le gouvernement du pays par le pays. La Constitution nouvelle, sur laquelle le pouvoir vous appelle à vous prononcer, réalise-t-elle le vœu national ? Non. La nouvelle Constitution n'établit pas le gouvernement du pays par le pays.

« Elle n'en est que le simulacre.

« Le gouvernement personnel n'est point détruit ; il conserve intactes ses plus redoutables prérogatives ; il continue d'exister, à l'extérieur, par le droit personnel de faire les traités et de déclarer la guerre, — droits dont il a été fait, depuis quinze ans, un usage si funeste à la patrie ; — à l'intérieur, par le gouvernement personnel du chef de l'État, à l'aide de ministres qu'il nomme, d'un conseil d'État qu'il nomme, d'un Sénat qu'il nomme, d'un Corps législatif qu'il fait nommer par la candidature officielle et la pression administrative, du commandement de la force armée, de la nomination à tous les emplois, d'une centralisation excessive qui met dans sa main toutes les forces organisées du pays, qui confisque l'autonomie des communes, et qui ne laisse pas même aux populations le droit d'élire leurs magistrats municipaux.

« Enfin, et pour couronner cet édifice de l'omnipotence

impériale, la Constitution nouvelle livre à l'initiative exclusive du chef de l'État le droit qui appartient essentiellement à tout peuple libre de réformer, quand il le juge nécessaire, ses institutions fondamentales, en même temps qu'elle remet au pouvoir exécutif le droit césarien d'appel au peuple, qui n'est autre chose que la menace permanente d'un coup d'État.

« Telle est la Constitution qu'on vous propose.

« C'est votre abdication qu'on vous demande.

« Voulez-vous y souscrire ?

« Voulez-vous renouveler les pleins pouvoirs de l'Empire ?

« Voulez-vous, sous les apparences du système parlementaire, consolider le gouvernement personnel ?

« Si vous le voulez, votez *Oui*.

« Mais si vous avez retenu la leçon des événements, si vous n'avez oublié ni les dix-huit années d'oppression, d'outrage à la liberté, ni le Mexique, ni Sadowa, ni la dette accrue de cinq milliards, ni les budgets dépassant deux milliards, ni la conscription, ni les lourds impôts, ni les gros contingents, vous ne pouvez pas voter *Oui*.

« Car tous ces maux, dont la France n'effacera de longtemps la trace, sont sortis, il y a dix-huit ans, de deux plébiscites semblables à celui qu'on vous soumet.

« Car aujourd'hui, comme alors, c'est un blanc-seing qu'on vous demande, l'aliénation de votre souveraineté, l'inféodation du droit populaire aux mains d'un homme et d'une famille, la confiscation du droit imprescriptible des générations futures.

« Au nom de la souveraineté du peuple et de la dignité nationale, au nom de l'ordre et de la paix sociale, qui ne peuvent se réaliser, par la conciliation des intérêts et des classes, qu'au sein d'une libre démocratie, repoussez par votre vote la Constitution nouvelle.

« Protestez par le vote négatif, par le vote à bulletin blanc, ou même par l'abstention : tous les modes de protestation apporteront leur part à l'actif de la liberté.

« Quant à nous, nous voterons résolument *Non*, et nous conseillerons de voter *Non*.

     « Ont signé :

« Emmanuel Arago, D. Bancel, A. Crémieux, Desseaux, Dorian, Esquiros, Jules Ferry, Gagneur, Léon Gambetta,

Garnier-Pagès, Girault, Glais-Bizoin, Jules Grévy, Jules Magnin, Ordinaire, Eugène Pelletan, Jules Simon, députés.

« C. Delescluze, A. Duportal, Louis Jourdan, André Lavertujon, Pierre Lefranc, A. Peyrat, Louis Ulbach, Eugène Véron. délégués de la presse démocratique de Paris et des départements.

« Paris, 19 avril 1870. »

A L'ARMÉE

« Vous êtes citoyens avant d'être soldats, votre cœur bat comme le nôtre aux idées de patrie et de liberté. Écoutez donc notre voix fraternelle. Nous avons à vous parler de vos intérêts les plus chers que nous ne séparons pas des nôtres.

« Demain, on va vous réunir dans vos casernes et vous demander un vote en faveur d'un régime qui pèse encore plus lourdement sur vous que sur les autres citoyens. Électeurs, vous faites partie du peuple souverain, et puisque l'Empire pose à nouveau sa candidature, ne consultez que votre raison et votre bon sens. Ministres, généraux, colonels, n'ont rien à voir dans le domaine de votre conscience.

« Si vous croyez qu'un gouvernement qui vous enlève pendant vos plus belles années à vos affections, à vos devoirs civiques, à vos espérances de travail ; qui fait de vous presque des étrangers dans votre propre pays, ne blesse ni la justice ni votre liberté, votez *Oui* sous l'œil de vos supérieurs.

« Si, au contraire, vous voulez reconquérir votre place au foyer, vos droits à la vie sociale, — tout en restant à la disposition de la patrie, dans le cas où sa sécurité ou son honneur seraient menacés, et alors toute la démocratie serait à vos côtés, — si vous croyez que la liberté est le premier des biens ; si vous êtes las de servir de rempart et d'instrument à une politique que vous combattrez vous-mêmes dès que vous ne serez plus soldats ; si vous ne voulez plus de ces guerres impies ou stériles qui vous coûtent le plus pur de votre sang, si vous voulez vivre en hommes libres dans une patrie libre, votez hardiment *Non*.

« Et ne craignez pas que cet acte de virilité vous expose

aux rancunes et aux persécutions: l'esprit de la France vous protégera.

« Sachez-le bien, d'ailleurs, vos chefs n'ignorent pas plus que vous que l'armée en France est une institution nationale, et non pas dynastique. S'ils ne laissent point éclater leurs sentiments, pas plus que vous ils n'ont à se féliciter du césarisme.

« L'avancement n'est-il que le prix du mérite et des services? Eux comme vous peuvent répondre. Et parmi ceux qui vous commandent, les meilleurs ne gémissent-ils pas souvent de vous trouver plus empressés qu'ils ne voudraient à exécuter certains ordres qu'ils sont forcés de vous transmettre? Ayez donc confiance les uns dans les autres. On vous fait voter dans vos casernes; on vous empêche de mêler vos suffrages, dans les mairies, à ceux de vos concitoyens. On vous retire donc le secret du vote, sans lequel, sous un gouvernement autoritaire, il n'y a ni sécurité, ni indépendance, ni dignité pour l'électeur. Et pourquoi vous contester ce droit, qu'on ne refuse à personne, si ce n'est pour faire violence à votre volonté, dont on redoute la libre manifestation!

« Vous ferez justice de ces manœuvres, et vous voterez *Non*.

« Ce vote sera le pacte d'une alliance entre citoyens et soldats.

« La France compte sur l'armée, l'armée peut compter sur la France. »

M. Ernest Picard et ses amis de la *gauche ouverte* s'étant séparés du comité de la rue de la Sourdière, refusèrent de signer les manifestes de la *gauche fermée*, mais se prononcèrent également pour le vote négatif.

Les membres du comité qui, aux élections du mois de mai 1869, avait proposé et soutenu la candidature de M. Thiers, prirent une décision analogue. M. Thiers, M. Dufaure, président, et MM. Allou et Hauréau, assesseurs du comité, terminèrent leur manifeste en engageant « comme amis de l'ordre et comme libéraux, les électeurs qui leur avaient apporté un si utile concours au mois de mai 1869 à voter *Non* ou à s'abstenir. »

Le vote eut lieu le dimanche 8 mai; il donna 7,350,142 *Oui*, 1,538,825 *Non* et 112,975 bulletins nuls.

Le chiffre des *Oui* était à peu près le même qu'aux premiers plébiscites, celui des *Non* était beaucoup plus considérable. De 647,000 en 1851 et de 250,000 seulement en 1852, il s'était élevé à 1,500,000.

M. Émile Ollivier avait mis en campagne, en faveur de l'entreprise du plébiscite, tout l'ancien personnel des candidatures officielles. La dernière semaine avant le vote du plébiscite, le gouvernement avait découvert un complot révolutionnaire et socialiste, organisé et dénoncé par un soldat du nom de Beaury, qui avait surpris la naïve bonne foi de Gustave Flourens. De même, à la veille de la proclamation de l'Empire, on avait découvert à Marseille le fameux et ridicule complot de la machine infernale.

DISCOURS

SUR

UNE INTERPELLATION RELATIVE A DES MESURES DE RIGUEUR

EXERCÉES CONTRE

DES MILITAIRES DE LA GARNISON DE STRASBOURG

A L'OCCASION DU PLÉBISCITE

Prononcé le 8 juin 1870

AU CORPS LÉGISLATIF

L'armée et la marine avaient été appelées à prendre part au plébiscite. Le rapport du président de la Chambre des députés à l'Empereur avait constaté les résultats suivants :

Armée de terre : 235,307 *Oui* contre 40,609 *Non.*

Armée de mer : 23,759 *Oui* contre 5,874 *Non.*

Le nombre si considérable de votes négatifs par lesquels l'armée, malgré la pression officielle, avait répondu au plébiscite, — près d'un cinquième de l'armée avait voté *Non* — ce nombre avait si vivement ému l'opinion, que l'Empereur crut devoir écrire au maréchal Canrobert, pour le prier de dire aux officiers et soldats placés sous ses ordres que sa confiance en eux n'avait jamais été ébranlée. La lettre impériale fut publiée au *Journal officiel* du 13 mai.

Quelques jours après, les journaux de l'opposition furent informés que de nombreux militaires, connus pour avoir *mal* voté, avaient été l'objet de punitions disciplinaires. Ainsi à Strasbourg, où le vote de la garnison avait donné 1,931 *Non* contre 5,650 *Oui*, trois élèves de l'École de santé militaire avaient été licenciés et envoyés, comme simples soldats, dans des régiments de ligne ; des sergents et des caporaux, appartenant au 5e régiment d'artillerie, au 96e et au 86e de ligne, au 6ᵉ et au 13ᵉ bataillon de chasseurs à pied, avaient été dégradés ; le soldat Cha, du 96ᵉ de ligne, avait été envoyé aux compagnies de discipline.

M. Raspail interpella le ministre de la guerre sur cette série de rigueurs, dans la séance du 8 juin. Le maréchal Lebœuf ne nia aucun des faits incriminés par le député du Rhône ; mais après avoir affirmé que les punitions signalées par M. Raspail n'avaient pas été infligées à la suite des votes négatifs des militaires en question, il se hâta de réveiller les applaudissements de la majorité, en déclarant que l'interpellation de M. Raspail ne visait à rien moins qu'à la destruction de la discipline militaire.

Ce fut M. Jules Ferry qui répondit au ministre de la guerre. « Le maréchal Lebœuf nous affirme, dit M. Ferry, que le vote des militaires de la garnison de Strasbourg est étranger à leur punition. Soit! Mais alors que pense le ministre de l'ordre du jour du colonel du 61ᵉ régiment de ligne, ordre du jour ainsi conçu :

« 61ᵉ de ligne. — Le colonel est loin de faire des compliments au régiment sur son vote d'hier ; il n'aurait pu croire qu'il y eût autant de mauvais soldats dans le 61ᵉ.

« Le rouge de la honte lui monte au visage quand il compare les 297 votes négatifs du régiment aux 41 votes du même genre du 86ᵉ, son camarade de brigade.

« Il aime à croire que beaucoup, surtout parmi les jeunes soldats, n'ont agi si stupidement que par une faiblesse et une crédulité très naïves.

« Tous, du premier au dernier, nous devons prendre notre part de responsabilité, et nous ne tarderons pas probablement à en subir les conséquences.

« Le régiment n'a qu'un moyen d'effacer la flétrissure imprimée à son numéro, jusqu'ici sans tache, par un moment de faiblesse : c'est de redoubler, à l'occasion, de fermeté, de dévouement et de fidélité au drapeau.

« Ces observations seront lues à trois appels consécutifs.

« Aujourd'hui, tous les officiers se trouveront à l'appel, et, après avoir fait lire les observations ci-dessus, les commandants de compagnie s'efforceront de faire comprendre aux hommes toute l'indignité de leur conduite. »

M. Ollivier interrompit par ces mots : « Mais en a-t-on puni? »

« Je ne sais pas, dit M. Ferry, si l'on a puni ces militaires
« du 61e de ligne qui ont voté *Non*, ou si l'on n'en a pas
« puni. Mais ce n'est pas par une question de ce genre que
« le gouvernement peut nous répondre. Il faut qu'il dé-
« savoue, qu'il réprimande le colonel. »

« Je ne désavoue pas et je ne blâmerai pas le colonel ! »
s'écria le ministre de la guerre qui s'élança à la tribune, mais
seulement pour donner lecture d'une lettre du général Grant,
président de la République des États-Unis, au ministre de la
guerre Stanton, lettre où il était traité des multiples dangers
du vote militaire. La lecture de cette lettre ne répondait en
rien à l'interpellation adressée au ministre ; M. Gambetta
interrompit le maréchal pour le rappeler à la question, et le
maréchal ayant alors déclaré une seconde fois qu'il ne blâme-
rait pas le colonel du 61e de ligne, M. Gambetta, bien que
malade, demanda la parole pour établir qu'à son avis personnel les hommes sous les drapeaux devraient être tenus à
l'écart des agitations de la politique, et cela en temps de
paix comme en temps de guerre ; mais qu'en tout état de
cause, et surtout dans l'état actuel de la législation de 1852,
le colonel du 61e de ligne avait tenu un langage coupable et
séditieux.

M. GAMBETTA. — M. le ministre ne parle pas de l'ordre du jour du colonel du 61e régiment de ligne.

Sur un grand nombre de bancs. — La clôture ! la
clôture !

M. LE MINISTRE. — Laissez-moi, je vous prie, Messieurs, répondre au fait que me rappelle M. Gambetta :
je tiens beaucoup à ne rien laisser sans réponse.

Le colonel du 61e de ligne a fait non pas un ordre
du jour, je le répète, — un ordre du jour est une
pièce officielle, — mais une simple réponse au rapport. Je vous demande pardon, Messieurs, de me
servir d'une expression purement technique ; mais
enfin, je l'ai déjà dit, la réponse au rapport n'est que
la conversation d'un colonel avec son régiment ; l'adjudant de semaine tient la plume et écrit les observations du colonel. L'adjudant peut très bien ne pas
transcrire exactement les expressions mêmes dont

s'est servi le colonel, mais enfin il en recueille le sens, et ces notes sont lues, quand il y a lieu, dans les compagnies.

Quelle était la situation? Le colonel du 61ᵉ se trouvait dans la même brigade, à côté d'un autre régiment qui avait émis moins de votes négatifs que le sien. Il en a éprouvé un certain étonnement; il l'a communiqué à ses hommes. C'était la chose du monde la plus simple et je n'y vois rien qui soit à reprendre.

Je déclare donc que je ne blâmerai pas le colonel du 61ᵉ. (*Vives exclamations sur quelques bancs à gauche. — Très bien! très bien! au centre et à droite.*)

Messieurs, chacun a sa manière d'écrire et de parler. Je ne me serais peut-être pas servi, quant à moi, des mêmes expressions que le colonel du 61ᵉ, mais enfin il a pu les employer sans commettre une faute sérieuse.

Le colonel du 61ᵉ est un excellent officier, qui a de magnifiques états de services, qui aime profondément son régiment et qui s'en occupe avec une grande sollicitude. Il a été étonné que cette sollicitude constante de sa part ne fût pas reconnue par ses soldats et récompensée par un vote qui répondit entièrement à ses propres sympathies.

M. Jules Ferry. — Il aime trop son régiment.

M. le ministre. — Ce qui s'est passé au 61ᵉ est la chose la plus simple du monde. Le ministre n'a pas à intervenir. Voulez-vous qu'il se mêle à ces deux cents ou deux cent cinquante entretiens familiers qui ont lieu tous les matins dans les divers corps de l'armée? (*Très bien! très bien! — Aux voix! aux voix!*)

M. Gambetta. — Je demande la parole.

Voix nombreuses. — Assez! assez! — La clôture!

M. Gambetta. — Il est impossible, Messieurs, que la Chambre laisse passer un incident de cette gravité... (*Oh! oh!*), permettez! ...sans fournir au gouvernement l'occasion d'une explication que je regrette de voir l'honorable maréchal ministre de la guerre refuser de vous donner.

Quelques membres à gauche. — Parlez! parlez!

M. GAMBETTA. — Je retiens exclusivement du débat ce fait, — car je ne connais pas le reste du dossier, — que le colonel du 61ᵉ de ligne, à la différence du colonel du 9ᵉ de ligne, qui, suivant l'explication que nous a donnée M. le ministre de la guerre, s'en serait tenu à une simple conversation dont on peut regretter la forme, les termes, et même, si on allait au fond, blâmer les idées...

M. LE MINISTRE DE LA GUERRE. — Je ne les blâme pas!

M. GAMBETTA. — Nous conservons chacun notre appréciation.

Je reprends, et je dis que, à la différence du colonel du 9ᵉ de ligne, qui n'aurait tenu qu'une simple conversation avec ses soldats, le colonel du 61ᵉ de ligne a adressé à son régiment un véritable ordre du jour.

Au sujet du fait imputé à ce dernier officier supérieur, l'explication que vient de donner M. le ministre de la guerre peut satisfaire la partie de l'Assemblée qui sait la part qu'il faut faire aux explications données par le chef de l'armée touchant des questions de dicipline dans l'armée française, mais elle ne saurait satisfaire l'autre partie...

M. LE MINISTRE DE LA GUERRE. — Je croyais que mon explication était de nature à satisfaire l'Assemblée tout entière!

M. GAMBETTA. — Je vous demande pardon, monsieur le ministre, mais je vous prie de ne pas m'interrompre; je peux à peine parler, et je trouve la question importante pour l'honneur et la dignité même de l'armée, dont vous devez prendre un si grand souci.

M. LE MINISTRE DE LA GUERRE. — Très grand, en effet !

M. GAMBETTA. — Soit ; mais je ne pense pas que
vous puissiez vous attribuer le monopole de ces légitimes soucis, dont on est jaloux dans toute Assemblée
française, sur quelque banc que l'on siège.

M. LE MINISTRE DE LA GUERRE. — J'approuve.

M. GAMBETTA. — Eh bien, je dis qu'en faisant appel
à votre conscience de loyal militaire, vous nous devez
une autre explication.

Vous avez lu, comme l'honorable M. Ferry l'avait
lu lui-même, l'écrit émané du colonel du 61e, qui est,
cette fois, un véritable ordre du jour (*Dénégations
sur quelques bancs*). La preuve, malgré vos dénégations, que c'est un véritable ordre du jour, c'est qu'il
porte en toutes lettres : « Le présent ordre sera lu à
trois appels successifs. »

La situation particulière du colonel du 61e de ligne
n'est donc pas celle que M. le ministre de la guerre
vous a tout à l'heure expliquée.

Ce que je réclame de vous, monsieur le ministre
de la guerre, c'est que, avec la modération et la prudence de langage dont vous devez nécessairement
user à l'égard de vos inférieurs hiérarchiques, ce que
je réclame de vous, parce qu'il s'agit ici d'une question politique de la plus haute gravité, c'est que vous
leur fassiez comprendre que la discipline militaire doit
s'incliner devant la liberté électorale.

La liberté électorale, je n'en voudrais peut-être pas
pour l'armée ; car je vais bien au delà de l'opinion du
grand citoyen et du glorieux soldat qui préside aujour-
d'hui aux destinées de la République américaine ; je
vais bien plus loin que le général Grant. Ce n'est pas
seulement en campagne, devant l'ennemi ou au feu
de la guerre civile, que le vote militaire doit être tenu
à l'écart des agitations et des menées de politiciens,
comme on dit aux États-Unis ; ce n'est pas seulement,
entendez-vous, au bivouac, c'est aussi en temps de

paix, sur le sol de la patrie. C'est à raison même des
nécessités politiques, des nécessités disciplinaires,
que la question est grave, de savoir s'il faut autoriser
des électeurs armés à voter, à prendre part soit à des
plébiscites, soit aux élections générales d'un grand
peuple. C'est là une question délicate, et c'est la question que vous et vos collègues avez résolue précipitamment. Je suis bien convaincu, pour ma part, que
si elle avait été l'objet, dans cette enceinte, d'un débat solennel, — que la majorité me désavoue si elle le
veut, — il y eût eu balance entre ceux qui ne veulent
pas que l'on vote dans les casernes, tout en respectant la dignité du soldat, qui retrouve, au sortir des
garnisons sa dignité de citoyen, et ceux qui sont d'une
opinion contraire. (*Mouvements divers.*)

Vous voyez donc bien que la question est complexe, qu'elle est grave, qu'elle comporte des solutions
diverses; et l'exemple que vous avez emprunté à la
grande République américaine est d'un plus grand
poids que vous ne pensez, car alors vous allez éprouver un cruel parallèle : demain on vous dira que le
général Grant, même au milieu d'une lutte fratricide
comme il ne s'en rencontre pas de plus cruelle, de
plus tragique dans l'histoire, à la tête d'une armée
composée de citoyens, — et qui peut-être parce
qu'elle était composée de citoyens, était plus lourde
et plus difficile à manier, — s'inclinait devant la
nécessité de faire participer l'armée aux luttes civiles
de la patrie et sacrifiait ainsi au suffrage universel.

Et vous, en pleine paix, au cœur de la France, alors
que vous avez pris cette responsabilité de rendre aux
soldats, dans la caserne, collectivement, mais sépara-
tivement des citoyens, le droit de voter, vous, après
avoir fait cette concession, vous l'avez enfermée dans
des entraves humiliantes, vous avez gêné l'exercice
d'un droit en l'enchaînant dans les liens de la discipline; cela peut s'expliquer par votre tempérament

de soldat, par la nécessité du commandement; ce
sont des explications peut-être suffisantes pour disculper
votre conscience, mais inquiétantes pour la
France.

Vous pouvez justifier le pouvoir devant la Chambre,
car les Chambres sont toujours indulgentes, mais
toutes les fois qu'on touche à l'honneur français par
excellence, c'est-à-dire à l'honneur de l'armée, évidemment
ce ne sont pas là des questions qu'on
puisse traiter avec légèreté ou avec intempérance de
langage.

La question est grave et mérite qu'on y réponde
résolument et dans un langage viril.

Eh bien, vous êtes sollicités de résoudre sans équivoque
la question qui se dégage sur le dernier point
du débat, et ce dernier point, c'est le langage que
s'est permis un chef de corps, langage injurieux pour
les soldats qui avaient librement voté. (*Applaudissements
sur plusieurs bancs autour de l'orateur.*)

Certainement, je ne conteste pas plus que vous qui
le savez, tandis que je l'ignore, — mais on ne risque
guère de se tromper en faisant crédit à la valeur française,
— je ne conteste pas les titres importants qu'il
peut avoir à votre protection et à l'estime générale du
pays; mais que voulez-vous? il a failli; il a mis l'autorité
militaire au-dessus de l'autorité civile; il a tenu
sur le front de son régiment, au lendemain du vote,
un langage que je veux qualifier, parce que si nous
glissions sur cette pente dans un pays de démocratie,
nous aboutirions au pire des régimes, à la pire des
servitudes. le régime et la servitude édifiés par les
mains militaires. (*Nouvelle approbation autour de l'orateur.*)

Votre colonel, je demande que vous le désavouiez,
parce qu'il a été séditieux. (*Rumeurs diverses.*)

M. LE MINISTRE DE LA GUERRE. — Je me félicite de la
vivacité avec laquelle l'honorable M. Gambetta a

relevé le fait du colonel du 61ᵉ de ligne ; je m'en félicite, car évidemment si l'honorable M. Gambetta avait
trouvé un fait plus sérieux, il vous l'aurait cité. Tel
est donc le fait le plus grave qui se soit produit dans
l'armée :

Un colonel, après le vote, exprime son mécontentement parce que le vote ne lui a pas donné le résultat
qu'il espérait, voilà tout.

Y a-t-il eu un seul militaire puni pour le fait de
son vote? Vous n'en citerez pas un. Est-ce là en vérité
tout ce que vous avez à reprocher à l'armée?...

M. GAMBETTA. — A l'armée, je ne lui reproche rien.
Pas d'équivoque! A ses chefs!

M. LE MINISTRE DE LA GUERRE... — Aux chefs de l'armée? Est-ce que l'armée peut se séparer de ses chefs?
Messieurs, je n'insisterai pas davantage sur ce débat;
j'ai déclaré que je ne blâmerais pas le colonel du 61ᵉ...

Un membre. — Vous avez tort.

M. LE MINISTRE DE LA GUERRE... — et je ne le blâmerai pas.

Au centre et à droite. — Très bien! très bien!

M. GAMBETTA. — Je demande à répondre un mot à
M. le ministre de la guerre.

A droite. — La clôture!

M. LE PRÉSIDENT SCHNEIDER. — On demande la clôture.

Un membre. — On répond à un ministre, c'est le
règlement.

M. LE PRÉSIDENT SCHNEIDER. — Au nom du règlement, M. Gambetta demande à dire quelques mots en
réponse au ministre.

M. GAMBETTA. — Je ne veux pas invoquer mon droit,
mais j'espère que la Chambre voudra bien m'accorder
cette faveur.

Je ne peux pas m'habituer à cette pensée que le
débat va se clore sans que la Chambre vienne précisément au secours de M. le ministre de la guerre...

Un membre. — Il n'en a pas besoin.

M. GAMBETTA... — et lui fournir une sorte d'assistance dont il a besoin dans sa situation particulière de chef de l'armée. Oui ! il faut qu'à côté de la résistance pour ainsi dire traditionnelle, et, à beaucoup d'égards, légitime du chef hiérarchique du service de la guerre, la Chambre comprenne qu'elle a un autre rôle, une autre mission à remplir, une autre sollicitude à avoir : c'est de toujours mettre le pouvoir civil, la garantie politique et la défense de ce qui doit être l'ordre régulier dans notre pays, au-dessus des susceptibilités, des scrupules les plus respectables.

Par conséquent, ce que je pourrais demander, c'est que, par assis et levé, la Chambre veuille bien mettre aux voix un ordre du jour motivé ainsi conçu :

« La Chambre, considérant que les explications du ministre de la guerre, acceptables si on s'en tient purement et simplement au caractère de M. le ministre de la guerre, sont insuffisantes en ce qui touche le colonel du 61e de ligne, passe à l'ordre du jour. » (*Non! non! Interruption.*)

Sur un grand nombre de bancs au centre et à droite. — La clôture ! la clôture !

M. LE MINISTRE DE LA GUERRE. — Monsieur le Président, je voudrais ajouter quelques mots.

Voix nombreuses. — La clôture ! la clôture ! — Ne répondez pas ! c'est inutile !

M. LE MINISTRE DE LA GUERRE. — Je veux dire un seul mot. J'aime les positions nettes.

Je ne blâmerai pas le chef du corps, dont moi seul j'ai à apprécier la conduite. Si j'ai tort de ne pas le blâmer et s'il y a un blâme à infliger, que le blâme s'adresse à moi. (*Très bien! très bien! Aux voix! aux voix!*)

M. GAMBETTA. — C'est très loyal !

Voix nombreuses. — L'ordre du jour ! — La clôture !
la clôture !

M. LE PRÉSIDENT SCHNEIDER. — La clôture de la discussion étant demandée... (*Oui! oui!*) je la mets aux
voix.

La clôture, mise aux voix, est prononcée.

DISCOURS

SUR

LA RUPTURE DES NÉGOCIATIONS AVEC LA PRUSSE

ET SUR

LE PROJET DE LOI OUVRANT UN CRÉDIT POUR LES PRÉPARATIFS DE LA GUERRE

Prononcé le 15 juillet 1870

AU CORPS LÉGISLATIF

———

Nous croyons superflu de résumer ici le triste historique des deux premières semaines du mois de juillet 1870. La candidature du prince Léopold de Hohenzollern au trône d'Espagne, l'interpellation de M. Cochery, la déclaration provocatrice de M. de Gramont, ministre des affaires étrangères, le retrait de la candidature prussienne, les intrigues criminelles du parti de la guerre et des hommes de cour qui ne voyaient dans une guerre contre l'Allemagne qu'un moyen de consolider la dynastie des Bonaparte, les négociations d'Ems, le refus du roi de Prusse de s'engager pour l'avenir, le conseil des ministres tenu à Saint-Cloud dans la néfaste soirée du 14 juillet, toute cette histoire est connue dans ses grandes lignes[1]. Le 15 juillet, au matin, le conseil se réunit pour arrêter définitivement les termes de la communication que l'on devait faire aux Chambres. Cette communication fut portée simultanément au Sénat par M. de Gramont, et au Corps législatif par M. Ollivier.

1. Voir surtout le tome premier de l'*Histoire diplomatique de la guerre franco-allemande* par M. Albert Sorel, et les dépositions de M. Thiers devant la commission d'enquête sur les actes du gouvernement de la Défense Nationale.

On connaît le texte de cette déclaration. On a raconté mainte fois la scène si douloureusement dramatique qui suivit au Corps législatif la lecture de cette pièce, et quelle fut, au milieu des injures et des outrages de l'extrême droite, la courageuse attitude de M. Thiers suppliant la Chambre de décliner la responsabilité de la guerre, le cabinet de produire les pièces sur lesquelles on se fondait pour se dire insulté par le roi de Prusse. « J'étais sûr, a dit plus tard M. Thiers, que si nous gagnions vingt-quatre heures, tout serait expliqué et la paix sauvée. On ne voulut rien entendre. »

M. Thiers jugeait le motif injuste et l'occasion mauvaise ; il était persuadé que la France n'était pas prête ; il déclarait qu'on devait se contenter de la renonciation du prince de Hohenzollern.

M. Ollivier monta à la tribune. Il avait autrefois soutenu contre M. Thiers la politique de la paix définitive avec l'Allemagne, la nécessité pour la France de se résigner à l'unité allemande. Il jugea opportun de le rappeler, et il crut se justifier en montrant la France attaquée, offensée, mais par la Prusse seule, et non par l'Allemagne. « Le roi de Prusse, dit « le garde des sceaux, a constamment refusé d'intervenir « pour amener ou faciliter la renonciation du prince de Ho- « henzollern. Quand elle a été connue, il a affecté de s'y « considérer comme étranger, et quand enfin, voulant ob- « tenir des assurances pour l'avenir, nous lui avons dit, dans « les formes les plus respectueuses : Déclarez-nous que cette « renonciation est définitive, il nous a refusé. Malgré les « impatiences du dedans et du dehors, et quoiqu'on com- « mençât à dire que nous étions le ministère de la honte, « nous avons continué à négocier. Au milieu de ces négo- « ciations, nous avons appris que, dans toute l'Europe, les « représentants prussiens annonçaient et faisaient annoncer « dans les journaux que le roi de Prusse avait envoyé un « aide de camp à notre ambassadeur pour lui déclarer qu'il « refusait de le recevoir... » « Communiquez-nous la dé- pêche ! » s'écria M. Jules Favre, et M. d'Andelarre : « Il faut que l'on nous communique la dépêche pour que nous puissions nous prononcer en connaissance de cause. » M. Ollivier répondit sans broncher : « Ces communications sont faites, nous les avons mises dans notre exposé... »

M. Jules Favre proteste avec énergie : « C'est exactement comme pour le Mexique, on nous disait cela aussi, et on nous a indignement trompés ! »

M. LE GARDE DES SCEAUX. — Nous n'avons reçu que des dépêches confidentielles, que les usages diplomatiques ne permettent pas de communiquer ; nous en avons extrait tout ce qui était utile à communiquer ; nous ne communiquerons rien de plus... (*Vives réclamations à gauche.*)

M. JULES FAVRE. — C'est le gouvernement personnel de Louis XIV ; il n'y a plus de pouvoir parlementaire !

M. HORACE DE CHOISEUL. — Vous froissez la Chambre ! (*Bruit.*) Nous protestons !

M. GAMBETTA. — Monsieur le ministre, voulez-vous me permettre une observation ?

M. LE GARDE DES SCEAUX. — Je vous écoute.

M. LE PRÉSIDENT SCHNEIDER. — M. Gambetta a la parole avec l'autorisation de l'orateur.

M. GAMBETTA. — Je vous demande pardon de vous interrompre, mais il me semble que les paroles que vous venez de prononcer, à savoir que vous avez dans le *mémorandum* dont vous avez donné lecture à la tribune, exposé tout ce qu'il était nécessaire à la Chambre de connaître, contiennent à la fois un manque de véracité politique et une atteinte aux droits de l'Assemblée, ce que je demande à démontrer d'un mot. (*Très bien ! à gauche.*)

Vous dites, — et je n'entre pas dans le fond du débat, — vous dites : Nous ne vous communiquerons rien de plus ; or, vous faites reposer toute cette grave, cette effroyable question, dont vous ne vous êtes pas dissimulé, pendant huit jours, les conséquences redoutables pour l'Europe et pour votre propre responsabilité, vous la faites reposer sur une dépêche notifiée, à votre insu, à tous les cabinets de l'Europe, par laquelle on aurait mis votre ambassadeur hors des portes de la Prusse. Eh bien, je dis que ce n'est pas par extraits, par allusions, mais par une communication directe, authentique que vous devez en saisir la Chambre ; c'est une question d'honneur, dites-vous, et il faut que nous sachions dans quels termes on a osé parler à la France. (*Vive approbation et applaudissements sur quelques bancs à gauche.*)

M. LE GARDE DES SCEAUX. — Je réponds à l'honorable M. Gambetta. Il faut d'abord que je rectifie son assertion. Je n'ai pas dit, et personne n'a dit que l'ambassadeur de France avait été chassé de la Prusse.

M. GAMBETTA. — Je ne me suis pas servi de ces mots ; je parle une langue correcte. J'ai dit qu'on lui avait refusé la porte du roi de Prusse...

Un membre. — Voici vos propres paroles. Vous avez dit : « Notre ambassadeur aurait été mis hors des portes de la Prusse. » (*Oui! oui! c'est vrai!*)

M. LE GARDE DES SCEAUX. — J'ai dit, — car en pareille matière, il faut toujours énoncer la vérité mathématiquement, — j'ai dit que le roi de Prusse avait refusé de recevoir notre ambassadeur, et que, pour que cette décision ne parût pas ce qu'elle aurait pu être en effet, un acte sans conséquence, pour que son caractère ne fût pas équivoque, son gouvernement avait officiellement communiqué cette décision aux cabinets de l'Europe ; ce qu'il ne fait pas assurément pour toutes les audiences qu'il refuse aux ambassadeurs.

J'ai entre les mains les dépêches de deux de nos agents dont je ne puis citer les noms, car, le lendemain, ils seraient obligés de quitter les cours auprès desquelles ils sont accrédités. Ces deux dépêches nous apprennent le langage que M. de Bismarck tient auprès de tous les cabinets de l'Europe.

Voici la première : « On m'a communiqué ce matin un télégramme du comte de Bismarck annonçant le refus du roi Guillaume de s'engager comme roi de

Prusse, à ne plus jamais donner son consentement à la candidature du prince de Hohenzollern, s'il en était de nouveau question, et le refus également du roi, suite de cette demande, de recevoir notre ambassadeur. » (*Mouvement.*)

La Chambre doit savoir qu'aucun de ceux qui sont assis sur ces bancs ministériels n'a jamais affirmé sciemment un fait qui ne fût pas vrai. (*Oui! oui! Très bien!*)

Je lis une autre dépêche :

« Je crois devoir vous transmettre la copie à peu près textuelle de la dépêche télégraphiée par M. le comte de Bismarck : Après que la renonciation du prince de Hohenzollern a été communiquée officiellement au gouvernement français par le gouvernement espagnol, l'ambassadeur de France a demandé à S. M. le roi, à Ems, de l'autoriser à télégraphier à Paris que Sa Majesté s'engageait à refuser à tout jamais son consentement, si les princes de Hohenzollern revenaient sur leur détermination. Sa Majesté a refusé de recevoir de nouveau l'ambassadeur, et lui a fait dire par un aide de camp qu'elle n'avait pas de communication ultérieure à lui faire. » (*Mouvement prolongé.*)

Cette nouvelle du refus de recevoir notre ambassadeur n'a pas été dite à l'oreille des ministres ; on l'a répandue dans l'Allemagne entière, les journaux officieux l'ont reproduite dans des suppléments. Les ministres prussiens partout l'ont annoncée à leurs collègues, c'est le bruit de l'Europe. En même temps, le baron de Werther recevait un congé. Dans la nuit du 13 au 14, les mesures militaires commençaient en Prusse. Est-ce que nous devions supporter tout cela? Est-ce que, à de tels actes, nous devions répondre par l'abstention et le silence? Je ne comprends pas ainsi le devoir d'un gouvernement. (*Très bien! très bien!*)

Et alors, comme M. Thiers se levait de sa place pour reprendre la parole, M. Ollivier prononça les fameuses paroles : « Oui, de ce jour commence pour les ministres, mes collègues, et pour moi, une grande responsabilité. Nous l'acceptons de cœur léger... »

Le maréchal Lebœuf remplaça M. Ollivier à la tribune pour déposer deux projets de loi : l'un qui appelait la garde nationale mobile à l'activité, l'autre qui admettait des engagements volontaires dont la durée ne devait pas dépasser celle de la guerre.

M. Segris, ministre des finances, demande la parole pour une communication.

M. GAMBETTA. — Je demande la parole.

M. LE PRÉSIDENT SCHNEIDER. — Après M. le ministre des finances.

M. GAMBETTA. — C'est pour une motion d'ordre.

M. LE PRÉSIDENT SCHNEIDER. — Vous avez la parole.

M. GAMBETTA. — Je comprends qu'il n'y ait pas de difficulté à voter l'urgence sur des mesures militaires. parce que toutes les fois que le pays traverse une crise et qu'il y a une résolution pendante, pour être sage il faut être prêt (*Très bien ! très bien !*). Mais je comprends difficilement que les divers ministres puissent proposer d'urgence, et avec une même précipitation. des mesures d'une autre nature, avant que la Chambre ait procédé à une délibération que les circonstances rendent nécessaires, ainsi que l'a démontré tout à l'heure l'honorable M. Thiers.

Je crois donc qu'il y a lieu de suspendre ce travail de voies et moyens, et de passer immédiatement à la délibération sur le fond.

M. LE MINISTRE DE LA GUERRE. — Je désire répondre quelques mots à l'honorable M. Gambetta et je suis convaincu qu'il sera de mon avis après les avoir entendus.

Dans la question qui s'agite, il y a deux parties bien distinctes ; la partie politique qui se discute ici

et la partie militaire qui doit se préparer sans retard.
(*Très bien! très bien!*)

M. Segris, ministre des finances, réclama l'urgence pour
une demande d'ouverture de crédit de 16 millions en faveur du ministre de la marine. M. Ollivier avait réclamé
l'urgence pour un crédit de 10 millions en faveur du ministre
de la guerre. Le Corps législatif vota. A trois heures, le président suspendit momentanément la séance.

A trois heures et demie, à la reprise de la séance, M. Ollivier remonta à la tribune pour exposer « d'une manière plus
précise » les circonstances principales de l'insulte reçue,
sur laquelle le gouvernement impérial essayait de se fonder
pour déclarer la guerre. M. Thiers, malgré les fureurs crois-
santes de la droite, s'efforça de répondre au ministre, de
montrer que la guerre était une guerre dynastique, que ce
n'était pas pour l'intérêt essentiel de la France, mais par une
faute du cabinet que la guerre allait être déclarée. Peines
perdues. La droite, de plus en plus exaspérée, affolée, cherchant à s'étourdir elle-même, réclama la clôture, chercha
à empêcher M. de Gramont, qui revenait du Sénat, de
monter à la tribune. « Si le ministre parle, nous aurons
encore un discours de l'opposition ! » M. de Gramont ne resta
qu'un instant à la tribune : « Délibérer quand la Prusse refuse de recevoir notre ambassadeur, cela est un affront
pour l'Empereur et pour la France. Et si, par impossible, il
se trouvait dans mon pays une Chambre pour le supporter,
je ne resterais pas cinq minutes ministre des affaires étrangères. » La droite fit une ovation au ministre. C'est à peine
si, après une scène d'une incroyable et indigne violence,
M. Jules Favre réussit à user de son droit de répondre au
ministre pour déposer, après quelques paroles accueillies par
de nouvelles clameurs, la proposition suivante : « Nous demandons communication des dépêches et notamment de
celle par laquelle le gouvernement prussien a notifié sa résolution aux gouvernements étrangers. »

M. Buffet appuya la demande de M. Jules Favre. Il ne lui
fut pas fait de réponse. Le garde des sceaux s'étant levé sur
une sommation énergique de M. Horace de Choiseul, la droite
le força à se rasseoir. M. Gambetta demanda la parole : « Il
faut une réponse ! » s'écria-t-il en s'élançant à la tribune. La

droite éclata en protestations. M. Gambetta descendit de la tribune. Par 153 voix contre 84, la Chambre, repoussant la proposition de M. Jules Favre, déclarait qu'il ne serait pas donné communication des dépêches.

Le soir, à neuf heures et demie, la séance fut reprise. M. de Talhouët, rapporteur de la commission chargée d'examiner les projets de loi déposés par les ministres de la guerre, de la justice et des finances, parut aussitôt à la tribune. La commission avait demandé au gouvernement la communication des pièces diplomatiques, et elle avait entendu successivement M. Ollivier, M. Lebœuf et M. de Gramont. La commission avait été édifiée. M. de Gramont avait affirmé que la question des garanties avait été posée dès le premier jour des négociations, fait auquel les commissaires attachaient « une importance capitale » : l'affirmation de M. de Gramont était inexacte, la demande de garanties ayant été mentionnée pour la première fois dans une dépêche du 12 juillet. M. Lebœuf avait affirmé pareillement à M. de Kératry que l'armée était prête, « qu'il ne manquait pas un bouton de guêtre ». Un commissaire ayant demandé à M. de Gramont : « Avez-vous des alliances? » le ministre répondit par cette déclaration, dont le double sens constituait le plus odieux mensonge : « Si j'ai fait attendre la commission, c'est que j'avais chez moi, au ministère des affaires étrangères, l'ambassadeur d'Autriche et le ministre d'Italie: j'espère que la commission ne m'en demandera pas davantage. » Quant à la communication faite aux puissances étrangères du refus de recevoir M. Benedetti, le rapport de M. de Talhouët confirmait purement et simplement la déclaration des ministres. Il ajoutait : « Nous avons acquis la preuve que, dès le 14 juillet au matin, pendant que les négociations se poursuivaient, des mouvements de troupes importants étaient ordonnés de l'autre côté du Rhin. Le sentiment profond produit par l'examen de ces documents est que la France ne pouvait tolérer l'offense faite à la nation, que notre diplomatie a rempli son devoir en circonscrivant ses légitimes prétentions sur un terrain où la Prusse ne pouvait se dérober, comme elle en avait l'intention et l'espérance. En conséquence, Messieurs, votre commission est unanime pour vous demander de voter les projets de loi que vous présente le gouvernement. »

On lit au *Journal officiel* : « Bravos et applaudissements prolongés, mêlés de cris de : Vive l'Empereur ! »

La gauche voulut tenter un dernier effort pour obtenir du cabinet la communication publique des documents relatifs aux négociations avec la Prusse et surtout de la dépêche injurieuse du comte de Bismarck. M. Gambetta monta à la tribune pour réclamer cette communication, et pour démontrer que la politique où la Chambre allait s'engager était la condamnation formelle de la politique adoptée en 1866, mais que cette condamnation, que ce changement de politique ne venait pas à son heure.

M. LE PRÉSIDENT SCHNEIDER. — M. Gambetta a la parole.

M. GAMBETTA. — Messieurs, le temps et l'heure ne sont assurément pas aux longs discours, mais aux brèves raisons. Je ne comprendrais pas plus que M. de Gramont, dans un autre sens, qu'une Assemblée française, alors qu'elle ne fait que préparer la guerre et qu'elle ne l'a pas déclarée...

Une voix à droite. — Si !

M. GAMBETTA. — Quelqu'un ose-t-il nier l'exactitude de cette situation ?

Je ne pense pas que vous nous ayez convoqués à une séance de nuit, pour n'entendre que des phrases. J'estime que j'apporterai des raisons que vous voudrez bien entendre. (*Parlez ! parlez !*)

M. LE PRÉSIDENT SCHNEIDER. — Je demande que la Chambre écoute.

M. GAMBETTA. — Je ne veux pas m'imposer à la Chambre ; mais il est nécessaire qu'elle veuille bien m'écouter. Je vous assure que si je monte à cette tribune, c'est sous l'impression d'idées fort diverses et d'émotions que j'ai peine à dominer. Mais je ne crois pas trop me tromper sur mes collègues en leur disant que le compte rendu de nos débats doit produire en Europe une impression particulière : c'est que, tous patriotes, nous ne nous sommes laissé entraîner par

aucun sentiment de parti, que nous avons pesé.
comme il convient à une Assemblée politique, les motifs et les raisons de nos décisions. (*Très bien!*)

Et, si je dis ces paroles, c'est qu'il me semble que
dans la séance qui a eu lieu aujourd'hui, les uns et
les autres nous nous sommes départis du sang-froid et
de la mesure qui conviennent à des décisions et à des
résolutions d'une aussi grande portée. (*C'est vrai! —
Mouvements divers.*)

Je crois que la force morale est tout dans le monde.
et c'est pour cela que j'estime que, en même temps
que je suis tout prêt à donner mon vote personnel
aux mesures préparatoires de conservation et de défense légitime de l'intégrité de la France, j'imagine
en même temps qu'il vous conviendra de ne pas re-
garder la question de guerre et de paix comme résolue, et de vouloir bien l'envisager d'une manière scru-
puleuse, patriotique, cela va sans dire dans une
Assemblée française, se mettant en face des difficultés et des intérêts de la patrie. Je le dis à regret, aujourd'hui, dans cette enceinte, il y a eu des mouvements de patriotisme, il y a eu l'efflorescence d'un
sentiment longtemps contenu, longtemps maté par
une politique extérieure que je déplore, que je déteste
et que je réparerais, si cela était en mon pouvoir; mais
un sentiment tardif et un sentiment qui vous oblige,
Messieurs, à donner devant l'Europe les raisons du
changement de notre conduite. (*Interruptions.*)

Oui, Messieurs, il est indubitable, il est certain qu'il
y a quatre ans, la politique à laquelle vous allez revenir n'était pas votre politique; car si elle l'avait été,
permettez-moi de vous le dire, vous auriez été impar-
donnables de ne l'avoir pas fait prévaloir. (*Mouvements en sens divers.*)

Quelqu'un peut-il contester que le jour où vos régiments auront passé le Rhin, ce sera le démenti sanglant de la politique qui avait été nouée en 1864, lors

des négociations primitives au sujet des duchés, au
sujet de Schleswig-Holstein, et qui avaient amené la
conclusion du traité d'alliance de la Prusse avec l'Italie, sous l'égide de l'Empereur?

Quelqu'un peut-il nier que c'est cette politique
d'agrandissement, cette politique d'annexion de cette
Prusse qu'on trouvait mal configurée, qui avait besoin du silence des autres puissances, de l'assentiment de la France et du concours de l'Italie pour
triompher?

Quelqu'un ici peut-il nier que vous ayez ratifié de
semblables combinaisons! Non! Vous avez été surpris, égarés : vous avez eu une confiance qui n'a pas
été justifiée dans les prévisions ou les combinaisons
de votre gouvernement; mais, il faut le dire avec sincérité, là s'est trouvé le mobile de votre lamentable
erreur. Je sais pertinemment que ceux d'entre vous
qui émettront un vote de guerre, le jour où le vote
de guerre vous sera demandé, ne sont pas des hommes politiques prêts à se contenter de la question
Hohenzollern, ou du plus ou moins de susceptibilité
qu'on aura apportée dans les étiquettes royales. (*Mouvements divers*). Voilà la vérité! Si vous me démentiez,
je suis prêt à démontrer que la vérité est dans mes
paroles. Et la preuve, c'est qu'aujourd'hui même,
quand le premier ministre se livrait à la critique des
véritables griefs contre la Prusse, lorsqu'il disait qu'il
n'avait jamais pactisé en aucune façon avec certaines
opinions sur les conséquences funestes de Sadowa,
lorsqu'il a dit qu'il n'avait pas vu là un signe précur-
seur d'une grandeur rivale et menaçante pour l'intégrité future de la France, il y a eu un mouvement
d'incontestable froideur dans cette Assemblée; et s'il
avait insisté dans le développement de cette thèse,
s'il n'eût été redressé et secouru par une sortie de
M. de Gramont, il eût été singulièrement menacé
de sombrer devant les répugnances patriotiques de la

Chambre. Je ne sais si j'exprime d'une façon exacte la vérité.

Mais je suis prêt à prendre des juges et des témoins.

Un membre. — Et nous aussi !

M. GAMBETTA. — Si vous vouliez que nous fissions une enquête parlementaire au sein même du parlement... (*Ah ! ah !*) il vous serait, et vous le savez bien, surabondamment démontré que, quel que soit l'état des esprits qui, aujourd'hui, forment votre majorité, la politique est changée.

Plusieurs voix. — On n'entend pas !

M. GAMBETTA. — Vous entendrez tout à l'heure, écoutez !

C'est donc, Messieurs, un changement de politique qu'on vous propose. Je ne l'apprécie pas, mais il est certain que le cabinet vous a proposé de prendre sur vous-mêmes la responsabilité d'un vote, d'une attitude, d'une décision parlementaire qui lui permettraient d'engager la guerre.

Le rapport que l'on vous faisait tout à l'heure doit être soumis à un double examen : d'une part la question politique, la question de guerre, et de l'autre, la question des mesures préparatoires à la guerre.

Sur la première question, je lui dis nettement qu'il faut que la Chambre, d'une manière précise, d'une manière divise, distincte, manifeste, non pas une opinion, mais émette un vote. Et sur la seconde, je dis qu'il n'y a pas à discuter, parce que, quel que soit l'état de votre politique, quel que soit l'ordre dans lequel vous nous avez engagés, il y a un intérêt suprême, c'est de sauvegarder la patrie, et il y aurait une responsabilité odieuse, criminelle, ce serait de n'avoir pas voté les voies et moyens de nature à faire face à l'étranger. (*Très bien !*)

Donc, c'est là une question vidée, réglée, du moins en ce qui me concerne ; les voies et moyens, les quatre projets de loi que vous nous présentez, nous devons les voter.

Mais il faut séparer cette question de l'intégrité de la France de la question des directions diplomatiques qui est la question du gouvernement, la question du cabinet.

Eh bien, je dis que vous aviez une justification à faire devant cette Assemblée, au point de vue de votre politique et de votre diplomatie. Je m'attendais, quant à moi, lorsque quatre-vingt-trois voix de cette Assemblée avaient exigé la production de la pièce sur laquelle vous faites reposer à tort, également au point de vue de la paix, également au point de vue de la guerre, tout le *casus belli*, je m'attendais, dis-je, que vous la communiqueriez directement, pleinement, intégralement à la commission.

Vous appelez la France à vous donner des hommes et de l'argent, vous la lancez dans une guerre qui, peut-être, verra la fin du XIXe siècle consacrée à vider la question de prépondérance entre la race germanique et la race française, et vous ne voulez pas que le point de départ de cette immense entreprise soit authentique, formel, et que la France puisse savoir, en même temps que l'Europe, de quel côté était l'outrage injuste, et de quel côté est la résistance légitime. (*Très bien! très bien!*)

Eh bien! écoutez...

M. LE COMTE DE KÉRATRY. — La commission vous répond...

M. GAMBETTA. — Monsieur de Kératry, je ne vous ai pas interrompu.

M. LE COMTE DE KÉRATRY. — La commission vous répond qu'elle a eu en mains des documents...

M. LE PRÉSIDENT SCHNEIDER. — Monsieur de Kératry, n'interrompez pas. Vous n'avez pas la parole. Laissez d'abord finir le discours, alors vous pourrez y répondre.

M. GAMBETTA. — Messieurs, écoutez ce que je vous dis... (*Oh! oh!*)

Vous ne trouverez jamais dans mes paroles rien qui puisse nuire à mon pays, vous ne trouverez jamais rien dont puisse se servir l'étranger.

M. LE COMTE DE KÉRATRY. — Votre indication est erronée.

M. GAMBETTA. — Messieurs, je vous prie, écoutez-moi, je n'affecte pas de me faire écouter, c'est une formule. (*On n'entend pas!*)

Quand je vous dis : « Écoutez-moi! » soyez convaincus que je ne mets dans ces paroles aucune espèce d'immodeste pensée ; c'est, je le répète une formule. (*Interruptions. — Parlez! parlez!*)

Je vous disais : Écoutez-moi, car ne croyez pas qu'il sorte de ma bouche une parole qui puisse jamais servir à l'étranger (*Très bien! très bien! — Applaudissements sur quelques bancs.*)

Un membre à droite. — C'est une leçon!

Un autre membre. -- Vous ne faites pas comme M. Thiers !

M. GAMBETTA. — Seulement, j'ai bien le droit de dire que quand vous êtes venus, vous, gouvernement, devant cette Assemblée...

M. LE MARQUIS DE PIRÉ. — Nous n'entendons rien! (*Rumeurs à droite.*)

Un membre à droite. — Approchez-vous de l'orateur !

Quelques voix. — Attendez le silence !

M. CORNEILLE. — On vous entend très bien ! Parlez, monsieur Gambetta !

M. LE BARON ZORN DE BULACH. — Nous vous entendons et nous vous écoutons.

M. LE COMTE LE HON. — Parlez! parlez !

M. GAMBETTA. — J'ai bien, dis-je, le droit de vous faire observer que vous êtes venus à cette tribune apporter votre politique, vos actes diplomatiques depuis huit jours, actes qui, certainement, ont engagé, non seulement les destinées de la France, mais la paix du monde, et provoqué des évènements, des résultats qui peuvent être prospères pour la France, mais qui peuvent lui être adverses, engager très certainement l'avenir, j'ai bien le droit de vous dire que dans l'exposé fort habile que vous avez fait des griefs, des nécessités, des réparations, il y a une habileté de trop.

Un membre au centre. — Laquelle?

M. GAMBETTA. — Vous avez entendu transmettre à cette Assemblée la responsabilité de la guerre.

M. LE GARDE DES SCEAUX. — Nous l'avons prise, nous la prenons. (*Mouvements divers.*)

M. BELMONTET. — Nous la prenons tous !

M. GAMBETTA. — J'entends bien que vous prenez cette responsabilité. Il ne manquerait plus que vous ne la revendiquiez pas après la parole que vous avez prononcée (*Oh ! Oh !*). Aussi bien, j'établis cette responsabilité quand je dis que c'est vous qui avez posé la question. Par conséquent, votre interruption est une confusion qui était absolument inutile.

M. LE GARDE DES SCEAUX. — Oh! oh!

M. GAMBETTA. — Évidemment votre responsabilité est engagée, et quoique vous la supportiez d'une façon trop allègre (*Rumeurs*), permettez-moi de vous dire que je fais assez de foi sur les scrupules de ceux qui m'écoutent pour leur démontrer que vous ne leur avez pas donné toutes les satisfactions de certitude qui leur étaient dues. (*Très bien à gauche.*)

M. LE DUC D'ALBUFÉRA. — La commission les a reçues toutes; je l'affirme sur l'honneur.

M. GAMBETTA. — Vous me répondrez, monsieur d'Albuféra, mais dans l'état de la question, je ne veux pas dialoguer.

Je dis que la question ne comporte que deux points de vue; le ministère l'a lui-même reconnu. C'est en

circonscrivant, pour me servir de ses propres expressions, le terrain du débat, en n'empruntant que son
langage, en le contraignant à s'expliquer sur ce qu'il
a dit lui-même, sans aborder la thèse dans ses côtés
plus élevés, plus profonds, mais en la maintenant sur
le terrain de la responsabilité parlementaire, que j'ai
la prétention de vous dire et de prouver que vous n'a-
vez pas encore fait les justifications nécessaires et
légitimes (*Très bien! à gauche*), et en voici la preuve.

Dans une parenthèse à laquelle vous avez bien
voulu consentir, je vous les ai demandées. C'est ici que
je supplie la Chambre de ne pas m'interrompre, parce
que c'est là la thèse parlementaire que je veux lui présenter; qu'elle n'ait aucune défiance de ma parole, je
ne veux et je ne cherche dans cette discussion qu'une
seule chose qui doit vous intéresser aussi ardemment
que j'en suis préoccupé moi-même, celle de savoir si
les choses que vous travaillez à rendre définitives ren-
contreront l'assentiment de l'Europe et surtout celui
de la France.

Et bien, vous ne pourrez compter sur cette sympa-
thie nécessaire, sur cet allié indispensable, lorsque
vous avez tiré l'épée, qu'à une condition, c'est qu'il
résulte de vos explications que vous avez été profondément et réellement outragés. (*Très bien! très bien! à
gauche. — Rumeurs à droite et au centre.*)

Or, je suis aussi susceptible que quiconque, et.
quant à moi, si j'en avais eu le choix pour le gouvernement de mes préférences, je vous prie de croire
que ce n'est pas dans de misérables ressources que
j'aurais puisé les raisons décisives d'une telle conduite ; par conséquent je ne suis pas suspect, et je
vous prie de m'écouter quand je dis que vous n'avez
pas donné les satisfactions nécessaires à l'opinion
publique, par les citations et les documents que vous
avez produits. (*Très bien! à gauche.*)

Je conjure la Chambre de m'écouter (*Parlez! parlez!*).

parce que, de ce que je dis, doit sortir cette certitude, que vous avez fait de la bonne ou de la mauvaise politique.

Eh bien, je dis que vous avez produit deux allégations contradictoires, et que la seconde, qui est la plus grave, ne repose encore que sur une supposition et non sur un document.

La première, c'est la réponse du roi de Prusse disant qu'il ne voulait prendre aucun engagement ni former le vœu perpétuel de ne pas autoriser le prince de Hohenzollern. Je comprends que cela vous ait émus.

Puis, après que le roi eut écouté la proposition de M. Benedetti, qui lui demandait de prendre un engagement pour l'avenir, engagement qu'il ne voulut pas prendre, se réservant la liberté d'action suivant les circonstances, — réponse sur laquelle je comprends qu'il vous appartenait d'insister pour avoir satisfaction, — il s'est produit un second fait, sur lequel vous avez parfaitement compris que pouvaient se décider toutes les questions.

D'abord, votre ambassadeur, dans une dépêche du 13 juillet, datée de 4 heures 45 minutes, dit :

« J'ai été, en termes fort courtois, éconduit par le roi de Prusse, lequel m'a déclaré qu'il n'avait pas à continuer la conversation sur le sujet qui nous avait occupés dans la matinée. » (*Dénégations au banc des ministres.*)

Plusieurs voix. — Vous vous trompez.

M. LE GARDE DES SCEAUX. — Il n'y a pas un mot de cela dans la dépêche.

M. GAMBETTA. — « Il n'y a pas un mot de cela ! » C'est peut-être un peu gros. Qu'il n'y ait pas tous ces mots-là, d'accord, mais qu'il n'y en ait pas un seul, c'est une erreur ; je vais vous le prouver, car j'ai écrit sous votre dictée.

Voici cette citation :

« Nous avons reçu deux dépêches, la première de
4 h. 25 min., la seconde de 4 h. 45 min. La seconde
contient ces mots : « Le roi ne saurait reprendre la
discussion qui avait eu lieu le matin et s'en réfère aux
termes mêmes de sa conversation. »

J'ai écrit sous votre dictée. Ce sont ces termes,
c'est cette attitude que vous qualifiez de rupture
hautaine ?

J'ajoute que votre ambassadeur ne vous a envoyé,
c'est votre propre aveu, aucun acte de protestation,
aucune dépêche d'indignation ; et il ne lui a pas paru
que la situation comportât de réclamer ses passe-
ports. Il n'a pas fait un de ces actes graves, un de ces
éclats diplomatiques qui sont le signe avant-coureur
d'une rupture. (*Très bien! à gauche. — Rumeurs à
droite.*)

Ce n'est pas tout. Dans la première dépêche, votre
ambassadeur, d'après nous, — écoutez bien, je ne
veux en aucune manière apprécier ces choses, je les
constate, et quand je les aurai établies, je vous laisse-
rai, comme le ministère lui-même, le soin d'en tirer
les conclusions, — dans l'autre dépêche juxtaposée
et précédente à celle-là, vous nous dites que M. le
comte Benedetti, — que, pour ma part, je ne crois
pas, et je suis bien aise de le dire en passant, aussi incapable qu'on a voulu le dire (*On rit*), car j'ai lu les
dépêches qu'il a envoyées en France pendant les pré-
liminaires de Nikolsbourg, et j'avoue que sa politique
me convenait fort, et j'en tire cette conséquence, que
le croyant capable dans une circonstance, je lui prolonge sa compétence dans les autres, — que M. le
comte Benedetti vous a dit qu'il connaissait, lui
aussi, cette publication qui vous a si fort mis en émoi,
par la voie des suppléments des journaux, et que cela
ne l'avait pas troublé.

Je conçois que vous trouviez le procédé blessant et
irrégulier.

I.   19

Quant à la dépêche de notre agent diplomatique
que vous avez lue à cette tribune, je lui accorde une
très grande confiance, car je ne crois pas que dans
une matière aussi importante, un de vos agents ait
voulu vous égarer; mais ce qu'il nous faut, ce n'est
pas la dépêche d'un de vos agents, ni à Berne, ni à
Carslruhe, ni à Stuttgard, ni à Munich; ce qu'il nous
faut, c'est le texte même de la dépêche injurieuse par
laquelle M. de Bismarck... (*C'est cela! c'est cela! à gauche*. — *Interruptions sur plusieurs bancs.*)

M. GAMBETTA. — Je suis prêt à prendre la forme du
dialogue, si j'entends les interruptions.

M. LE MARQUIS DE PIRÉ. — Vous faut-il le coup d'é-
ventail du Dey d'Alger?

M. GAMBETTA. — M. de Piré...

Voix à gauche. — Ne répondez pas!

M. GAMBETTA. — Permettez; M. de Piré me parle
du coup d'éventail du dey d'Alger. A merveille! Mais
il oublie que c'est la politique de la Restauration,
et que nous sommes sous le régime du suffrage universel; et, pour ma part, je n'ai jamais cessé de dire, et
je pense que le gouvernement impérial, ni ceux qui
le défendent aujourd'hui, ni ceux qui le défendaient
hier, ne me contrediront pas, — que le suffrage universel a quelque peu changé les rapports internationaux; par conséquent, M. de Piré peut garder pour
lui son souvenir historique; il n'est pas de mise.

M. LE MARQUIS DE PIRÉ. — Le suffrage universel n'a
pas changé le sentiment français; il l'a renouvelé
(*Bruit*). Voilà ce qu'a fait le suffrage universel. (*Assez!*)

M. LE PRÉSIDENT SCHNEIDER. — M. le marquis de
Piré, permettez-moi de vous dire que dans la séance
de ce matin, j'ai déjà été plusieurs fois obligé de vous
demander de ne point interrompre; il ne me reste
plus, dans ce moment-ci, qu'à m'adresser à votre
patriotisme pour obtenir que vous ne recommenciez
pas à troubler la discussion.

M. LE MARQUIS DE PIRÉ. — Je souhaite que l'orateur ait autant de patriotisme que moi!

M. LE PRÉSIDENT SCHNEIDER. — Permettez-moi de croire que je ne me suis pas trompé en m'adressant à votre patriotisme dans une circonstance aussi solennelle. (*Très bien! très bien!*)

M. GAMBETTA. — Messieurs, je disais que ce que je demandais au gouvernement et à la commission parlementaire que vous avez élue et qui est souveraine dans une aussi capitale question, ce n'était ni la dépêche de M. Benedetti, ni la dépêche d'un de vos agents; c'était la note générale envoyée par le comte de Bismarck à tous les cabinets de l'Europe... (*Rumeurs à droite et au centre.*)

A gauche. — C'est cela! très bien!

A droite. — Nous la connaissons!

M. GAMBETTA. — ...Pourquoi? Parce que du moment que vous vous êtes sentis blessés, outragés par ces procédés qui sont graves, que je veux croire aussi graves que vous le voudrez; mais ce ne sont que des procédés. Il y a la dépêche elle-même, il y a les termes employés. Il faut que nous la voyions, il faut que nous la discutions avec vous. (*A gauche : Oui! oui!*)

De divers côtés. — On l'a discutée dans les bureaux!

M. GAMBETTA. — Oui, Messieurs, en pareille matière, j'admettrais la discussion; oui, dans les bureaux, parfaitement! J'admettrais que la commission seule en connût et la rapportât.

M. LE DUC D'ALBUFÉRA. — La commission l'a lue!

M. LE DUC DE GRAMONT, *ministre des affaires étrangères.* — Permettez-moi une seule observation.

M. GAMBETTA. — Parfaitement!

M. LE MINISTRE DES AFFAIRES ÉTRANGÈRES. — Je déclare que j'ai communiqué la pièce à la commission et qu'elle l'a lue.

Au banc de la commission. — Oui! oui!

A gauche. — Lisez-la!

M. VENDRE. — Est-ce que vous doutez de l'honorabilité de la commission?

M. LE DUC D'ALBUFÉRA. — Nous déclarons l'avoir lue; si vous ne nous croyez pas, il fallait nommer d'autres commissaires.

M. VENDRE. — C'est une suspicion indigne de la Chambre!

M. GLAIS-BIZOIN. — C'est un droit parlementaire... Qu'on nous lise la dépêche!

M. MAGNIN. — Il nous faut la lecture de la dépêche! (*Bruit général.*)

M. LE PRÉSIDENT SCHNEIDER. — Je me suis adressé tout à l'heure au patriotisme de M. de Piré; je m'adresse, en ce moment, au patriotisme de tous, pour obtenir de tous une attitude en rapport avec la situation. (*Très bien!*)

M. GAMBETTA. — L'honorable ministre des affaires étrangères me répond que la dépêche officielle rédigée par M. de Bismarck a été communiquée à la commission.

A droite et au centre. — Eh bien, alors?

M. GAMBETTA. — J'entends tout ce qu'on peut dire à ce sujet; seulement, en terminant, je veux vous laisser en présence d'une question et d'un doute.

La question est celle-ci : est-il vrai que la dépêche de M. de Bismarck ait été expédiée à tous les cabinets de l'Europe? C'est une simple question : est-ce la vérité, je n'en sais rien. Est-il vrai, oui ou non, que cette dépêche... (*Interruption*). Est-il vrai que la note de M. de Bismarck ait été communiquée à tous les cabinets de l'Europe, ou simplement à tous les cabinets du Sud de l'Allemagne? C'est une distinction essentielle. En second lieu, je vous laisse en face d'un doute, qui a pour moi une immense importance et dont, je pense, vos esprits politiques ne voudront pas méconnaître la valeur; c'est que s'il est vrai que

cette dépêche soit assez grave pour avoir fait prendre
ces résolutions, vous avez un devoir, ce n'est pas de
la communiquer seulement aux membres de la commission et à la Chambre, c'est de la communiquer à
la France et à l'Europe ; et si vous ne le faites pas,
votre guerre n'est qu'un prétexte dévoilé et elle ne
sera pas nationale. (*Réclamations nombreuses. — Approbations sur plusieurs bancs à gauche.*)

M. Émile Ollivier répondit à M. Gambetta. Il suffit de reproduire les premières phrases de son discours : « Messieurs,
laissez-moi vous dire combien je trouve nouveau dans nos
annales parlementaires le spectacle auquel nous assistons.
C'est pour la première fois qu'on rencontre dans une Assemblée française, d'un certain côté, tant de difficultés à expliquer une question d'honneur. Je ne comprends pas qu'on
puisse discuter sur un fait saisissable, manifeste, déjà expliqué deux fois, et qu'un esprit aussi lucide que M. Gambetta
en soit encore à répéter : la dépêche, la dépêche prussienne,
donnez-nous la dépêche prussienne ! pour prouver que vous
avez été insultés. Qui donc vous a parlé d'une dépêche prussienne ? Quand donc, pour établir qu'un affront a été fait à la
France, avons-nous invoqué des protocoles de chancellerie,
des dépêches plus ou moins mystérieuses ?... Que nous im-
portent les protocoles de chancellerie, les dépêches sur lesquelles on peut discuter ! Sur notre honneur d'honnêtes
gens, sur notre honneur de ministres, nous affirmons un fait.
Qui serions-nous donc, si en face de l'Europe, dont nous invoquons le témoignage, nous avions eu la sottise et l'impudence d'alléguer comme prétexte un fait inexact ? » Et ne
pouvant se dissimuler à lui-même que cette sottise et cette
impudence il les avait eues devant l'Europe, M. Ollivier
refusa encore une fois de donner communication des dépêches, il s'écria : « Votez ! votez ! car voter, c'est agir.
Ne discutez plus ! car discuter, c'est perdre un temps précieux. »

M. Ernest Picard, M. de Choiseul et M. Grévy essayèrent
en vain de prolonger la discussion de quelques instants, soit
pour demander encore des renseignements, soit pour expliquer leurs votes. La clôture fut mise aux voix et prononcée.

Les quatre projets de loi déposés par les ministres furen successivement votés. MM. Arago, Desseaux, Esquiros, Jules Favre, Gagneur, Glais-Bizoin, Grévy, Ordinaire et Pelletan furent seuls à voter contre le premier (projet de loi ayant pour objet d'accorder au ministre de la guerre un supplément de crédit de 50 millions), que MM. Jules Ferry, Gambetta, Picard, Jules Simon et Thiers votèrent avec le reste de la Chambre. La guerre une fois décidée, le vote des subsides s'imposait. M. Glais-Bizoin resta seul à voter contre les trois autres projets.

DISCOURS

SUR

LA NÉCESSITÉ D'UNE AMNISTIE POUR LES ACCUSÉS
DEVANT LA HAUTE COUR DE JUSTICE

Prononcé le 18 juillet 1870

AU CORPS LÉGISLATIF

———

Au cours de la séance du 15 juillet, M. Gambetta et ses amis de l'opposition avaient dit à plusieurs reprises : « Quand la guerre sera déclarée, nous ne verrons devant nous qu'une seule chose : le drapeau de la patrie. » La notification officielle de la déclaration de guerre devait être remise le 19 au roi de Prusse. A dater de ce moment solennel, le patriotisme le plus élémentaire imposait au cabinet de faire prévaloir à l'intérieur la politique d'apaisement et d'oubli que la gauche lui avait proposée. M. Ollivier et ses collègues ne le comprirent point.

Nous avons rappelé, à l'occasion du plébiscite, que M. Ollivier, quelques jours avant le vote, avait cherché à tirer parti d'un prétendu complot révolutionnaire organisé et dénoncé par un soldat du nom de Beaury. La Haute Cour de justice avait été convoquée à Blois pour juger ce procès, et dès le 4 juin, la Chambre des mises en accusation avait prononcé le renvoi devant cette Cour de soixante-douze individus accusés de crimes divers, et notamment de complot contre la sûreté de l'État et contre la vie de l'Empereur. Le procès s'ouvrit le 18 juillet. Le même jour, au Corps législatif, M. Gambetta demanda au garde des sceaux de prendre en considération les circonstances solennelles où l'on était et de prononcer une amnistie.

M. GAMBETTA. — Messieurs, j'ai à poser à M. le garde des sceaux une question qui est très grave et qui, cependant, pourra être assez brièvement discutée. Si la Chambre veut me permettre de prendre la parole lorsqu'elle rentrera en séance, après la réunion dans les bureaux, j'en prendrai acte et je profiterai de sa permission.

Sur divers bancs. — Posez la question tout de suite.

De toutes parts. — Oui! oui!

M. LE PRÉSIDENT SCHNEIDER. — M. Gambetta ayant annoncé lui-même que la discussion ne doit pas être longue, et la Chambre désirant que la question soit posée et vidée immédiatement, je lui donne la parole.

M. GAMBETTA. — Messieurs, la question que je désire adresser à M. le ministre de la justice et que je lui ai soumise déjà depuis plusieurs jours, est de celles qui me paraissent devoir, dans les circonstances présentes, rapprocher toutes les opinions dans cette enceinte : elle vous permettra de donner une preuve des besoins et de la nécessité d'une politique d'apaisement en présence de l'étranger.

A l'heure où nous parlons, et où vous prélevez sur le pays des sacrifices dont il aurait pu discuter, il y a quelques jours, l'opportunité, mais qu'il ne saurait marchander aujourd'hui qu'il s'agit de sa gloire et de son indépendance, il faut comprendre, reconnaître que la politique intérieure ne saurait se maintenir dans une certaine attitude de répression. Je veux parler du procès de Blois. *(Ah! ah!)*

Messieurs, il ne me semble pas possible, par les considérations que je ne veux que vous indiquer sans les développer, que vos esprits, s'ils veulent se diriger vers un pareil sujet, ne comprennent rapidement les nécessités d'une mesure complètement libérale à cet égard.

Il n'est pas possible, en effet, Messieurs, qu'un

procès politique, qui a pour but de juger des hommes
politiques... (*Rumeurs.*)

Quelques membres. — Des hommes prévenus d'assassinat!

M. GAMBETTA. — Il est évident que le procès dont
je parle est politique, et la seule preuve que j'en veux
donner, c'est la juridiction tout à fait exceptionnelle
devant laquelle comparaissent les prévenus. Cela est
certain, à l'heure actuelle, devant un tribunal qui est
un tribunal d'exception, qui n'admet ni recours ni
cassation, songez-y, Messieurs, le seul recours, la
seule cassation, la seule garantie des accusés qui pa-
raîtront à Blois devant les juges, c'est le recours devant l'opinion publique. Elle va leur faire défaut...
(*Exclamations*), car, malheureusement pour les accusés, l'opinion publique aura d'autres préoccupations.
(*Mouvements divers.*)

Il y a là une considération de justice, d'équité, de
dignité nationale. Aussi ne me semble-t-il pas possible que, par cela seul qu'une Chambre française aura
envisagé une telle situation, elle n'indique pas au
gouvernement, d'une manière ou d'une autre, — je
lui laisse le soin de choisir la forme qu'il convient, —
tout en respectant la liberté de ses décisions, le moyen
de faire à l'opinion publique en même temps qu'à
l'Europe une concession d'équité et de justice *(Rumeurs)* qui ralliera tout le monde. Ce que je réclame...

Un membre. — Ce ne serait ni de la justice ni de
l'équité!

M. NOUBEL. — C'est une grâce que vous demandez!

M. GUILLAUMIN. — Parlez de clémence!

M. GAMBETTA. — La clémence du prince, je n'en ai
pas le maniement, dirai-je à mes honorables inter-
rupteurs; voilà pourquoi je n'en parle pas. Je dis :
d'équité, et je me sers précisément du mot le plus
large, parce que nous sommes en présence d'une situation qui fait qu'à l'heure actuelle il ne peut y avoir

de jugement au sens exact du mot (*Protestations*).
Non! Messieurs, parce que les procès politiques sont
avant tout des procès d'opinion (*Bruit*), et que l'opinion seule peut réviser.

Et pour que, au point de vue du gouvernement
comme au point de vue des citoyens, il y ait une justice, il faut qu'il y ait une sentinelle. Cette sentinelle, c'est l'opinion publique; elle fera défaut; et en
présence de ces considérations, vous n'avez qu'une
conduite digne, honnête, politique, c'est l'amnistie.
(*Très bien! à gauche. — Exclamations sur plusieurs
bancs.*)

M. Ollivier ne sut pas s'élever à la conception de
cette conduite « digne, honnête et politique ». Il répondit à
M. Gambetta que « l'opposition avait accusé le gouvernement d'avoir inventé le complot pour entraîner le vote de la
France lors du plébiscite, et que la meilleure marque de
force qu'un peuple puisse donner, quand il s'apprête à soutenir la lutte suprême pour l'honneur, c'est de laisser la justice suivre son cours ordinaire, les institutions fonctionner
sans trouble, et, dans l'effort violent du patriotisme, de ne
rien changer à la marche naturelle des choses ». Chez M. Ollivier, l'*effort violent du patriotisme* ne changeait rien aux
haines et aux rancunes de l'homme de parti. Il refusa l'amnistie.

Le même jour, à Blois, l'audience à peine ouverte, M. Emmanuel Arago, défenseur de l'un des principaux accusés,
déposait ces conclusions : « Plaise à la Haute Cour, attendu
que, dans les circonstances où se trouve le pays, nul ne saurait apporter dans les débats qui vont s'ouvrir la liberté d'esprit nécessaire à l'accomplissement de ses devoirs, dire qu'il
sera sursis. » M. Grandperret, qui occupait le siège du ministère public, demanda et obtint le rejet des conclusions
déposées par M. Arago.

M. Grandperret devait succéder à M. Ollivier comme
garde des sceaux et ministre de la justice.

DISCOURS

SUR

LE PROJET DE LOI INTERDISANT A LA PRESSE DE RENDRE COMPTE
DES MOUVEMENTS ET DES OPÉRATIONS MILITAIRES

Prononcé le 19 juillet 1870

AU CORPS LÉGISLATIF

Au lendemain de la rupture des négociations, le ministre
de l'intérieur en Prusse avait adressé cet avis aux journaux :
« J'invite respectueusement les honorables rédacteurs des
journaux à ne publier aucune communication, quelque in-
signifiante qu'elle puisse leur paraître, relative au mouvement des troupes. » A la même date, le ministre de la justice
en France déposait sur le bureau du Corps législatif le projet
de loi suivant, dont une commission, nommée d'urgence, se
hâtait, dès le lendemain du dépôt, de réclamer l'adoption :
« *Article 1er*. Il pourra être interdit de rendre compte, par un
moyen de publication quelconque, des mouvements de troupes et des opérations militaires sur terre et sur mer. Cette
interdiction résultera d'un arrêté ministériel inséré au *Journal officiel*. *Article 2*. Toute infraction à l'article 1er constituera une contravention qui sera punie d'une amende de
5,000 à 10,000 francs. En cas de récidive, le journal pourra
être suspendu pendant un délai qui n'excédera pas six
mois. »
La note du gouvernement prussien témoignait, par la modération de ses termes, d'une confiance courtoise dans
le patriotisme de la presse allemande. Le gouvernement
impérial profitait de la guerre pour perpétrer un nouvel
attentat contre la liberté et pour insulter au patriotisme
de la presse française. Le contraste était humiliant, et

quelque docilité que la gauche apportât à voter sans discussion les mesures de guerre, il lui était impossible de laisser passer sans protestation une loi qui était bien moins une mesure de guerre qu'une mesure contre la liberté.

M. Jules Ferry combattit l'ensemble du projet comme inutile et dangereux, en ce qu'il se distinguait par l'élasticité infinie de la définition, et qu'il impliquait l'arbitraire dans l'exécution ; comme injurieux pour la nation, parce qu'il respirait une profonde défiance, d'abord de l'opinion publique et de la puissance régulatrice qui lui est propre, ensuite du sentiment national, de la loyauté et de la gravité des journalistes français.

La Chambre ne permit même pas au rapporteur de la commission de répondre à M. Jules Ferry et vota immédiatement la clôture de la discussion générale.

M. Gambetta demanda la parole pour combattre l'article 1er du projet.

M. GAMBETTA. — Messieurs, vous faites d'urgence une loi pénale qui est une loi de circonstance, et dont vous bornez la durée au moment même où vous l'apportez.

Avec quelque rapidité que l'on fasse les lois, même des lois exceptionnelles, transitoires, passagères, — et je désire que celle-ci, qui me semblait inutile dans son esprit, soit inappliquée dans la pratique, — ce n'est pas une raison pour ne pas les rédiger conformément aux principes généraux qui dominent la législation française.

Je dis que l'article 1er du projet de loi présente une rédaction vicieuse, sur laquelle je demande à présenter quelques brièves observations.

Cet article dit, en effet, que toute sorte d'indiscrétion commise, — et c'est ici que j'attire votre attention, — par un moyen de publication quelconque, sera punie de, etc.

Il me semble impossible, Messieurs, que vous mainteniez une formule aussi compréhensive, aussi vague. Ce que vous voulez frapper, c'est évidemment la publication de nature nuisible, et, selon vous, c'est celle qui se produit ou par des journaux, ou par des écrits, ou même par des paroles tenues dans un lieu où on aurait rassemblé exprès une certaine fraction de la population.

Je vous prie de considérer que ces mots : « par un moyen de publication quelconque », portent beaucoup plus loin, et qu'ils peuvent être adaptés à des conversations privées tenues dans des lieux publics ou réputés tels. (*Dénégations sur plusieurs bancs.*)

Messieurs, les dénégations mêmes que provoque une pareille interprétation m'apportent le meilleur argument que je puisse invoquer pour légitimer ma critique; car si cette extension vous paraît excessive, et que, cependant, elle soit dans la loi que vous allez voter, ce sera vous-mêmes qui, par la protestation instinctive dont vous avez donné la marque, aurez demandé que la disposition disparaisse, au moins ainsi rédigée.

Par conséquent, tout ce débat roule sur un point : est-il vrai, oui ou non, que les moyens de publication comprennent toutes les formes de la manifestation parlée, active, de l'homme dans un lieu public ou réputé public?

Or, je l'affirme, — et j'invoque sur ce point l'autorité des jurisconsultes qui m'écoutent, et ils sont nombreux, — ce que la jurisprudence a appelé un lieu public ou réputé public, c'est tout, entendez-le bien, sauf peut-être une chambre fermée à clef où on est face à face avec soi-même.

Je dis que cela constitue un véritable danger.

Puisque vous dites que vous faites une loi exceptionnelle, que vous prenez exceptionnellement cette détermination, limitez les cas. Je voudrais qu'il fût ajouté quelque chose dans ce sens : quand la nouvelle aura pu nuire, même dite de bonne foi, même lancée avec la meilleure intention du monde, et elle ne pourra paraître nuisible que si elle a été portée à la connaissance du public dans une feuille publique. Je voudrais que tout le reste fût à l'abri des poursuites, de la suspicion, de ce sentiment mauvais que j'aurais désiré qu'on n'éveillât point dans ces circonstances, contre la curiosité et les sympathies de la nation. (*Approbation à gauche.*)

M. LE GARDE DES SCEAUX. — L'argumentation de l'honorable M. Gambetta repose sur une erreur de mots. L'honorable membre a supposé que l'article était ainsi conçu : « Il pourra être interdit de rendre compte par un moyen de publicité... »

M. GAMBETTA. — De publication!

M. LE GARDE DES SCEAUX. — Tout ce que vous avez dit a roulé sur le vague et la généralité du mot : la publicité.

Je vous répondrai que ce que la loi punit ce n'est pas la publicité, c'est la publication; or, la publicité est un élément de la publication, mais ne la constitue pas tout entière.

Ces mots : « Par un moyen quelconque de publication » sont empruntés à la loi de 1819 sur la presse. Cette loi s'est servie de ce mot « publication » au lieu du mot « journaux », parce qu'il peut y avoir des livres, des revues, des images, des emblèmes, des affiches, et des discours proférés dans un lieu public, aussi dangereux, dans certains cas, qu'un article de journal.

Depuis plus de trente ans, ce mot « publication » est expliqué par la jurisprudence; il est devenu l'expression légale, et, en conséquence, nous vous demandons de le maintenir. (*Très bien! très bien!*)

M. GAMBETTA. — Il est certain que si j'avais commis cette confusion je serais coupable d'avoir même présenté l'observation. Mais l'observation que j'ai présentée contient distinctement les deux idées. Je dis que la publication, d'après la loi de 1819, qu'on vient de

citer, pouvant porter et portant sur des faits qui peuvent être l'objet d'une conversation dans un lieu public...

M. LE GARDE DES SCEAUX. — Mais non !

M. GAMBETTA. Il est impossible, si nous discutons
avec calme, en passant en revue les arguments que
nous opposons à la loi, comme il s'agit d'une question
qui n'est pas de nature à nous passionner une fois
que la discussion générale est close, et que je vous
crois de très bonne foi, il est impossible, dis-je, que
nous ne puissions pas nous entendre.

Eh bien, vous dites : M. Gambetta a confondu la
publicité et la publication.

Je vous réponds : Non. Ce que je dis, c'est que tous
les modes de publication visés soit par votre loi, soit
par la loi de 1819 reviennent à la question de savoir
si la parole, si le propos, si la conversation tenue
dans un lieu public était ou non reprochable. Et ce
que je voudrais exempter de l'atteinte de la loi exceptionnelle d'aujourd'hui, c'est précisément ce qu'il y
a d'excessif et de légitime en même temps, suivant
qu'on se place au point de vue de la loi de 1819, relative à la diffamation, ou si on se place au point de vue
de la loi que vous allez faire. Il est légitime de punir,
non seulement l'écrit, mais la gravure, mais la parole,
mais le discours tenu dans un endroit public, aux termes de la loi de 1819 ; tout cela constitue un mode de
publication ; nous sommes d'accord.

Mais ce que je ne trouve plus légitime, c'est l'emploi que vous faites de l'article 1er de la loi de 1819 en
voulant le rendre applicable et topique dans la loi du
19 juillet 1870. Pourquoi ? parce que la mesure exceptionnelle que vous voulez prendre ne peut, — si elle
le peut, — trouver de légitimité qu'à ce point de vue,
que vous voulez parer à un désordre possible produit
par la voie de la presse, et que c'est la publication de la
presse, et non pas les discours, les conversations, les

propos qui peuvent être tenus par des particuliers dans des lieux publics, que vous voulez atteindre, puisque de leur nature ces derniers ne peuvent parvenir à l'étranger.

Je dis et je soutiens, en rapprochant l'article 1er de la loi de 1819 de l'article 1er de la loi que vous allez faire, qu'il y a confusion, qu'il y a péril, et que vous faites une chose que vous ne voulez pas faire et que, par conséquent, là où vous mettez une distinction, le juge ne la mettra pas, parce que votre loi ne la met point.

Vous auriez eu raison de dire que je me serais trompé, si j'avais confondu la publication avec la publicité. Mais ce qui fait que j'ai raison, c'est que tous les cas de publicité énumérés dans l'article 1er de la loi de 1819, et rapprochés de la matière spéciale que vous voulez réglementer aujourd'hui, sont des moyens de publication. Est-ce clair?

Si cela est clair, vous faites une loi extensive, vous faites une loi abusive. Vous parez à un mal qui vous semble probable, et vous portez atteinte à une liberté qui devrait vous paraître précieuse. (*Très bien! à gauche!*)

Par conséquent, vous faites deux choses n'en voulant faire qu'une seule, entendez-le bien. Et c'est parce que j'ai la conviction que vous ne voulez pas d'une pareille confusion, que je vous demande, par voie d'amendement, d'exprimer d'une façon précise, limitative, quels sont les cas empruntés à la loi de 1819, que vous voulez atteindre dans la loi de 1870. Et c'est à ce point de vue que je vous prie de renvoyer l'article à la commission. (*Très bien! à gauche!*)

Sur plusieurs bancs. — Aux voix! aux voix!

M. LE PRÉSIDENT SCHNEIDER. — Comment formulez-vous l'amendement?

M. GAMBETTA. — Je demande le renvoi à la commission.

Sur un grand nombre de bancs. — Aux voix! aux voix.

M. LE PRÉSIDENT SCHNEIDER. — Je mets aux voix le renvoi de l'article à la commission.

Le renvoi, mis aux voix, n'est pas adopté.

Après une observation de M. Pelletan, l'article 1er du projet fut voté par assis et levé.

L'ensemble de ce projet, qui avait été blâmé par une partie de la presse officieuse, fut voté par 207 voix contre 19.

Le *Temps* fit observer le lendemain, avec une prescience curieuse de ce qui devait se passer un mois après : « En 1814, un journaliste qui aurait révélé aux alliés le mouvement de Saint-Dizier aurait été coupable ; mais celui qui aurait fait comprendre aux Parisiens, tenus par le pouvoir dans une ignorance complète des événements, que l'ennemi, d'un jour à l'autre, pouvait se présenter sous leurs murs, ce journaliste-là aurait rendu service non seulement à son pays, mais encore au gouvernement lui-même. »

DISCOURS

SUR

LES PROPOSITIONS DE M. JULES FAVRE ET DE SES COLLÈGUES
DE LA GAUCHE

CONCERNANT L'ARMEMENT DE LA GARDE NATIONALE
ET LA FORMATION D'UN COMITÉ DE DÉFENSE

Prononcés les 10, 12 et 13 août 1870

AU CORPS LÉGISLATIF

———

Le 24 juillet, le *Journal officiel* déclarait closes les sessions du Sénat et du Corps législatif. M. Jules Favre avait demandé au gouvernement de se borner à prononcer l'ajournement des séances : 178 membres contre 57 donnèrent au ministère le blanc-seing qu'il réclamait pour proroger la session.

Moins de quinze jours après, le 1er corps et le 2e corps d'armée étaient vaincus à Reichshoffen et à Forbach, la frontière était forcée, l'Alsace et la Lorraine envahies.

Le 7 août, une proclamation de l'Impératrice-Régente annonça les défaites essuyées par le maréchal de Mac-Mahon et le général Frossard. Malgré la gravité des évènements, malgré le cri spontané et unanime de l'opinion, l'Impératrice jugeait inutile et imprudent de convoquer le Corps législatif. M. Ollivier eut l'audace de partager cet avis. MM. Segris, Plichon et Mège menacèrent de donner leur démission si le Corps législatif n'était pas immédiatement convoqué. L'Impératrice et M. Ollivier cédèrent. Le *Journal officiel* du 8 août publia trois décrets, l'un convoquant les Chambres, l'autre mettant Paris en état de siège, le dernier nommant le maré-

chal Baraguey d'Hilliers au commandement en chef des forces militaires réunies dans Paris.

Le Corps législatif se réunit le 9 août. M. Ollivier, après
avoir donné lecture d'une déclaration délibérée en conseil,
n'hésita pas à poser la question de confiance. La gauche
répondit par des protestations indignées. M. Latour-Dumoulin, naguère l'un des plus ardents amis du garde des sceaux,
parut à la tribune pour déposer, sans phrases, au nom des
membres les plus influents du centre gauche, la proposition
suivante : « Les députés soussignés demandent que la présidence du conseil des ministres soit confiée au général Trochu et qu'il soit chargé de composer un cabinet. »

M. Latour-Dumoulin s'abstenant de développer sa proposition, dont personne, tant l'Empire est déjà abandonné, ne
songe à relever le caractère inconstitutionnel, le général Dejean, ministre de la guerre par *intérim*, donne lecture d'un
projet de loi appelant sous les drapeaux tous les militaires
célibataires n'ayant pas atteint l'âge de trente ans. L'urgence
est votée à l'unanimité. Le président Schneider invite le
Corps législatif à passer dans ses bureaux. M. Jules Favre
monte à la tribune pour faire connaître les propositions
de la gauche : « Nous nous préoccupons tous du salut et de
la défense de la patrie, dit Jules Favre, et c'est précisément
pourquoi, sans discours, j'ai l'honneur de proposer à la
Chambre deux résolutions : la première relative à l'organisation de la garde nationale, la seconde relative à la défense
du sol même de la France. Voici la première : *La Chambre
arrête : Il sera immédiatement distribué aux mairies de chaque
arrondissement de la ville de Paris des fusils à tous les citoyens valides inscrits sur les listes électorales. La garde nationale sera réorganisée en France dans les termes de la loi de
1831.* On nous a dit que l'heure des discours était passée,
l'heure est passée aussi des ménagements qui perdent les
assemblées et les empires. La vérité est que le salut de la
patrie est compromis, qu'elle ne peut être sauvée que par
un effort héroïque, et que cette compromission est le résultat des fautes de ceux qui dirigent les opérations militaires.
Il faut que l'Empereur abandonne le quartier général.

« Mais ce n'est pas tout. Il faut, si la Chambre veut sauver
le pays, qu'elle prenne en main le pouvoir, il faut que le pays
se confie à ses représentants, et c'est pour cela que je dépose

sur le bureau la résolution suivante : *Considérant que, malgré l'héroïsme de notre armée, le sol de la patrie est envahi, que le salut de la France commande au Corps législatif de prendre en main la direction des affaires, la Chambre arrête : Un comité de quinze membres, choisi dans son sein, sera investi des pleins pouvoirs du gouvernement pour repousser l'invasion étrangère.* »

Une scène indescriptible suivit le dépôt par M. Jules Favre de ces deux projets, les seuls, hélas! qui, votés immédiatement et immédiatement appliqués eussent pu arrêter l'invasion. Pendant que le centre gauche reste silencieux, la droite proteste avec une violence sans pareille; les ministres, qui n'ont pas encore eu la pudeur de quitter leurs bancs, ricanent et plaisantent; les députés de l'opposition, descendus dans l'hémicycle, interpellent avec colère M. Ollivier et M. de Gramont. M. Granier de Cassagnac s'empare de la tribune : « Lorsque, par un acte révolutionnaire, on reprend son serment, on perd à la fois l'inviolabilité et le caractère qui en découle, pour rester de simples factieux! — *M. Gambetta :* Il s'agit du salut de la patrie! — *M. Granier de Cassagnac :* Et je vous déclare que si j'avais l'honneur de siéger au banc du gouvernement, vous tous signataires seriez ce soir devant un conseil de guerre. » La proposition était signée : Jules Favre, Grévy, Gambetta, Crémieux, Arago, Garnier-Pagès, Dorian, Magnin, Pelletan, Horace de Choiseul, Esquiros, Picard, Barthélemy Saint-Hilaire, Tassin, Jules Ferry, Wilson, Le Cesne, Tachard, Bethmont, Kératry, de Marmier, Gagneur, Jules Simon, Malézieux, Desseaux, Cochery, Steenackers, Rampont, Larrieu, Guyot-Montpayroux, Glais-Bizoin, Girault.

Dans l'impossibilité de dominer le tumulte, le président Schneider se couvrit, menaçant de suspendre la séance. Le silence se rétablit. M. Clément Duvernois déposa l'ordre du jour suivant : « La Chambre, décidée à soutenir un cabinet capable d'organiser la défense du pays, passe à l'ordre du jour. » M. Ollivier déclara que le cabinet ne l'acceptait pas. La Chambre le vota par assis et levé. M. Ollivier alla porter sa démission aux Tuileries. Les députés se rendirent dans les bureaux, afin d'examiner le projet de loi déposé par le général Dejean.

A la reprise de la séance, la Chambre prononça l'urgence

sur la première proposition déposée par M. Jules Favre, relative à l'armement de la garde nationale; elle la refusa à
la seconde, relative à la création d'un comité de défense.
Quand le président proclama le résultat du vote au scrutin
(190 voix contre 53): « Vous y viendrez ! » s'écria M. Gambetta, et M. Jules Favre ajouta tristement: « Quand vous y
viendrez, ce sera trop tard. » M. Thiers et plusieurs membres du centre gauche avaient voté pour le comité de défense.

M. Ollivier parut pour la dernière fois à la tribune du
Corps législatif : il annonça que l'Impératrice avait chargé
le général Cousin-Montauban, comte de Palikao, de former
un ministère. Dès le lendemain, le ministère *des vingt-qua-*
tre jours était formé : le général de Palikao confiait le portefeuille de l'intérieur à M. Chevreau, celui des finances à
M. Magne, celui de la justice à M. Grandperret; l'amiral Rigault de Genouilly restait ministre de la marine, MM. Brame,
Jérôme David, Clément Duvernois, Busson-Billault et le prince
de La Tour d'Auvergne prenaient l'instruction publique,
les travaux publics, le commerce, la présidence du conseil
d'État et les affaires étrangères.

La séance du 10 août commença par le vote du projet de
loi relatif à l'augmentation des forces militaires pendant la
durée de la guerre, et par la déclaration « que l'armée a
bien mérité de la patrie ». M. Estancelin, au nom de la
gauche et du centre gauche, demande au Corps législatif de
se déclarer en permanence. M. Arago et M. Picard réclament
la discussion immédiate du projet de loi relatif à l'armement de la garde nationale, dont le Corps législatif avait, la
veille, voté l'urgence, et dont le rapport, annonce M. Buffet,
sera déposé dans une heure. Le ministre de la marine et
M. Busson-Billault, ministre président du conseil d'État,
s'opposent à la demande de la gauche : il faut que le cabinet
puisse examiner le projet de loi; le cabinet insiste pour le
renvoi. M. Gambetta demande la parole :

M. LE PRÉSIDENT SCHNEIDER. — La parole est à
M. Gambetta.

M. GAMBETTA. — Si nous demandions aux ministres
de prendre une résolution à la place de la Chambre et

de la commission qui est saisie de la proposition, je comprendrais votre exception dilatoire; mais il n'en est pas ainsi. La commission a été nommée après l'urgence déclarée.

M. JULES FAVRE. — Elle s'est réunie.

M. GAMBETTA. — Elle était entrée en fonctions avant la désignation du nouveau ministère. Il serait bizarre que, dans les circonstances que nous traversons et en face d'un ministère sorti d'une nécessité d'action prompte et rapide, ce fût un nouveau retard qu'on vînt réclamer.

Vous avez dit que vous étiez amenés ici par une idée qui domine votre conduite. Eh bien, je vous prie d'y rester fidèles et de ne pas trahir votre mandat avant même d'avoir commencé à le remplir. (*Réclamations à droite.*)

Messieurs, vous savez le français, et vous savez très bien ce que le mot trahir veut dire; oui, quand j'ai dit trahir votre mandat, vous avez compris ce sens de mes paroles, et je ne m'explique pas l'interruption qui a été faite; mais je ne veux pas la discuter, et je passe.

Je dis que la question de l'armement de Paris, dont la commission est saisie, est claire, et qu'elle a été sérieusement débattue dans les bureaux; on a nommé des commissaires qui sont l'expression d'une opinion déjà formée. Rien n'est donc plus simple que de connaître l'avis du gouvernement; dans tous les cas, quand la commission aura rédigé son travail, ce qui ne lui demandera pas plus d'une heure de délibération, d'après la déclaration de ses membres, quel que soit le ministre présent, il aura promptement pris l'avis de ses collègues, et nous saurons quelle est leur opinion, en même temps que nous aurons promptement résolu la question qui nous est posée.

Je n'ajoute qu'un seul mot. La question dont nous sommes saisis, comme le disait l'honorable M. Picard,

est une question de salut public. (*Non! non! à droite.*
— *Si! si! à gauche.*)

M. JULES FAVRE. — Vous ne voulez pas armer la
nation !

M. CRÉMIEUX. — Non ! ils ne veulent pas de l'armement de la patrie. (*Bruit.*)

M. RASPAIL. — Ils ont plus peur de la garde nationale
que des Prussiens !

M. GAMBETTA. — Et quand je parle de salut public,
quand j'emploie cette grave expression, veuillez croire
que, comme vous, j'en ai mesuré toute l'étendue. Je m'é-
tonne, quand nous sommes en présence d'une population et de la cité que l'ennemi a pris pour son objec-
tif, qui frémit, non d'angoisse, mais de patriotisme,
de cette colère qui doit faire du sol français le tom-
beau de nos ennemis, je m'étonne d'être interrompu
quand je parle de salut public. (*Vive approbation à
gauche.*)

Je dis que la question qui est posée de l'armement
du suffrage universel dans la France entière, est une
question de salut public. (*Mouvements divers.*)

Car, écoutez-le, ce que nous avons devant nous,
c'est la Prusse, c'est toute la nation prussienne armée. Depuis 1850, cette nation masse ses enfants et
les prépare à la guerre : elle nous a surpris... (*Interruptions*). Ne m'interrompez pas, car je prouve le droit, le
devoir et la légitimité de la résistance nationale...
(*Rumeurs*). C'est une nation tout entière que nous avons
devant nous. Vous lui avez opposé une armée dont
personne plus que moi n'admire l'héroïsme, mais fai-
tes-y bien attention, en présence d'une nation
armée, il faut que nous suscitions aussi une nation
armée.

La nation, la France est debout : voulez-vous l'armer?
(*Applaudissements à gauche.*) Voilà la question. Et, lors-
que vous lui dites, évoquant ses plus grands souvenirs :
« Français, avez-vous dégénéré ? Vous rappelez-vous

les soldats de 1792? » n'est-ce qu'une déclamation stérile ou bien est-ce l'annonce d'une conduite virile? Donc, armez les mains du peuple de Paris, de la France entière.

Votons. Il y a urgence, et le péril public doit avoir formé une opinion à ce gouvernement nouveau. (*Vives marques d'approbation et applaudissements à gauche.*)

M. JÉROME DAVID, *ministre des travaux publics.* — Messieurs, le gouvernement ne peut que s'associer aux élans patriotiques qui ont inspiré le beau langage de notre honorable collègue M. Gambetta ; cependant il ne peut pas méconnaître, et la Chambre reconnaîtra comme lui, que, à peine constitué, et quand il s'agit d'une question qui a son importance (*Oui ! oui !*), il n'est pas possible que les membres du gouvernement viennent ici individuellement apporter une affirmation ou une négation.

Toutes les questions sont dominées par le bon sens, et je suis convaincu qu'il ne saurait y avoir dans la population de Paris une critique sérieuse de l'acte d'un gouvernement à peine constitué, et dont deux membres seulement siégent dans cette enceinte, lors-qu'il vient répondre aux ardeurs et aux impatiences peut-être légitimes... *Rumeurs à gauche*) de quelques-uns des membres de cette Assemblée, en leur disant que, quelles que soient l'urgence et l'importance des circonstances, il ne lui paraît pas que quelques heures de plus ou de moins puissent venir compromettre la question que vous appelez le salut public. (*Bruit à gauche.*)

Dans ces conditions, nous demandons à la Chambre de nous accorder le répit nécessaire pour nous con-certer et prendre une déterminaton. (*Très bien à droite. — Rumeurs à gauche.*)

M. Jules Favre répondit à M. Jérôme David : « La commis-sion, à l'heure où je parle, est réunie : elle va déposer son rapport. Que la Chambre le discute, si elle veut, ce soir, mais il faut absolument que la journée ne se passe pas sans qu'il y ait une solution. » M. Thiers, avec beaucoup d'énergie, insista dans le même sens. M. Jérôme David persista à demander le renvoi : « M. Jules Favre vous a parlé de la responsabilité que vous alliez prendre. Le gouvernement vous dit à son tour : Si la proposition du renvoi à demain vous paraît juste, prenez-en la responsabilité. Vous le pouvez sans crainte : nous en répondons. »

La gauche ne pouvait laisser sans réplique ces dernières paroles : M. Gambetta monta à la tribune.

M. Gambetta, — Je demande la parole.

Il y a ici une confusion... (*Bruit.*)

Sur un grand nombre de bancs. — Aux voix ! aux voix !

M. Gambetta. — Je ne veux pas m'imposer à la Chambre, mais je voudrais bien lui faire observer que le vote qu'elle va rendre, elle va le rendre sous l'empire d'une impression toute nouvelle que je demande la permission de préciser et de dissiper, car elle n'est pas la mienne. (*Bruit.*)

A gauche. — Laissez donc parler !

Quelques voix à droite et au centre. — Vous n'avez pas laissé parler M. Prax-Paris !

M. Gambetta. — Les dernières paroles que vient de prononcer l'honorable M. Jérôme David, ministre des travaux publics, ont évidemment changé le terrain de la discussion, et un certain nombre de membres de cette Chambre vont voter sous une impression qui n'était pas celle qui avait présidé au commencement de ce débat. Est-ce vrai?

A droite et au centre. — Non ! non !

A gauche. — Si ! si !

M. Gambetta. — C'est absolument vrai, et j'en atteste le changement d'attitude qui s'est produit sur tous les bancs. (*Non! non! — Si! si!*)

Il est certain, Messieurs, que vous avez, à l'heure actuelle, d'autres préoccupations que celles que vous aviez précédemment. (*Non! non!*)

Je vous dis que si, et la preuve, Messieurs...

M. VENDRE. — Vous n'avez pas le droit d'interpréter, comme vous le faites, notre pensée! (*Exclamations à gauche.*)

M. GAMBETTA. — J'ai le droit de l'interpréter tant que je ne la calomnie pas, monsieur Vendre.

M. VENDRE. — Eh bien, nous disons que vous la calomniez en ce moment-ci, et que, dans tous les cas, vous l'interprétez mal. (*Nouvelles exclamations à gauche.*)

M. GAMBETTA. — Au début de la discussion. nous avions parlé de cet armement comme d'une nécessité politique et tactique, et, tout à l'heure, dans la dernière phrase prononcée par l'honorable ministre des travaux publics, il y a eu des paroles comminatoires qui ont changé complètement l'impression première.

A *droite.* — Non! non! C'est une erreur!

M. GAMBETTA. — Je suis convaincu. pour ma part. que s'il voulait expliquer sa pensée, elle ne serait pas loin de l'interprétation que je lui donne, à savoir, qu'il croit que nous demandons des armes, ou que l'on demande des armes pour troubler l'ordre. (*Protestations à droite.*)

Messieurs, il l'a dit... (*Nouvelles protestations sur les mêmes bancs*). Et, dans tous les cas, je suis convaincu que c'est là le sens qu'il attache à ses paroles, et la preuve, c'est qu'il vous a dit : Vous pouvez délibérer en paix, nous en répondons ! (*Mouvements divers.*)

J'aime les situations nettes, il ne faut pas d'équivoque. Eh bien, je dis que, probablement, sans le vouloir, dans la dernière phrase de son allocution, l'honorable M. Jérôme David a laissé glisser une équivoque indigne d'une Assemblée. car ce serait une menace. (*Approbation à gauche. — Rumeurs diverses dans les autres parties de l'Assemblée.*)

La Chambre vota : par 171 voix contre 78, elle donna gain de cause au cabinet et prononça le renvoi. La proposition relative à la permanence de la Chambre fut repoussée par 117 voix contre 117, la majorité absolue étant de 118. Le chiffre de la minorité augmentait à chaque scrutin.

Le lendemain, 11 août, M. Dréolle, rapporteur de la commission chargée d'examiner la motion de M. Jules Favre, déposait un projet de loi en cinq articles rétablissant la garde nationale dans tous les départements. L'article 2 portait que la réorganisation de la garde nationale, conformément aux dispositions de la loi de 1851, serait immédiate ; l'article 3, que la distribution des armes serait faite d'abord aux gardes nationales des départements envahis, des villes mises en état de défense et des communes des départements déclarés en état de siège. L'article 5 ouvrait un crédit provisoire de cinquante millions.

Le projet de loi fut voté à l'unanimité de 268 votants.

Ce vote était le premier vote vraiment patriotique et vraiment politique émis par le Corps législatif.

M. Gambetta, dès l'ouverture de la séance du lendemain 12 août, demanda la parole pour montrer à la Chambre, par la lecture d'une pétition des électeurs de la 3e circonscription de la Seine, jusqu'à quel point elle s'était mise, par ce vote, en communion avec le sentiment public.

M. GAMBETTA. — Messieurs, j'ai l'honneur de déposer sur le bureau de la Chambre une pétition signée par un grand nombre d'électeurs de la 3e circonscription de Paris, dont je demande à la Chambre de lui donner lecture. Elle est très courte, elle ne comprend que deux phrases : elle porte sur la nécessité d'armer Paris. (*Rumeurs diverses.*)

Je vois des signes de dénégation... (*Interruption.*)

M. LE PRÉSIDENT SCHNEIDER. — Messieurs, veuillez ne pas interrompre.

M. GAMBETTA. — Vous avez raison, monsieur le président, cela abrégera beaucoup la discussion. S'il n'y avait pas d'interruptions, nous irions très vite.

Hier, Messieurs, vous avez voté une mesure très politique et très patriotique, et à côté de la loi qui réorganisait les gardes nationales, vous avez pris, comme gouvernement, un engagement: c'est de diriger sur la frontière les troupes ou de terre ou de mer, car on peut employer ces dernières sur le champ de bataille; c'est aussi de ne pas les garder inutiles à Paris, à Paris que le patriotisme de ses citoyens suffit à protéger.

C'est pour démontrer jusqu'à quel point vous vous êtes mis en communication avec le sentiment public que je vous demande la permission de vous lire ces quelques lignes de pétition :

« Les citoyens soussignés, électeurs de Paris, convaincus que la patrie est en danger, et que, pour la sauver, un effort sérieux et universel est absolument nécessaire,

« Ayant appris que déjà, dans les mairies d'autres arrondissements, la distribution des armes a commencé,

« S'adressent à vous pour obtenir sur-le-champ l'armement indispensable de tout citoyen en état de défendre, avec la capitale, l'intégralité même du territoire français ;

« Étant prêts, d'ailleurs, à tous les sacrifices, si étendus qu'ils puissent être, que réclamera le salut de la patrie, ils expriment hautement l'opinion que la défense de Paris doit être confiée au patriotisme de la population, et que toutes troupes, forces et détachements appartenant, soit aux armées de terre ou de mer, soit à tout autre corps organisé militairement, doivent être immédiatement envoyées contre l'ennemi aux frontières.

« Ils ont l'honneur, messieurs les députés, en insistant sur leur demande, de vous présenter l'expression de leur considération distinguée. »

Et moi j'ajoute : de leurs remerciements, pour vous

donner un gage que, toutes les fois que vous entrerez dans la véritable voie nationale, non seulement de la défense de la patrie, mais de la civilisation en Europe, — car nous ne luttons pas moins que pour rétablir, contre l'invasion véritablement rétrograde dont nous sommes menacés, les principes civilisateurs de l'Europe, — lorsque vous entrerez dans cette voie, lorsque vous passerez à l'organisation immédiate, prompte, des mesures que vous avez votées hier, vous aurez l'assentiment de la ville, qui, comme toujours, dans les grandes circonstances, est décidée à sauver la France. (*Très bien! très bien!*)

M. LE PRÉSIDENT SCHNEIDER. — La parole est à M. Jules Simon.

M. le ministre de la guerre se lève pour parler.

Plusieurs voix. — M. le ministre de la guerre demande la parole.

M. LE PRÉSIDENT SCHNEIDER. — M. Jules Simon. si vous le permettez, je vois M. le ministre de la guerre se lever ; il a probablement une déclaration à faire en réponse à M. Gambetta.

M. LE MINISTRE DE LA GUERRE. — Je n'ai aucune déclaration à faire en réponse à l'honorable député. Je veux dire seulement que deux corps d'armée de 35,000 hommes chacun, constituant 70,000 hommes, avant quatre jours seront devant l'ennemi. (*Très bien! très bien!*)

M. GAMBETTA. — Monsieur le général, je vous remercie ; ces assurances seront répandues et accueillies avec satisfaction dans toute la France. Vous avez une gloire à conquérir : c'est celle de délivrer le territoire. J'ai l'espoir, mettant toute opinion politique de côté, que vous vous mettrez à la hauteur de cette noble mission. (*Très bien! très bien! Applaudissements.*)

La commission d'initiative, chargée d'examiner la proposition de M. Jules Favre relative à la formation d'un comité de Défense, avait déposé son rapport dans la séance du 12. La commission, par 8 voix contre 7, concluait au rejet de la proposition.

Dans la séance du 13, M. Gambetta demande que, vu la gravité des circonstances, on passe par-dessus l'article du règlement en vertu duquel une première discussion sur les conclusions de la commission est indispensable, et que les bureaux soient immédiatement saisis de l'examen de la question.

M. GAMBETTA. — Monsieur le président, puisque la Chambre va se réunir dans ses bureaux, je crois qu'il serait bon, pour activer nos travaux et répondre aux légitimes désirs d'une fraction importante de cette Assemblée, de renvoyer en même temps aux bureaux la proposition de l'honorable M. Jules Favre et de ses amis, relative à la formation d'un comité de défense ; de telle sorte que, vers cinq heures, nous pourrions rentrer en séance, parfaitement édifiés sur l'opinion de l'ensemble de la Chambre retirée dans ses bureaux. Nous abrégerions par cela même la discussion qui aura lieu plus tard.

Je prie donc la Chambre de vouloir bien adopter cette proposition, et je demande à M. le président de la mettre aux voix.

Le général de Palikao ayant demandé à faire une communication au Corps législatif sur la nomination du maréchal Bazaine au commandement supérieur de tous les corps d'armée, le président Schneider ne mit pas aux voix la proposition de M. Gambetta. Après un nouvel incident soulevé par M. Jules Simon et qui ramena le ministre de la guerre à la tribune, M. Gambetta demanda de nouveau la parole.

M. GAMBETTA. — J'ai eu l'honneur, il n'y a qu'un instant, de présenter une proposition à la Chambre.

Il est quatre heures un quart, elle va se réunir dans les bureaux pour nommer des commissions chargées d'examiner divers projets de loi. Je crois que, comme c'est demain dimanche et que lundi peut-être nous n'aurons pas de séance... (*Si! si! — Non! non!*)

M. DE TILLANCOURT. — Lundi est un jour férié.

M. LE PRÉSIDENT SCHNEIDER. — Laissez poser la question !

M. GAMBETTA. — Je dis qu'il faut tout prévoir et, en me plaçant en présence d'hypothèses dont je n'appelle point la réalisation, tant s'en faut, mais que je puis considérer, je fais remarquer à la Chambre qu'elle a à délibérer sur les conclusions du rapport de M. de Montagnac. Ses conclusions sont les plus graves, les plus importantes sur lesquelles vous puissiez être appelés à délibérer. Je propose à la Chambre, en raison de la division des opinions sur cette question, et du nombre de voix de la minorité, 7 sur 8, je lui propose d'abréger la discussion et de faire ce sacrifice au parlementarisme, en renvoyant immédiatement aux bureaux l'examen de la proposition de l'honorable M. Jules Favre.

M. ERNEST PICARD. — Je demande la parole.

M. LE PRÉSIDENT SCHNEIDER. — La question est à l'ordre du jour; on peut en commencer immédiatement la discussion.

M. GAMBETTA. — Il est bien entendu que, si la Chambre n'adoptait pas ma motion, la discussion serait ouverte. C'est précisément pour éviter les lenteurs de la discussion que je proposais ce renvoi aux bureaux.

La droite était hostile à la motion de M. Jules Favre. Le centre hésitait malgré les efforts de M. Thiers. Le ministre de la guerre, après en avoir délibéré avec ses collègues, finit par s'opposer au renvoi aux bureaux, et déclara que si la proposition de M. Jules Favre était votée, le cabinet serait obligé de se retirer. M. Gambetta remonta à la tribune :

M. GAMBETTA. — Il est impossible, après la déclaration que vient de faire M. le ministre de la guerre, chef du cabinet, de laisser lieu sur une pareille question, à une surprise, à une équivoque. J'ai déclaré... (*Bruit.*)

Messieurs, ceci est grave et je vous supplie de m'entendre, je serai bref.

A gauche. — Parlez! parlez!

M. GAMBETTA. — J'ai déclaré que j'offrais, au nom de mes collègues, un moyen de discuter d'une façon politique la question, nous réservant le droit, si la Chambre n'acceptait pas notre moyen intermédiaire, de porter la discussion à la tribune, et de la vider complètement. On ne saurait, en effet, après la déclaration, d'ailleurs parfaitement loyale, de M. le ministre de la guerre, qui voyait là dedans une question de cabinet, émettre sur une proposition un vote qui n'était, en réalité, autre chose que la question préalable.

Il faut que la question soit abordée: il faut savoir si, ici, nous avons fait notre choix entre le salut de la patrie et le salut d'une dynastie. (*Protestations à droite. Vifs applaudissements à gauche, auxquels répondent quelques bravos dans les tribunes. Agitation.*)

Sur divers bancs. — Faites évacuer les tribunes, monsieur le président.

Aux dernières paroles prononcées par M. Gambetta, la majorité du Corps législatif commença à comprendre la responsabilité qui pesait sur elle. Le ministre de la guerre demanda que la proposition de M. Jules Favre fût discutée en comité secret. La gauche subit, plutôt qu'elle n'accepta, cette exigence.

Dans la séance du comité secret, M. Jules Favre. M. Gambetta et M. Tachard défendirent la proposition tendant à la nomination par le Corps législatif d'un comité de Défense.

M. de Palikao la combattit.

La Chambre rejeta la proposition de M. Jules Favre.

Ce jour-là, comme le lui avait dit M. Gambetta, ce fut

entre le salut de la patrie et le salut de la dynastie que la
majorité du Corps législatif et le Cabinet firent leur choix.
Ils choisirent le salut de la dynastie. Et avec la dynastie, ce
fut la patrie qu'ils perdirent.

Si le Corps législatif avait nommé le comité de Défense
que réclamaient M. Jules Favre, M. Gambetta et M. Thiers,
le maréchal de Mac-Mahon eût-il jamais entrepris cette marche sur Sedan que Napoléon III lui-même, dans sa fameuse
lettre à sir John Burgoyne, attribuait uniquement à des considérations politiques, il voulait dire : dynastiques?

Nous ne le croyons pas.

Le comité de Défense n'eût-il été composé que de membres de la droite, ce qui était douteux, — M. Thiers eût certainement été élu par le Corps législatif, — M. de Palikao
et M. Rouher n'auraient pas osé faire valoir devant lui les
raisons qui décidèrent le conseil privé et le conseil des ministres à ordonner la marche de l'armée de Châlons vers le
Nord-Est.

L'histoire dira que le vote du Corps législatif, dans le comité secret du 13 août, a été le premier acte du drame hon-
teux et douloureux de Sedan.

DISCOURS

SUR

LA COMMUNICATION PAR LE GOUVERNEMENT
DES NOUVELLES DE LA GUERRE

ET

SUR LES INCIDENTS CONCERNANT LA PRISE DE NANCY

Prononcé le 14 août 1870

AU CORPS LÉGISLATIF

———

Au lendemain de la déclaration de guerre, M. Ollivier avait fait voter au Corps législatif, malgré l'opposition de M. Ferry et de M. Gambetta, un projet de loi qui interdisait à la presse de rendre compte des nouvelles et des opérations militaires.

M. de Palikao profita de cette loi pour laisser le Corps législatif et le pays dans une ignorance absolue des progrès de l'invasion. Le *Journal officiel* se taisait ou ne donnait que des nouvelles inexactes et optimistes. Les journaux officieux se taisaient ou mentaient. La bataille de Saint-Privat, livrée le 18 août devant Metz, fut connue d'abord par le récit détaillé de l'*Indépendance belge*. D'autres nouvelles arrivèrent par le *Times* ou par des lettres particulières. Les télégrammes de l'armée n'étaient généralement communiqués qu'avec vingt-quatre ou quarante-huit heures de retard. M. Brame, ministre de l'instruction publique, était le seul membre du Cabinet qui assistât régulièrement aux séances du Corps législatif. On l'interrogeait : il ne savait rien, cherchait à expliquer que M. de Palikao et M. Chevreau recevaient seuls des télégrammes directs. Une dépêche de l'Impératrice ordonnait

que les nouvelles de guerre lui fussent transmises *d'abord*,
avec le chiffre qui ne servait que pour elle et l'Empereur.
(*Correspondance de la famille impériale.*) « Nous vivions dans
une sorte de nuit, raconte un député de la gauche, nuit derrière laquelle on entrevoyait des drames horribles. » Le silence calculé du Gouvernement pesait sur la Chambre comme
un cauchemar.

Le 11 août, quatre soldats prussiens prirent possession de
la ville de Nancy, indignement abandonnée par les autorités
impériales.

M. de Palikao n'annonça la nouvelle que le surlendemain 14, et encore avec des restrictions évasives, après l'a-
voir démentie le 13, alors qu'il en était nécessairement déjà
informé.

Au début de la séance du 14, M. Gambetta monta à la
tribune et donna lecture d'un fragment du journal l'*Espérance de Nancy*, qui racontait la prise de la capitale de la Lorraine par quatre soldats prussiens :

M. LE PRÉSIDENT SCHNEIDER. — La parole est à
M. Gambetta.

M. GAMBETTA. — Je voudrais porter à la connaissance de la Chambre un fait, et demander en même
temps au Gouvernement une explication sur les communications officielles qui nous viennent du théâtre
de la guerre et qui, d'après les faits que je vais très
sommairement vous exposer, ne présentent ni un
caractère d'exactitude ni de promptitude en rapport
avec les légitimes angoisses du public et avec les
devoirs du gouvernement. (*Murmures.*)

Écoutez, quand vous connaîtrez les faits, vous les
discuterez.

A neuf heures et demie, ce matin, on affichait dans
la salle des conférences la dépêche télégraphique suivante :

« Paris, 14 août, neuf heures et demie.

« Les correspondances télégraphiques étaient interrom-
pues hier entre Paris et Nancy. Dans la nuit, le bureau de

Tout a fait savoir que Nancy devait être occupé par un détachement de cavalerie ennemie. Ce matin, la Compagnie de
l'Est confirme cette nouvelle.

> « *Le ministre de l'intérieur,*
>
> « Henri Chevreau. »

Voilà la nouvelle qu'on vous donnait aujourd'hui.
Elle contient deux inexactitudes : la première, c'est de
dire que la veille on ne savait rien. En effet, le 13,
dans la soirée, il a été, dans la même salle des conférences et sur les murs de Paris, affiché un avis qui
réfutait un bruit qui s'était répandu dans le public, et
dont plusieurs de nos collègues, assis sur ces bancs,
avaient été informés, à savoir que Nancy avait été
l'objet d'une incursion ou d'une occupation par l'ennemi.

Le Gouvernement démentait ce bruit. S'il avait été
dans la vérité, certainement, il aurait fait son devoir ;
mais ce qui est inexplicable, ce qui est incompréhen-
sible dans les circonstances actuelles, c'est qu'il fût
moins bien informé, lui qui a la prétention de refuser
le contrôle vigilant de la Chambre, que les honorables
députés auxquels je faisais allusion.

M. Jules Favre. — Très bien !

M. Gambetta. — Eh bien, on savait hier, à Paris,
oui, on savait d'une façon malheureusement irréfutable, que Nancy avait été envahie, avait été visitée,
taxée, soumise à une contribution de guerre, et cela
sans avoir été couverte ni défendue. Voici dans quels
termes le journal l'*Espérance de Nancy* rend compte
des faits navrants et douloureux qui appellent la vengeance et qui, en même temps peut-être, vous feront
penser qu'une grave responsabilité a été encourue par
le Gouvernement.

Je trouve dans un supplément de l'*Espérance de
Nancy*, à la date du 13 août 1870, ceci :

Plusieurs voix. — Parlez plus lentement !

M. GAMBETTA. — « Hier, vendredi, 12 août... » Vous entendez, Messieurs : « 12 août 1870, vendredi, à trois heures de l'après-midi, date douloureuse pour nous et pour nos descendants, quatre soldats prussiens ont pris possession de la ville de Nancy... » (*Mouvement.*)

Plusieurs voix. — Combien ?

M. GAMBETTA. — Moins ils seront et plus vous serez coupables ! (*Approbation à gauche.*) — « ... Quatre soldats prussiens ont pris possession de la ville de Nancy, ancienne capitale de la Lorraine, chef-lieu du département de la Meurthe. Ajoutons bien vite, pour notre honneur, que Nancy n'avait plus, depuis la veille, un seul soldat... » (*Interruptions à droite.*) Elle devait en avoir.

M. BIROTTEAU. — Il n'y avait donc pas de citoyens ?

M. JULES FAVRE. — Ils sont désarmés, les citoyens, depuis l'Empire ! (*Exclamations au centre et à droite.*)

M. GAMBETTA. — Ce n'est pas le moment de m'interrompre ! (*Mouvements divers.*)

M. LARRIEU. — Écoutez, c'est assez solennel !

M. GAMBETTA. — Quand on porte à la tribune d'aussi lamentables nouvelles, c'est dans le silence de la consternation et des résolutions viriles en même temps — que l'on doit écouter. Je vous prie les uns et les autres de me laisser achever en silence cette pénible lecture.

Voix nombreuses. — Continuez !

M. ACHILLE JUBINAL. — Il n'y a pas de consternation !

M. GAMBETTA. — Quand nous sommes gardés par des incapables, Messieurs, la consternation est légitime ! (*Exclamations.*)

M. ACHILLE JUBINAL. — Il y a de l'indignation, si vous voulez, mais pas de consternation.

M. GAMBETTA, *avec une grande vivacité.* — Quant à vous, monsieur Jubinal, qui n'avez jamais eu que des complaisances dont, aujourd'hui, vous pouvez mesurer les désastreuses conséquences, taisez-vous! (*Violentes interruptions à droite.*)

M. Achille Jubinal. — Vous en avez eu pour d'autres; vous avez flatté la foule et vous avez été le courtisan des multitudes.

M. Gambetta. — Vous n'avez pas la parole, et aujourd'hui vous n'avez qu'une attitude qui vous convienne, c'est le silence et le remords. (*Applaudissements à gauche. Cris nombreux : A l'ordre! à l'ordre!*)

M. le marquis de Piré prononce, au milieu du bruit, quelques paroles que les sténographes n'entendent pas.

M. le président Schneider. — Monsieur de Piré, vous n'avez pas la parole; si vous continuez à la prendre, je serai forcé de vous rappeler à l'ordre.

M. de Piré continue à parler au milieu du bruit.

M. Gambetta. — Monsieur de Piré, je ne vous parle pas.

M. le président Schneider. — Je demande qu'il n'y ait point d'interruptions; car les interruptions ont l'inconvénient de provoquer les orateurs à sortir de la modération dont il ne faudrait jamais s'écarter. (*Agitation.*)

M. Achille Jubinal. — On peut cependant dire un mot : je n'insulte jamais personne, mais je ne donne à mon égard le droit contraire à qui que ce soit.

M. Gambetta. — Monsieur Jubinal, je ne vous ai pas insulté.

M. Achille Jubinal. — Je ne dis pas cela; mais vous avez eu des paroles ardentes que je me suis vu forcé de vous renvoyer.

A gauche. — N'interrompez pas : A l'ordre! à l'ordre!

M. le président Schneider. — Je vous prie, monsieur Jubinal, de demeurer assis.

M. le général Le Breton. — Nous demandons qu'on continue la lecture de la dépêche.

M. Gambetta. — Avant de reprendre ma lecture,

vous me permettrez, Messieurs, de dire ceci à l'honorable député qui m'a interrompu et à qui j'ai répondu des paroles dont je maintiens la justesse.

M. Achille Jubinal. — Je n'accepte pas vos remontrances...

M. Gambetta. — Il a dit qu'il se trouvait par moi injurié.

M. Achille Jubinal. — Je n'ai pas dit un mot de cela. (*Exclamations à gauche.*)

Un membre à droite. — Il n'y a pas de complaisants ici.

M. Gambetta. — Si cet honorable député trouvait à mes paroles quelque chose qui ressemble à une insulte, qu'il m'écoute! Comme je n'ai fait que lui rappeler son passé, c'est dans son passé qu'il trouverait l'injure.

M. Achille Jubinal. — Je ne nie pas mon passé, et je vous rappelle le vôtre. (*Bruit. Interruptions.*)

De divers côtés. — Continuez! continuez! monsieur Gambetta.

M. Gambetta. — Cela dit, Messieurs, je continue. (*Continuez!*) Oh! je suis ici pour continuer et avec tout le respect que j'ai toujours professé pour mes collègues... (*Rumeurs diverses.*) Oui, Messieurs, j'ai la conviction que j'accomplis à cette heure un devoir; je ne dis pas que vous ne puissiez tous le remplir, aussi bien que moi, mais je le remplis et je demande qu'on respecte dans ma personne ce qui est plus que la liberté de la parole, ce qui est l'accomplissement d'un devoir sacré. (*Exclamations diverses.*)

Voix à droite. — Recommencez votre lecture!

M. Gambetta. — Vos murmures ne m'arrêteront pas. Il faut que je tire les conclusions. (*Parlez! parlez!*) Oui, je parlerai. mais il est bon qu'on sache à travers quelles difficultés la parole se produit. (*Exclamations.*)

Voix à droite. — Parlez! parlez en face.

M. Gambetta. — Eh bien, Messieurs, voici la suite!

« Ajoutons bien vite. pour notre honneur. que Nancy, ville ouverte, n'avait plus depuis la veille un seul soldat, et que dans l'intérêt de la cité, l'autorité municipale avait cru bien faire de recommander le calme.

« Une demi-heure après, un détachement de vingt-six Prussiens traversa la ville et alla prendre possession de la gare, dont le chef fut déclaré prisonnier sur parole.

« M. le maire fut requis de se présenter au chef de l'expédition campé entre Saint-Max et la route d'Essey. Pendant ce temps-là, un officier des ulhans, suivi de deux cavaliers, parcourait la ville au galop pour reconnaître les lieux.

« Au retour de M. le maire, le conseil municipal eut à voter pour les vainqueurs... », — c'est ainsi qu'on les nomme, — « ... une somme de 50.000 francs avec force rations d'avoine.

« Ils n'avaient pas demandé moins de 300.000 francs et trouvaient que 50,000 francs, pour une ville dotée de si beaux édifices, n'étaient qu'une bagatelle.

« Pour le peu de séjour qu'ils ont fait, les Prussiens n'ont pas perdu leur temps. A la gare, notamment, vingt citoyens, sous la direction prussienne, ont dû faire beaucoup de dégâts en enlevant les rails jusqu'à Maxéville même, où les rails furent jetés dans le canal.

« Les poteaux télégraphiques ont été aussi abattus.

« Les ulhans, étaient au nombre de 150. »

Voilà quelle sinistre nouvelle, le 12 août, — pesez bien les dates, — le 12 août au soir, enregistrait le journal l'*Espérance de Nancy*, dont je vous apporte le lambeau déchiré. Eh bien, maintenant il s'agit de savoir pourquoi ce gouvernement si vigilant qui écarte de la main le contrôle sollicité par les représentants légitimes de la nation ignorait hier la vérité. affirmait hier le contraire de la vérité. et nous donnait ce matin à neuf heures une dépêche évasive dans le texte;

il faut savoir si oui ou non vous allez continuer ce système qui à l'incurie ajoute l'inexactitude, et qui vous fait soupçonner, entendez-vous bien, de mettre par-dessus tout l'intérêt de la dynastie et de négliger la patrie. (*Vives exclamations sur un grand nombre de bancs. Approbation à gauche.*)

M. ÉDOUARD DALLOZ. — C'est un parti pris de dire cela tous les jours.

M. GAMBETTA, *en descendant de la tribune.* — Avant de songer à sauver une famille, songez à toutes les familles françaises qui sont si cruellement atteintes.

M. CLÉMENT DUVERNOIS, *ministre de l'agriculture et du commerce.* — Je demande la parole.

M. LE PRÉSIDENT SCHNEIDER. — La parole est à M. le ministre du commerce. (*Agitation.*)

M. DE FORCADE. — Nous étions unis, il y a quelques jours ; restons unis, Messieurs, dans l'intérêt de la patrie. (*Très bien ! très bien !*)

M. LE MINISTRE DE L'AGRICULTURE ET DU COMMERCE, *à la tribune.* — Je réclame la parole.

M. DE FORCADE. — Ne laissons s'élever aucune discussion qui soit de nature à troubler le courage et l'énergie virile dont nous avons besoin. (*Nouvelle approbation.*)

M. LE COMTE D'AYGUESVIVES. — Les paroles qu'on a prononcées sont une excitation au dehors.

M. LE PRÉSIDENT SCHNEIDER. — La parole est à M. le ministre du commerce.

M. LE MINISTRE DE L'AGRICULTURE ET DU COMMERCE. — Messieurs, l'honorable M. Gambetta a adressé au gouvernement deux reproches, ou plutôt il a formulé contre lui deux accusations. Il a accusé le gouvernement d'avoir été mal renseigné ou d'avoir inexactement renseigné le pays.

M. GAMBETTA. — C'est la dernière partie de votre phrase qui est exacte. (*Laissez donc parler !*) Je ne fais que préciser ma pensée.

M. LE MINISTRE. — Voulez-vous me permettre de parler, monsieur Gambetta? Je ne vous ai pas interrompu une seule fois.

M. GAMBETTA. — Je cherchais à préciser. (*Marques d'impatience et interruptions au centre et à droite.*)

Voix à droite. — N'interrompez pas! Ne troublez pas le débat!

M. GAMBETTA. — Ce sont vos interruptions qui troublent la discussion!

M. LE MINISTRE. — La seconde accusation portée contre le gouvernement par l'honorable M. Gambetta est celle-ci, et j'avoue que c'est celle qui nous touche le plus. M. Gambetta prétend que nous voulons nous soustraire au contrôle de la Chambre, et que nous écartons ce contrôle. Je vous demande la permission de protester énergiquement contre cette parole. (*Interruption à gauche.*)

Voix au centre et à droite. — Laissez donc parler!

M. LE MINISTRE. — Nous ne voulons pas nous soustraire au contrôle de la Chambre ; nous voulons nous appuyer sur elle, et, comme le disait hier l'honorable M. Thiers à la fin de la séance, si nous avons repoussé un comité de défense spécial, nous avons accepté le grand comité de surveillance et de contrôle, qui est la Chambre tout entière.

M. GARNIER-PAGÈS. — Il faut la déclarer en permanence.

Voix nombreuses. — Laissez parler! Écoutez donc!

M. LARRIEU. — Oui! Écoutons ce que M. le ministre répondra.

M. LE MINISTRE. — Et la meilleure preuve que nous l'avons accepté, avec la déférence la plus complète et la plus entière, c'est que, aussitôt arrivés au pouvoir, nous avons déclaré que nous abandonnions hautement toute idée de prorogation directe ou indirecte. (*Interruption à gauche.*)

La meilleure preuve, c'est que nous demandons à

la Chambre, si elle veut s'ajourner, — et sur ce point
nous nous associons complètement, nous ministres
responsables, à l'honorable M. Thiers, — nous demandons aux députés de ne pas s'éloigner de Paris,
afin d'être toujours prêts à se réunir si les circonstances venaient à l'exiger.

M. EMMANUEL ARAGO. — De ne pas s'éloigner de cette
enceinte, d'être en permanence.

A droite. — Écoutez donc !

M. LE PRÉSIDENT SCHNEIDER. — Laissez parler M. le
ministre.

M. LE MINISTRE. — Si c'est là écarter le contrôle de
la Chambre, si c'est là vouloir soustraire sa conduite
au jugement des représentants du pays, alors nous
sommes coupables. Quant à moi, je crois qu'il est impossible de pratiquer le gouvernement parlementaire
d'une façon plus complète et d'une façon plus loyale.
(*Marques d'assentiment sur plusieurs bancs.*)

Maintenant on nous a dit que le pays était gardé par
des incapables : le mot est peut-être un peu dur pour
des hommes qui, arrivés aux affaires depuis quelques
jours et dans des circonstances dont personne ne méconnaît assurément la difficulté, font de grands efforts
en ce moment pour rétablir une situation qui, vous
me permettrez de le dire...

Plusieurs membres à gauche. — Ce n'est pas aux ministres actuels qu'on s'adressait.

M. LE MINISTRE. — Nous sommes sous le gouvernement parlementaire ; sous le gouvernement parlementaire les ministres sont responsables, nous sommes
responsables.

Voix à gauche. — Nous aussi !

M. LE MINISTRE. — Et c'est comme ministre responsable que je suis en ce moment à la tribune, et c'est
comme ministre responsable aussi que je déclare
hautement que nous entendons nous appuyer sur la
Chambre, que nous voulons gouverner avec la Cham-

bre, avec l'appui et avec le contrôle vigilant de la
Chambre qui représente le pays. J'arrive au point de
fait. Il s'agit d'une nouvelle. Sur ce point, vous devez
comprendre qu'il est absolument impossible aux ministres, qui sont sur ces bancs, de fournir des explications à M. Gambetta. Seulement je dis que le fait a
été considérablement grossi; non pas que le fait qui
vous a été raconté ne soit douloureux ; assurément,
pour tous les membres de cette Chambre, l'occupation d'une ville est un fait douloureux ; mais ce qu'il y
a de plus douloureux, c'est l'entrée de l'étranger sur
le territoire français. Si l'on a découvert Nancy, qui
est une ville ouverte, c'est sans doute par des nécessités de concentration sur un autre point : c'est sans
doute par suite d'une obligation stratégique impérieuse.

M. MAGNIN. — Ce n'est pas là ce que vous demande
M. Gambetta.

M. LE MINISTRE. — A-t-on dit, oui ou non, à cette
tribune, que le fait de l'occupation de Nancy pro-
venait de ce que le pays est gardé par des incapables?

Plusieurs membres à gauche. — Cela ne s'adresse pas
à vous.

M. LE MINISTRE. — Ce mot a été dit à la tribune, je
devais le relever et je le relève.

M. TACHARD. — C'est de la date qu'il s'agit, et pas
d'autre chose.

M. LE MINISTRE. — Quant à l'inexactitude du renseignement, je répète qu'il n'y a que M. le ministre
de l'intérieur qui puisse fournir des explications à cet
égard.

Je viens de dire à la Chambre, comme l'a déjà fait
un de mes honorables collègues, que M. le ministre
de l'intérieur ne peut pas être à la fois sur les bancs
de cette Chambre pour répondre à des interpellations,
et dans les bureaux du ministère de l'intérieur

occupé à organiser la garde mobile et la garde nationale.

Maintenant, la question est de savoir s'il vaut mieux que les informations manquent de précision, soient moins rapides, et que surtout on réponde moins promptement aux interpellations faites dans cette Chambre, ou s'il vaut mieux que le Gouvernement, ou plutôt deux ministres spéciaux, ceux de la guerre et de l'intérieur, consacrent tous leurs efforts à la défense du pays?

Je pose hautement cette question devant le pays. Vous faites peser sur nous une bien lourde responsabilité, et si vous obligez perpétuellement les ministres à venir répondre, dans cette Chambre, à des interpellations sur des points particuliers, vous ne pouvez exiger d'eux la célérité nécessaire pour la défense du pays, et vous entravez, sans le vouloir assurément, la défense nationale.

Voilà ce que je devais dire quant au point de fait. Vous pouvez être convaincus que lorsque M. le ministre de l'intérieur viendra, ou quand il nous aura été permis d'aller l'interroger, vous aurez une réponse satisfaisante, car il est impossible, — c'est le seul point sur lequel je m'explique quant à présent, — que la loyauté de mon honorable collègue, M. Henri Chevreau, puisse être mise en doute. Si maintenant il y a des renseignements à donner sur ce point de fait, je vous le répète, M. le ministre de l'intérieur vous les donnera. (*Très bien! très bien!*)

Le Gouvernement n'a aucun intérêt à cacher la vérité; et il ne la cache pas. Il y a là un fait qui a besoin d'explications, je les ferai demander au ministre de l'intérieur qui vous les fournira.

Après M. Duvernois, M. Brame, ministre de l'instruction publique, monte à son tour à la tribune, mais sans rien ajouter à la triste réponse du ministre du commerce. M. Jules Favre lui cria : « Il y a deux Gouvernements! »

M. Arago : « Il y a des ministres à qui on ne dit pas tout! »
M. Magnin : « Le Gouvernement savait et les ministres ne savaient pas. »

En effet, au-dessus du Cabinet du 10 août qui figurait pour le public, la société du 10 Décembre gouvernait et perdait la France.

L'attitude de la majorité du Corps législatif n'était guère moins affligeante que celle du Cabinet. Le jour même où la Chambre apprenait la prise de Nancy et la marche du Prince royal de Prusse sur Châlons, à la veille des grandes batailles de Gravelotte et de Saint-Privat, elle décidait par 156 voix contre 80 qu'il n'y aurait pas séance le lendemain 15 août, jour de l'Assomption et de la Saint-Napoléon.

M. Jules Ferry et M. Picard avaient demandé au Corps législatif de se réunir le 15 pour discuter la loi militaire et pour recevoir les nouvelles de l'armée!

A la séance du 16 août, M. Keller proposa à la Chambre de se réunir une seconde fois dans le courant de la soirée pour avoir des nouvelles de l'armée de Metz qui livrait le jour même la bataille de Rezonville. La majorité refusa.

M. Crémieux proposa, vu la gravité des circonstances, de se réunir une fois par jour.

La majorité refusa.

Ce ne fut pas sans peine que M. Gambetta obtint qu'il y aurait séance, d'une manière certaine, le lendemain 17. Le Corps législatif se disait soucieux du temps des ministres, empressé en réalité de se décharger de toute responsabilité, s'effondrant lentement sous le verdict accablant de l'opinion.

Nous reproduisons la fin du compte rendu de la séance du 16 août.

M. CRÉMIEUX. — Je demande la parole.

M. LE PRÉSIDENT SCHNEIDER. — M. Crémieux a la parole.

M. CRÉMIEUX. — La proposition de l'honorable M. Keller n'a pas été accueillie; mais ne rejetons pas la proposition de nous réunir une fois par jour. (Interruption.)

Voyons! faites-moi le plaisir de m'écouter. Je ne prends pas si souvent la parole.

Nous avons la permanence en fait, en ce sens que
notre président peut nous convoquer quand il le juge
convenable et que, comme nous ne nous éloignons
pas, nous viendrons certainement ici. Mais montrons
au pays que nous avons la permanence réelle. Venons
une fois par jour pour avoir des nouvelles de notre
armée! (*Nouvelle interruption.*)

C'est une chose curieuse, Messieurs, qu'on ne
puisse pas avoir votre assentiment dans des propositions de cette nature.

Qu'ont-elles qui puisse vous blesser? Nous nous
réunissons aujourd'hui à deux heures: pourquoi? Ce
n'est pas seulement pour avoir des nouvelles, c'est
pour demander aux ministres ce que nous avons à
demander chaque jour; c'est pour donner, nous-
mêmes, notre approbation à ce que nous trouverons
convenable; c'est pour voter immédiatement les projets de loi qui nous sont présentés d'urgence. Réunis-
sons-nous tous les jours à deux heures.

Je vous fais cette proposition et j'espère que vous
ne la repousserez pas.

M. GAMBETTA. — Je demande la parole.

M. LE PRÉSIDENT SCHNEIDER. — M. Gambetta a la
parole.

M. GAMBETTA. — Je veux proposer à la Chambre
une résolution à la fois moins générale que celle de
l'honorable M. Crémieux, moins prochaine que celle
de l'honorable M. Keller, plus précise et plus en conformité, ce me semble, avec les préoccupations d'aujourd'hui: je ne demande pas qu'on se réunisse ce
soir à cinq heures, car évidemment la séance pourra
être levée et les membres resteront encore au Corps
législatif. (*Oui! oui! — C'est cela!*) Je ne demande pas
non plus que vous preniez l'engagement de vous
réunir chaque jour; mais je demande, à raison des
nouvelles que vous connaissez, et à raison des communications et des explications que la Chambre peut,

sur une partie quelconque de ces bancs, réclamer
demain au ministère, je demande, dis-je, que pour ce
motif particulier, spécial, dont vous êtes déjà saisis,
il y ait séance demain d'une manière précise. (*Adhésion sur plusieurs bancs.*)

M. LE PRÉSIDENT SCHNEIDER. — La question est nettement posée et entendue; elle ne peut être résolue
que par un vote.

La proposition de M. Gambetta est adoptée à la seconde
épreuve par assis et levé.

DISCOURS

SUR

L'APPLICATION DE LA LOI SUR LES ÉTRANGERS

Prononcé le 17 août 1870

AU CORPS LÉGISLATIF

Le dimanche 14 août, une bande de soixante à quatre-vingts individus, armés de revolvers et de poignards, s'était jetée, vers quatre heures de l'après-midi, sur le poste des pompiers du boulevard de la Villette, avait tué le faction-naire, blessé un autre pompier et enlevé quatre fusils. Les sergents de ville du XIXe arrondissement, accourus aussitôt, essuyèrent une décharge qui blessa trois d'entre eux et tua une petite fille de cinq ans. Les gens de la bande n'attendi-rent pas, pour s'enfuir, l'arrivée d'un escadron et d'une compagnie de gardes de Paris. Les sergents de ville arrêtè-rent immédiatement une cinquantaine d'individus sur le lieu même de l'échauffourée et dans les environs. A six heures, d'autres émeutiers se ruèrent de nouveau sur le factionnaire du poste de la Villette et furent arrêtés par les gardes na-tionaux. Ils étaient porteurs de couteaux-poignards ou-verts.

Le *Journal officiel* du 15 août ajoutait : « La population a donné aux sergents de ville le concours le plus empressé : elle a procédé elle-même à de nombreuses arrestations. »

La nuit précédente, dans une maison isolée et voisine des fortifications, une perquisition avait amené la découverte, toujours d'après le *Journal officiel*, « de listes d'affiliés, de brassards et de drapeaux rouges, de divers signes de rallie-ment, d'un état des troupes occupant les forts, et *de la carte*

de visite d'une personne au service de l'un des souverains en
guerre avec la France ».

En raison des évènements du 14 août, un grand nombre
d'habitants du quartier de la Chapelle-Saint-Denis adressèrent à la Chambre une pétition pour demander la prompte
application de la loi sur les étrangers.

M. Gambetta, chargé de déposer la pétition, l'accom-
pagna de quelques observations qui amenèrent le Ministre
de la guerre à la tribune.

M. LE PRÉSIDENT SCHNEIDER. — La parole est à
M. Gambetta pour un dépôt de pétition.

M. GAMBETTA. — J'ai l'honneur de déposer sur le
bureau de la Chambre une pétition des habitants du
quartier de la Chapelle-Saint-Denis, qui, à raison du
fait qui s'est produit le 14 août courant, prient la
Chambre, ou plutôt le gouvernement, d'appliquer
avec promptitude la loi sur les étrangers.

Messieurs, cette pétition est couverte d'une grande
quantité de signatures; si je la dépose en l'accompa-
gnant de certaines réflexions, c'est pour mettre en
lumière le sentiment qui l'a inspirée à la dernière extrémité.

La population de Paris, en effet, ne s'est décidée à
réclamer avec énergie des mesures de coercition
contre les étrangers, que lorsqu'elle a vu que, de
toutes parts, elle était l'objet d'un vaste système d'espionnage; ce système d'espionnage ne s'est pas borné
à être purement et simplement un échange de communications: il est devenu une véritable cause de
tumulte dans la cité. Et c'est parce que les citoyens,
au nom desquels je m'exprime, protestent énergiquement, que j'éprouve le besoin de m'associer à leur
protestation contre les actes qui se sont produits à la
Villette dimanche dernier. (*Vif mouvement d'approbation.*)

A l'heure qu'il est, quiconque porte l'uniforme doit
être sacré. Tous les efforts doivent être dirigés contre

l'ennemi. Nous ne considérons pas les fonctionnaires
et les militaires, ainsi que nous pourrions le faire dans
d'autres circonstances, comme des surveillants dirigés
contre la politique, mais comme les protecteurs de
l'ordre et comme les défenseurs du territoire. (*Très
bien! très bien!*)

Voilà, Messieurs, pourquoi je me permets ces quelques commentaires, que je crois opportuns et nécessaires. J'ajoute que dans ce fait d'une main mise sur
la caserne de la Villette, le gouvernement, et je l'en
remercie, ne s'est pas trompé comme d'habitude dans
l'indication de la main criminelle ; il a rencontré immédiatement les agents de M. de Bismarck et les a
dénoncés à l'opinion publique ; avant lui, d'ailleurs,
la population avait déjà reconnu la main de l'étranger et se proposait d'en faire elle-même justice.

J'ajoute que, s'il y a une troupe considérée comme
troupe civile et entourée de toutes les sympathies, ce
sont ces généreux soldats contre le malheur et contre
l'incendie : les pompiers ; et je salue l'arrivée à Paris
de tous les pompiers, venus de tous les points du territoire pour contribuer à la défense nationale (*Très
bien! très bien!*) : ils sauront qu'ils sont au milieu
d'une population qui ne demande qu'à faire cause
commune avec eux contre l'ennemi. (*Marques générales d'approbation.*)

M. LE COMTE DE PALIKAO, *ministre de la guerre.*
— Je remercie l'honorable M. Gambetta des paroles patriotiques qu'il vient de prononcer et qui
sont en conformité parfaite avec les intentions du
gouvernement. Nous ferons nos efforts pour mettre
la main sur tous les étrangers qui porteront le trouble
chez nous, et nous n'hésiterons pas à les traduire devant les conseils de guerre ; c'est ce qui vient d'avoir
lieu pour les derniers évènements de la Villette qu'a
rappelés l'honorable député. Nous aurions voulu pouvoir, comme le demandait la population, faire bonne

et prompte justice des individus qui ont été arrêtés...

M. Gambetta. — Il faut des juges! (*Laissez donc achever!*)

M. le ministre. — ... Mais nous avons considéré comme un devoir absolu d'entourer ces gens-là, quels qu'ils soient. des garanties que leur assure la loi.

Les Conseils de guerre sont saisis; ils statueront promptement et donneront à la conscience publique la satisfaction qu'elle réclame, tout en respectant la loi. Mais. Messieurs, ceci ne peut pas se faire en un jour, il faut le temps voulu.

Les conseils de guerre, je le répète, sont assemblés; aussitôt la décision rendue, s'il y a un pourvoi. il sera examiné immédiatement; mais en cette circonstance, comme dans toutes les autres, notre première préoccupation est de ne pas nous écarter de la loi. (*Marques générales et très vives d'approbation.*)

Messieurs, avant d'user du droit que vous m'avez donné hier de ne pas assister aux séances de la Chambre pour pouvoir vaquer à des occupations beaucoup plus urgentes et plus utiles en ce moment, je vais vous donner les dernières nouvelles.

Le général de Palikao se contenta d'annoncer à la Chambre que l'ennemi ayant voulu attaquer la ville de Phalsbourg, avait été repoussé en laissant sur le terrain 1,200 à 1,500 des siens. Le général ne donna aucune nouvelle de Metz et se retira en demandant à la Chambre de s'ajourner. M. Arago et M. de Jouvencel ayant posé différentes questions aux ministres de l'intérieur et du commerce, M. Gambetta redemanda la parole.

M. le président Schneider. — La parole est à M. Gambetta.

M. Gambetta. — Je voudrais faire une observation en réponse à quelques paroles qu'a prononcées l'honorable ministre de la guerre, il y a quelques instants.

Plusieurs membres. — Il n'est plus là !

A gauche. — Il n'a pas besoin d'être là ; le cabinet est solidaire.

M. GAMBETTA. — Il a dit, après l'explication qu'il nous a fournie et pour laquelle nous étions réunis, qu'il vous demandait de vous ajourner.

Nous attendons des nouvelles avec une espérance patriotique qui, je l'espère, ne sera pas démentie par les faits ; mais il faut aussi savoir attendre en hommes politiques qui savent tout prévoir et tout présager, résolus qu'ils sont à tout dominer.

Vous comprendrez, Messieurs, que, lorsque M. le ministre de la guerre vous dit de vous ajourner, cela veut dire de ne pas le retenir ici... (*Mouvements divers*), et, pour ma part, je m'associe absolument à cette interprétation de sa pensée. Son poste actuel n'est évidemment pas à la Chambre, mais nous ne pouvons ni nous ajourner ni prendre une mesure qui pourrait faire croire au pays, qui nous voit, qui nous écoute, que nous ne voulons pas être constamment réunis pour aviser à la situation. (*Mouvement.*)

Par conséquent, je demande à la Chambre, qui sait très bien quelle est la nature des dépêches et des bruits qui circulent, les contradictions qui se croisent... (*Interruptions.*)

Permettez ! Quant à moi, j'accepte les explications et les nouvelles qui ont été données sans les discuter ; mais je ne les discute pas à une condition, c'est que nous soyons perpétuellement prêts à nous réunir. (*Mais oui ! oui !*)

M. ROULLEAUX-DUGAGE. — Quel est celui d'entre nous qui demande autre chose ?

Plusieurs membres. — Nous sommes tous d'accord !

M. GAMBETTA. — Vous entendez bien, Messieurs, que ce que je dis, en cherchant à y mettre la plus grande modération dans la forme, doit cependant ré-

pondre à un état particulier de mon esprit. Eh bien !
je suis sûr qu'il est absolument inopportun de discuter, à l'heure où nous sommes, les bruits qui circulent, et cependant, vous pouvez le croire, ces bruits
ne sont pas sans quelque consistance. Par conséquent, je demande que vous ne vous sépariez pas
sans vous ajourner à demain. (*Approbation sur divers
bancs*)

Après un échange d'observations entre MM. Ernest Picard,
E. Arago, Thiers et Pinard, la proposition de M. Gambetta
est mise aux voix et adoptée.

DISCOURS

SUR

L'ARMEMENT DE LA GARDE NATIONALE ET SUR LA COMMUNICATION

PAR LE GOUVERNEMENT DES NOUVELLES DE LA GUERRE

Prononcés les 20, 23, 24 et 25 août 1870

AU CORPS LÉGISLATIF

On a vu plus haut que le Corps législatif avait voté d'urgence, dans la séance du 12 août, la loi sur l'armement de la garde nationale. Mettre Paris en état de défense, telle était l'une des préoccupations dominantes des députés de la Seine, de tous les hommes qui comprenaient la terrible gravité de la situation créée par les défaites du 6 août. Et en effet, dès le lendemain de sa victoire de Frœschwiller, l'armée du Prince royal de Prusse avait passé les Vosges et commencé la marche sur Paris par la grande route de Nancy à Châlons-sur-Marne. On connaît les deux plans, l'un politique, l'autre stratégique, entre lesquels, du 17 au 20 août, le général de Palikao, ministre de la guerre, et le maréchal de Mac-Mahon, commandant en chef de l'armée de Châlons, hésitaient encore : marcher sur Metz au secours de l'armée du maréchal Bazaine, ou revenir sur Paris pour mettre la capitale à l'abri d'un coup de main du Prince royal de Prusse. Mais, à quelque plan que l'on s'arrêtât, il fallait en toute hâte armer la garde nationale, mettre Paris en état de défense. Or, malgré les promesses répétées du général de

Palikao, malgré le zèle et l'activité déployés par le général
Trochu depuis sa nomination comme gouverneur de Paris
(17 août), malgré les réclamations incessantes des députés,
la garde nationale de Paris ne recevait de fusils qu'avec une
lenteur qui la désespérait; la loi du 12 août, par la négligence ou le parti pris des préfets, demeurait en province à
l'état de lettre morte, le travail d'armement et d'approvision-
nement de Paris ne recevait pas l'impulsion nécessaire (le
général de Palikao ne devait-il pas avouer, devant la commission d'enquête, qu'il « avait résisté tant qu'il avait pu » ?);
le comité de défense des fortifications de la capitale, nommé
le 19 août, ne comprenait qu'un seul député, le ministre des
travaux publics. Et pendant que l'ennemi marchait sur Paris,
que les départements de la Champagne et de l'Ile-de-France
« s'étonnaient et s'inquiétaient de rester complètement désarmés » (paroles du général Le Breton, dans la séance du
29 août), le Cabinet, tout entier à ses préoccupations dynastiques, se dérobait à toute explication sincère sur la situation militaire. Dès la rentrée en session du Corps législatif,
M. Ollivier avait cherché à atténuer la gravité des revers
éprouvés, et ses successeurs persistaient dans le même système, ne reculaient pas devant la propagation plus ou moins
dissimulée de fausses nouvelles qui entretenaient un optimisme malsain, mais qui semblaient indispensables pour assurer, pendant quelques jours encore, la tranquillité de la
dynastie ébranlée et des hommes de Décembre aux abois.
Mais pendant que la presse officieuse annonçait ainsi succès
sur succès et, journellement, faisait sur le papier d'épou-
vantables hécatombes de régiments prussiens, le maréchal
Bazaine était enfermé à Metz, le maréchal de Mac-Mahon
hésitait à Reims, le Prince royal de Prusse menaçait Châlons
et Paris.

Dans cette crise terrible et douloureuse, quelle était
l'anxiété des quelques hommes vraiment patriotes et pers-
picaces que possédait le Corps législatif, on le devinera sans
peine en lisant les extraits suivants des séances du 20 au
31 août, où l'on verra les députés de la gauche, M. Jules
Favre, M. Thiers, M. Gambetta, M. Jules Ferry, M. Pelletan,
M. de Kératry, réclame avec insistance des renseignements
sérieux sur les faits de guerre, insister sur l'exécution
prompte de la loi du 12 août, chercher à assurer le contrôle

de la Chambre sur le Gouvernement. Le mot de *discours*
serait improprement appliqué à ces réclamations et à ces
remontrances d'un patriotisme désolé. Mais l'histoire n'en
doit pas moins recueillir les paroles prononcées dans ces
tristes séances par les députés de la gauche. Elles ne sont
pas inutiles pour le dossier des fautes et des crimes du Gouvernement impérial.

Nous avons dit plus haut après quels efforts, dans la séance
du 17 août, M. Gambetta et M. Thiers avaient obtenu du Corps
législatif qu'il se réunît le lendemain. La séance du 18
dura une heure à peine, celle du 19 une demi-heure. Le
ministre de la guerre ne parut ni à l'une ni à l'autre de ces
séances. La Chambre, pendant deux jours, s'émut de la
nouvelle que le général de Palikao lui avait donnée comme
certaine à la séance du 16 : la destruction du corps des cui-
rassiers blancs de M. de Bismarck.

Le ministre de la guerre parut à la séance du 20 août pour
rendre compte de la bataille de Saint-Privat. Il démentit le
bruit qui avait couru d'une victoire remportée le 18 par l'armée allemande, et annonça que trois corps de cette armée
« avaient été rejetés dans les carrières de Jaumont ». « J'a-
jouterai une chose, dit le ministre, c'est que nous nous oc-
cupons sans relâche du travail de la défense de Paris. Tous
les travaux marchent avec rapidité, et je puis vous certifier
que tout va être avant peu dans le meilleur état. »

Le ministre descendit de la tribune aux applaudissements
d'une majorité qui ne demandait qu'à *croire*. M. Gambetta
demanda la parole pour déposer deux pétitions émanant des
gardes nationaux de Paris et dont les affirmations n'étaient
guère conformes aux assurances optimistes de M. Palikao.

M. LE PRÉSIDENT SCHNEIDER. — La parole est à
M. Gambetta, pour un dépôt de pétitions.

M. GAMBETTA. — Je demande à déposer sur le bureau de la Chambre, et surtout à recommander à l'honorable général ministre de la guerre, deux pétitions
émanant de gardes nationaux de la ville de Paris, et
qui sont intéressantes précisément au point de vue auquel il se plaçait tout à l'heure : l'organisation prompte
et efficace de la défense de Paris.

Ces gardes nationaux, dont les uns sont inscrits depuis fort longtemps, dont les autres le sont depuis dix jours, huit jours et quatre jours, se plaignent de ne pas recevoir d'armes. (*Exclamations.*)

Ils ont été en demander, et on les a ajournés à huitaine.

Il est évident, Messieurs, que les réclamations dont je me fais ici l'écho se produisent sur tous les points de Paris ; elles sont générales, et nos collègues qui siègent sur ces bancs pourraient exposer, chacun pour son compte, des griefs analogues.

MM. GLAIS-BIZOIN et GARNIER-PAGÈS. — Oui ! oui ! oui !

M. GAMBETTA. — A la vérité, depuis deux jours, depuis la nomination du général Trochu, il se manifeste une plus grande activité dans la réalisation de l'armement de Paris ; mais cela ne suffit pas ; il faut apporter plus de rapidité, surtout dans la distribution des armes, car on comprend qu'il faut s'habituer à son fusil, qu'il faut s'habituer à l'exercice, et la première chose à faire pour cela, c'est la distribution des armes. Or je peux affirmer à la Chambre que cette distribution marche avec une lenteur véritablement désespérante.

J'espère qu'on prendra des mesures dans la journée même pour faire disparaître cette légitime cause de griefs de la population parisienne. (*Approbation à gauche.*)

M. ERNEST PICARD. — Nous pourrions citer des gardes nationaux qui vont se faire inscrire et qui reçoivent des bulletins portant que leur fusil leur sera donné dans huit jours. Je crois que ce n'est pas là l'activité et la rapidité qui doivent convenir à M. le ministre de la guerre. (*Bruit.*)

M. Chevreau, ministre de l'intérieur, répliqua brièvement que des réclamations individuelles, comme celles qui étaient produites par M. Gambetta et ses collègues de la gauche, ne

prouvaient absolument rien, que 40,000 gardes nationaux
étaient déjà armés et qu'en vérité le Gouvernement avait lieu
de s'étonner des plaintes qu'on élevait sans cesse et des reproches qu'on lui adressait.

Le Corps législatif applaudit M. Chevreau.

Le lendemain, 21 août, était un dimanche. Le Corps législatif jugea inutile de se réunir. Le général de Palikao fit
annoncer le lundi matin, 22, au *Journal officiel*, que le Gouvernement était sans nouvelles depuis deux jours de l'armée
de Metz, mais qu'il y avait lieu de penser que le plan du
maréchal Bazaine n'avait pas encore abouti.

Le Corps législatif, ainsi privé de tout renseignement po-
sitif et sérieux, se réunit fort anxieux. La majorité elle-
même ne dissimula plus une inquiétude que M. de Palikao
jugea utile de calmer, en venant annoncer qu'il avait reçu
de bonnes nouvelles du maréchal Bazaine, mais qu'il ne
pouvait pas les communiquer, ces nouvelles étant du 19. La
droite crut ou fit semblant de croire à cette assertion inexacte.
La gauche, jugeant la situation intenable, chargea M. de
Kératry de déposer la proposition suivante : « Neuf députés
élus par le Corps législatif seront adjoints au comité de défense de Paris. » Dans la pensée de la gauche, ces députés
garderaient le secret qui leur serait confié, mais la Chambre ne serait plus entièrement exclue de la direction des affaires.

M. de Kératry demanda l'urgence pour sa proposition.
L'urgence fut rejetée. M. Gambetta réclama et n'obtint pas
sans peine le renvoi immédiat à l'examen des bureaux.

A la reprise de la séance, M. de Palikao déclara que le
Gouvernement repoussait la proposition : « Quelque confiance que nous ayons dans les membres de la Chambre,
nous avons la responsabilité, nous la voulons tout entière. »
Le ministre, devinant que la commission nommée par les
bureaux était, au fond, favorable à la proposition, avait recours aux grands moyens : il posait la question de cabinet.
M. Thiers, rapporteur désigné de la commission, annonça
qu'une nouvelle proposition avait été faite, celle de limiter
le nombre des députés à trois au lieu de neuf, et que le ministre de la guerre avait annoncé qu'il se rendrait le lendemain dans le sein de la commission.

Le lendemain, 23, pendant que MM. de Palikao et Che-

vreau délibéraient avec M. Thiers et les autres commissaires,
M. Keller et M. Tachard, députés du Haut-Rhin, montaient
successivement à la tribune pour se plaindre, avec une triste
amertume, de ce que le Gouvernement n'avait rien fait à
Belfort ni dans tout le département. « Il y a là, disait M. Keller, des populations qui demandent instamment l'organisation de la garde nationale sédentaire et l'organisation des
francs-tireurs, qui demandent qu'on leur donne des armes;
le danger dure depuis plusieurs jours et rien n'a encore été
fait. Nous avons là des villages et des villes qui sont exposés
à être rançonnés par trois ou quatre cavaliers ennemis. Ces
villages et ces villes n'ont pas envie de suivre l'exemple de
Nancy. Ces villages et ces villes sont prêts à affirmer, en
versant leur sang, leur ferme volonté de rester français. Je
demande que le Gouvernement s'en préoccupe; je demande
qu'on ne continue pas à leur refuser des armes et qu'on leur
donne des moyens de s'organiser militairement, comme il le
faut, afin de défendre leur sol contre les incursions de l'ennemi. »

M. Brame répondit au nom du Cabinet qu'il ne pouvait
que faire appel au patriotisme de la Chambre pour qu'elle
évitât une discussion qui pourrait compromettre les opérations militaires!

M. Gambetta demanda la parole.

M. LE PRÉSIDENT DE TALHOUET. — La parole est à
M. Gambetta.

M. GAMBETTA. — Messieurs, lorsqu'un pays comme
la France traverse l'heure la plus douloureuse de son
histoire, il y a un temps pour se taire, cela est évident, mais il est évident aussi qu'il y a un temps pour
parler. Eh bien, je vous le demande, pensez-vous que
le silence que vient de réclamer M. le ministre de l'instruction publique, que ce silence auquel nous nous
résignons depuis quelques jours... ?

A droite et au centre. — Oh! oh!

A gauche. — Oui! oui! Parlez! parlez!

M. GAMBETTA. — Pensez-vous, dis-je, que ce silence
soit véritablement digne du pays, au milieu des anxié-
tés et des angoisses?...

A droite et au centre. — Comment des angoisses?...

M. GAMBETTA. — Oh! Messieurs, permettez! si vous n'avez pas d'angoisses, vous qui avez attiré l'étranger sur le sol de la patrie...

(De violents murmures s'élèvent sur les bancs de la droite et du centre. A ces murmures répondent de vifs applaudissements sur les bancs de la gauche. De bruyantes apostrophes sont échangées entre les diverses parties de l'Assemblée, et au milieu de l'agitation tumultueuse dominent les cris : *A l'ordre! à l'ordre!*)

M. LE PRÉSIDENT DE TALHOUET. — Monsieur Gambetta, je dois vous inviter à tenir compte du sentiment que vous pouvez constater dans l'Assemblée.

M. GAMBETTA. — Écoutez, Messieurs !... Je comprends à merveille que vous vous défendiez du reproche d'avoir attiré l'ennemi sur notre sol; mais enfin c'est vous qui avez livré le pays aux caprices du pouvoir et qui avez ainsi... (*Agitation croissante.*)

A droite et au centre. — A l'ordre! à l'ordre.)

Un membre au centre. — C'est vous qui l'avez désarmé, le pays!

M. GAMBETTA. — Messieurs, j'entends un mot au milieu du tumulte. On dit : « C'est vous qui avez désarmé le pays ! »

Je prie celui d'entre vous, Messieurs, qui a dit cela, de se lever, de se nommer.

Voix diverses à droite. — Oui, c'est vous ! Vous mettiez obstacle à l'armement de la France ! De pareils discours font les affaires de l'ennemi !

A gauche. — Laissez donc parler l'orateur !

M. VENDRE. — Qu'on discute, mais qu'on n'injurie pas !

M. GIRAULT. — Parlez! parlez! monsieur Gambetta : nous ne voulons plus faire la concession de notre silence! (*Exclamations.*)

M. GRANIER DE CASSAGNAC. — Monsieur le président,

nous demandons formellement la clôture de cette discussion.

A droite. — Oui ! oui ! la clôture !

M. VENDRE. — Oui ! assez d'injures !

Voix nombreuses. — A l'ordre ! à l'ordre !

M. LE PRÉSIDENT DE TALHOUET. — Si l'orateur continue cette discussion, je serai obligé de le rappeler à l'ordre. Il est impossible qu'on croie rendre service au pays en discutant avec cette violence de langage.

Plusieurs voix à droite. — C'est la guerre civile !

Autres voix au centre. — On ne cherche pas autre chose !

M. GAMBETTA. — C'est la guerre civile, dit-on, et nous ne cherchons pas autre chose ?... Messieurs, je n'ai jamais hésité à flétrir et à condamner les moyens qui ne sont pas des moyens reconnus par la loi. Je n'ai pas le moins du monde hésité, dans une occasion récente, à prononcer des paroles qui ne vous permettent pas, à vous, entendez-le bien... (*Exclamations bruyantes.*)

Voix nombreuses. — La clôture ! la clôture !

M. LE PRÉSIDENT DE TALHOUET. — Si vous continuez dans ces termes, monsieur Gambetta, je serai obligé de consulter la Chambre, qui demande la clôture.

M. ACHILLE JUBINAL. — Oui ! la clôture ! De pareilles discussions sont honteuses pour une Assemblée française !

M. GAMBETTA. — Monsieur le président, quand je suis monté à cette tribune, j'y suis monté pour exercer un droit qui m'est garanti par le règlement ; je vous prie de le défendre.

M. LE PRÉSIDENT DE TALHOUET. — Monsieur Gambetta, vous vous êtes servi de paroles qui ont provoqué des murmures ; vous avez paru accuser une partie de cette Chambre. Je vous prie de vous maintenir sur le terrain d'une discussion plus calme.

M. Guyot-Montpayroux. — On nous provoque sans
cesse en nous disant que nous voulons la guerre civile.
Nous n'admettons pas que ceux qui ont jeté le pays
dans l'abîme, se permettent de nous accuser.

M. Ordinaire. — La majorité de la Chambre a le
cœur léger !

M. Gambetta. — Je maintiens que lorsque j'ai été
interrompu, on a attribué à ma pensée et à ma parole
une couleur séditieuse et des provocations à l'émeute,
comme se l'est permis un membre de cette assemblée. J'étais en droit de faire justice de cette calomnie
(Bruit), et de rappeler qu'aujourd'hui, à l'heure où nous
sommes, cette Chambre, lorsqu'on monte à la tribune
pour discuter ou pour contrôler les paroles ministérielles, devrait se rappeler qu'à une époque qui est
malheureusement encore trop voisine, elle écoutait,
elle entendait et applaudissait des ministres qui la
trompaient effrontément, et qu'elle ne permettait pas
de réplique. (Réclamations au centre.)

A gauche. — Voilà la vérité !

M. Gambetta. — Je dis que ce souvenir que je n'ai
pas besoin d'invoquer, car il est l'origine même de
tous nos maux... (Rumeurs), ce souvenir devrait être
toujours présent dans nos discussions et quand nous
n'abusons pas de la tribune, pour qu'on nous accorde
au moins le silence.

Eh bien, je dis que depuis huit jours on monte
journellement à cette tribune pour nous donner des
nouvelles qui, je le reconnais quant à moi, sont données avec discrétion, avec mesure et aussi, quand on
les regarde de très près, avec un caractère particulier
que moi je trouve alarmant, permettez-moi de vous
le dire. (Oh! oh! Réclamations sur beaucoup de bancs.)
Quand je les rapproche les unes des autres... (Nouvelles réclamations.) Oh! permettez-moi de vous dire
que nous sommes arrivés à un moment où il ne faut
pas se payer de mots, où il ne faut pas croire que le

patriotisme consiste à endormir les populations et à les nourrir d'illusions dangereuses. (*Bruit.*)

Le patriotisme consiste, Messieurs, à préparer virilement la population qui nous entoure à recevoir l'ennemi ou à s'ensevelir sous les décombres de la capitale. (*Très bien! très bien!*)

Plusieurs membres. — Nous sommes prêts!

M. GAMBETTA. — Vous êtes prêts? (*Oui! oui!*) Alors d'accord...

M. QUESNÉ. — Il y a un membre de la majorité dont quatre fils sont à l'armée!

M. EMMANUEL ARAGO. — Ne craignez donc pas d'armer Paris.

M. GAMBETTA. — Savez-vous, Messieurs, ce que je pense? C'est que vous êtes tout à fait patriotes, mais aveugles, je le dis dans la sincérité de mon âme ; de façon qu'il ne saurait s'élever de contradiction entre nous sur ce point. Permettez-moi de vous dire qu'il y a des moyens et des voies différentes pour atteindre et réaliser le salut de la patrie. Eh bien! j'estime que nous avons fait assez de concessions... (*Bruit*), que nous nous sommes assez tus... (*Nouveau bruit*), qu'on a trop longtemps jeté dans ce pays un voile sur les évènements qui se précipitent et fondent sur nous. J'ai la conviction intime que ce pays roule vers l'abîme sans en avoir conscience. (*Exclamations et protestations à droite et au centre.*) Voilà la vérité, toute la vérité!

M. LE PRÉSIDENT DE TALHOUET. — Cette discussion ne saurait se prolonger. Il est impossible d'interrompre l'ordre du jour. Vous dites qu'on empêche les propositions de se produire; depuis une heure, elles se succèdent et la Chambre les écoute en silence. (*Réclamations à gauche.*) C'est seulement sur le dernier incident que les interruptions ont éclaté.

M. ROULLEAUX-DUGAGE. — Nous avons protesté contre les paroles imprudentes de M. Tachard, qui semblait dire que Belfort était abandonné par les troupes et ne serait pas suffisamment défendu. S'il en était ainsi, ce serait avertir les Prussiens qu'ils n'ont plus qu'à y envoyer des uhlans.

M. LE PRÉSIDENT DE TALHOUET. — Je répète que cette discussion ne saurait se prolonger, puisqu'il n'y a aucune proposition en débat. Le ministère a été interrogé : il a répondu, et ses explications ont été entendues. Je demande à la Chambre d'arriver le plus tôt possible à son ordre du jour. Elle a des travaux importants; je lui demande de ne pas s'en éloigner plus longtemps.

M. GAMBETTA. — Messieurs (interruptions), je dis qu'il ne peut pas y avoir de discussion plus utile que celle qui consisterait à se rendre virilement compte de la situation.

Un membre. — Ce serait la faire connaître à l'ennemi.

M. GAMBETTA. — Oh! Messieurs, les ennemis sont trop instruits de ce qui se passe, ils n'attendent pas ce qui se dit et ce qui s'échange dans cette Chambre pour savoir où nous en sommes; il n'y a que nous qui ne connaissons pas notre situation, il n'y a que nous qui ne savons pas agir. (*Interruptions diverses. La clôture! la clôture!*)

M. EMMANUEL ARAGO. — Les départements vous demandent des armes, et vous leur envoyez des conseillers d'État. (*Bruit.*)

M. CLÉMENT DUVERNOIS, *ministre de l'agriculture et du commerce.* — Nos conseillers d'État valent bien vos commissaires de la République.

M. LE PRÉSIDENT TALHOUET. — Monsieur Gambetta, je suis obligé de me conformer au sentiment de la Chambre en mettant la clôture aux voix. (*Oui! oui! à droite. Réclamations à gauche.*)

M. GAMBETTA. — Il n'est pas possible qu'un malentendu irritant puisse planer sur cette discussion. (*Nouveau bruit.*)

Écoutez, Messieurs, je vous prie. J'ai le sentiment, comme vous-mêmes, de ma responsabilité. Eh bien, ma responsabilité et ma conscience me disent aujourd'hui que cette population de Paris a besoin d'être éclairée sur la situation... (*Exclamations. La clôture !*) et je veux l'éclairer.

M. GAVINI. — Vous parlez de Paris !... Et la France ?...

M. LE PRÉSIDENT DE TALHOUET. — M. Gambetta veut se livrer à une discussion générale sur la situation. Je lui demande de ne pas le faire quand plusieurs ministres se trouvent absents. Dans ce moment, d'ailleurs, je crois que l'incident est vidé. Si M. Gambetta insiste, je vais mettre la clôture aux voix. Je ne puis pas admettre qu'on interpelle le gouvernement, comme on le fait, sans l'avoir prévenu et alors que les ministres auxquels s'adresserait spécialement l'interpellation ne sont pas à leur banc.

M. GAMBETTA. — Mais le gouvernement, c'est vous, Messieurs ! le gouvernement est ici, c'est en nous qu'il repose. (*Dénégations et réclamations bruyantes. La clôture ! la clôture !*)

M. ORDINAIRE. — Vous abdiquez ! vous vous déshonorez ! (*Allons donc !*)

M. GAVINI. — Si on nous insulte, nous saurons nous faire respecter. (*La clôture ! la clôture !*)

Un membre à gauche. — Parlez, monsieur Gambetta ! on n'a pas le droit de vous ôter la parole. (*La clôture !*)

M. GRANIER DE CASSAGNAC. — Nous demandons la clôture.

Plusieurs membres à droite. — Mettez-la aux voix, Monsieur le président !

M. LE PRÉSIDENT DE TALHOUET. — La clôture étant demandée, je consulte la Chambre.

(La clôture est mise aux voix et prononcée.)

M. GAMBETTA, *toujours à la tribune.* — Messieurs...

Voix nombreuses au centre et à droite. — Vous n'avez plus la parole ! la clôture est prononcée.

Plusieurs membres à gauche. — Continuez, monsieur Gambetta ; restez à la tribune !

M. GAMBETTA. — Vous ne savez pas quelle est votre responsabilité ! (*Vives et bruyantes interruptions. La clôture est votée !*)

M. LE PRÉSIDENT DE TALHOUET. — J'ai à plusieurs reprises engagé M. Gambetta à revenir à la question.

M. GAMBETTA. — Quand M. le ministre de la guerre sera là, je renouvellerai ma question.

A ce moment, M. Thiers entre dans la salle des séances et demande la parole pour informer la Chambre que la commission chargée d'examiner la proposition de M. de Kératry s'est décidée à la repousser, parce que le ministère a posé la question de cabinet et qu'une crise ministérielle serait un véritable malheur ; pourtant, que, malgré l'opposition du général de Palikao, elle espère encore pouvoir transiger sur la base de l'élection de trois membres seulement, et que, en conséquence, elle prie la Chambre de remettre au lendemain 24 la suite du travail de la commission.

La remise au mercredi 24 est accordée ; M. de Talhouët donne lecture de l'ordre du jour du lendemain et se prépare à lever la séance. Mais M. Gambetta reprend la parole.

M. GAMBETTA. — Il est impossible que nous nous séparions, même après les paroles que vient de prononcer l'honorable M. Thiers, sans que nous sachions quelle est la communication que le gouvernement compte faire aujourd'hui sur la situation qui inquiète tout le monde. (*Réclamations à droite.*)

M. GRANIER DE CASSAGNAC. — Il n'y a que vous qu'elle inquiète.

M. GAMBETTA. — Permettez-moi de vous dire qu'il est étrange que lorsqu'on peint, avec les mots que l'on rencontre dans l'improvisation, l'agitation patriotique de son âme, on se heurte à des susceptibilités qui, pour moi, sont inexplicables. (*Interruptions.*)

Quant à moi, je suis inquiet; si vous ne l'êtes pas, je vous plains et je vous dénonce à la patrie. (*Bruyantes exclamations.*)

Le Président essaye de nouveau de lever la séance, mais M. de Kératry monte à la tribune et cherche en vain à parler au milieu du tumulte croissant. Seul, M. Jules Favre réussit à se faire entendre.

M. Jules Favre : « Messieurs, il est impossible que le Gouvernement n'éclaire pas la Chambre sur la situation du jour. C'est pour cela que nous étions réunis, et, en conséquence, se taire serait un procédé très grave et qui ne serait pas conforme à la dignité de la Chambre. »

M. Chevreau se décide à monter à la tribune.

M. CHEVREAU, *ministre de l'intérieur.* — Messieurs, si le ministre de la guerre n'était pas occupé sans relâche à la défense du pays, il serait à son banc. (*Rumeurs à gauche.*)

Un membre à gauche. — C'est toujours la même chose! (*Exclamations à droite.*)

M. LE MINISTRE DE L'AGRICULTURE ET DU COMMERCE. — Vous lui faites perdre plusieurs heures par jour, et vous vous étonnez qu'il ne soit pas plus vite prêt!

M. LE MINISTRE DE L'INTÉRIEUR. — Je m'étonne des réclamations qu'ont soulevées mes paroles, car, à mon avis, il n'y a pas d'excuse plus légitime à l'absence de M. le ministre de la guerre que celle que j'ai invoquée. (*Assentiment.*)

M. GAMBETTA. — Nous n'avons pas réclamé.

M. LE MINISTRE. — Si M. le ministre de la guerre était présent, il vous dirait que le gouvernement n'a reçu depuis hier aucune dépêche officielle du théâtre de la guerre, et qu'il lui est impossible de vous donner des renseignements qu'il n'a pas. (*Mouvements et bruits divers.*)

M. GAMBETTA. — En êtes-vous sûrs?... (*Réclamations.*) D'ailleurs, je ne vous demande pas de me dire où sont

les troupes françaises ; je vous demande de me dire
où sont, sur le territoire français, les troupes prussiennes ?

A *droite et au centre*. — A demain ! à demain !

La séance est levée.

Le lendemain, dès le début de la séance, la discussion
s'engagea sur la proposition de M. de Kératry. M. Thiers,
rapporteur de la commission, constata d'abord, dans un court
rapport verbal, qu'après avoir repoussé la proposition de
M. de Kératry, la commission avait cru trouver un moyen
de conciliation dans la réduction des membres du comité
de neuf à trois, mais que l'accord n'ayant pu se faire sur ce
point, la commission rejetait toutes les propositions, pour
ne pas amener de crise ministérielle.

La commission avait abandonné avec un regret trop visible la proposition de M. de Kératry, et la Chambre avait commencé par se montrer trop favorable à cette disposition, pour
que le Cabinet pût se dispenser, sans éveiller de trop graves
soupçons, d'admettre une participation quelconque du Corps
législatif aux travaux du comité de Défense. Aussi, à peine
M. Thiers était-il descendu de la tribune, que M. de Palikao
s'y présenta pour déclarer que s'il s'était opposé à la proposition de M. de Kératry, c'est parce qu'il jugeait cette proposition inconstitutionnelle, mais qu'il avait été décidé en conseil que trois membres de la Chambre pourraient être
désignés par le ministre de la guerre pour être adjoints au
comité de Défense.

La gauche ne pouvait abandonner sans protestation la proposition de M. de Kératry ni accepter l'offre, si dédaigneuse
pour la Chambre, du ministre de la guerre. La discussion reprit, amenant successivement à la tribune M. de Kératry,
M. Clément Duvernois, M. Ernest Picard et M. Jules Favre,
qui, ce jour-là, malgré les violences de la droite et les interruptions irritées des ministres, prononça un de ses plus éloquents discours. La Chambre entendit encore une profession
de foi très patriotique de M. Buffet et la droite s'empressa
de réclamer la clôture.

M. Gambetta se présente à la tribune.

Voix nombreuses. — La clôture! la clôture!

M. LE PRÉSIDENT SCHNEIDER. — La clôture est demandée. (*Oui! oui!*)

M. GAMBETTA. — Je demande la parole contre la
clôture.

M. GIRAULT. — Non, il ne peut y avoir de clôture ; il
faut entendre tout le monde ; qu'on nous donne des
garanties !

M. LE PRÉSIDENT SCHNEIDER. — M. Gambetta avait
demandé le premier la parole contre la clôture, et je la
lui donne.

A droite et au centre. — Contre la clôture seulement !

M. GAMBETTA. — C'est en effet, Messieurs, exclusivement sur la demande de clôture que je veux m'expliquer.

Je viens vous demander, Messieurs, de laisser la
discussion ouverte...

A droite et au centre. — Non! Non!

M. GAMBETTA. — Permettez, Messieurs! Puisque je
parle contre la clôture, il est bien certain que je dois
commencer par demander que la discussion reste ouverte ; puis continuer en exposant les motifs que j'ai à
faire valoir pour qu'elle reste ouverte. (*Parlez! parlez!*)

Eh bien, je vous demande de laisser la discussion
ouverte, parce que les paroles si éloquentes et si
patriotiques de l'honorable M. Buffet me semblent
nécessiter une conclusion parfaitement analogue à
celle qui est réclamée par mes honorables amis.

A droite et au centre. — Mais non! Pas du tout!

M. GAMBETTA. — Messieurs, vous me laisserez bien
développer un simple argument qui n'est qu'un argument contre la clôture.

Les applaudissements unanimes...

A droite et au centre. — Pas unanimes! L'opposition
n'a pas applaudi!

A gauche. — Si! si!

M. le président Schneider. — Laissez donc dire quelques mots contre la clôture; sans cela vous nous amènerez à avoir un discours. (*On rit.*)

M. Guyot-Montpayroux. — Eh bien, il y aura un discours et un bon!

M. le président Schneider. — Il ne peut y avoir un discours, quand la clôture a été demandée, que si la Chambre l'autorise; la Chambre doit être d'abord consultée sur la clôture, après avoir entendu spécialement un seul membre, s'il s'en présente un, contre la clôture.

M. Gambetta a la parole contre la clôture.

M. Gambetta. — Sans vouloir réaliser les craintes de M. le président en prononçant un discours, au lieu de présenter une simple observation contre la clôture, je dis, j'affirme, — et je ne pense pas que l'honorable M. Buffet soit d'une autre opinion, — que les applaudissements unanimes... (*Non, non! Si, si!*)

M. Roulleaux-Dugage. — Le discours de M. Buffet est la condamnation la plus absolue de celui de M. Jules Favre, et c'est pour cela qu'il a été applaudi par la majorité, non par l'opposition!

A gauche. — Si! si! Nous avons applaudi comme vous!

Sur divers bancs à droite et au centre. — Non! non! non!

M. Gambetta. — Messieurs, il est étrange que, lorsque des membres de cette Assemblée affirment qu'ils ont pris part à une manifestation, il se trouve d'autres membres qui, d'une façon anonyme, nient cette affirmation. (*Bruit.*)

Que celui d'entre vous qui le nie personnellement se lève et me démente!

M. Roulleaux-Dugage. — Je demande la parole pour un fait personnel!

M. le président Schneider. — Il n'y a pas ici de fait personnel!

M. Roulleaux-Dugage. — J'ai été interpellé personnellement; je demande la parole.

M. le président Schneider. — Vous n'avez pas la
parole.

M. Roulleaux-Dugage. — J'ai dit et je répète hautement que nous avons applaudi l'honorable M. Buffet,
parce que son discours était la condamnation la plus
éclatante du discours de M. Jules Favre. (*Nouvelles
réclamations à gauche.*)

M. Gambetta. — Cela n'est pas exact. J'ai posé une
question précise. (*Interruptions confuses.*) J'ai dit.....
(*Nouvelles et bruyantes interruptions.*)

En vérité, Messieurs, sommes-nous dans une Assemblée d'hommes sérieux ou dans une arène?... (*Exclamations et rumeurs.*)

Messieurs, je dis que la discussion...

Sur plusieurs bancs. — Aux voix! aux voix!

M. Gambetta. — Comment, aux voix!... Il faut bien
vider une question qui a été posée. (*Aux voix! aux
voix!*)

Messieurs, je ne puis croire, — mais, en vérité, un
invincible soupçon s'élève dans mon esprit, — que ces
interruptions soient systématiques et faites uniquement pour m'empêcher de parler.

Sur un grand nombre de bancs. — Non! non!

M. Gambetta. — Eh bien, si elles ne le sont pas, je
demande qu'on m'en fasse grâce. (*Parlez! parlez!*)

Je dis, Messieurs, que la discussion peut être continuée et doit être continuée; car, si elle reste ouverte,
je me propose de démontrer brièvement, comme je le
dois, à la Chambre, que les paroles de l'honorable
M. Buffet, paroles couvertes d'unanimes applaudissements, exigent une conclusion, qui est la conclusion
même qui vous a été proposée pour mes honorables
amis. (*Mouvements divers.*)

Et j'appuie mon affirmation de cet excellent argument dont s'est servi l'honorable M. Buffet, vous

disant : Il faut prouver que les pouvoirs délibérants, que les Assemblées sont, dans les crises où l'action est nécessaire, à la hauteur des circonstances; que le régime des institutions parlementaires est aussi un régime d'action. Eh bien, précisément la proposition de mes honorables amis, c'est de mettre l'action en harmonie avec les institutions parlementaires...

Plusieurs membres. — C'est là le fond de la discussion !

Autres membres. — La clôture! la clôture!

M. LE PRÉSIDENT SCHNEIDER. — Monsieur Gambetta, vous entrez, en ce moment même, dans le fond de la discussion.

M. GAMBETTA. — Permettez!... Je n'entre nullement dans le fond de la discussion; je dis simplement qu'il y a dans chaque parole de l'honorable M. Buffet un argument qui démontre que notre proposition ayant pour but de mettre le pouvoir ici, de le faire exercer supérieurement par l'Assemblée ou des délégués de l'Assemblée...

A droite et au centre. — Mais c'est précisément le fond de la discussion !

M. GAMBETTA. — ... Est précisément la réalisation de cette pensée qu'il nous a exprimée si bien, à savoir, que ce qui doit dominer, c'est la défense du sol national par le pouvoir exclusif de la Chambre.

Sur de nombreux bancs. — La clôture! la clôture!

M. GAMBETTA. — Il y a un moyen de mettre d'accord ses prémisses avec notre conclusion, c'est d'investir l'Assemblée...

A droite et au centre. — C'est le fond de la question! La clôture! la clôture!

M. LE PRÉSIDENT SCHNEIDER. — Monsieur Gambetta, vous avez demandé la parole contre la clôture; vous avez développé vos motifs...

M. GAMBETTA. — En aucune façon !

M. LE PRÉSIDENT SCHNEIDER. — ... Vous laisser aller

plus loin serait vous permettre de rentrer dans la discussion, et je ne puis le faire en présence des demandes nombreuses et réitérées qui se font entendre pour que la clôture soit mise aux voix.

M. GAMBETTA. — Mettre aux voix la clôture, c'est certainement le procédé le plus simple pour juguler le débat; mais vous me permettrez de dire que, lorsqu'une question de cette gravité est engagée, il y a quelque chose de plus politique que de mettre aux voix la clôture, c'est d'épuiser la question, c'est de la vider, et elle ne l'est pas. (*Si! si! Aux voix! aux voix!*)

Maintenant, Messieurs, je vous mets en présence de ces deux politiques : une politique qui ferme les yeux systématiquement... et une politique de discussion... (*Assez! assez! La clôture!*)

Le bruit couvre la voix de l'orateur, qui, ne pouvant plus se faire entendre, descend de la tribune.

La discussion générale est close.

La proposition de M. de Kératry, mise aux voix, est rejetée par 206 voix contre 41. Une proposition analogue de M. Glais-Bizoin est également repoussée.

Le lendemain, le Gouvernement adjoignait, par décrets, au comité de la Défense M. Béhic et le général Mellinet, représentant le Sénat, MM. Daru, Buffet et Dupuy de Lôme, représentant la Chambre, et M. Thiers qui n'avait pas été consulté et qui n'accepta que contraint et forcé par la Chambre, qui l'acclama membre du comité sur la proposition de M. Steenackers.

Après le rejet de la proposition de M. de Kératry, comme la gauche voulait au moins chercher à obtenir du Cabinet quelques renseignements sur la marche de l'armée allemande qui se rapprochait chaque jour de Paris, M. Gambetta monta à la tribune.

M. LE PRÉSIDENT SCHNEIDER. — La parole est à M. Gambetta, pour adresser une question à M. le ministre de l'intérieur, qui en a été prévenu.

M. GAMBETTA. — En effet, j'ai eu l'honneur de de-

mander à M. le ministre de l'intérieur quelles étaient
les nouvelles qu'il pouvait communiquer à la Chambre
avant de nous séparer, car nous ne pouvons pas oublier que le mobile principal de nos réunions, c'est
d'être informés et d'être tenus au courant des nouvelles de la guerre. Ce n'est pas que nous ayons jamais réclamé des communications périlleuses ; mais,
Messieurs, il y a, et vous le sentez bien, des moments
où cette attitude et cette discrétion doivent s'effacer
pour faire place à des questions précises. Eh bien !
aujourd'hui, je reproduis la question que je faisais
hier : à savoir, non pas où sont les troupes françaises,
qui, je le sais, sont occupées à retenir et à immobi-
liser ce flot germanique qui nous menace ; je demande où sont les forces prussiennes : et, si je le demande, Messieurs, c'est que j'ai vu un journal...
(*Légère rumeur.*) Mais c'est extraordinaire !... (*Parlez !
parlez !*)

M. LE PRÉSIDENT SCHNEIDER. — Permettez-moi, monsieur Gambetta, de vous faire une demande : Je vous
en prie, ne vous arrêtez pas au moindre bruissement.
Il y a des interruptions pour lesquelles je vous sou-
tiendrai, mais je vous demande de ne pas interrompre votre discours au moindre mouvement de
l'Assemblée.

M. GAMBETTA. — Si ce n'était qu'un bruissement,
je l'accepterais, mais ce sont des murmures. (*Non !
non !*)

M. LE PRÉSIDENT SCHNEIDER. — J'en ai jugé autrement ; sans cela, je n'aurais pas fait mon observation.

M. GAMBETTA. — Un journal, *le Progrès de la Marne*,
journal de Châlons, rapporte dans son dernier numéro que, hier, le fait déplorable qui s'était passé à
Nancy s'est renouvelé à Châlons. Cinq uhlans sont
également entrés dans la ville et en ont pris possession. Je vous en donne lecture :

« Quatre heures et demie. Cinq cavaliers prussiens, le pistolet au poing, entrent à Châlons par la porte Saint-Jean, et prennent possession de la ville. Parmi les cinq cavaliers, revêtus de la capote grise et coiffés d'un casque, se trouve un officier; un des soldats fume gravement sa pipe, sans se soucier autrement des curieux réunis sur le passage du détachement. Parvenus dans la rue Saint-Nicaise, les cavaliers enfilent la rue d'Orfeuil, se dirigent vers l'Hôtel de Ville, et demandent M. le maire. Il ne s'y trouvait pas; mais au bout de quelques minutes, et pendant que les cinq soldats descendaient la rue d'Orfeuil, M. Perrier est arrivé et s'est présenté immédiatement au chef du détachement.

« Quelques heures avant l'entrée des Prussiens, plusieurs habitants avaient prévenu la division Brahaut, campée au quartier de cavalerie, de l'approche de l'ennemi. Le général, pour toute réponse, a levé immédiatement le camp.

« Ce départ n'est pas approuvé de tous.

« Un incident s'est produit au moment où les Prussiens quittaient l'Hôtel de Ville. La foule réunie sur la place de ce nom était fort nombreuse et faisait entendre des cris de colère et d'indignation contre ceux qui la livraient ainsi à la merci de l'ennemi. Cette attitude a déplu, paraît-il, à un soldat prussien; car, sans attendre le commandement de l'officier, il a mis la foule en joue et l'a menacée de son arme.

« En présence du malheur qui nous frappe, on nous permettra de nous renfermer dans notre douleur. Nous nous tairons donc jusqu'au jour où l'heure de la justice sonnera. »

M. ESTANCELIN. — Voilà la gloire impériale!

M. GAMBETTA. — Je n'ajouterai rien, Messieurs, à ce douloureux récit; je ne ferais qu'en affaiblir la cruelle éloquence: l'heure n'est point aux commentaires. Je demande simplement à M. le ministre de

l'intérieur si le fait est exact ; je lui demande en outre
si les Prussiens n'ont pas dépassé Châlons, s'ils ne
seraient pas entrés dans la vallée de la Seine, si notamment ils n'auraient pas ce matin dépassé Sézanne.
(*Mouvement.*)

Je lui demande en outre s'il lui semble que l'on
puisse plus longtemps supporter le silence sur la
grande journée du 18. (*Rumeurs.*)

Voici, Messieurs, la raison que je donne de ma
question.

Le 18, il y a eu une grande bataille qui a duré onze
heures ; les journaux étrangers les plus autorisés qui
entrent en France, qui sont reproduits par toute la
presse française de la nuance la plus patriotique, ces
journaux ont donné des détails précis sur les corps
engagés, sur les positions tour à tour prises et reprises, sur les incertitudes et les péripéties de la
lutte ; ils nous ont fait connaître, avec une précision
qui devient fort inquiétante, les glorieux et douloureux
combats de nos soldats engagés dans cette mémorable
journée.

Je veux demander au gouvernement s'il pense que
six jours après une bataille aussi importante, alors
que toute l'Europe en est instruite d'une façon officielle et officieuse par tous les moyens de communications, nous devons être réduits à apprendre par des
organes étrangers les détails sur la journée où le
sang de nos soldats a coulé à flots ? (*Exclamations.*)

Pour moi, Messieurs, je ne pense pas qu'il soit possible de maintenir plus longtemps un pareil silence.
Il faut qu'on nous dise quelle a été cette journée du
18, qu'on nous apprenne la vérité, toute la vérité,
sûrs que nous sommes qu'elle a été suffisamment
glorieuse pour nos héros qui y ont pris part et pour
la vieille renommée de la France.

Le silence serait plus mal interprété encore que la
cruelle vérité, si vérité cruelle il y a.

J'exige donc (*Oh! oh!*) au nom des intérêts de la patrie... (*Interruption.*)

Voix à gauche. — Mais oui!

M. GAMBETTA. — Permettez! il me semble que lorsqu'on parle au nom du sang français qui coule pour défendre la patrie (*Bruit*), on est en droit de montrer des exigences, et que ces exigences doivent être accueillies avec un unanime respect dans cette enceinte.

C'est donc au nom d'un véritable devoir qui vous étreint comme moi-même, que je vous somme de dire la vérité. (*Très bien! très bien! à gauche.*)

M. HENRI CHEVREAU, *ministre de l'intérieur.* — En vérité, la question ne me paraît pas mériter tant d'animation. (*Légères rumeurs à gauche.*)

M. GAMBETTA. — Mais je ne me suis pas animé!

M. LE MINISTRE. — M. Gambetta peut être bien sûr que si le gouvernement avait des détails, il les donnerait à l'instant même.

M. ESQUIROS. — Comment! vous n'en avez pas?

Voix au centre. — Laissez parler! Écoutez la réponse!

M. LE MINISTRE. — Tout le monde sait quelle est la situation de notre armée. M. le maréchal Bazaine nous a transmis sur l'affaire du 18 un télégramme que M. le ministre de la guerre a donné, il y a deux jours, et depuis, notre général en chef, absorbé par les soins considérables que vous savez, n'a pas adressé au gouvernement de rapport écrit.

J'affirme sur l'honneur que le gouvernement n'a reçu aucun rapport d'ensemble sur la journée du 18. Comment voulez-vous que nous vous donnions des nouvelles que nous n'avons pas? C'est impossible! (*C'est évident!*)

M. GAMBETTA. — Et Châlons?

M. LE MINISTRE. — Quant aux nouvelles de l'armée, au moment où j'ai quitté le ministère de l'intérieur, il n'y avait absolument aucun télégramme qui constatât un engagement quelconque ; il y avait des télégrammes qui indiquaient des mouvements de troupes. mais la Chambre comprend que je ne puis en parler. (*Non! non! Très bien!*)

Plusieurs membres à gauche. — Nous ne les demandons pas ! Parlez de Châlons !

M. LE MINISTRE. — Quant à la question précise que m'a adressée M. Gambetta, je dois lui dire qu'il résulte des télégrammes envoyés des départements de l'Aube et de la Marne, non pas que l'armée prussienne est entrée dans le pays, mais que des éclaireurs prussiens l'ont parcouru. Voilà la vérité absolue, ni plus ni moins. Quant au fait signalé d'une division de cavalerie qui aurait quitté la ville de Châlons, la Chambre comprendra qu'il est impossible de dire pourquoi. (*Assentiment général.*)

Et je suis convaincu que si des défenses partielles sont abandonnées, c'est pour assurer d'une façon certaine la défense générale du pays. (*Très bien! très bien! La clôture! la clôture!*)

M. LAROCHE-JOUBERT. — Qu'on dise au moins si la bataille du 18 nous a été favorable ou non! (*Bruit.*)

M. LE COMTE DE KÉRATRY. — Le gouvernement doit nous dire s'il croit que l'ennemi marche sur Paris, et à quelle distance il s'en trouve. (*Agitation.*)

M. GAMBETTA. — La réponse qui m'est faite s'adresse à des questions que je n'avais pas posées. Je ne demandais pas à l'honorable ministre de l'intérieur de me dire les mouvements de troupes, ni de quel côté était allée la division de cavalerie du général Brahaut ; je lui demandais de s'expliquer sur cette question précise : Où sont les troupes prussiennes ?

Un membre. — Vous le savez !

M. GAMBETTA. — Comment! vous avez la garde du territoire, et quand on vous demande où est l'ennemi, où est l'étranger, quelle parcelle du sol il

souille de sa présence, vous nous répondez que vous
l'ignorez! (*Mais non! mais non!*)

Vous vous réfugiez dans des réponses évasives! Le
Prince royal est en marche sur Paris; l'annonce
en est faite par des journaux qui nous apprennent
les faits qui viennent de se produire, que l'ennemi a
pris possession d'une ville et marche par la vallée de
la Seine vers la capitale, et à cette question : « A
combien de distance de Paris se trouve l'ennemi ? »
vous faites une réponse évasive, et vous voulez que je
m'en contente!

Il faut que vous sachiez, sous peine d'engager votre
responsabilité de la façon la plus irrémédiable, et
que vous nous disiez à quelle distance de la capitale
se trouve le Prince royal de Prusse. (*Mouvements
divers.*)

M. STEENACKERS. — Vous le savez, Monsieur le
ministre !

M. ESTANCELIN. — Vous devez le savoir.

M. LE MINISTRE DE L'INTÉRIEUR. — Messieurs, il
m'est absolument impossible de rester sous le coup
des paroles que vous venez d'entendre; je ne peux pas
admettre qu'on suspecte la loyauté de celui qui vous
parle. Quand je vous affirme sur l'honneur que je ne
puis répondre d'une façon précise à la demande que
vous me faites, j'ai le droit d'être cru. (*Bruit à
gauche.*)

M. LE COMTE DE KÉRATRY. — Voilà ce qui prouve la
nécessité du comité que je proposais.

M. LE PRÉSIDENT SCHNEIDER, *se tournant du côté de la
gauche.* — Permettez-moi de vous dire que si vous
n'écoutez pas la réponse qui vous est faite, on
serait presque autorisé à penser que vous adressez
des questions pour ne pas avoir de réponses. (*Vives
réclamations à gauche.*)

Remarquez d'abord que je ne vous ai pas accusés...
(*Bruit. Nouvelles réclamations à gauche.*)

M. GAMBETTA. — L'insinuation serait criminelle et je vous la renverrais. (*Bruit.*)

M. LE PRÉSIDENT SCHNEIDER. — Je demande qu'on écoute la réponse du ministre.

M. MAGNIN. — Nous demandons, nous, qu'on ne fasse pas de pareilles insinuations.

M LE COMTE DE KÉRATRY. — Si le ministère ne peut pas répondre dans cette circonstance, il montre une incapacité coupable. (*Bruit.*)

M. LE PRÉSIDENT SCHNEIDER. — Je n'ai pas à juger la réponse, je demande qu'on l'écoute en silence.

M. LE COMTE DE KÉRATRY. — Encore une fois, voilà ce qui prouve la nécessité d'un comité nommé par la Chambre.

M. LE MINISTRE DE L'INTÉRIEUR. — Je dis qu'il est impossible d'accuser un ministre de faire une réponse évasive lorsque ce ministre affirme sur l'honneur qu'il dit tout ce qu'il sait. (*Très bien!*)

M. ESQUIROS. — Alors vous ne savez rien !

M. LE MINISTRE. — Ce que je sais, le voici :

A gauche. — Ah ! ah !

M. LE MINISTRE. — C'est exactement ce que j'ai dit tout à l'heure : c'est qu'il m'est impossible de vous dire où est le gros de l'armée ennemie, attendu que, d'après les télégrammes qui m'ont passé sous les yeux toute cette nuit, cette armée a fait des marches et des contre-marches, et que les éclaireurs prussiens sont dans cinq ou six départements à la fois, se présentent sur certains points et cherchent évidemment à tromper l'armée française. Je sais, en effet, — et comment le contesterais-je, quel intérêt y aurais-je?—que les éclaireurs prussiens sont dans le département de la Marne et dans le département de l'Aube; je sais qu'ils se sont présentés à Châlons, qu'ils se sont présentés dans les environs de Troyes. Voilà les renseignements que j'avais ce matin. (*Exclamations à gauche.*)

Un membre à gauche. — Vous ne le disiez pas !

A droite. — Écoutez donc !

M. LE MINISTRE. — Mais, Messieurs, comment voulez-vous soupçonner le gouvernement de vous cacher une chose que tous les journaux rapportent et que tous les voyageurs disent ?

M. BARTHÉLEMY SAINT-HILAIRE. — Pourquoi ne l'avez-vous pas dit ?

M. LE MINISTRE. — Je l'ai dit d'une manière précise. Je ne peux pas en dire davantage, attendu que je ne sais rien de plus.

M. LE COMTE DE KÉRATRY. — La capitale a le droit de savoir où est l'ennemi.

Voix nombreuses. — La clôture ! la clôture !

M. LE PRÉSIDENT SCHNEIDER. — Je vais mettre aux voix la clôture, qui est demandée. (*Vives réclamations à gauche.*)

M. GAMBETTA. — Messieurs, il est absolument inutile de voter la clôture, car le débat va naturellement être clos. Je ne demande qu'à ajouter un mot pour préciser où nous en sommes et pour en tirer un enseignement politique et patriotique. (*Assez ! assez !*)

Oui, Messieurs, il résulte de ce qui nous a été répondu, deux choses : la première, bien étrange, c'est qu'on n'a absolument aucun renseignement sur la journée du 18 ; la seconde, c'est que les Parisiens peuvent se tenir pour avertis que dans quelques jours ils auront les ennemis à leurs portes. (*Bruit, et mouvements divers.*)

M. LE PRÉSIDENT SCHNEIDER. — L'incident est clos.

Quelques jours après, M. Buquet, membre de la majorité, donnait lecture de la lettre suivante, signée par tous les membres du conseil municipal de Nancy :

« Monsieur le député,

« Est-il vrai qu'on ait accusé de lâcheté les habitants de Nancy et du département de la Meurthe ?

« Vous savez dans quel abandon notre contrée a été laissée, que, dès le 8 août, toutes les autorités militaires l'avaient quittée précipitamment, qu'il n'y restait plus même un gendarme, et que Nancy, dépourvu de munitions et d'armes, n'avait, pour le maintien de l'ordre, que quatre-vingt-six fusils à silex transformés, mis entre les mains de ses pompiers.

« Vous savez que le Gouvernement annonçait que les passages des Vosges étaient défendus, et que la population devait être sans crainte.

« Vous savez que la dernière communication que nous avons reçue du ministre actuel de l'intérieur nous invitait, à l'approche de l'ennemi, à faire replier sur Châlons tous les hommes en état de porter les armes, et à abandonner ainsi sans défense et sans protection, nos femmes, nos enfants, nos vieillards.

« Et c'est nous qu'on accuse!... »

Le maire de Châlons écrivait de son côté :

« La vérité, la voici. Que les plus sévères l'apprécient et nous jugent!

« 1° Nous avions, en vue d'une invasion, demandé à grands cris des armes. Nous ne les avons pas obtenues. Nous n'avions ni un fusil ni une cartouche.

« 2° La veille du jour où l'ennemi envahissait Châlons, toute force et toute autorité militaire, depuis le général de division jusqu'au dernier gendarme, avaient évacué la ville.

« Une heure avant l'arrivée des dragons prussiens, une brigade tout entière de cavalerie française sortait de la ville, nous laissant sans défense possible. »

Le Corps législatif se réunit le lendemain 25 août. A l'issue de la séance, M. Gambetta proposa à la Chambre de se constituer en comité secret pour examiner la situation militaire et pour demander des explications au général Trochu, gouverneur de Paris, dont la proclamation du 18 août et la lettre au journal *le Temps* avaient excité une violente colère dans l'entourage de l'Impératrice. Les hommes qui, de concert avec MM. de Palikao, Rouher, Jérôme David et Chevreau (*Commission d'enquête sur les actes du gouvernement de la Défense nationale, rapport de M. Saint-Marc Girardin,* page 33), méditaient un coup d'État contre la Chambre, accusaient le général Trochu de trahison; ils affectaient de considérer les gardes nationaux mobiles comme les soldats d'une sorte de garde prétorienne que le général, de concert avec l'opposition, formait pour s'emparer de la dictature; le ministre de la guerre se tenait à l'écart, ne lui communiquait aucune nouvelle de l'armée, songea même à le remplacer par le général de Wimpffen. Quand, au comité de Défense, le général Trochu se fit, avec M. Thiers et le général de Chabaud-Latour, le chef de l'opposition contre la marche de l'armée de Châlons vers le Nord-Est, l'irritation contre lui fut portée au comble. Nominalement, le général Trochu restait encore gouverneur de Paris. Mais, dans le fait, le général de Palikao avait annulé toute son autorité. C'est cette situation qui fut éclaircie dans le comité secret.

M. LE PRÉSIDENT SCHNEIDER. — La parole est à M. Gambetta.

M. GAMBETTA. — A propos de l'ordre du jour, je désirerais prévenir la Chambre de mon intention de la consulter demain pour savoir si elle ne jugerait pas opportun de se former en comité secret, et je lui dirai tout de suite mon sentiment.

Pour ma part, je crois que ce comité secret pourrait être consacré en grande partie à examiner la situation militaire que nous révèle, que constate très régulièrement la proclamation du général Trochu que, pour ma part, je trouve parfaitement normale, régulière, et en exécution des pouvoirs, dont il promet de faire un si patriotique emploi.

C'est précisément parce que cette proclamation ne fait que constater un état militaire et politique sur lequel nous nous étions déjà expliqués dans cette enceinte, que je demanderai à la Chambre et au gouvernement, s'il ne serait pas opportun d'appeler demain dans le sein du comité secret un commissaire délégué de M. le gouverneur de Paris, ou, ce qui me semblerait mieux, M. le gouverneur général lui-même. Nous pourrions ainsi lui demander des explications sur ce qu'il nous importe de connaître.

.M. ESTANCELIN. — Il n'y a à cela aucun inconvénient.

M. GAMBETTA. — C'est pour demain que je pose la
question.

M. BUSSON-BILLAULT, *ministre présidant le conseil
d'État*. — Messieurs, en ce qui concerne la demande
d'un comité secret pour demain, je n'ai rien à dire;
mais, sur un autre point, j'ai une observation à
présenter.

L'honorable M. Gambetta dit qu'il voudrait être
éclairé sur la situation.

M. GAMBETTA. — Pas personnellement! tout le
monde le désire.

M. LE MINISTRE *présidant le conseil d'État*. — Oui,
pas personnellement. Et il a ajouté que la Chambre
voudrait s'éclairer d'une manière plus complète encore
sur la situation elle-même.

Je déclare que toutes les explications que nous
croyons possibles, nous sommes prêts à les donner;
mais je déclare aussi que nous seuls, et je parle du
ministère tout entier, pouvons les donner à la Chambre. (*Exclamations à gauche. Oui! oui! au centre et à
droite.*)

Après une courte discussion, la Chambre se forme immédiatement en comité secret pour entendre le général
Trochu.

DISCOURS

SUR LA PROPOSITION DES GAUCHES

À L'EFFET DE METTRE

LE RECRUTEMENT ET L'ARMEMENT DE LA GARDE NATIONALE DE PARIS

DANS LES ATTRIBUTIONS DU GÉNÉRAL TROCHU

ET SUR

LE PROJET DE LOI RELATIF A L'ACTIVITÉ DES MILITAIRES
DE TOUS GRADES

Prononcés les 27 et 29 août 1870

AU CORPS LÉGISLATIF

———————

A la suite de la séance du comité secret, et pour les motifs impérieux que nous avons fait ressortir plus haut, M. Ernest Picard déposa, dans la séance du 27 août, cette proposition qui était signée par tous les députés de la gauche :

« Nous demandons que le recrutement et l'armement de
la garde nationale de Paris soient dans les attributions ex-
clusives de M. le Gouverneur de Paris. »

Le ministre de la guerre répondit à M. Ernest Picard. Il dit
que la position du général Trochu, d'après tous les règlements, n'était qu'une position militaire et nullement une
position administrative, que la délivrance des armes devait
se faire uniquement par l'administration de la guerre, et que
lui, général de Palikao, il n'admettrait jamais qu'un de ses
inférieurs, placé sous ses ordres, usurpât les fonctions qui
lui revenaient.

La proposition de la gauche ne constituait en aucune

sorte une usurpation de fonctions. Le Gouvernement avait fait insérer au *Journal officiel* que le ministre de la guerre conférait au général Trochu, pour tout ce qui concernait la défense de Paris, la plénitude des pouvoirs dont le ministre de la guerre était investi pour le reste de la France. Ou cette note était sincère, et alors la proposition de la gauche devait être acceptée sans discussion ; ou la note n'était pas sincère, et alors les défiances de la gauche n'étaient visiblement que trop justifiées : le Cabinet du 10 août continuait de subordonner les intérêts de la France à ceux de la dynastie, il ne voulait pas armer Paris, tout était à craindre, — et cela fut démontré par la suite, — même un coup d'État.

M. Gambetta se leva pour répondre à la déclaration menaçante du général de Palikao.

M. LE PRÉSIDENT SCHNEIDER. — La parole est à M. Gambetta.

M. GAMBETTA. — Je voudrais présenter à la Chambre une observation qui n'est qu'une observation de forme. Je lui garantis que je ne veux pas toucher au fond de cette grave question : seulement, je veux la mettre en présence de deux déclarations officielles, l'une émanant de l'honorable ministre de la guerre, l'autre émanant du ministre de l'intérieur.

Le premier de ces honorables ministres a dit et fait insérer au *Journal officiel* qu'il conférait et transportait au gouverneur de Paris, pour tout ce qui touchait la capitale, la plénitude des pouvoirs dont il avait été investi pour le reste de la France.

Eh bien, ce qui nous préoccupe dans ce moment-ci, — que M. le ministre de la guerre veuille bien croire à la sincérité de mon langage, — ce n'est certainement pas de porter une atteinte quelconque à sa situation dominante, c'est de réaliser la promptitude qui ne nous semble pas atteinte dans l'armement de la ville de Paris. Par conséquent, ce que je lui demande et ce que notre proposition a pour but d'atteindre, ce n'est pas le moins du monde pour troubler la hiérarchie des pouvoirs, c'est simplement pour qu'à cette déclaration solennelle du *Journal officiel*, quant à la nomination du général Trochu, corresponde une situation nette et tranchée, et qu'à côté de la responsabilité qui lui est transmise tout entière, se trouve l'exercice et l'efficacité de ses pouvoirs.

Voilà pour ce qui concerne la déclaration de M. le ministre de la guerre.

M. LE MINISTRE DE LA GUERRE. — Pardon . monsieur Gambetta! Vous ne donnez pas ma déclaration tout entière ; permettez-moi de la rétablir. J'ai ajouté : « sous les ordres administratifs du ministre de la guerre. » Voilà ce que j'ai ajouté et ce qui maintient l'intégralité de mon pouvoir sur le général Trochu.

M. JULES FAVRE. — C'est accepté !

M. GAMBETTA. — La parenthèse ouverte par M. le comte de Palikao ne fait que confirmer l'exactitude de mes paroles. Je ne demande pas que les attributions complètes du général Trochu soient dérobées au contrôle, à la surveillance et à l'autorité supérieure du ministre de la guerre, en aucune façon! Je demande que cette dévolution partielle des pouvoirs que l'honorable comte de Palikao a transmis au général Trochu soit effective, car je viens, en rapprochant les faits de la déclaration du *Journal officiel*, de vous montrer qu'il n'y a purement et simplement qu'une situation déclarative et non une situation nouvelle. (*Rumeurs à droite.*)

Messieurs, nous soumettons à la Chambre une question qui n'est pas une question neuve, puisque nous la croyons résolue dans les déclarations antérieures du gouvernement. Nous ne demandons qu'une chose, c'est qu'on applique et qu'on réalise les instructions et déclarations officielles ; nous n'allons pas plus loin.

J'ai donc traité le premier point que j'avais annoncé : je me suis fondé sur les paroles de M. le mi-

nistre de la guerre. J'aborde maintenant les déclarations du ministre de l'intérieur.

Hier, l'honorable ministre de l'intérieur... (*Interruptions.*)

M. LE BARON ESCHASSÉRIAUX. — Les ministres ont
besoin d'être à leurs ministères, n'interrompez pas
leurs travaux par des interpellations incessantes!

M. GAMBETTA. — Il me semble que je ne dépasse
pas les limites d'une discussion rapide.

Hier, et c'est là ce qui nous a confirmés dans la
nécessité de la proposition que nous présentons au
parlement, hier M. le ministre de l'intérieur, lorsque
nous nous plaignions de la lenteur mise dans les opérations de l'armement, nous a dit qu'il y avait
cinq ou six pouvoirs qui étaient en collaboration et en
coopération nécessaire pour réaliser cet armement :
il y a le commandant de la place de Paris, il y a le
ministre de la guerre, le préfet de police, le ministre
de l'intérieur. Eh bien ce sont ces cinq ou six pouvoirs que nous voudrions ramener et réduire à un
seul.

Je me résume d'un mot. Nous voulons, — et comment en douteriez-vous, puisque c'est la parole que
vous êtes habitués à applaudir que nous invoquons?
— nous voulons centraliser dans les mêmes mains,
celles du général Trochu, l'armement de la garde
nationale de Paris, sous la réserve de l'autorité supérieure.

M. LE MINISTRE DE L'INTÉRIEUR, *se levant.* — Messieurs...

Voix nombreuses au centre et à droite. — Ne répondez pas! ne répondez pas! L'ordre du jour! Aux voix!

A gauche. — Parlez! parlez!

Au centre et à droite. — Non! non! ne répondez-
pas!

M. le ministre de l'intérieur se rassied.

M. GAMBETTA. — Je constate qu'à deux reprises, et

ce n'est pas la première fois que cela arrive, l'honorable organe du gouvernement se lève pour répondre à des questions dont personne ne peut méconnaître ni l'importance ni la gravité, et que c'est sur les sollicitations de la droite qu'il se rassied. (*Aux voix! aux voix!*)

M. LE PRÉSIDENT SCHNEIDER. — Une proposition vient d'être produite : on en demande le renvoi aux bureaux.

M. GAMBETTA. — Purement et simplement, suivant le règlement.

M. LE PRÉSIDENT SCHNEIDER. — Pour que le renvoi aux bureaux ait lieu, une première chose est nécessaire, c'est la déclaration d'urgence.

M. GAMBETTA. — A la commission d'initiative alors, pas aux bureaux! Nous ne voulons donner à cette demande aucun autre caractère que le caractère ordinaire. Ainsi, à la commission d'initiative!

M. LE PRÉSIDENT SCHNEIDER. — C'est de droit. Les auteurs de la proposition ne demandent pas autre chose, la Chambre n'a pas à être consultée.

M. GAMBETTA. — C'est cela!

La proposition de M. Ernest Picard est renvoyée à l'examen de la commission d'initiative, qui ne devait jamais statuer à son égard. La Chambre passe à la discussion du projet de loi relatif au rappel à l'activité des militaires de tous grades.

La commission, par l'organe de M. Forcade de la Roquette, annonce que des modifications assez importantes ont été apportées au projet primitif présenté par le Gouvernement, mais que le ministre de la guerre les accepte. M. de Palikao monte à la tribune pour expliquer et défendre l'ensemble du projet. Mais à peine le général a-t-il commencé ses explications, qu'une dépêche lui est remise : le général en donne lecture au Corps législatif. Cette dépêche annonçait que, le 25 août, un corps prussien commandé par le Prince royal de Saxe avait attaqué Verdun, et qu'après un combat très vif qui avait duré trois heures, les Prussiens avaient battu en retraite, fort maltraités par l'artillerie, servie, en majeure partie, par la garde nationale sédentaire.

Le Corps législatif éclate en applaudissements unanimes. M. Rampont s'écrie : « Voilà comment la garde nationale se conduit, quand elle est armée! »

M. LE MINISTRE DE LA GUERRE. — Messieurs, trois de mes honorables collègues sont venus me trouver ce matin pour m'exprimer le désir qu'on armât le plus promptement possible la garde nationale sédentaire de Paris. Mon collègue de l'intérieur m'avait déjà demandé de mettre à sa disposition 80,000 fusils environ, dont il avait besoin.

M. STEENACKERS. — Ce n'est pas assez! (*Rumeurs.*)

M. LE MINISTRE. — Permettez, Messieurs! je ne suis pas habitué à la parole, mais, quelles que soient les interruptions, je crois que je trouverai, dans la vérité des faits, de quoi vous répondre. (*Très bien!*) Je vous prie de me laisser parler. (*Oui! oui! — Continuez!*)

Voici ce qui s'est passé : Un de mes prédécesseurs, je ne sais pas lequel, avait constitué, dans un but d'utilité pour la défense de Paris, une réserve de 100,000 fusils à piston, des fusils rayés. Cette réserve, à laquelle on ne devait toucher qu'à la dernière extrémité, m'a été révélée depuis peu de jours. (*Mouvements divers.*)

Messieurs, je n'ai pas pu tout faire. C'est aujourd'hui le dix-septième jour que j'ai le portefeuille de la guerre.

Un membre à gauche. — C'est vrai! Vous avez fait beaucoup! C'est une justice à vous rendre.

M. LE MINISTRE. — J'ai dû armer d'abord tout ce qui était devant l'ennemi. (*Oui! oui!*) J'ai donné l'ordre ce matin, — et vos trois collègues ont dû le porter eux-mêmes au directeur de la guerre, — de remettre les 100,000 fusils entre les mains de la garde nationale de Paris. (*Vive et générale approbation.*)

M. Gambetta. — Je demande la parole.

M. le président Schneider. — M. Gambetta a la parole.

M. Gambetta. — Cette réponse de M. le ministre de la guerre calmera enfin les impatiences de la population parisienne. (*Interruptions.*) Je suis convaincu que c'est là la réponse que voulait tout à l'heure nous faire lui-même M. le ministre de l'intérieur. Et ceci, Messieurs, — je cherche à tracer une ligne de conduite, — vous montre que, lorsque nous posons une question au Gouvernement, il ne faut pas interrompre les ministres avant qu'ils nous aient répondu. (*Mouvements divers.*)

Le général de Palikao se retire. Le Corps législatif passe à la discussion de l'article 1er du projet de loi relatif aux forces militaires. Cet article était ainsi conçu : « Les bataillons de la garde nationale mobile peuvent être appelés à faire partie de l'armée active pendant la durée de la guerre actuelle. »

M. Guyot-Montpayroux combattit cet article : Le projet de loi dit que des bataillons de garde nationale mobile *peuvent* être appelés à faire partie de l'armée active. Le mot *peuvent* ne doit pas rester dans la loi. Le Corps législatif est réuni pour organiser la défense du pays, et lorsqu'on établit un impôt, la première condition est qu'il soit réparti d'une façon équitable, sans que rien soit laissé à l'arbitraire de personne. Et M. Guyot-Montpayroux, continuant à développer ses objections, entra dans des considérations dont la publicité semble aussitôt dangereuse à plusieurs membres de l'opposition.

M. Guyot-Montpayroux. — Vous avez appelé les anciens militaires non mariés de 25 à 35 ans. Appellerez-vous les célibataires de 25 à 35 ans qui n'ont pas été militaires, ou ne les appellerez-vous pas?

Vous voyez bien que, dès que vous prenez l'ensemble de vos dernières lois sur l'organisation militaire, vous trouvez à chaque pas des dispositions qui blessent l'équité, et qui sont incapables de créer un grand élan pour la défense nationale. (*Très bien! très bien!*)

M. GAMBETTA. — Il vaudrait mieux nous constituer en comité secret.

M. GUYOT-MONTPAYROUX. — Je regrette de dire cela en séance publique, mais la faute n'en est pas à moi; cela ne serait pas arrivé si j'avais été appelé à parler devant la commission.

Plusieurs membres. — Le comité secret! le comité secret!

M. GUYOT-MONTPAYROUX. — Je ne m'oppose nullement à ce que la Chambre se constitue en comité secret.

M. GAMBETTA. — Il me semble que la nature des explications et des discussions dans lesquelles on va entrer demanderait le comité secret. (*Bruit.*)

M. ROULLEAUX-DUGAGE. — La discussion publique ne présente aucun inconvénient.

M. GAMBETTA. — J'entends l'honorable M. Roulleaux-Dugage dire qu'il n'y a pas d'inconvénient; moi, j'en trouve de très grands.

Il est absolument impossible de discuter sérieusement cette loi en séance publique. Or elle a besoin d'être discutée: voilà pourquoi je demande le comité secret, pour que la discussion ait lieu sans danger pour le pays.

M. MORIN. — Nous demandons la discussion en séance publique.

Le pays est en droit de connaître les motifs des décisions que nous prenons. Il s'agit d'une mesure d'intérêt public.

M. GAMBETTA. — Permettez!... ce n'est pas pour le public français, c'est pour l'étranger que je demande le secret.

M. JULES SIMON. — A la bonne heure! Je ne discute ni vos raisons, ni votre proposition. Je veux seulement dire à la Chambre, comme membre de la commission, — et je crois que cette déclaration sera surtout utile si le comité secret est prononcé, — je veux dire à la Chambre et au pays que tout ce qui nous a été dit dans la commission par le Gouvernement est de nature à être porté, sans aucun inconvénient, à la connaissance du public, et que loin de tirer de ces faits une nouvelle occasion de tristesse ou de crainte, nous n'avons rien entendu qui ne soit au contraire encourageant. (*Très bien!*)

M. GAMBETTA. — Il ne faut évidemment pas prodiguer le comité secret, et je comprends que c'est une mesure qui doit être sévèrement et scrupuleusement appréciée.

Si j'ai demandé le comité secret à la Chambre, c'est que les développements dans lesquels on entrait à l'instant même, — car je n'y aurais pas pensé antérieurement, — me paraissaient d'une nature compromettante, non pas à l'égard du public français qui sait fort bien que nous ne nous défions pas de lui, pas plus qu'il ne se défie de nous, mais à l'égard de l'étranger qui se rapproche de plus en plus de la capitale et qui saisit admirablement tout ce qui se dit ici. (*C'est vrai!*)

Donc, ce n'est pas pour les déclarations qui ont été faites dans la commission ni pour l'ensemble même de la discussion que je demandais le comité secret, c'était pour le discours que j'entendais au moment même où je l'ai réclamé.

M. de Forcade, rapporteur, répondit à M. Gambetta pour s'opposer à la demande de comité secret : « Pourquoi soustraire aux intéressés la connaissance des débats de la Chambre? On parle de l'intérêt d'un autre genre que l'ennemi pourrait attacher à cette discussion. Je compte assez sur le patriotisme des membres de cette Assemblée pour être convaincu qu'ils sauront éviter tout ce qui, dans cette discussion, pourrait être un avertissement au profit de l'ennemi. »

M. de Forcade réclamait à bon droit de la part des orateurs du Corps législatif une grande réserve de langage. Mais cette réserve, pouvait-on être sûr de l'obtenir de tous les orateurs, et si cette réserve n'était pas obtenue, n'y avait-il pas là un véritable danger?

La discussion continua, amenant tour à tour à la tribune M. de Kératry, M. le général Allard, M. Bethmont, M. Picard, M. Martel et M. Cochery. L'article 1er du projet fut adopté, après le rejet de deux amendements présentés par M. Cochery et par M. de Kératry, et qui réunirent les voix de la gauche.

L'ensemble du projet fut adopté à l'unanimité de 223 votants.

M. LE PRÉSIDENT SCHNEIDER. — Avant de procéder au scrutin, je propose à la Chambre de se réunir lundi.

M. GAMBETTA. — Demain, monsieur le Président (Non! non! Si! si!)

M. LE PRÉSIDENT SCHNEIDER. — La réunion des bureaux est fixée à lundi.

Maintenant, je crois que M. Gambetta propose pour demain une réunion en séance publique...

M. GAMBETTA. — Oui, monsieur le Président, à trois heures.

A droite. — Non! non!

M. GAMBETTA. — Je demande à dire un mot.

Messieurs, le motif qui me fait solliciter de la Chambre la réunion pour demain à trois heures...(Non! non! Si!)

M. LE PRÉSIDENT SCHNEIDER. — Attendez; on fait une proposition, vous l'apprécierez.

M. GAMBETTA. — ... Ce motif se puise dans les circonstances politiques que nous traversons. Vous avez tous compris combien la permanence était nécessaire: eh bien, je vous demande, à mesure que l'ennemi s'avance, de faire de cette permanence un moyen moral de le repousser.

Je demande la réunion à demain.

M. LE PRÉSIDENT SCHNEIDER. — M. Gambetta fait une proposition...

M. GAMBETTA. — Mais, Messieurs, nous devons être unanimes !

M. LE PRÉSIDENT SCHNEIDER. — La question est simple : M. Gambetta fait la proposition de se réunir demain, à trois heures, en séance publique.

Je mets aux voix la proposition.

La proposition n'est pas adoptée.

Le Corps législatif avait été informé, l'avant-veille, que l'armée du Prince royal de Prusse avait repris sa marche sur Paris. Le 25, le roi de Prusse avait couché à Bar-le-Duc. Le Corps législatif et le Cabinet ignoraient, à la date du 27, que le général de Moltke avait commencé la grande conversion qui devait rejeter les 230,000 hommes des Princes royaux de Prusse et de Saxe sur l'armée du maréchal de Mac-Mahon. On supposait donc que la marche sur Paris continuait... Aux yeux de la majorité, ce n'étaient pas là des motifs suffisants pour se déclarer en permanence ! Le Corps législatif refusa de siéger le dimanche 28 août.

Le Sénat siégea ce jour-là...

A l'ouverture de la séance du lundi 29, M. Gambetta demanda la parole.

M. LE PRÉSIDENT SCHNEIDER. — La parole est à M. Gambetta, pour un dépôt de pétitions.

M. GAMBETTA. — J'ai l'honneur de déposer sur le bureau de la Chambre une série de pétitions qui demandent que, comme tous les autres citoyens valides, les séminaristes, abbés, moines, frères, etc., soient appelés à défendre le sol de la patrie menacé. Quelques-unes de ces pétitions sont du 16 août 1870 ; elles sont couvertes de plus de six mille signatures d'habitants des villes de Nantes, Savenay, Saumur et Saint-Nazaire.

Il y en a d'autres qui ont été envoyées de Laval et d'Angers, à la date du 9 août, et qui portent 793 signatures. Il y a diverses pétitions isolées qui ont réuni

900 signatures, et d'autres, émanant d'habitants de Paris. Toutes tendent au même but.

Presque tous les membres de l'opposition avaient déjà déposé des pétitions semblables, revêtues de nombreuses signatures. Le Corps législatif ne daigna pas s'en occuper.

M. Ernest Picard demande à M. Grandperret, garde des sceaux, qui représentait le Gouvernement à la séance, si le Gouvernement verrait des inconvénients à seconder les municipalités surchargées de travail, en leur adjoignant des habitants du quartier et en faisant, pour la distribution des fusils dans certaines sections, ce qu'on fait pour la distribution des cartes électorales. « Nous sommes assaillis de réclamations, dit M. Picard, et des plaintes parfaitement légitimes et fondées de personnes qui vont aux municipalités pour avoir des armes, qui y ont toute espèce de droits et qui ne peuvent obtenir de réponse. » M. de Piré, membre de la droite, ajoute qu'il avait reçu les mêmes réclamations, non seulement de Paris, mais de la province.

M. Grandperret répondit :

M. LE GARDE DES SCEAUX. — J'affirme à la Chambre, au nom du Gouvernement, que la loi est strictement exécutée... (Dénégations à gauche), et aussi rapidement que possible... Les conseils de revision fonctionnent avec célérité, et la réserve de fusils dont a parlé avanthier M. le ministre de la guerre est distribuée. (Dénégations à gauche.) Je vois des signes de dénégation de ce côté... (M. le ministre désigne la gauche.)

M. ESQUIROS. — Mais on a les preuves du contraire !

M. GAMBETTA. — Ceux qui font ces signes de dénégation, monsieur le ministre, savent qu'à l'heure qu'il est on n'a pas commencé la distribution d'un seul de ces fusils rayés dont on a découvert cent mille. (Mouvements divers.)

M. LE GARDE DES SCEAUX. — J'affirme que, ce matin, j'ai assisté à des instructions données de la manière la plus rigoureuse pour que la distribution eût lieu immédiatement à tous les gardes nationaux inscrits se trouvant dans les conditions nécessaires pour avoir le droit d'être armés.

Maintenant, je demande la permission de ne pas entrer dans des détails que je ne connais pas d'une manière absolue; si M. le Ministre de l'Intérieur était là, il répondrait, je le répète, d'une manière plus complète que je ne puis le faire. (*Très bien! très bien!*)

DISCOURS

SUR LA COMMUNICATION DE M. KELLER

RELATIVE AU

BOMBARDEMENT DE STRASBOURG ET A L'ÉTAT DE L'ALSACE

Prononcé le 31 août 1870

AU CORPS LÉGISLATIF

———

Une note insérée au *Journal officiel* le 31 août s'expliquait ainsi sur la situation de Strasbourg : « Une personne sortie vendredi de Strasbourg dit qu'un quartier de la ville a beaucoup souffert, que les munitions et les vivres sont suffisants et que le désir de résistance est général. »

Cette note écourtée n'avait pas préparé la Chambre aux terribles révélations que M. Keller, député du Haut-Rhin, vint lui apporter dans la séance du même jour, séance lamentable dont l'analyse doit trouver sa place ici, pour mettre une dernière fois en pleine lumière et la servilité du Corps législatif, et la criminelle indifférence du Cabinet pour tout ce qui n'intéressait pas directement le salut de la dynastie, et combien l'opposition avait raison quand elle venait, chaque jour, dénoncer le mauvais vouloir que mettait le Gouvernement à armer le pays, alors que dix départements étaient déjà la proie de l'invasion.

M. Keller avait commencé par retracer devant le Corps législatif le tableau sinistre de Strasbourg incendié, croulant en ruines, bombardé depuis huit jours pendant huit heures de suite, et la Chambre, dans un mouvement d'émotion et d'enthousiasme, avait déclaré par acclamation que l'héroïque population de la ville assiégée avait bien mérité de la patrie, qu'elle ne cesserait jamais d'être française. Ce mouvement devait rester isolé. Le député du Haut-Rhin continua sa communication.

M. KELLER. — Ce n'est pas tout, Messieurs ; j'ai maintenant à vous rapporter des faits qui sont relatifs aux pays environnant Strasbourg, et qui doivent être aussi connus de la Chambre. Peut-être voudrait-il mieux communiquer ces faits et les discuter en comité secret... (*Oui ! oui ! Non ! non !*)

Si la Chambre le désire, je demanderai le comité secret ; sinon je parlerai en séance publique.

Sur divers bancs. — Le comité secret !

Sur d'autres bancs. — Non ! non ! Parlez !

M. GAMBETTA. — Parlez en séance publique ! Il faut soulever dans toute la France un mouvement de douleur et de vengeance légitime. Pour cela, il ne faut pas de comité secret.

A gauche. — Parlez, monsieur Keller, parlez !

M. KELLER. — Le département du Bas-Rhin tout entier, et la lisière même du département du Haut-Rhin qui l'avoisine, sont, en ce moment, rançonnés non seulement par des troupes régulières, mais, chose triste à dire, par des paysans badois. Ces paysans, sans fusils ni uniformes, simplement armés de sabres, passent le Rhin et viennent lever des contributions dans nos villages. (*Sensation.*)

Voix à droite. — Ils nous le payeront !

M. KELLER. — Il faut qu'ils nous le payent tout de suite.

M. BELMONTET. — Oui, oui, ils le payeront tout de suite !

M. KELLER. — Vous me demanderez, Messieurs, comment le fait est possible. Le fait est possible, parce que, jusqu'à présent, on n'a pas cessé de refuser des armes à notre population !...

A gauche. — C'est cela ! Voilà la vérité.

M. GAMBETTA. — Que le sang français retombe

sur la tête de ceux qui ont refusé d'armer les citoyens!

M. KELLER. — ... à cette population militaire et
patriotique, car, en Alsace, tout homme a été soldat.
Eh bien, jusqu'à présent, je le répète, on lui a refusé
des armes.

M. JULES FAVRE. — C'est une trahison! Oui, c'est
une trahison! il n'y a pas d'autres mots pour qualifier le refus d'armer les citoyens!

Le président Schneider engage M. Keller à attendre, pour
continuer sa communication, l'arrivée des ministres compétents.

M. Keller continue : « En ce moment, c'est à la Chambre
que je parle, et, tout à l'heure, je formulerai une proposition à l'occasion de laquelle elle pourra entendre les explications du Gouvernement...

« Il y a là, je l'atteste, un pays désarmé, exposé, non pas
aux ravages d'une armée régulière, mais aux incursions de
véritables brigands qui viennent, sans uniformes et sans fusils, rançonner le pays.

« Cet état de choses ne peut pas durer. Dans ce département, la population tout entière est prête à se lever comme
un seul homme, si on le lui permet. Ce que je viens demander, c'est précisément qu'on le lui permette.

« Je vais, maintenant, formuler une proposition très simple et très courte, en mon nom et au nom de mes collègues
du Haut-Rhin. Nous demandons à la Chambre de nommer
une commission, de manière à éviter un débat plus long ou
public; cette commission entendra les explications du Gouvernement sur la situation du département du Haut-Rhin.
Ensuite, nous vous demanderons, Messieurs, — et ici, je
vous en conjure, laissons de côté les questions constitutionnelles qui ne doivent pas vous préoccuper en ce moment,
— nous vous demanderons que cette commission de la
Chambre, d'accord avec le Gouvernement, nomme un commissaire extraordinaire qui ait les pouvoirs suffisants, pour
aller, dans le Haut et le Bas-Rhin, parer aux difficultés de
la situation et encourager les populations qui n'attendent
qu'un signal.

« Notre pays n'attend que ce signal pour se lever. »

M. Brame, ministre de l'instruction publique, seul membre du Cabinet présent à la séance, répond à M. Keller : il s'oppose au vote de sa proposition en l'absence de M. de Palikao et demande le renvoi au lendemain ! « Dans la cour de ce palais, lui crie M. Tachard, il y a des citoyens de Strasbourg qui vous supplient à genoux de ne pas perdre une minute pour la défense de la place. » M. Brame insiste pour le renvoi.

M. GAMBETTA. — Je demande la parole.

M. LE PRÉSIDENT SCHNEIDER. — La parole est à M. Gambetta.

M. GAMBETTA. — Messieurs, il me semble qu'il est parfaitement possible de mettre d'accord l'urgence de la proposition de l'honorable M. Keller, les droits de la Chambre, et, en même temps, la possibilité de faire appeler les ministres.

Pour arriver à cet accord, il me semble que la Chambre devrait, suivant une proposition ouverte il y a quelques instants par son honorable président, déclarer que la proposition lui présente un caractère d'urgence tel, que l'on se réunira dans les bureaux pour nommer une commission, laquelle commission...

A *droite et au centre.* — Non ! non !

M. GAMBETTA. — Enfin, Messieurs, il s'agit de savoir si vous voulez gouverner et sauver la patrie !

A *gauche.* — C'est évident !

M. VENDRE. — Nous sommes ici pour remplir loyalement notre mandat de députés, c'est-à-dire pour faire des lois ; nous n'avons que ce pouvoir ; en prendre un autre serait une usurpation !

A *droite.* — C'est vrai ! Très bien !

A *gauche.* — Il s'agit de sauver le pays !

M. VENDRE. — Loin de sauver la patrie, vos propositions incessantes peuvent la compromettre. (*Approbation sur plusieurs bancs. — Réclamations à gauche.*)

M. GAMBETTA. — Écoutez, Messieurs, c'est un moyen qui vous laisse absolument maîtres ; si la proposition ne vous agrée pas, eh bien, vous nommerez des commissaires chargés d'exprimer l'opinion de la majorité. Il est évident que quand on se borne à solliciter de vous le prompt examen d'une proposition faite par le plus légitime représentant d'une province envahie, vous ne sauriez vous y soustraire. (*Réclamations à droite.* — *Bruit.*)

On ne vous demande pas d'organiser instantanément cette commission ; mais on demande que vous donniez aux circonstances politiques, aux émotions, au péril public, la satisfaction de vous retirer dans vos bureaux pour nommer une commission chargée de choisir un commissaire. (*Très bien! très bien! à gauche.*)

M. Pinard répond à M. Keller et à M. Gambetta : « Il est impossible de prendre une résolution comme celle qui est demandée au Corps législatif, il est impossible de nommer une commission et d'opiner pour la nomination d'un délégué extraordinaire sans entendre les ministres. Nous devons savoir s'ils ont été avertis des faits portés à la tribune de la Chambre, s'ils les constatent ou s'ils les reconnaissent. Après M. Keller, je veux entendre le ministre de la guerre. »

M. LE PRÉSIDENT SCHNEIDER. — La parole est à M. Gambetta.

M. GAMBETTA. — L'objection de l'honorable M. Pinard consiste à dire : « Ne nous retirons pas dans nos bureaux, parce que nous ne sommes pas suffisamment édifiés sur la certitude des malheurs dont on nous a fait tout à l'heure le terrible récit. »

M. LEFÉBURE. — Ils ne sont malheureusement que trop réels!

M. GAMBETTA. — Je réponds : que l'honorable M. Pinard veuille bien considérer que ce que j'avais demandé à la Chambre n'était purement et simplement que ceci : l'organisation d'une commission qui aurait

mandat de la Chambre de dire au gouvernement :
Est-ce vrai ? et, selon la réponse du gouvernement, de
revenir devant vous pour aviser. Par conséquent, c'est
l'honorable M. Pinard lui-même qui, sans s'en douter,
me donne le meilleur de tous les arguments pour
vous décider, Messieurs ; car il est bien certain qu'il
arrivera de deux choses l'une : ou il y aura contestation,
ou il y aura affirmation des faits produits. S'il y a contestation, il y a tout à gagner que cela se passe devant
une commission ; s'il y a affirmation, il y a tout à gagner à mettre le temps à profit.

Je vous laisse en présence de cette solution.

M. Keller remplace M. Gambetta à la tribune : il proteste
avec énergie contre les doutes émis par M. Pinard : « Je vous
prie d'observer avec quel soin j'ai rédigé cette proposition
de manière qu'elle ne pût soulever aucun scrupule constitutionnel. Je demande l'urgence et, je crois que les évènements sont assez urgents pour qu'il n'y ait pas d'hésitation. »

M. Pinard essaye de répondre.

M. PINARD. — Tout à l'heure, M. Gambetta a dit que
j'avais fourni un argument à l'appui de son opinion.
Je m'en étonne. Il dit : « Nommons d'abord la commission. » Je réponds : « Si nous voulons nommer une
commission qui aboutisse à la mesure d'un commissaire extraordinaire allant en Alsace, il faut évidemment que nous choisissions des commissaires favorables à cette mesure. Or, pour qu'ils soient favorables
ou non à la mesure, il faut qu'ils soient éclairés,
ainsi que nous, par les communications, par les
explications du gouvernement, comme par celles de
M. Keller.

M. GAMBETTA. — Aux bureaux !

M. LE PRÉSIDENT SCHNEIDER. — La parole est à M. le
ministre de l'instruction publique.

M. LE MINISTRE DE L'INSTRUCTION PUBLIQUE. — Je comprends parfaitement les justes et cuisantes douleurs

qu'avec son ardent patriotisme éprouve notre honorable collègue M. Keller... (*Tous! tous!*) et que nous éprouvons tous dans cette Assemblée.

Mais vous venez d'entendre l'honorable M. Gambetta lui-même nous dire : « Il faut savoir si ces choses sont vraies. » (*Rumeurs à gauche.*)

M. GAMBETTA. — Je vous ai placés dans ce dilemme : les faits sont vrais ou ils sont faux.

Plusieurs membres. — N'interrompez pas !

M. LE MINISTRE. — Au nom du ministère tout entier, je demande que la séance soit remise, s'il est nécessaire, à demain matin à neuf heures ; mais, je déclare que je ne puis pas accepter la situation qui nous est faite en ce moment. (*Mouvements en sens divers. — Agitation.*)

M. GAMBETTA. — Je demande l'urgence sur la proposition de M. Keller, et je prie M. le président de consulter immédiatement la Chambre sur ce point.

M. KELLER. — Dans la situation où est mon pays, je ne puis admettre la remise à demain. Je demande à la Chambra de vouloir bien se réunir aujourd'hui, à cinq heures ou à six heures, pour s'occuper de ma proposition.

La Chambre consultée, et visiblement favorable à la proposition de M. Keller, décide que la discussion de sa proposition sera remise à six heures.

A la reprise de la séance, M. de Palikao prend sommairement communication de la proposition de M. Keller, et monte aussitôt à la tribune pour la repousser et pour poser la question de confiance, au milieu des clameurs indignées de la gauche.

M. Keller proteste contre les paroles dédaigneuses par lesquelles M. de Palikao a accueilli une proposition « qui était le cri de mon cœur blessé et déchiré par les souffrances de mon pays. Dans cette proposition, il n'y avait rien d'inconstitutionnel. Mais il y a une chose qui me surprend : c'est que toutes les fois que la Chambre a, sous une forme ou sous une autre, voulu prendre une part active à la défense du pays, le ministère s'y est opposé. Quant à moi, je vous le déclare, je souffre du rôle qu'on fait jouer à la Chambre depuis quelques semaines. »

A droite. « Allons donc! allons donc! »

M. Keller réclame l'urgence pour sa proposition.

Au scrutin public, la demande d'urgence est rejetée par 181 voix contre 57.

DISCOURS

SUR

LA PROPOSITION DE M. THIERS

TENDANT A NOMMER UNE COMMISSION DE GOUVERNEMENT
ET DE DÉFENSE NATIONALE

Prononcé le 4 septembre 1870

AU CORPS LÉGISLATIF

Nous n'avons pas à raconter ici la journée du 4 septembre.
On en trouvera l'historique exact dans les ouvrages de
MM. Jules Favre, Taxile Delord, Trochu, Étienne Arago, Jules
Simon, Claretie, Pelletan et Théodore Duret sur la chute
du second Empire et dans les dépositions recueillies par
l'*Enquête parlementaire*.

C'est dans la nuit du 2 au 3 septembre qu'une première
dépêche annonça au Gouvernement impérial la catastrophe
de Sedan. Le lendemain, à quatre heures de l'après-midi, un
télégramme de l'Empereur confirma à l'Impératrice la capitulation de l'armée. Le Corps législatif, informé par M. de
Palikao des premières défaites éprouvées par l'armée de
Châlons, venait de se séparer. La sinistre nouvelle se répandit aussitôt. Le conseil des ministres fit afficher une proclamation. Un grand nombre de députés, appartenant tant à la
droite qu'à la gauche du Corps législatif, accourent au Palais-Bourbon pour réclamer une séance de nuit. M. Schneider, après quelque hésitation. se rend à la demande qui lui
est faite. En face du pont de la Concorde, M. Gambetta ha-
ranguait la foule rassemblée autour du palais du Corps législatif. Les journaux du lendemain reproduisirent les paroles suivantes : « Citoyens, montrons à l'Europe, au monde.

que révolution et patriotisme sont toujours des termes soli-
daires. Paris, à présent, tient dans ses mains non seulement
le salut du pays, mais le salut de la Révolution française...
(Cris répétés : *Vive Gambetta!*) Non, Messieurs, ne criez pas:
Vive Gambetta! Vive un homme!... Il ne doit sortir d'une
poitrine française en ce moment qu'un seul cri : Vive la
France!... Messieurs, je vais rejoindre mes collègues et je
vous jure que la nuit ne se passera pas, ou la moitié de la
journée de demain, sans que nous ayons pris des détermi-
nations viriles, dignes du peuple. Mais nous ne devons pas
paraître délibérer sous la pression du dehors. Je vous engage à vous retirer. Laissez libres les abords du Corps législatif. » La foule se dispersa lentement.

La séance de nuit s'ouvrit à une heure du matin. M. de Palikao annonça, au milieu d'un profond silence, que l'armée
avait capitulé et que l'Empereur était prisonnier. M. Jules
Favre déposa au nom de la gauche la proposition suivante :

« Article premier. — Louis-Napoléon Bonaparte et sa dynastie sont déclarés déchus des pouvoirs que leur a conféré
la Constitution.

« Article 2. — Il sera nommé par le Corps législatif une
commission du Gouvernement qui sera investie de tous les
pouvoirs du Gouvernement, et qui a pour mission expresse
de résister à outrance à l'invasion et de chasser l'ennemi du
territoire.

« Article 3. — Le général Trochu est maintenu dans ses
fonctions de gouverneur général de la ville de Paris. »

La Chambre s'ajourna à midi.

Le 4 septembre, à l'ouverture de la séance, M. de Palikao
dépose un projet de loi instituant un comité de Régence et
de Défense nationale, avec le général de Palikao comme
lieutenant-général de ce conseil.

M. Thiers monte à la tribune : « Mes préférences personnelles sont pour la proposition de mes honorables collègues
de la gauche, parce qu'à mon avis, elle pose nettement la
question, dans un moment où le pays a besoin d'une grande
clarté ; mais comme je mets au-dessus de mes opinions personnelles le grand intérêt de l'union, j'ai formulé un projet
signé par quarante-sept députés pris dans toutes les parties
de la Chambre. Le voici :

« Vu les circonstances, la Chambre nomme une commission de Gouvernement et de défense nationale.

« Une Constituante sera nommée dès que les circonstances
le permettront. »

M. LE PRÉSIDENT SCHNEIDER. — Trois propositions
sont soumises à la Chambre, qui toutes trois ont trait
aux circonstances actuelles. Elles ont au moins cela
de commun que, sur les unes et sur les autres, l'urgence est demandée, et je crois devoir consulter la
Chambre successivement sur l'urgence des trois. (*Interruptions sur quelques bancs.*)

M. GAMBETTA. — Non! non! je demande la parole
sur la position de la question.

M. LE PRÉSIDENT SCHNEIDER. — Permettez, Monsieur
Gambetta, je craindrais qu'il n'y eût confusion, et si
le président laissait s'établir cette confusion, il manquerait à son devoir. Il est évident que la Chambre
doit être consultée successivement sur chacune des
propositions...

M. GAMBETTA. — Je demande la parole sur la position de la question.

M. LE PRÉSIDENT SCHNEIDER. — Vous avez la parole
sur la position de la question.

M. GAMBETTA. — Il est certain que la proposition
que nous avons eu l'honneur de déposer hier sur le
bureau de la Chambre, qui est la proposition de déchéance pure et simple, ne saurait, sans un véritable
déni de justice et de surprise parlementaire, manquer d'être admise au même titre que les deux autres
propositions à la déclaration d'urgence. (*Mouvements
en sens divers.*)

Par conséquent, ce que je demande à la Chambre,
c'est de prononcer l'urgence en bloc sur les trois propositions.

Voix nombreuses. — Oui! oui!

M. LE PRÉSIDENT SCHNEIDER. — Je crois qu'il y a
lieu, à raison de l'urgence, de nommer une commis-

sion de neuf membres... *(Oui! oui!)*, et je propose à la Chambre de se réunir immédiatement dans les bureaux.

La séance publique serait reprise quand le président aurait été informé que la commission a terminé son travail. *(Marques générales d'assentiment.)*

La séance est suspendue.

La séance du Corps législatif est reprise à deux heures. Nous en reproduisons le compte rendu, non pas tel qu'il a paru au *Journal officiel* du 5 septembre, mais tel qu'il a été publié dans le journal *le Siècle* du 12 janvier 1871. Le compte-rendu du *Siècle* a été rédigé par M. Célestin Lagache, chef du service sténographique du Corps législatif, aujourd'hui sénateur de l'Oise, sur les notes détaillées prises pendant l'envahissement de l'Assemblée par les sténographes et par M. Lagache lui-même ; il complète, sans le contredire, le compte rendu très sommaire du *Journal officiel* ; il est la minute rigoureusement exacte, le récit authentique et irrécusable des évènements survenus le 4 septembre au Palais-Bourbon. Communiqué par M. Lagache à M. Gambetta, alors ministre de l'Intérieur, dans les premiers jours qui suivirent la révolution du 4 septembre, il fut aussitôt remis, pour être publié, au directeur du *Siècle*. Les circonstances retardèrent cette publication jusqu'au 12 janvier 1871.

SÉANCE EXTRA-PARLEMENTAIRE

DU 4 SEPTEMBRE 1870.

Pendant que MM. les députés se sont réunis dans leurs bureaux pour délibérer sur les trois propositions de constitution provisoire du gouvernement : celle de M. Jules Favre, celle de M. Thiers et celle du Ministère, le bruit se répand dans l'intérieur du palais législatif que la foule, rassemblée depuis midi sur le quai d'Orsay et sur le pont de la Concorde, grossit incessamment et que les idées de déchéance et de changement de gouvernement s'y manifestent avec une énergie croissante.

L'escadron de gendarmerie qui garde les abords du Palais Bourbon du côté du quai, et barre l'entrée du pont de la Concorde, cède la place à la garde nationale qui arrive.

Une députation de gardes nationaux se présente à la grille et parlemente avec les gardiens du palais pour que les portes lui en soient ouvertes. Ceux-ci s'y refusent énergiquement. Un député de la gauche, M. Steenackers, intervient. Sur sa demande, plusieurs personnes sont introduites et la grille se referme ; mais peu d'instants après elle cède sous la pression de la masse populaire.

La cour du palais, du côté du quai d'Orsay, est envahie.

Cependant quelques députés luttent énergiquement pour obtenir des envahisseurs qui ont pénétré dans la *salle des Pas-Perdus*, qu'ils veuillent bien se retirer.

Des gardes nationaux se placent devant la porte qui conduit à la salle des séances, et en défendent l'entrée. M. le comte de Palikao se hisse derrière eux sur un tabouret et harangue la foule. Il réussit momentanément à la contenir. Mais, pendant ce temps, d'autres groupes restés dans la cour forcent l'entrée des couloirs, s'élancent dans les escaliers, arrivent aux tribunes publiques, et s'y établissent à côté des spectateurs admis sur billets, qui, après avoir assisté à l'ouverture de la séance, en attendent la reprise.

Dans la salle des séances, tous les bancs sont inoccupés. Seuls sont assis à leurs tables de travail les sténographes du Corps législatif et les secrétaires du compte rendu analytique. Des gardes nationaux défendent les entrées de la salle. Dans la foule même, des citoyens s'associent à leurs efforts pour empêcher qu'on y pénètre et pour qu'elle soit laissée libre aux délibérations de l'Assemblée.

La plupart des députés de la gauche viennent s'asseoir à leurs bancs.

Il est deux heures et quelques minutes.

C'est alors que M. Gambetta, à la prière de plusieurs de ses collègues, monte à la tribune et se dispose à haranguer le public des galeries.

Un député de la gauche. — Écoutez ! laissez parler Gambetta.

M. GAMBETTA. — Messieurs, vous pouvez tous comprendre que la première condition de l'émancipation populaire c'est la règle, et je sais que vous êtes résolus à la respecter.

Vous avez voulu manifester énergiquement votre opinion ; vous avez voulu ce qui est dans le fond du cœur de tous les Français, ce qui est sur les lèvres de vos représentants, ce sur quoi ils délibèrent : la déchéance.

Cris nombreux dans les tribunes publiques. — Oui !

Plusieurs voix. — La déchéance et la République !

D'autres voix. — Silence ! Silence ! Écoutez !

M. GAMBETTA. — Ce que je réclame de vous, c'est que vous sentiez comme moi toute la gravité suprême de la situation, et que vous ne la troubliez ni par des cris, ni même par des applaudissements. (*Très bien ! — Parlez ! Parlez !*)

Mais à l'instant même vous violez la règle que je vous demande d'observer. (*On rit.*)

Un citoyen dans les tribunes. — Pas de phrases ! des faits ! Nous demandons la République.

Cris prolongés. — Oui ! oui ! Vive la République !

M. GAMBETTA. — Messieurs, un peu de calme ! il faut de la régularité.

Nous sommes les représentants de la souveraineté nationale. Je vous prie de respecter cette investiture que nous tenons du peuple.

Voix dans les tribunes. — La gauche seule ! Pas la droite ! (*Bruit.*)

M. GAMBETTA. — Écoutez, Messieurs, je ne peux pas entrer en dialogue avec chacun de vous. Laissez-moi exprimer librement ma pensée.

Ma pensée, la voici : c'est qu'il incombe aux hommes qui siègent sur ces bancs de reconnaître que le pouvoir qui a attiré sur le pays tous les maux que nous déplorons, est déchu (*Oui ! oui ! Bravo ! bravo !*), mais il vous incombe également à vous de faire que cette déclaration qui va être rendue, n'ait pas l'apparence d'une déclaration dont la violence aurait altéré le caractère. (*Très bien !*)

Par conséquent, il y a deux choses à faire : la première, c'est que les représentants reviennent prendre leur place sur ces bancs; la seconde, c'est que la séance ait lieu dans les conditions ordinaires (*Très bien ! très bien !*) afin que, grâce à la liberté de discussion, la décision qui va être rendue soit absolument de nature à satisfaire la conscience française. (*Très bien ! Bravo ! bravo !*)

Une voix. — Pas de discussions ! Nous voulons la déchéance !

Une autre voix. — La déchéance ! on ne la discute pas ! nous la voulons. (*Bruit.*)

M. GAMBETTA. — Si vous m'avez bien compris, et je n'en doute pas... *Oui ! oui !*), vous devez sentir que nous nous devons tous, et tout entiers à la cause du peuple, et que le peuple nous doit aussi l'assistance régulière de son calme, sans quoi il n'y a pas de liberté. (*Interruptions*).

Écoutez! nous avons deux choses à faire : d'abord reprendre la séance et agir selon les formes régulières; ensuite, donner au pays le spectacle d'une véritable union.

Songez que l'étranger est sur notre sol. C'est au nom de la patrie comme au nom de la liberté politique, —

deux choses que je ne séparerai jamais, — c'est a nom de ces deux grands intérêts, et comme représentant de la nation française qui sait se faire respecter au dedans et au dehors, que je vous adjure d'assister dans le calme à la rentrée de vos représentants sur leurs sièges. (*Oui! oui! Bravo!*)

(M. Gambetta descend de la tribune. Le calme qui s'est un instant rétabli à la suite de son allocution fait bientôt place à une nouvelle agitation dans les deux rangées de tribunes circulaires. Recrudescence des cris : *La déchéance! la République!*).

M. JULES SIMON, *de son banc.* — Un peu de patience, Messieurs!

Un citoyen dans une des hautes tribunes. — Nous voulons la république démocratique. Voilà vingt ans que nous attendons! Dépêchez-vous !

(Quelques instants s'écoulent, pendant lesquels M. Gambetta va s'entretenir dans les salles contiguës avec des groupes nombreux de députés qui sortent des bureaux.)

La commission nommée pour l'examen des trois propositions est en délibération dans le local du cinquième bureau. Les membres sont : MM. le comte Le Hon, Gaudin, Genton, Dupuy de Lôme, Buffet, Josseau, Jules Simon, Martel et le comte Daru.

Le bruit se répand que M. Martel est nommé rapporteur, qu'il travaille à la rédaction immédiate de son rapport, et que ce rapport va être, sans retard, apporté à la tribune.

A deux heures et demie, M. le président Schneider entre dans la salle et monte au fauteuil.

M. Magnin, l'un des députés secrétaires, l'accompagne et prend place à sa gauche, au bureau.

M. le comte de Palikao, ministre de la guerre, s'assied au banc du gouvernement.

Quelques députés de la majorité, parmi lesquels, MM. de Plancy (de l'Oise), Stéphen Liégeard, Cosserat,

Léopold Le Hon, Jubinal, Dugué de la Fauconnerie, etc., viennent également prendre séance.

Le tumulte et le bruit règnent dans les galeries envahies et de plus en plus encombrées par la foule.

De plus on entend, dans l'intérieur de la salle, les coups de crosses de fusils assénés sur la seconde porte d'entrée de la *salle des Pas-Perdus*, le bruit des panneaux, qui s'effondrent et le fracas des glaces qui se brisent. On raconte que, de l'intérieur, M. Cochery, par l'ouverture béante, harangue et cherche à contenir la foule agglomérée dans la *salle des Pas-Perdus.*

M. Crémieux paraît à la tribune.

Les huissiers réclament vainement le silence.

M. le président Schneider se tient longtemps debout et les bras croisés, au fauteuil, attendant que le calme se rétablisse.

M. Crémieux, *s'adressant au public des tribunes.* — Mes chers et bons amis, j'espère que vous me connaissez tous, ou qu'au moins il y en a parmi vous qui peuvent dire aux autres que c'est le citoyen Crémieux qui est devant vous.

Eh bien! nous nous sommes engagés, tous les députés de la gauche..... (*Bruit*). Nous nous sommes engagés, les membres de la gauche et moi.....

Une voix dans les tribunes. — Et la majorité!

M. le marquis de Grammont. — La majorité, elle est aveugle!

M. Gambetta, qui est rentré dans la salle presque en même temps que M. le président, se présente à la tribune à côté de M. Crémieux, dont la voix ne parvient pas à dominer le bruit qui se fait dans les galeries.

Cris redoublés. — La déchéance! Vive la République!

M. Gambetta. — Citoyens..... (*Silence! silence!*). dans le cours de l'allocution que je vous ai adressée tout à l'heure, nous sommes tombés d'accord qu'une des conditions premières de l'émancipation d'un peuple, c'est l'ordre et la régularité. Voulez-vous tenir ce contrat? (*Oui! oui!*) Voulez-vous que nous fassions des choses régulières? (*Oui! oui!*)

Puisque ce sont là les choses que vous voulez; puisque ce sont les choses que la France veut avec nous (*Oui! oui!*), il y a un engagement solennel qu'il vous faut prendre envers nous et qu'il vous faut prendre avec la résolution de ne pas le violer à l'instant même. Cet engagement, c'est de laisser la délibération qui va avoir lieu se poursuivre en pleine liberté. (*Oui! oui!* — *Rumeurs.*)

Une voix dans la tribune. — Pas de rhétorique!

Une autre voix.—Pas de trahison! A bas la majorité!

De nouveaux groupes pénètrent dans la tribune du premier rang, et notamment dans celles des sénateurs.

Un drapeau tricolore portant l'inscription : « 73ᵉ bataillon, 6ᵉ compagnie, 12ᵉ arrondissement, » est arboré et agité par un des nouveaux venus.

M. GAMBETTA. — Citoyens, un peu de calme! Dans les circonstances actuelles.....

Quelques voix. — La République! la République!

M. GAMBETTA. — Dans les circonstances actuelles, il faut que ce soit chacun de vous qui fasse l'ordre, il faut que dans chaque tribune, chaque citoyen surveille son voisin (*Bruit*). Vous pouvez donner un grand spectacle et une grande leçon : le voulez-vous? Voulez-vous que l'on puisse attester que vous êtes à la fois le peuple le plus pénétrant et le plus libre? (*Oui! oui!* — *Vive la République!*) Eh bien! si vous le voulez, je vous adjure d'accueillir ma recommandation. Que dans chaque tribune il y ait un groupe qui assure l'ordre pendant nos délibérations. (*Bravos et applaudissements dans presque toutes les tribunes.*)

Le travail de la commission s'apprête, et la Chambre va en délibérer dans quelques instants.

Un citoyen à la tribune. — Le président est à son poste, il est étrange que les députés ne soient pas au leur. (*Bruit.* — *Écoutons! Écoutons!*)

M. LE PRÉSIDENT SCHNEIDER. — Messieurs, M. Gambetta, qui ne peut être suspect à aucun de vous, et que je tiens, quant à moi, pour un des hommes les plus patriotes de notre pays, vient de vous adresser des exhortations au nom des intérêts sacrés du pays. Permettez-moi de vous faire, en termes moins éloquents, les mêmes adjurations. Croyez-moi, en ce moment la Chambre est appelée à délibérer sur la situation la plus grave; elle ne peut que délibérer dans un esprit conforme aux nécessités du moment et de la situation, et, s'il en était autrement, M. Gambetta ne serait pas venu vous demander de lui prêter l'appui de votre attitude. (*Approbation mêlée de rumeurs dans les tribunes.*)

M. GAMBETTA. — Et j'y compte, citoyens!

M. LE PRÉSIDENT SCHNEIDER. — Si je n'ai pas, quant à moi, la même notoriété de libéralisme que M. Gambetta, je crois cependant pouvoir dire que j'ai donné à la liberté assez de gages pour qu'il me soit permis de vous adresser du haut de ce fauteuil les mêmes recommandations que M. Gambetta. Comme lui, je ne saurais trop vous dire qu'il n'y a de liberté vraie que celle qui est accompagnée de l'ordre..... (*Très bien!* — *Rumeurs nouvelles dans les tribunes.*) Je n'ai pas la prétention de prononcer ici des paroles qui conviennent à tout le monde.

Une voix dans les tribunes. — On vous connaît.....

M. LE PRÉSIDENT SCHNEIDER. — Mais j'accomplis un devoir de citoyen..... (*Interruptions*) en vous conjurant de respecter l'ordre, dans l'intérêt même de la liberté qui doit présider à nos discussions..... (*Assentiment dans plusieurs tribunes.* — *Exclamations et bruits dans d'autres.*)

Un député. — Si vous ne pouvez obtenir le silence

des tribunes, suspendez la séance, M. le président.

En ce moment, M. le comte de Palikao, ministre de la guerre, se lève et quitte la salle après avoir fait au président un geste explicatif de sa détermination.

Plusieurs des députés qui étaient rentrés en séance imitent son exemple et sortent par le couloir de droite.

M. le président Schneider se couvre et descend du fauteuil.

M. GLAIS-BIZOIN, *se tournant vers la tribune.* — Messieurs, on va prononcer la déchéance. Prenez patience! attendez! (*Agitation en sens divers.*)

M. LE PRÉSIDENT SCHNEIDER, sur les instances de plusieurs députés, reprend place au fauteuil et se découvre.

M. GIRAULT. — Je demande à dire deux mots... (*Tumulte dans les tribunes.*)

(Un député de la gauche monte les degrés de la tribune et s'efforce de déterminer M. Girault à renoncer à la parole, en lui disant : « Ils ne vous connaissent pas, vous ne serez pas écouté! »)

M. GIRAULT, *s'adressant toujours au public des tribunes.* — Vous ne me connaissez pas? Je m'appelle Girault (du Cher); personne n'a le droit de me tenir en suspicion.

Je demande qu'il n'y ait aucune tyrannie. Le pays a sa volonté, il l'a manifestée. Les représentants viennent de l'entendre, ils sont d'accord avec le pays. Laissez-les délibérer, vous verrez que le pays sera content, ce sera la nation tout entière se donnant la main..... Le voulez-vous? je vais les aller chercher. Ils vont venir, et le pays tout entier ne fera qu'un.

Il ne faut plus de partis politiques devant l'ennemi qui s'approche; il faut qu'il n'y ait aujourd'hui qu'une politique, qu'une France qui repousse l'invasion et qui garde sa souveraineté, voilà ce que je demande.

M. Girault descend de la tribune, qui reste inoc-

cupée durant quelques minutes. — L'agitation et le
tumulte vont croissant dans les galeries.

MM. Steenackers et Horace de Choiseul montent
auprès du président et s'entretiennent avec lui.

MM. Gambetta et de Kératry paraissent un instant
à la tribune.

Le bruit se répand qu'un gouvernement provisoire
vient d'être proclamé au dehors.

Plusieurs députés, MM. Glais-Bizoin, Planat, le
comte d'Hézecques, Marion, le duc de Marmier, le
comte Le Hon, Wilson, etc., quittent leurs places et
du pourtour s'adressent aux citoyens qui sont dans la
galerie.

Quelques voix des tribunes. — Écoutons Gambetta.

M. GAMBETTA. — Citoyens (*Bruits*), il est nécessaire
que tous les députés présents dans les couloirs ou
réunis dans les bureaux où ils ont délibéré sur la
mesure de déchéance aient repris place à leurs bancs
et soient à leur poste pour pouvoir la prononcer.

Il faut aussi que vous, citoyens, vous attendiez dans
la modération et dans la dignité du calme, la venue de
vos représentants à leurs places. On est allé les chercher, je vous prie de garder un silence solennel jusqu'à ce qu'ils rentrent. (*Oui! oui!*) Ce ne sera pas
long (*Applaudissements prolongés, pause de quelques instants*). Citoyens, vous avez compris que l'ordre est la
plus grande des forces. Je vous prie de continuer à
rester silencieux. Il y va de la réputation de la bonne
cité de Paris. On délibère et on va vous apporter le résultat de la délibération préparatoire. Il va sans dire
que nous ne sortirons pas d'ici sans avoir obtenu un
résultat affirmatif. (*Bravos et acclamations.*)

En ce moment, — il est trois heures, — un certain
nombre de personnes pénètrent dans la salle par la
porte du fond qui fait face au bureau. Des députés es-
sayent en vain de les refouler, la salle est envahie. On
crie : *Vive la République!* le tumulte est à son comble.

M. le comte Palikao, qui était revenu dans la salle et qui avait repris sa place au banc des ministres, sort de nouveau.

M. LE PRÉSIDENT SCHNEIDER. — Toute délibération dans ces conditions étant impossible, je déclare la séance levée.

Un grand nombre de gardes nationaux avec ou sans uniforme entrent dans la salle par les couloirs de droite et de gauche et par les portes du pourtour. Une foule bruyante et agitée s'y précipite en même temps, occupe tous les bancs, remplit tous les couloirs de travées de l'amphithéâtre, et descend dans l'hémicycle en masse compacte. entourant la table des secrétaires rédacteurs ainsi que le pupitre des sténographes et criant : *La déchéance! la déchéance! Vive la République!* M. le président Schneider quitte le fauteuil et se retire.

A peine a-t-il descendu les dernières marches de l'escalier de droite du bureau, que deux jeunes gens, se dégageant de la foule répandue dans l'hémicycle, s'élancent sur l'escalier de la tribune et, de là, sautent, en se cramponnant au rebord du marbre blanc du bureau, sur les pupitres des secrétaires députés (côté droit), places ordinairement occupées par M. Bournal et M. Terme, et arrivent presque simultanément au fauteuil de la présidence, où ils s'assoient tous deux en même temps.

L'un d'eux, après avoir passé la main comme par hasard sur le levier de la sonnette présidentielle, l'agite vivement et longuement.

Presque au même instant, les gardes nationaux entrés par les portes latérales de droite et de gauche prennent possession du double escalier de la tribune et du double escalier du bureau, se placent derrière le chef du service sténographique et derrière les sièges des secrétaires députés, et jusque sur l'estrade où sont, en arrière du fauteuil et du bureau présidentiel,

les tables du secrétaire général du Corps législatif et
du chef de bureau du secrétariat.

M. Jules Ferry passe alors à travers les rangées des
gardes nationaux installés sur les degrés de l'escalier
de gauche du bureau et, avec l'aide de quelques-uns
d'entre eux, fait sortir du fauteuil présidentiel les
deux jeunes gens qui y sont assis, et interrompt le
bruit de la sonnette, toujours agitée par celui qui
s'en est emparé.

On peut remarquer que la plupart des gardes nationaux qui ont des shakos en ont arraché les aigles
en cuivre fixés au-dessus de la visière.

M. GAMBETTA, qui, après avoir conféré avec quelques-uns de ses collègues de la gauche, est revenu à
la tribune et s'y rencontre d'abord avec M. Steenackers, puis avec M. de Kératry, s'efforce d'en dégager les abords en conjurant les citoyens non gardes
nationaux de s'en écarter.

Voyons, citoyens, dit-il, il ne faut pas violer l'enceinte. Soyez calmes! Avant un quart d'heure la déchéance sera votée et proclamée. Voyons, reculez!
est-ce que vous n'avez pas confiance en vos représentants? (*Si! si! nous avons confiance en vous!*)

Eh bien! reculez quand je vous le demande, et
soyez sûrs que nous allons prononcer la déchéance.

Un citoyen. — Et la République?

(Scène de confusion et d'agitation devant laquelle
M. Gambetta descend encore de la tribune, cause avec
quelques-uns de ses collègues des premiers bancs de
la gauche et y remonte de nouveau, accompagné de
M. de Kératry, qui se tient à côté de lui.)

Il se fait un instant de silence.

M. GAMBETTA. — Citoyens... (*Chut! chut! écoutez!*

Attendu que la patrie est en danger;

Attendu que tout le temps nécessaire a été donné à
la représentation nationale pour prononcer la déchéance;

Attendu que nous sommes et que nous constituons le pouvoir régulier issu du suffrage universel libre,

Nous déclarons que Louis-Napoléon Bonaparte et sa dynastie ont à jamais cessé de régner sur la France.

(*Explosion de bravos et salve générale d'applaudissements.*)

(*Bruyante et longue acclamation.*)

Un citoyen agitant le bras. — Et la République?

Un autre citoyen, debout sur un banc de la salle, à droite. — Nous voulons deux choses : la déchéance d'abord, la République ensuite !

Une voix. — Et surtout plus d'empire !

Un jeune homme, qui paraît être un étudiant. — Il est tombé pour toujours (*Oui! oui! Vive la République!*), tombé avec son chef qui n'a pas même su mourir.

(*Le tumulte, tant dans l'intérieur de la salle que dans les tribunes publiques, est général et indescriptible.*)

Des groupes se forment, les uns très agités, les autres très calmes, et dans les conversations plus ou moins bruyantes que quelques-uns des envahisseurs engagent, soit entre eux, soit avec les sténographes et les secrétaires rédacteurs, on peut saisir des exclamations et des épiphonèmes tels que ceux-ci : *Un Napoléon! Allons donc! un pseudo-Napoléon! un Smerdis! un Dimitri!*

En ce moment M. Jules Favre, entré par la porte du côté de la salle des conférences, parvient dans l'enceinte. M. Gambetta va au-devant de lui, et tous deux fendant la foule des gardes nationaux et du peuple qui s'efface pour les laisser passer, montent à la tribune au milieu des cris : *Vive Jules Favre! vive Gambetta!*

Un garde national. — Tambours, battez aux champs !

M. JULES FERRY. — Laissez parler Jules Favre.

Pendant quelques instants, aux adjurations que MM. Gambetta et Jules Favre adressent à la foule pour

obtenir le silence. la foule répond par les cris répétés
de : *Vive Jules Favre! Vive Gambetta!*

Le tambour bat à la porte du couloir de droite. Une
intermittence de silence se fait.

M. Jules Favre. — Voulez-vous ou ne voulez-vous
pas la guerre civile ?

Voix nombreuses. — Non, non, pas de guerre civile !
Guerre aux Prussiens seulement !

M. Jules Favre. — Il faut que nous constituions
immédiatement un gouvernement provisoire.

Quelques voix. — A l'Hôtel de Ville, alors !

M. Jules Favre. — Ce gouvernement prendra en
mains les destinées de la France. Il combattra résolument l'étranger, il sera avec vous, et d'avance chacun
de ses membres jure de se faire tuer jusqu'au dernier.

Cris nombreux. — Nous aussi! nous aussi! Nous le
jurons tous! Vive la République ?

Un citoyen. — Oui, vive la République ! mais vive la
France d'abord !

M. Jules Favre. — Je vous en conjure, pas de journées sanglantes. (*Non! non!*) Ne forcez pas de braves
soldats français, qui pourraient être égarés par leurs
chefs, à tourner leurs armes contre vous. Ils ne sont
armés que contre l'étranger. Soyez tous unis et dans
une même pensée, dans une pensée de patriotisme et
de démocratie. (*Vive la République !*)

La République, ce n'est pas ici que nous devons la
proclamer. (*Si! si! Vive la République !*)

Un citoyen (*M. Libman*). — Et les Prussiens ! qu'en
faites-vous ?

Un jeune homme s'élance à la tribune en criant : La République ! la République ici !

Quelques gardes nationaux veulent le faire descendre. Il se débat en criant toujours : *la République! la
République ici! tout de suite!*

Cris nombreux. — Vive la République !

M. GAMBETTA. — Oui! vive la République! Citoyens, allons la proclamer à l'Hôtel de Ville.

MM. Jules Favre et Gambetta descendent de la tribune en répétant : *A l'Hôtel de Ville! à l'Hôtel de Ville!* Un certain nombre de personnes les suivent et une partie de la multitude s'écoule par le couloir de gauche.

Un citoyen. — A l'Hôtel de Ville! Et nos députés à notre tête! (*Oui! oui!*)

Un autre citoyen (*M. Peyrouton*).—Non, c'est ici qu'il faut proclamer la République! Nous la proclamons!

« La République est proclamée! »

Un garde national. —Non! non! il faut dire : « La République est rétablie! »

Cris confus. — *A l'Hôtel de Ville! A bas l'empire! Vive la République! Vive la France! Vive la garde nationale! Vive la Ligne!*

Le cri : *A l'Hôtel de Ville!* qui a déterminé la sortie d'une partie de la foule à la suite de MM. Jules Favre et Gambetta, n'étant pas entendu ou suffisamment compris de tous, des citoyens étalent en l'air, en élevant les bras, de grandes feuilles de papier qu'ils ont prises sur le bureau et dans les pupitres des députés et sur lesquelles ils ont écrit à la main en gros caractères : « A L'HOTEL DE VILLE! »

Un citoyen. (*M. Margueritte*) *placé au troisième banc de la gauche.* — Il est nécessaire qu'un certain nombre de gardes nationaux restent dans la salle, afin qu'elle ne puisse pas être réoccupée par des députés de la majorité. (*Oui! oui! Très bien!*)

Une voix. — La majorité n'existe plus!

M. MARGUERITTE. — La majorité peut, en sortant de ses bureaux, rentrer ici. J'engage les gardes nationaux à rester pour qu'elle ne puisse y reprendre séance. (*Oui! oui! A l'Hôtel de Ville*).

Un homme dans la foule. — Laissons les gardes nationaux garder la salle.

(Sortie de plusieurs personnes de la salle. Aucun mouvement de retraite dans les tribunes publiques.)

M. le marquis de Piré, député d'Ille-et-Vilaine, entré dans la salle par une des portes du pourtour, vient s'asseoir à son banc, septième travée du centre gauche, et s'y tient en observateur silencieux, les deux mains appuyées sur sa canne.

Dans le même moment plusieurs députés de la gauche et du centre gauche paraissent s'apprêter à sortir.

M. PEYROUTON.— Quant à moi, je ne sortirai pas d'ici que la République ne soit proclamée.

Un citoyen. — Dites « rétablie! »

M. MARGUERITTE. — Un instant!

On me fait observer qu'il vaut mieux que les gens décidés à aller à l'Hôtel de Ville s'y rendent. (*Oui! oui!*) Les gardes nationaux proposent aux députés de la gauche, les seuls qui en ce moment représentent la nation.....

M. LE MARQUIS DE PIRÉ. — Comment? j'ai la prétention de représenter ici la nation tout autant et tout aussi bien que MM. les députés de la gauche. (*Mouvement de surprise.*)

Une voix dans le fond. — Qui êtes-vous?

M. LE MARQUIS DE PIRÉ. — Je suis de Piré, député d'Ille-et-Vilaine. Je proteste! (*Oh! oh! Allons donc!*)

M. MARGUERITTE. — Je disais que les gardes nationaux s'offraient, vis-à-vis des députés de la gauche, à rester ici..... (*Oui! oui! — Bruit*) jusqu'à ce que le gouvernement provisoire fût officiellement proclamé. (*Oui! oui! — Applaudissements.*)

M. LE MARQUIS DE PIRÉ. — Je proteste! (*Nouveau mouvement dans la foule. — Bruyantes exclamations.*) Et d'abord il n'y a que les députés qui aient le droit de parler ici. (*Allons donc! allons donc!*) Laissez leur remplir leur mission! Je proteste contre l'envahissement de l'enceinte législative. (A *la porte! à la porte le récalcitrant!*)

Un garde national. — Et nous, nous protestons contre l'envahissement de la France par les Prussiens!

(Les cris de : *Vive la République!* partent avec une intensité nouvelle. — Beaucoup de citoyens assis dans la salle se lèvent en criant de nouveau : *A l'Hôtel de Ville*, et sortent en priant ceux qui sont dans les tribunes publiques de venir les rejoindre au dehors. — Des vides sensibles se font dans la foule qui a envahi l'enceinte; mais ceux qui ont envahi les tribunes publiques y restent avec une persistance visible, assis ou debout.)

Un citoyen placé dans la tribune des sénateurs. — Nous ne voulons pas sortir. Nous attendons la rentrée des députés.

Un ouvrier. — Où sont-ils les députés? Et quand reviennent-ils?

Un citoyen dans la salle. — Ils ne reviendront plus. Nous pouvons aller à l'Hôtel de Ville.

(L'évacuation de la salle s'effectue et se continue lentement et successivement. Les gardes nationaux qui occupent les escaliers de la tribune et du bureau en descendent, et vont, sur l'ordre de leurs chefs, se placer dans le couloir formant pourtour et sur les bancs les plus élevés de l'amphithéâtre, en engageant les envahisseurs de l'enceinte à se retirer et en prenant successivement leurs places à mesure qu'ils les quittent.)

Vers quatre heures, le bruit se répand que MM. les députés ont été invités par M. le président du Corps législatif à se réunir à l'hôtel de la présidence.

Les quelques députés restés jusqu'à ce moment dans la salle se retirent isolément ou par groupes de deux ou trois.

Les tribunes publiques ne se dégarnissent pas, aucun de ceux qui les occupent ne veut quitter sa place.

Des interpellations s'échangent de temps en temps entre les citoyens des tribunes et ceux qui sont encore dans la salle.

Au tumulte et au tapage qui règnent dans cette double foule succèdent, par intermittences, des accalmies et des silences subits.

Un moment arrive où il n'y a plus guère dans la salle que des gardes nationaux, quelques-uns des sténographes du Corps législatif, des huissiers et des hommes de service.

On est debout ou l'on se promène dans les couloirs et dans le pourtour; on est assis et l'on cause sur les bancs de l'amphithéâtre parlementaire.

Le public des tribunes reste toujours en place, plus ou moins bruyant et tapageur. Au moment où le jour baisse et où l'obscurité crépusculaire commence à envahir la Chambre, quelques gardes nationaux, malgré les réclamations des hommes de service, allumant des cigares, se mettent à fumer. Les hommes des tribunes les imitent, et la fumée des pipes s'ajoute bientôt à celle des cigares, pour épaissir et assombrir l'atmosphère de la salle.

Cette situation se prolonge jusqu'à sept heures. A sept heures, le chef des hommes de service, M. Bercheville, prie M. Glais-Bizoin, député de la Seine, qui revient de l'Hôtel de Ville, de vouloir bien intervenir auprès du public des galeries pour le déterminer à la retraite.

M. Glais-Bizoin monte à la tribune.

L'obscurité est devenue telle, que le chef des garçons de salle est obligé de faire allumer deux lampes et de les faire placer l'une à droite, l'autre à gauche de la tribune pour que M. Glais-Bizoin puisse être vu de son auditoire.

M. Glais-Bizoin, après avoir annoncé qu'un gouvernement provisoire vient d'être constitué à l'Hôtel de Ville, dont le premier acte a été de prononcer la dis-

solution du Corps législatif, invite la foule à se retirer, en lui donnant l'assurance que les députés ne
doivent plus rentrer en séance, et qu'on attend l'évacuation de la salle et des tribunes publiques pour
fermer les portes du palais.

Les gardes nationaux reprennent leurs armes, se
forment en rangs à l'ordre de leurs officiers et quittent la salle des séances, et les hommes du peuple,
jusque là imperturbablement restés dans les tribunes
publiques, se décident à se lever et à descendre des
galeries.

La foule sort par la cour et par la porte grillée du
pont de la Concorde.

La garde nationale se met en possession des postes
du palais, fait fermer toutes les portes donnant accès
à la salle des séances et éconduit des salles d'attente
les curieux qui s'y promènent encore.

A sept heures et un quart, il n'y a plus personne,
les gardes nationaux et les hommes de service exceptés,
ni dans la Chambre, ni dans les tribunes, ni dans les
salles adjacentes.

APPENDICE

PROFESSION DE FOI

ADRESSÉE

AUX ÉLECTEURS DE LA PREMIÈRE CIRCONSCRIPTION DU DÉPARTEMENT DE LA SEINE

Le 8 mai 1869

Berryer était mort le 29 novembre 1868. Nous avons rappelé plus haut la noble lettre qu'il avait écrite, quelques jours avant de mourir, pour adhérer « à la souscription ouverte pour l'érection d'un monument expiatoire sur la tombe de Baudin ». Dans une réunion tenue à Marseille aux bureaux du journal *le Peuple*, les électeurs de la 1re circonscription des Bouches-du-Rhône, que Berryer représentait au Corps législatif désignèrent M. Gambetta pour remplacer à la Chambre le grand orateur qui avait provoqué au 2 décembre la mise hors la loi de Louis-Napoléon Bonaparte. Le gouvernement impérial s'alarma. La législature de 1863 finissait en 1869. Le cabinet décida de ne point faire d'élections partielles.

Le Corps législatif se sépara le 26 avril 1869. Les électeurs furent convoqués pour les 23 et 24 mai. M. Gambetta accepta la double candidature qui lui était offerte dans les 1res circonscriptions des départements de la Seine et des Bouches-du-Rhône. Nous reproduisons le texte de la profession de foi adressée aux électeurs de la 1re circonscription de la Seine, et la réponse de M. Gambetta au *cahier* des électeurs républicains de cette circonscription.

PROFESSION DE FOI

Citoyens,

Il y a cinq mois, un grand nombre de vos concitoyens vint m'offrir la candidature; j'hésitais à accepter, je demandai à réfléchir, je voulais savoir avant
tout si la proposition qui m'était faite sortait d'une
véritable manifestation de l'opinion ou du caprice
d'une minorité.

Ces réserves et ces scrupules m'étaient commandés
par la présence sur le même terrain électoral du
citoyen Carnot, dont personne plus que moi n'honore
la vie et ne respecte le caractère.

Après une consciencieuse enquête et de nombreuses
réunions, je me décidai, et, assuré d'obéir au vœu légitime de la majorité, j'acceptai définitivement, il y a
environ un mois. J'ai mis la volonté du peuple au-
dessus de mes sentiments personnels.

Cette acceptation est un parti arrêté, sur lequel
nulle pression ne me fera revenir, et vous pouvez tenir
les bruits contraires pour dénués de tout fondement.

Cette acceptation, je la confirme publiquement.

Aujourd'hui, je ne vous ferai ni programme, ni profession de foi, les comités de votre circonscription
doivent m'adresser leur programme, et je dois y répondre. Nous contracterons ainsi publiquement sous l'œil
de tous. Je veux cependant signaler le principe directeur de mes opinions et de mes actes politiques.

Ce principe, c'est la souveraineté du peuple, organisée d'une manière intégrale et complète; il faut tout
lui rapporter, et il en faut tout déduire : les institutions, les lois, les intérêts et les mœurs mêmes; scientifiquement appliqué, ce principe peut seul achever la
Révolution française et fonder pour toujours l'ordre
réel, la justice absolue, la liberté plénière et l'égalité
véritable.

Démocrate radical, dévoué avec passion aux principes de liberté et de fraternité, j'aurai pour méthode politique, dans toutes les discussions, de relever et d'établir en face de la démocratie césarienne, la doctrine, les droits, les griefs et aussi les incompatibilités de la démocratie loyale.

Pour mener à bien une telle entreprise, j'ai besoin de tenir de vos libres volontés une commission nette et précise; je l'ai dit à vos délégués et je vous le répète.

Je ne comprends, je ne sollicite, je n'accepte d'autre mandat que le mandat d'une opposition irréconciliable.

RÉPONSE AU CAHIER DE MES ÉLECTEURS

Citoyens électeurs,

Ce mandat je l'accepte.

A ces conditions, je serai particulièrement fier de vous représenter, parce que cette élection se sera faite conformément aux véritables principes du suffrage universel;

Les électeurs auront librement choisi leur candidat;

Les électeurs auront déterminé le programme politique de leur mandataire;

Cette méthode me paraît à la fois conforme au droit et à la tradition des premiers jours de la Révolution française.

Donc j'adhère librement à mon tour à la déclaration de principes et à la revendication des droits dont vous me donnez commission de poursuivre la réclamation à la tribune.

Comme vous, je pense qu'il n'y a d'autre souverain que le peuple et que le suffrage universel, instrument de cette souveraineté, n'a de valeur, n'oblige et ne fonde qu'à la condition d'être radicalement libre.

La plus urgente des réformes doit donc être de l'affranchir de toute tutelle, de toute entrave, de toute pression, de toute corruption.

Comme vous, je pense que le suffrage universel, une fois maître, suffirait à opérer toutes les destructions que réclame votre programme et à fonder toutes les libertés, toutes les institutions dont nous poursuivons ensemble l'avènement.

Comme vous, je pense que la France, siège d'une démocratie indestructible, ne rencontrera la liberté, la paix, l'ordre, la justice, la prospérité matérielle et

la grandeur morale que dans le triomphe des principes
de la Révolution française.

Comme vous, je pense qu'une démocratie régulière
et loyale est par excellence le système politique qui
réalise le plus promptement et le plus sûrement l'é-
mancipation morale et matérielle du plus grand nombre et assure le mieux l'égalité sociale dans les lois,
dans les faits et dans les mœurs.

Mais, comme vous aussi, j'estime que la série progressive de ces réformes sociales dépend absolument
du régime et de la réforme politiques; et c'est pour
moi un axiome en ces matières que la forme emporte
et résout le fond.

C'est d'ailleurs cet enchaînement et cette gradation
que nos pères avaient marqués et fixés dans la profonde et complète devise en dehors de laquelle il n'y a
pas de salut : *Liberté, Égalité, Fraternité.*

Nous voilà donc réciproquement d'accord. Notre
contrat est complet. Je suis à la fois votre mandataire
et votre dépositaire.

Je fais plus que consentir. Voici mon serment : Je
jure obéissance au présent contrat et fidélité au peuple
souverain.

PROFESSION DE FOI

ADRESSÉE

AUX ÉLECTEURS DE LA PREMIÈRE CIRCONSCRIPTION DU DÉPARTEMENT DES BOUCHES-DU-RHONE

(DEUXIÈME TOUR DE SCRUTIN)

Le 28 mai 1869

Le dépouillement du scrutin pour la 1re circonscription du département de la Seine avait donné les résultats suivants :

MM. Gambetta	21,734 voix
Carnot.	9,142
Terme	2,290
Balagny	1,648
André Pasquet.	385
Divers.	218

M. Gambetta était élu.

Le dépouillement du scrutin pour la 1re circonscription du département des Bouches-du-Rhône donnait les résultats suivants :

MM. Gambetta.	8,663 voix
De Lesseps.	4,535
Thiers.	3,582
Sauvaire Barthélemy.	3,075
Bulletins nuls.	39

Aucun candidat n'ayant obtenu la majorité absolue, un second tour de scrutin était nécessaire. M. Thiers et M. Barthélemy se désistèrent. M. de Lesseps dut maintenir la candidature officielle qui lui avait été imposée par l'Empereur.

M. Gambetta adressa aux électeurs de Marseille la profession de foi suivante :

Citoyens électeurs,

J'ai voulu laisser passer ces quelques jours sur les
émotions que nous a apportées aux uns et aux autres
le scrutin du 24 mai.

Aujourd'hui, enhardi par la majorité de vos libres
suffrages, je me présente devant vous et je vous convie
à confirmer la décision que vous avez déjà rendue en
ma faveur, — non pour la personne, mais pour les
principes.

Votre tâche, d'ailleurs, est facile.

Le désistement de l'honorable M. de Barthélemy et
celui de l'illustre M. Thiers nous laissent face à face
avec le candidat du gouvernement personnel.

Vous ferez tous votre devoir et la candidature officielle sera pour toujours condamnée à Marseille, car
elle aura été vaincue sur la tête d'un homme dont on
ne peut que regretter de voir le juste renom s'amoin-
drir et s'abaisser dans de stériles compromissions
administratives.

Vous avez si noblement, si patriotiquement agi à la
première épreuve, qu'il est presque superflu aujour-
d'hui de vous mettre en garde contre les procédés et
les manœuvres employés par nos adversaires communs.

Vous avez déjoué par votre calme toutes les provocations mauvaises. Vous avez réduit au silence tous
ceux qui vous accusaient d'esprit d'indiscipline et de
désordre.

Au deuxième tour, vous ne tiendrez pas un compte
meilleur des exagérations grossières, calculées et
payées, dont on gratifie les candidats d'une démocratie qui, précisément parce qu'elle est *radicale*, n'en
est que plus dévouée à l'*ordre*, principe fondamental
des sociétés, et à la *liberté*, garantie indispensable aux
mains de tous pour la protection, la dignité et les intérêts de chacun.

On aura beau dire : « Vous êtes l'anarchie, vous êtes la démagogie. » Je répondrai, encore plus pour rendre hommage à la vérité que pour éclairer vos consciences :

Je renvoie de semblables accusations à ceux qui me les adressent; en effet, la démocratie sincère. loyale, est la seule ennemie de la démagogie, le seul frein, le seul rempart aux attentats des démagogues de tout ordre! Les démagogues, ils sont de deux sortes : ils s'appellent César ou Marat : que ce soit aux mains d'un seul ou aux mains d'une faction. c'est par la force qu'ils veulent satisfaire, les uns et les autres, leurs ambitions ou leurs appétits.

Ces deux démagogies, je les trouve également haïssables et funestes.

La démocratie radicale, au contraire, ne désire, n'ambitionne que le développement de la justice et de la liberté, de la solidarité parmi les hommes. Elle part de la souveraineté du peuple pour fortifier la souveraineté de l'individu, et c'est parce qu'elle veut le gouvernement de l'homme par lui-même, qu'elle conclut au gouvernement du pays par le pays.

Son droit réside dans la raison, sa force dans le peuple.

Elle affirme son droit à conquérir la majorité à ses doctrines, convaincue que le jour de son avènement pacifique est proche, et que, une fois scientifiquement organisée, elle assurera le plus merveilleux développement de l'activité humaine. Elle nous rendra tous politiquement plus libres, — intellectuellement plus savants, — économiquement plus aisés, — moralement plus justes, — socialement plus égaux, et elle établira l'ordre sur l'équilibre et l'harmonie des droits et des intérêts.

Ce sont ces principes et non d'autres que les électeurs de Paris, comme les électeurs de Marseille, ont eu à cœur de sanctionner dans mon humble personne.

C'est à Marseille même que je veux poursuivre la propagande et l'application de ces doctrines, et malgré des regrets dont vous sentez la légitimité, si le 7 juin mon nom sort victorieux de l'urne, *j'opterai pour Marseille.*

Je tiens, en effet, à prouver l'alliance intime de la politique radicale et des affaires, et certes nulle ville en France ne m'offrira de plus fréquents et de plus utiles sujets de démonstration.

Vos traditions, vos mœurs autonomes, votre situation présente, votre avenir qui peut être si grandiose dans une France régénérée où vous auriez le rôle prépondérant de New-York aux États-Unis, me sollicitent vivement à cette détermination.

Citoyens électeurs,

Il vous reste à parfaire ce que vous avez si bien commencé, à procéder au suprême verdict du suffrage universel, sans crainte, sans précipitation, sans tumulte, avec cette précision et ce calme qui sont les signes irréfragables d'une démocratie majeure et libre.

Tenez enfin pour assuré que, représentant inflexible de la doctrine démocratique, si j'étais votre élu, je tiendrais à honneur, dans les questions spéciales, d'être le député de tous.

Le second tour de scrutin (6 et 7 juin) donna les résultats suivants :

MM. Gambetta	12,868 voix
De Lesseps.	5,066
Barthélemy	71
Thiers.	48
Bulletins nuls.	250

M. Gambetta était élu. Il opta, comme il l'avait promis, pour la circonscription des Bouches-du-Rhône.

LETTRE

ADRESSÉE

AUX ÉLECTEURS DE LA PREMIÈRE CIRCONSCRIPTION
DU DEPARTEMENT DE LA SEINE

Le 28 juillet 1869

Nous avons donné (page 90) l'historique de la première
session extraordinaire du Corps législatif. M. Gambetta,
dans une lettre adressée aux électeurs de la 1ʳᵉ circonscription du département de la Seine, rendait compte en ces termes de l'accomplissement de son mandat et de la situation
politique de la gauche :

CITOYENS,

Quoique absent et malade, je vous dois le compte
des faits accomplis dans la prétendue session extraordinaire, dont le caprice du pouvoir impérial vient
d'interrompre le cours, au mépris du bons sens et
des justes réclamations du pays, en se couvrant d'une
loi qu'il a seul dictatorialement rédigée il y a dix-huit
années.

Pendant les quelques jours qu'a duré la réunion des
députés, j'ai pu prendre part à la vérification des pouvoirs de plusieurs d'entre eux. J'ai agi constamment
avec la conviction que toute candidature officielle
devait être frappée de nullité pour vice d'origine ; j'ai

donc systématiquement voté contre l'admission de tout député produit du patronage officiel.

Honoré du mandat législatif par deux circonscriptions de France, j'ai fait connaître mon option. J'ai opté pour Marseille, conformément aux intérêts démocratiques et à la parole donnée.

D'ailleurs, je tiens ces deux mandats pour identiques, et je suis aussi fier de représenter Marseille que Paris, car on peut dire, sans blesser l'orgueil d'aucune des deux villes, que depuis le 10 août 1792 elles sont les deux capitales de la démocratie française.

Je ne demande que les forces morales et physiques nécessaires pour ne pas succomber sous la grandeur de la tâche, et vous prouver à l'œuvre même, que malgré l'option, je reste votre représentant, c'est-à-dire indissolublement voué à la défense de vos idées et à la revendication de vos droits.

Le lendemain de l'option, la maladie me forçait de renoncer aux travaux de l'Assemblée, et je partais plus souffrant du regret de quitter mon poste que du mal lui-même.

Trois jours après, j'appris à l'étranger, et la prorogation de la Chambre, et les fières paroles que Jules Favre avait trouvées sur l'heure pour la juger et la condamner.

Mais ces quelques phrases éloquentes, parce qu'on les a refoulées dans la bouche de notre grand orateur, ne pouvaient résumer les idées et les sentiments de la gauche sur la situation que créait au pays ce brusque congé, à peine déguisé sur les faux dehors d'une réforme pseudo-libérale.

Il fallait un acte.

Cet acte devait présenter trois caractères :

Il devait émaner d'un groupe homogène, solidement constitué, ayant seul le droit de se dénommer *la gauche*.

Il devait contenir une protestation contre les procé-

dés du pouvoir personnel à l'égard des représentants
du suffrage universel libre.

Il devait enfin déclarer et contenir, non la série des
réformes et des revendications que poursuit la démocratie radicale, mais le principe même de ces revendications, la souveraineté exclusive, toujours présente
du peuple ; principe qui s'oppose à toute transaction,
à tout compromis de nature à retarder la remise immédiate et totale, entre les mains de la nation, du droit
de disposer de tout le pouvoir exécutif et de tous les
agents de ce pouvoir.

Dès les premiers moments de la crise, j'aimais à
croire que les hommes de la gauche ne pouvaient
manquer de prendre un semblable parti. Malgré mon
éloignement, j'ai pris dans ce sens une part, aussi active que je l'ai pu, aux diverses combinaisons et tentatives essayées par eux pour atteindre un résultat.

Cette discussion me semblait d'autant plus naturelle, plus impérieuse, que la situation politique était
plus tendue et plus chargée, et qu'on se trouvait véritablement en face d'une décomposition des éléments
organiques de l'établissement de 1852. Outre la dissolution d'une majorité jusque-là applaudissante et soumise, outre l'apparition d'un tiers parti rêvant pour
la monarchie actuelle les replâtrages de 1830, il y
avait une considération décisive pour agir : c'est que la
Chambre, tournant complètement le dos au pays, n'a-
vait à aucun degré le sens des aspirations exclusivement démocratiques et radicales qui avaient été
la seule force dominante des dernières luttes électorales.

Le pouvoir seul paraissait démêler vaguement ce
péril, et c'est ce qui le déterminait simultanément à
promettre quelques concessions de pur formalisme
parlementaire, et à congédier les représentants de la
nation libre, dont il évitait ainsi les redoutables révélations.

Ce qui préoccupait en effet le pouvoir, ce n'était pas principalement les modestes visées des 116 interpellateurs; mais bien l'ardent désir d'échapper, même par la fuite, à l'énumération de ses fautes, pendant et depuis les élections; c'était de n'avoir pas à se justifier publiquement des violences, des vexations, et des séquestrations arbitraires de sa police; d'ajourner toute explication sur les évènements de Saint-Étienne et de Bordeaux, sur les troubles de Nantes et les émeutes suspectes de Paris; de n'avoir point à se justifier de ce déchaînement de répression, de toutes sortes de poursuites, de procès et de condamnations en matière de presse, et de prolonger impunément, silencieusement la détention préventive de courageux citoyens placés sous le coup d'accusations de complot contre la sûreté de l'État, complot dont l'existence était si certaine, si palpable, que deux mois n'ont pu suffire à donner un corps à cette prodigieuse procédure.

Il incombait à la gauche de remettre tous ces griefs sous les yeux du pays, de dévoiler, de démasquer la tactique et les stratagèmes du pouvoir, elle ne devait renoncer à la tribune que pour faire appel à la presse et tenir collectivement à la France radicale un langage digne d'elle. On attendait qu'elle se plaçât virilement à la hauteur des circonstances actuelles comme des évènements qui se préparent.

C'est avec douleur que j'ai appris que rien de pareil ne serait accompli, ni même essayé. La gauche s'est déclarée impuissante à produire un acte collectif, une potestation d'ensemble, et la plupart de ceux qui la composent se hâtent d'écrire individuellement à leurs commettants pour leur expliquer leurs opinions personnelles sur la crise, démonstration éclatante de la faute subie plutôt que commise.

Sans doute cette faute n'a rien d'irréparable. Elle n'est pas imputable aux hommes; elle était fatalement amenée par la situation même; elle n'est que l'indice d'une mauvaise méthode politique : elle pourra même provoquer d'excellentes conséquences, si l'on veut en tirer la leçon et conclure sans faiblesse.

Quelle est en effet la cause de notre impuissance à agir collectivement, et quelle est l'unique raison de cette démission devant la crise?

On n'avait pas encore organisé et constitué la gauche.

La gauche ! ce mot a un sens précis, déterminé, limité ; il indique et définit un parti politique de composition homogène, d'origine identique, de principes communs. N'est-il pas dès lors illogique et impossible de former une gauche avec des hommes politiques de tendances, d'origines, de systèmes opposés? L'idée de constituer une gauche par une coalition d'hommes appartenant à des partis et à des principes contraires, c'est une idée fausse sur la valeur politique de laquelle de brillantes et d'illustres personnalités ont pu jeter une illusion passagère, mais qui ne saurait résister à l'épreuve des évènements.

En effet une gauche bigarrée, hétérogène, formée de toutes sortes d'opinions, peut haranguer, critiquer, harceler en paroles l'adversaire commun, et c'est beaucoup ; mais elle restera toujours nulle pour l'action. La promiscuité la condamnera à l'incapacité d'agir.

C'est aujourd'hui ce qui nous arrive pour n'avoir pas eu le temps suffisant de nous classer et de nous ordonner.

Dès lors, pour éviter à l'avenir pareille déconvenue, que faut-il faire?

Il faut organiser une gauche, composée exclusivement de citoyens ralliés aux mêmes principes.

Il ne s'agit pas d'épurer, il s'agit d'uniformiser ; il faudrait décomposer la gauche actuelle en deux parties, et tracer entre elles une ligne de démarcation qui empêche désormais la confusion, sans exclure les bonnes relations de voisinage et les coopérations momentanées.

La première fraction comprend les partisans de la monarchie constitutionnelle. Tous ceux qui croient que le suffrage universel peut s'accommoder des *libertés nécessaires* doivent se ranger sous les ordres de M. Thiers et de ses amis, et poursuivre sans équivoque la restauration du parlementarisme pur. L'autre fraction se recrute dès lors uniquement parmi ceux qui estiment que le peuple est le seul véritable et le seul légitime souverain, mais qu'il lui faut la réalité du pouvoir; tous ceux qui, avec les Favre, les Simon, les Bancel, les Pelletan et les autres pensent et disent que le peuple ne peut se déclarer satisfait qu'après avoir remis à leur rang de subalternes, réellement obéissants et responsables, ceux qui aujourd'hui le détiennent en maîtres.

A ceux-ci, en effet, la responsabilité ministérielle ne saurait suffire, il leur faut la responsabilité directe immédiate de quiconque exerce une fonction, il leur faut surtout la responsabilité, sérieusement organisée, facilement praticable, du chef du pouvoir exécutif. Ils ne tiennent pas à couvrir par une fiction le premier officier du peuple, ils tiennent à assurer une prompte et efficace répression s'il venait à méconnaître les droits du peuple, ou à trahir les grands intérêts de la patrie.

Pour tout dire, ils ne voient d'ordre, de sécurité, de liberté pour le pays qu'à partir du moment où le suffrage universel, pleinement émancipé, aura fondé des institutions démocratiques capables d'assurer par elles-mêmes la liberté, l'égalité, la fraternité.

Cette séparation, qui n'est pas une scission, est aussi désirable qu'inévitable ; elle seule peut et doit assurer à la démocratie radicale une sincère représentation dans le parlement.

Je sais bien que la gauche y perdra certaines alliances ; certaines personnalités l'abandonneront ; son chiffre sera diminué par ces retraites. Mais ce chiffre n'est qu'une coûteuse apparence et non une force, puisqu'il est impossible de le voir figurer au bas d'un document politique de quelque valeur et de quelque dignité.

Ce qui importe présentement, ce n'est point le chiffre numérique de la gauche, ce sont ses principes, ses résolutions, son caractère. ses actes : *pauci sed fortes*.

Quelques hommes peuvent suffire à la nouvelle besogne et, s'ils se trouvent par moment trop peu nombreux, qu'ils songent que l'avenir et la révolution sont derrière eux, qu'ils combattent et qu'ils espèrent ! A l'heure dite, ils n'auront qu'à faire appel au suffrage universel pour voir surgir les auxiliaires et les frères d'armes.

Oui, j'ai cette confiance qu'aux futurs comices, et ils sont peut-être proches, la démocratie radicale, continuant ses progrès, ralliera tous les libres suffrages. Ma confiance est telle, que je redoute de ne point voir prononcer la dissolution de ce Corps législatif mort-né, dont la réélection sera devenue, dans six mois, la seule issue logique des inextricables tâtonnements dans lesquels agonise le pouvoir personnel.

Que le pouvoir ait le courage et la logique de ses derniers procédés ! Qu'il dissolve ! qu'il fasse appel au peuple, et s'il le peut, qu'il renonce aux candidats officiels, aux actes de pression des préfets, des maires et de la police, et nous connaîtrons enfin les vœux de la France ! Alors ceux qui nous gouvernent verront si c'est avec des osselets parlementaires qu'on peut amuser le peuple et distraire le suffrage universel de la reprise intégrale de ses imprescriptibles et inaliénables droits.

Ils verront surtout l'accueil qui sera fait à ces parvenus, plein d'enflure, qui s'écrient dans un langage dont l'affectation déguise mal la terreur: « Il faut élever une digue *contre* la révolution ! »

C'est pitié !

Élevez donc aussi une digue contre le temps! il vous serait aussi facile d'arrêter la marche de l'un que de l'autre. Endiguer la révolution ! Mais elle vous submerge, aveugles qui vous croyez clairvoyants ! La France est engagée sous peine d'abaissement, et peut-être de mort sociale, à terminer la Révolution française. C'est la charge du xix° siècle ; c'est principalement la charge de notre génération. Il ne faut pas que le centenaire de 1789 se lève sur nous sans que le peuple ait reconquis pour lui comme pour le reste du monde, l'héritage politique dont il est dépossédé depuis le 18 brumaire.

A cette condition seulement ce siècle finira bien. Le peuple possède entre ses mains l'arme libératrice, le suffrage. Il prouve tous les jours le prix qu'il y attache, et nous fait pressentir les triomphes qu'il saura en tirer. Les mandataires doivent l'aider, l'éclairer, le servir, le défendre avec cette autorité et cette puissance que donnent seules la cohésion, l'unité, l'entente et la discipline.

La gauche actuelle compte trop d'hommes éprouvés dans de longs et glorieux services, gages inoubliables aux yeux de la démocratie, pour ne pas réussir dans cette œuvre de transformation nécessaire.

Ces citoyens, leur vie entière le proclame, n'ont d'autres passions que le succès de la cause populaire : ils ne peuvent dès lors que déférer aux vœux exprimés par le peuple dans les élections dernières.

Ils ont reçu de vaillantes recrues qui ne demandent qu'à coopérer énergiquement sous leurs ordres à une campagne vigoureuse, sans feinte ni fausse retraite; il ne leur manque pour acquérir une action décisive sur les évènements et sur le pays, que de se concentrer, d'agir selon un plan et une méthodes fixes. Pour cela il faut que de l'unité des vues découle l'unité d'action.

La gauche, pour devenir elle-même, doit donc réunir en elle toutes les forces du parti, les forces du dehors, comme du dedans. Il faut former à l'aide de toutes les individualités radicales des lettres, des sciences, des arts, de la presse, de l'industrie, un vaste personnel politique toujours également prêt pour le conseil et pour l'action.

Il faut que les députés vivent dans une communion constante avec les électeurs.

Par ainsi, la gauche, réellement, logiquement organisée et composée, est sûre de diriger l'opinion et de conduire la France au pur gouvernement d'elle-même.

L'heure actuelle est à la fois propice et solennelle pour tenter une pareille entreprise. Le suffrage universel, en effet, vient d'entrer dans sa vingt-huitième année, le voilà pleinement majeur; il fait acte de virilité, il exige des comptes, il revendique les droits et les libertés confisquées.

Qui pourra les lui refuser plus longtemps? Qui osera lui tenir tête?

Cette lettre, datée d'Ems, fut publiée dans l'*Avenir national* du 30 juillet 1869.

RAPPORT

SUR LES

OPÉRATIONS ÉLECTORALES DE LA PREMIÈRE CIRCONSCRIPTION
DU DÉPARTEMENT DE LA VENDÉE

Présenté le 7 mars 1870

AU CORPS LÉGISLATIF

———————

L'élection dans la 1re circonscription du département de la Vendée avait nécessité deux tours de scrutin.

Au premier tour de scrutin (23-24 mai 1864), le dépouillement des votes avait présenté les résultats suivants :

MM. Keller. . . . . 10,605 voix
Le marquis de Sainte-Hermine. . 9,919
Le baron Alquier. 6,981
Bulletins nuls 369

M. Keller, élu dans le département du Haut-Rhin, s'étant désisté, le second tour de scrutin donna les résultats suivants :

MM. Le marquis de Saint-Hermine . . 11,487 voix
Le baron Alquier. 10,122
Divers. 40
Bulletins nuls 120

M. de Sainte-Hermine était élu.

M. Clément Duvernois, rapporteur du 9e bureau du Corps législatif, déposa, dans la séance du 3 décembre, un rapport qui concluait à valider l'élection.

MM. Tachard, Buffet et Jules Favre combattirent les conclusions du bureau.

Au scrutin public, par 119 voix contre 90, l'élection de M. de Sainte-Hermine, candidat officiel, fut annulée.

M. de Sainte-Hermine ne se représenta pas au scrutin des 9 et 10 janvier 1870. M. Alquier obtint 12,754 voix et M. le comte de Falloux 12,250. M. Alquier était élu.

M. Gambetta, au nom du 6e bureau, présenta le rapport sur les opérations électorales de la 1re circonscription de la Vendée.

M. GAMBETTA. — Messieurs, j'ai l'honneur de vous présenter, au nom du 6e bureau, le rapport sur les opérations électorales de la première circonscription du département de la Vendée, dans les scrutins des 9 et 10 janvier 1870.

La première circonscription électorale du département de la Vendée compte 35,312 inscrits, sur lesquels ont pris part au vote 25,174.

M. le baron Alquier a obtenu. .   12,759 voix.
M. le comte de Falloux. . . . .   12,259 voix.

Tels sont les résultats proclamés par la commission départementale de recensement ; mais il y a lieu de les modifier de la manière suivante : le nombre des votants ou suffrages exprimés doit subir deux réductions. La première provient des bulletins blancs qui ont été indûment comptés au nombre des suffrages exprimés, contrairement à l'article 30 du décret du 2 février 1852, dont la disposition est formelle : « Les bulletins blancs n'entrent point en compte dans le résultat du dépouillement », contrairement à la jurisprudence constante du conseil d'État, et notamment l'arrêt du 28 mars 1862. Voir Lebon (p. 428 — 658. 1868). Le nombre de ces bulletins blancs à retrancher du nombre des suffrages exprimés, s'élève à 51.

En second lieu, les protestations dirigées à l'origine contre l'élection de M. le baron Alquier, signalaient un nombre de 500 et quelques suffrages illégalement exprimés, c'est-à-dire exprimés par des électeurs non inscrits sur la liste clôturée au 31 mars 1869, et qui figuraient à tort sur des tableaux rectificatifs dressés depuis cette époque, par une vicieuse application de l'article 8 du décret du 2 février 1852.

Nous avons fait venir les listes électorales et d'émargement de toutes les communes désignées dans les protestations, et, après un relevé minutieux et comparatif, nous avons trouvé comme résultat définitif de nos critiques 313 votes illégalement exprimés et nuls de plein droit.

En opérant cette radiation de 313 votes émis par des électeurs illégalement et tardivement inscrits, nous n'avons fait qu'obéir aux prescriptions de la loi et à la règle la mieux établie de votre jurisprudence parlementaire. Je ne vous citerai pas les nombreux précédents qui ont fixé définitivement la solution de cette question. Il me suffira de rappeler à vos souvenirs le remarquable rapport de l'honorable M. O'Quin sur l'élection des Vosges dans la séance du 17 novembre 1863, et dont la Chambre s'appropria la doctrine par un vote presque unanime. C'est cette même doctrine que votre 6e bureau m'a chargé de formuler devant vous, pour empêcher à l'avenir, si c'est possible, toute fausse interprétation, ignorante ou déloyale, de l'article 8 du décret réglementaire du 2 février 1852.

En vertu de cet article, les maires sont invités, toutes les fois qu'il y a lieu de procéder à une élection, à dresser un tableau de rectification de la liste électorale, indiquant le nom des électeurs décédés ou privés des droits civils et politiques par jugement ayant force de chose jugée depuis la clôture de la liste, et pouvant contenir aussi les changements qui auraient été ordonnés par décision du juge de paix, postérieurement au 31 mars. Il arrive souvent que les maires se méprennent sur la nature de ce tableau de rectification, et croient devoir en faire une liste additionnelle et complémentaire, sur laquelle ils inscrivent le nom des électeurs omis sur la liste primitive, ou qui ont acquis depuis le 31 mars les conditions d'âge ou de domicile.

C'est là une erreur évidente, et dans l'espèce actuelle, comme dans d'autres circonstances, elle s'est assez fréquemment reproduite pour qu'il ne soit pas inopportun de résumer ici les règles tracées par la loi.

La liste électorale est permanente, c'est-à-dire qu'une fois dressée, elle sert jusqu'à ce qu'il en soit dressé une nouvelle. Chaque année, le maire doit la reviser. Le résultat de cette révision, qui commence le premier janvier, est une liste nouvelle qui est arrêtée et clôturée le 31 mars de chaque année. Les citoyens portés sur cette liste, close le 31 mars, ont seuls le droit de prendre part aux élections qui auront lieu à partir du 1er avril jusqu'au 31 mars de l'année suivante. La règle générale est donc la suivante : la liste électorale close le 31 mars reste immuable durant toute l'année, le maire n'a plus le droit d'y toucher, par exception à la règle, que pour rayer les électeurs décédés, et pour exécuter les changements ordonnés par des décisions de justice (justice de paix et arrêts de la cour de cassation), ce qui comprend, d'une part, les jugements électoraux des juges de paix, dont la demande remonte avant le 31 mars, et, d'autre part, toutes les condamnations définitives qui privent un citoyen de sa qualité d'électeur. Ces principes rappelés, nous en avons fait l'application à l'espèce qui vous est soumise, et voici le résultat numérique que cette application a entraîné :

Il y a lieu de retrancher 1° le chiffre 51 des bulletins blancs, 2° celui 313 des suffrages illégalement exprimés du nombre total des suffrages accusés par la commission départementale de recensement, soit 25,174, moins 364, égale 24,810.

La majorité absolue devient, en conséquence, 12,406.

Si maintenant on prend le chiffre obtenu par M. le baron Alquier, il convient d'en retrancher les 313 suffrages illégaux, soit 12,759 moins 313, égale 12,446.

Ce qui constitue au bénéfice de M. le baron Alquier 40 voix de majorité absolue, auxquelles il faut ajouter encore, par voie de restitution, 16 bulletins injustement annulés et portant le nom de M. Alquier, dans les communes de Banages-en-Pailles, la Gobertière, la Verrerie, soit pour le chiffre définitif appartenant à M. le baron Alquier 12,446, plus 16, égale 12,462. Ce qui, aux termes de l'article 44 du décret réglementaire, assure la validité de l'élection de M. Alquier.

Rencontrant dans les protestations dirigées contre cette élection certaines allégations de faits de prétendues manœuvres et de pression électorale, après en avoir pris connaissance, votre bureau a décidé qu'il n'en serait même pas fait mention dans le rapport, attendu la futilité et l'inconsistance de ces prétendus griefs. Mais il est un autre incident de cette élection sur la gravité duquel votre 6ᵉ bureau n'a pas cru pouvoir garder le même silence. La parfaite connaissance de cet incident est de nature, d'ailleurs, à expliquer et à fortifier la majorité de M. le baron Alquier. En effet, les votes dont la nullité invoquée contre M. le baron Alquier a été proclamée par votre 6ᵉ bureau, avaient été en grande partie organisés par les adversaires de M. Alquier, qui viennent aujourd'hui, devant la Chambre, réclamer le bénéfice d'une fraude légale dont ils ne peuvent être à la fois les auteurs et les bénéficiaires.

La preuve de ces machinations résulte directement de pièces écrites par les signataires des protestations dirigées contre la validité de l'élection de M. le baron Alquier. Afin de rester dans la juste mesure, votre 6ᵉ bureau dégage la personne de M. de Falloux de toute participation à ces regrettables manœuvres, et n'en fait exclusivement retomber la responsabilité que sur ses amis et sur ses agents trop zélés. En conséquence, votre 6e bureau à l'honneur de vous proposer de valider les pouvoirs de M. le baron Alquier, qui, ayant justifié des conditions d'âge et de nationalité, et réuni la majorité absolue des suffrages exprimés et plus du quart des électeurs inscrits, avait été légitimement proclamé député de la première circonscription du département de la Vendée.

Au moment de la lecture du rapport, le bureau a reçu communication de pièces, dont il n'a pas d'ailleurs examiné le caractère probant, car en admettant dans toute son étendue la nouvelle protestation dirigée contre l'élection de M. Alquier et qui réclame la radiation de 59 suffrages illégalement exprimés, le résultat définitif n'en serait pas altéré. M. le baron Alquier conserverait toujours la majorité absolue ; elle serait seulement de 27 voix au lieu d'être de 56. En cet état, le bureau persiste dans ses précédentes conclusions et maintient la validité de l'élection de M. le baron Alquier.

Telles sont, Messieurs, les conclusions que j'ai l'honneur de vous soumettre.

Je suis prêt à les défendre si elles donnaient matière à contestation.

M. LE PRÉSIDENT BUSSON-BILLAULT. — Personne ne demande la parole?...

Je mets aux voix les conclusions du 6e bureau.

Les conclusions du 6e bureau sont mises aux voix et adoptées.

PROPOSITION DE LOI

SUR

LES ALIÉNÉS

Présentée le 11 mars 1870

AU CORPS LÉGISLATIF

————

Le procès de M. Léon Sandon (mai 1865) avait appelé l'attention publique sur les défectuosités nombreuses de la loi du 30 juin 1838 sur le régime des aliénés. M. Sandon, avocat à Limoges, était le dépositaire d'une correspondance dans laquelle M. Billault, élu représentant du peuple en 1848, s'exprimait en termes violents et méprisants sur le compte de M. Louis-Napoléon Bonaparte et de ses amis. Rallié au coup d'État, président du Corps législatif, puis premier ministre de l'Empereur, M. Billault avait réclamé à M. Sandon sa correspondance et, sur son refus, il ne s'en était emparé que par une ruse indigne. M. Sandon intenta un procès à M. Billault, qui le fit immédiatement arrêter. On offrait à M. Sandon de lui ouvrir les portes de la prison s'il retirait son assignation et les accusations qu'elle contenait. Il céda par intimidation, mais à peine libre il reprit ses poursuites. M. Billault le fit arrêter dix-sept fois de suite. M. Sandon adressa une pétition au Sénat pour lui demander l'autorisation de poursuivre M. Billault devant le conseil d'État. M. Billault fit enfermer M. Sandon à Charenton, comme atteint de monomanie raisonneuse. Le malheureux resta dix-sept mois dans la maison de fous, s'éteignant lentement dans le désespoir, ayant perdu sa mère, morte de douleur à la lecture du rapport du sénateur Tourangin sur la pétition de son fils. A la mort de M. Billault, M. Cordoën, procureur général, se rendit à Charenton et fit mettre M. Sandon en liberté. Le 9 mai 1865, M. Sandon prit la parole devant la première chambre du tribunal civil pour raconter son épouvantable aventure et réclamer à la famille de M. Billault les dommages-intérêts qui lui étaient dus. « La conduite de

M. Billault a été inouïe, écrivait M. de Persigny à M. Conti, nous pouvons avoir un scandale affreux. Il paraît qu'avec 20 ou 30,000 francs, que M. Conneau se chargerait de prendre sur les fonds, on pourrait tout arranger. » Et effectivement, avec une indemnité de 10,000 francs accordée sur la demande du prince Jérôme-Napoléon, tout fut arrangé, et M. Sandon se mit à écrire des brochures bonapartistes.

Mais l'éveil avait été donné à l'opinion, et 10,000 francs d'indemnité accordée à M. Sandon n'étaient pas une garantie pour l'avenir. Le 21 mars 1870, M. Gambetta déposa sur le bureau du Corps législatif un projet de loi, signé par M. Magnin et par lui-même, et qui portait modification et remaniement de la législation de 1838 sur les aliénés. « Le principe sur lequel repose ce projet, dit M. Gambetta, est la transformation du médecin en simple expert et la constitution d'un jury préalable pour l'examen des personnes soupçonnées d'être atteintes d'aliénation. »

La commission d'initiative parlementaire, chargée d'examiner le projet de loi présenté par M. Gambetta et M. Magnin, conclut au renvoi à l'examen des bureaux. Mais aucun rapport ne fut déposé. Le 2 octobre, M. Emmanuel Arago, délégué du gouvernement de la Défense nationale au ministère de la justice, constitua une commission pour examiner les réformes à apporter à la loi de 1838 sur le régime des aliénés. Les travaux de la commission, présidée par M. Faustin Hélie, n'ont pas été publiés. La loi de 1838 est toujours en vigueur.

PROPOSITION DE LOI SUR LES ALIÉNÉS PRÉSENTÉE PAR MM. GAMBETTA ET MAGNIN, DÉPUTÉS AU CORPS LÉGISLATIF

TITRE PREMIER

DES ÉTABLISSEMENTS D'ALIÉNÉS, DES MÉDECINS EXPERTS ET DU JURY

Section Ire. — Des établissements.

ARTICLE PREMIER. — La loi reconnaît deux classes d'établissements d'aliénés : les établissements publics et les éta-

blissements privés. Les publics peuvent recevoir les placements ordonnés par l'autorité publique et les placements
volontaires; les établissements privés ne peuvent recevoir
que les placements volontaires.

ART. 2. — Chaque département est tenu d'avoir un établissement public spécialement destiné à recevoir et à soi-
gneur les aliénés, ou de traiter, à cet effet, avec un établissement public d'un autre département. Ces traités devront
être approuvés par le ministre de l'intérieur.

ART. 3. — Les règlements intérieurs des établissements
publics consacrés, en tout ou en partie, au service des aliénés seront, dans les dispositions relatives à ce service, soumis à l'approbation du ministre de l'intérieur.

ART. 4. — Nul ne pourra diriger un établissement privé
consacré aux aliénés sans l'autorisation du gouvernement.
Les établissements privés consacrés au traitement d'autres
maladies ne pourront recevoir les personnes atteintes d'aliénation mentale, à moins qu'elles ne soient placées dans un
local entièrement séparé. Ces établissements devront être, à
cet effet, spécialement autorisés par le gouvernement et seront soumis, en ce qui concerne les aliénés, à toutes les obligations prescrites par la présente loi.

ART. 5. — Des règlements d'administration publique dé-
termineront les conditions auxquelles seront accordées les
autorisations énoncées dans l'article précédent, les cas où
elles pourront être retirées et les obligations auxquelles seront soumis les établissements autorisés.

ART. 6. — Les établissements publics consacrés aux aliénés sont placés sous la direction de l'autorité publique et
administrés suivant les formes qui sont prescrites par un
règlement d'administration publique.

ART. 7. — Les établissements privés consacrés aux aliénés sont placés sous la surveillance de l'autorité publique.

ART. 8. — Les établissements privés ou publics consacrés
aux aliénés sont placés sous la surveillance particulière
du procureur impérial. Il visitera les établissements privés
tous les mois et les établissements publics tous les deux
mois et à des jours indéterminés; il se fera représenter les
personnes placées dans l'établissement, entendra leurs réclamations, interrogera les employés et les gardiens, et prendra toutes les mesures propres à s'assurer que nul n'est

soumis à de mauvais traitements ou indûment retenu dans l'établissement. Il en adressera son rapport au procureur général. Il sera en outre tenu de s'y transporter immédiatement, dans le cas de l'article 14.

ART. 9. — La commission de surveillance fera visiter tous les mois, par un de ses membres, l'établissement public ou privé dont elle a l'administration ; le membre chargé de cette visite pourra procéder aux informations indiquées par l'article précédent. La commission de surveillance présentera chaque année au conseil général un rapport sur la situation de l'établissement et de chacune des personnes qui y sont placées ; pendant la session le conseil général pourra déléguer un ou plusieurs de ses membres pour visiter l'établissement, y procéder aux informations dont il est parlé à l'article 8.

ART. 10. — Le préfet ou les personnes désignées par lui ou par le ministre de l'intérieur, le président du tribunal, le juge de paix, le maire de la commune, devront également visiter une fois tous les trois mois les établissements publics et une fois tous les six mois les établissements privés d'aliénés ; ils pourront aussi entendre les réclamations de toute personne placée dans l'établissement et prendront à cet égard tous les renseignements propres à faire connaître sa position.

ART. 11. — Les visites prescrites par les articles 8, 9 et 10 devront être espacées de manière qu'un établissement public ou privé ne reste jamais plus de quinze jours sans être visité.

ART. 12. — Les personnes désignées dans les articles 8, 9 et 10 attesteront sur un registre spécial la visite faite par elles et signeront cette déclaration.

ART. 13. — Il sera également tenu dans tout établissement public ou privé d'aliénés un registre coté et paraphé par le maire, sur lequel seront inscrits : 1° les noms, profession, âge et domicile des personnes placées dans l'établissement ; 2° les actes de procédure auxquels donneront lieu l'entrée ou la sortie de ces personnes ; 3° les bulletins de santé de chaque personne placée dans l'établissement, qui seront dressés conformément à l'article 49 ; 4° les décès qui se seront produits parmi les personnes placées dans l'établissement. Ce registre sera soumis aux personnes qui, d'après les articles 8, 9 et 10, auront le droit de visiter l'établissement lorsqu'elles se présenteront pour en faire la visite. Après l'avoir terminée, elles apposeront sur le registre leur signature et leurs observations, s'il y a lieu.

ART. 14. — Quiconque aura connaissance qu'un individu est détenu dans une maison d'aliénés, sans que les formalités prescrites au titre II aient été observées, sera tenu d'en donner avis au juge de paix, au procureur impérial et au juge d'instruction ou au procureur général près la cour impériale. Tout juge de paix, tout officier chargé du ministère public, tout juge d'instruction est tenu d'office ou sur l'avis qu'il en aura reçu, sous peine de se rendre complice du crime de détention arbitraire, de s'y transporter aussitôt et de faire mettre en liberté la personne retenue dans l'établissement. Il sera dressé du tout procès-verbal. Il rendra au besoin une ordonnance dans la forme prescrite par l'article 95 du Code d'instruction criminelle. En cas de résistance, il se fera assister de la force nécessaire, et toute personne requise sera tenue de prêter main-forte.

ART. 15. — Le tribunal de première instance désignera chaque année les médecins qui pourront être employés à titre d'experts pour donner leur avis sur les placements volontaires ou ordonnés par l'autorité publique, dans les établissements d'aliénés, et sur la sortie de ces mêmes établissements. La désignation ne vaudra que pour un an ; mais elle pourra être renouvelée.

Section II. — Des médecins experts.

ART. 16. — Le nombre des médecins-experts est fixé ainsi qu'il suit : un dans chaque canton ; deux dans les villes de 3,000 à 10,000 âmes ; quatre dans les villes de 10,000 à 50,000 âmes ; huit dans les villes de plus 50,000 âmes ; vingt à Paris. Dans les cantons où il n'y aura pas de docteurs en médecine, mais seulement des officiers de santé, les fonctions de médecin-expert seront remplies par un docteur médecin du canton le plus voisin ; le tribunal pourra alors désigner, dans ce dernier canton, deux médecins-experts.

ART. 17. — Ne pourront être désignés comme médecins-experts :

1º Les chefs ou directeurs des établissements publics ou privés d'aliénés ;

2º Les médecins attachés à ces établissements ;

3º Leurs parents ou alliés en ligne directe à l'infini et leurs parents ou alliés en ligne collatérale jusqu'au degré de cousin germain inclusivement. S'il ne se trouve dans le canton aucun médecin qui ne rentre dans l'une de ces trois catégories, il sera pourvu comme il est dit en l'article précédent.

ART. 18. — Le médecin-expert, nommé par le tribunal, pourra être récusé, s'il est parent ou allié en ligne directe à l'infini, parent ou allié en ligne collatérale jusqu'au degré de cousin germain inclusivement, ou héritier présomptif de la personne dont le placement sera demandé. Il pourra aussi être récusé en cas de placement volontaire, s'il est parent ou allié au même degré, ou héritier présomptif de la personne qui demande le placement. Alors même que le droit de récusation ne serait pas exercé, le président du tribunal pourra, s'il a connaissance que le médecin désigné est dans l'une des conditions prévues par le présent article, désigner un autre médecin. Il sera procédé, en cas de récusation demandée ou prononcée d'office par le président, ainsi qu'il est dit en l'article 39.

ART. 19. — Les médecins-experts désignés par le tribunal prêteront, à la plus prochaine audience, le serment de faire leur rapport et de donner leur avis en leur honneur et conscience. Ce serment sera prêté dans la forme prescrite par l'article 65 du décret du 30 mars 1808. Le tribunal pourra néanmoins ordonner qu'il soit prêté devant le juge de paix, qui en dressera procès-verbal et l'expédiera au président du tribunal. Les médecins-experts dont la nomination est renouvelée ne sont pas tenus de prêter un nouveau serment.

ART. 20. — Les médecins-experts seront tenus, toutes les fois qu'ils en seront requis par l'autorité compétente, de faire leur rapport ou de donner leur avis. Le président du tribunal aura néanmoins un pouvoir discrétionnaire pour prononcer sur les excuses qu'ils pourront faire valoir.

Section III. — Du jury.

ART. 21. — Un jury spécial siégeant au chef-lieu de chaque arrondissement est chargé de prononcer sur le placement dans les établissements d'aliénés et sur la sortie de ces établissements.

ART. 22. — Le jury se compose d'un juge du tribunal de première instance, d'un des juges de paix du chef-lieu de l'arrondissement, d'un avocat, ou, dans les villes qui n'en ont pas, d'un avoué, d'un notaire, d'un membre du conseil municipal de son chef-lieu d'arrondissement, d'un médecin de ce même chef-lieu, et de six personnes désignées par le sort sur la liste du jury criminel et habitant le chef-lieu de l'arrondissement.

ART. 23. — A Paris, le juge de paix appelé pour faire partie du jury, sera toujours celui de l'arrondissement où la la personne dont le placement ou la sortie est demandé, aura son domicile ou sa résidence; le médecin appelé sera toujours celui de son quartier, et autant que possible son médecin habituel.

ART. 24. — Dans les villes de moins de 50,000 âmes, le jury sera commis spécialement pour chaque affaire.

A Paris et dans les villes de plus de 50,000 âmes, le tribunal pourra désigner pour un mois celui de ses membres qui en fera partie, inviter le conseil de l'ordre des avocats, la chambre des notaires et des avoués et le conseil municipal à désigner pour le même temps celui de ses membres qui y sera appelé; enfin, former une liste de soixante personnes prises par le sort sur la liste annuelle du jury et habitant la ville : sur cette liste seront pris les six jurés indiqués en l'article 22. Le jury pourra être appelé à statuer sur toutes les demandes de placement et de sortie en état d'être jugées le jour où il se trouvera réuni.

ART. 25. — Le président du tribunal présidera le jury avec voix délibérative.

TITRE II

DES PLACEMENTS DANS LES ÉTABLISSEMENTS D'ALIÉNÉS

Art. 26. — La loi reconnaît deux sortes de placements dans les établissements d'aliénés : le placement ordonné par l'autorité publique et le placement volontaire.

Section Ire. — Dispositions communes au placement ordonné par l'autorité publique et au placement volontaire.

Art. 27. — Les personnes qui ont le droit de demander le placement ainsi qu'il est dit aux sections II et III du présent titre, adresseront une requête au président du tribunal.

Art. 28. — Le président commettra immédiatement un médecin-expert pour examiner l'état de la personne dont le placement est demandé, ordonnera la comparution de cette personne et se rendra près d'elle si elle ne peut être transportée. S'il juge, après avoir pris l'avis du médecin-expert, qu'il n'y a pas lieu de procéder au placement, il ordonnera qu'il ne soit pas donné suite à la demande, et si la personne a été retenue provisoirement ainsi qu'il est dit ci-après, qu'elle soit mise immédiatement en liberté. Cette ordonnance ne pourra jamais être rendue sans que la personne sur laquelle il est statué ait été mise en présence du président du tribunal. Elle sera exécutoire et sur la minute et non susceptible d'appel.

Art. 29. — Si, au contraire, le président du tribunal juge qu'il y a lieu de prendre la demande en considération, il convoque immédiatement le jury, qui se réunit dans les trois jours. A cet effet, le tribunal tire au sort en chambre du conseil, au jour de la plus prochaine audience, six jurés et six jurés suppléants parmi ceux inscrits sur la liste dressée conformément aux articles 22 et 24. Les personnes ainsi désignées sont immédiatement averties du jour et de l'heure de la convocation et tenues de s'y rendre sous les peines portées en l'article 79 et sous les excuses qui seront admises discrétionnairement par le président du tribunal.

Art. 30. — Le président désigne en même temps un avocat, et dans les villes où il n'y en a pas, un avoué pour représenter la personne dont le placement est demandé.

Art. 31. — Le jury se réunit au siège du tribunal, ou, si la personne dont le placement est demandé ne peut y être transportée, au lieu où elle est provisoirement retenue, ainsi qu'il sera dit ci-après. Il ne peut jamais statuer sans que cette personne ait comparu en sa présence. La procédure n'est pas publique.

Art. 32. — Le président appelle à siéger les six jurés dont la liste a été dressée suivant l'article 29. Si, par une cause quelconque, l'un d'eux se trouve dans l'impossibilité de siéger ou est récusé, il appelle à sa place l'un des suppléants dans l'ordre déterminé par le sort. A défaut, il a un pouvoir discrétionnaire pour appeler à siéger un membre du tribunal, un avocat et à défaut un avoué, un notaire ou un conseiller municipal pour compléter le nombre des jurés. Il reçoit le serment des jurés de remplir leur mission en leur honneur et conscience.

Art. 33. — Si l'expert nommé par le président du tribunal est récusé conformément à l'article 18, le président en commet un autre, soit parmi ceux qui se trouvent sur la liste des médecins experts, soit, même à défaut de ceux-ci, parmi tous les autres médecins ; dans ce dernier cas, le serment prescrit par l'article 19 sera prêté à la plus prochaine audience du tribunal.

Art. 34. — Le jury entend la personne qui demande le placement, le médecin-expert, la personne dont le placement est demandé et son avocat. Le président peut également ordonner tous les moyens d'informations propres à éclairer la religion du jury, prescrire une enquête, faire comparaître à titre de témoins les parents connus du prétendu aliéné et toute personne capable de fournir des renseignements.

Art. 35. — Le président ordonne ensuite que la personne qui demande le placement, celle dont le placement est demandé, son avocat et le médecin-expert se retirent, et déclare la délibération ouverte. Quand elle est close, il est procédé au vote qui a lieu au scrutin secret ; le placement ne peut avoir lieu qu'à la majorité de 9 voix.

Art. 36. — Si le jury déclare, à la majorité indiquée en

l'article précédent, qu'il y a lieu au placement, le président rend l'ordonnance de placement qui est exécutoire sur la minute. Dans le cas contraire, il prononce que le placement n'aura pas lieu et pourvoit à ce que la personne dont le placement a été demandé, soit mise immédiatement en liberté, si elle avait été provisoirement retenue ; dans ce cas, il n'est rendu aucune ordonnance.

Art. 37. — Si cependant la demande de placement qui a été rejetée avait été formée par l'autorité publique, les personnes qui ont le droit de demander le placement volontaire, conformément à la section III, et le ministère public, peuvent former une demande de placement volontaire. Dans ce cas, une nouvelle délibération du jury est nécessaire, et il est procédé conformément à la section III.

Art. 38. — La minute de l'ordonnance de placement est déposée au greffe et exécutoire sur la minute.

Art. 39. — La décision qui refuse le placement n'est jamais susceptible d'appel; l'ordonnance de placement ne peut être frappée d'appel que pour violation des formes prescrites par la présente loi.

L'appel est interjeté par la personne dont le placement a été prononcé, ou l'avocat commis aux termes de l'article 30. Il est porté au tribunal de première instance et se juge sommairement et sans procédure. Il peut être interjeté même avant le délai de huitaine à partir de l'ordonnance, mais ne sera plus recevable s'il n'a été interjeté dans la quinzaine.

Art. 40. — Le placement sera effectué par les soins de l'autorité publique ou par la personne qui aura obtenu le placement volontaire, en présence de deux personnes commises par le président du tribunal parmi celles qui auront siégé dans le jury: elles constateront l'identité; il en sera dressé procès-verbal qui constatera que la personne placée est bien celle dont le placement a été ordonné.

Art. 41. — Les directeurs des établissements publics ou privés d'aliénés ne pourront recevoir de placement que si la minute ou la grosse de l'ordonnance du président leur est présentée ; ils ne pourront non plus le recevoir si l'ordonnance remonte à plus de quinze jours.

Art. 42. — Les hospices et les hôpitaux civils seront tenus de recevoir provisoirement les personnes qui leur seront adressées en vertu d'un placement ordonné par l'autorité publique, jusqu'à ce qu'elles soient dirigées sur l'établissement spécial destiné à les recevoir, ou pendant le trajet qu'elles feront pour s'y rendre. Dans toutes les communes où il existe des hospices ou des hôpitaux, dans les lieux où il n'en existe pas, les maires devront pourvoir à leur logement, soit dans une hôtellerie, soit dans un local loué à cet effet.

Dans aucun cas, les aliénés ne pourront être ni conduits avec les condamnés ou les prévenus, ni déposés dans une maison d'arrêt ou de détention.

ART. 43. — Le directeur d'un établissement public ou privé d'aliénés devra représenter la personne placée, à toute heure et à toute personne qui justifiera de son titre de parent ou qui sera munie d'une autorisation délivrée par le procureur impérial, le tout sous les peines portées par l'article 73.

ART. 44. — Il sera adressé tous les mois au procureur impérial un bulletin de santé pour chaque personne détenue dans un établissement d'aliénés, ce bulletin sera revêtu du visa d'un membre de la commission de surveillance, désigné par elle, qui devra, sous sa responsabilité et sous les peines portées par l'article 79, s'assurer de sa sincérité.

Section II. — Dispositions spéciales au placement ordonné par l'autorité publique.

ART. 45. — Le placement ordonné par l'autorité publique ne peut avoir lieu qu'à l'égard des aliénés reconnus dangereux.

ART. 46. — Quant le préfet de police à Paris et les préfets dans les départements auront connaissance, par la rumeur publique ou autrement, qu'une personne est dans un état d'aliénation mentale, qui offre des dangers pour l'ordre public et la sécurité des personnes, ils peuvent demander son placement dans un établissement d'aliénés.

ART. 47. — Dans ce cas, le président du tribunal donnera lecture aux jurés de la disposition de l'article 46 et leur posera les deux questions suivantes : 1° La personne dont le placement est demandé est-elle atteinte d'aliénation mentale? 2° Y a-t-il danger pour l'ordre public et la sécurité des personnes à la laisser en liberté?

Le placement n'aura lieu que si le jury répond affirmativement à ces deux questions, à la majorité fixée par l'article 35.

Art. 48. — Le procureur impérial de l'arrondissement où l'établissement est situé et celui de l'arrondissement où la personne placée avait son domicile ou sa résidence habituelle, seront avertis dans les trois jours de l'ordonnance de placement. Elle sera également notifiée dans ce même délai au maire du domicile ou de la résidence habituelle de la personne placée, qui en donnera immédiatement avis aux familles.

Art. 49. — Dans les quarante-huit heures qui suivront le placement, le président du tribunal devra se transporter, escorté d'un médecin-expert et de deux personnes désignées parmi celles qui ont fait partie du jury, dans l'établissement où le placement aura eu lieu, se fera représenter la personne placée, et s'il juge, après avoir pris l'avis du médecin-expert, que le danger ait disparu, il ordonnera qu'elle soit sur-le-champ mise en liberté. L'ordonnance sera exécutoire sur la minute et non susceptible d'appel.

Le médecin-expert, désigné en vertu du présent article, ne pourra en aucun cas être celui qui aura donné son avis sur le placement.

Art. 50. — Si cependant le directeur de l'établissement pense qu'il y aurait danger à ordonner la sortie immédiate, il pourra demander que le jury soit réuni de nouveau, et il sera alors procédé comme il est dit à la section 1re. Le tout sans préjudice du droit de provoquer la sortie de l'établissement, ainsi qu'il est réglé au titre III.

Art. 51. — En cas de danger immédiat attesté par un certificat de médecin ou par la rumeur publique, le commissaire de police et les maires dans les autres communes, ordonneront, à l'égard des personnes supposées dans un état d'aliénation mentale, toutes les mesures provisoires qui seront nécessaires, à la charge d'en référer dans les vingt-quatre heures au président du tribunal. Ils pourront, à cet effet, faire garder la personne dans son domicile, dans un hospice ou dans tout autre lieu propre à la recevoir, pourvu que ce ne soit pas dans une maison d'arrêt ou de détention.

En aucun cas, elle ne pourra être conduite, même provisoirement, dans un établissement d'aliénés, avant d'avoir été examinée par le jury.

Section III. — Des établissements d'aliénés.

ART. 52. — Pourront former une demande de placement volontaire : si la personne est mariée, son conjoint non séparé de corps; si elle n'est pas mariée, ses descendants majeurs ou ses ascendants, et, à défaut, les collatéraux majeurs jusqu'au degré de cousin germain inclusivement.

ART. 53. — Si la personne est mineure, non émancipée ou interdite, la demande pourra être aussi formée par le tuteur autorisé par le conseil de famille. Si elle est émancipée, la demande pourra être formée par le curateur, et si elle est pourvue d'un conseil judiciaire, par le conseil.

ART. 54. — Les personnes non désignées par les deux articles précédents pourront s'adresser au ministère public pour qu'il poursuive d'office le placement volontaire, sans préjudice du droit pour toute personne, en cas de danger pour la sécurité publique, d'avertir immédiatement l'autorité compétente, auquel cas il sera procédé, s'il y a lieu, au placement ordonné par l'autorité publique conformément à la section 1re.

ART. 55. — En même temps qu'il convoque le jury, le président ordonnera la convocation immédiate du conseil de famille, composé conformément aux articles 494 et 495 du Code Napoléon; ce conseil sera consulté sur le point de savoir s'il convient d'ordonner le placement, et sa délibération sera communiquée au jury.

ART. 56. — Le placement volontaire ne peut avoir lieu que s'il est utile à la personne dont le placement est demandé d'être déposée dans un établissement d'aliénés.

ART. 57. — Le président du tribunal donnera lecture aux jurés de la disposition de l'article précédent et leur posera les deux questions suivantes : 1° La personne dont le placement est demandé est-elle atteinte d'aliénation mentale? 2° Lui est-il utile d'être déposée dans un établissement d'aliénés?

Le placement ne peut être ordonné que s'il a été répondu affirmativement à ces deux questions à la majorité fixée par l'article 35.

TITRE III

DE LA SORTIE DES ÉTABLISSEMENTS D'ALIÉNÉS

ART. 58. — Toute personne placée dans un établissement d'aliénés cessera d'y être retenue aussitôt que les médecins de l'établissement auront déclaré par le bulletin de santé dressé en vertu de l'article 45, que la guérison est obtenue ; s'il s'agit d'un mineur ou d'un interdit, il sera immédiatement donné avis de la déclaration aux personnes auxquelles il devra être remis et au procureur impérial.

ART. 59. — En cas de placement volontaire et avant même que le médecin ait déclaré la guérison, toute personne placée dans un établissement d'aliénés cessera également d'y être retenue dès que la sortie sera requise par une des personnes ci-après désignées : 1° les personnes qui ont le droit de procurer le placement en vertu des articles 52 à 54 ; 2° si la personne placée est interdite, son tuteur autorisé par le conseil de famille.

Si quelque autre parmi les personnes qui ont le droit de provoquer le placement s'oppose à la sortie, elle fera notifier son opposition au directeur de l'établissement qui surseoira. Si, de plus, le médecin de l'établissement est d'avis que l'état mental du malade pourrait compromettre l'ordre public et la sécurité des personnes, il en sera donné avis préalable au maire, qui pourra ordonner immédiatement un sursis provisoire à la charge d'en référer dans les vingt-quatre heures au président du tribunal. L'ordre du maire sera inscrit sur le registre tenu conformément à l'article 13.

ART. 60. — Toute personne chargée de la surveillance des établissements d'aliénés et le ministère public pourront requérir d'office la sortie de toute personne retenue dans un établissement public ou privé d'aliénés.

ART. 61. — Toute personne et l'aliéné lui-même pourront se pourvoir à quelque époque que ce soit pour obtenir la sortie. Aucune requête ou réclamation ne pourra être supprimée ou retenue par les chefs de l'établissement sans encourir les peines portées par l'article 74.

Art. 62. — Il sera procédé pour toute demande de sortie formée aux termes des articles 59-61 comme pour le placement. La sortie ne pourra être refusée qu'à la majorité du jury.

Art. 63. — En aucun cas, l'aliéné ne pourra être remis qu'à ses tuteurs, s'il est interdit, et s'il est mineur, à ceux sous l'autorité desquels il est placé par la loi.

TITRE IV

DISPOSITIONS GÉNÉRALES SUR LE PLACEMENT DANS LES ÉTABLISSEMENTS D'ALIÉNÉS ET LA SORTIE DE CES ÉTABLISSEMENTS

Art. 64. — Les divers actes de procédure prescrits par la présente loi seront dispensés du timbre et enregistrés gratis ; les officiers ministériels devront prêter leur concours ainsi qu'il est dit dans la loi du 22 janvier 1851 sur l'assistance judiciaire.

Art. 65. — Les formalités prescrites par la présente loi sont requises à peine de nullité, sans préjudice des dommages-intérêts et des peines portées au titre V.

TITRE V

DES DÉPENSES DU SERVICE DES ALIÉNÉS

Art. 66. — Les aliénés dont le placement aura été ordonné par l'autorité publique seront conduits dans l'établissement appartenant au département ou dans l'établissement public d'un autre département avec lequel il aura traité en vertu de l'article 2. Les aliénés dont le placement volontaire aura été ordonné pourront également être conduits dans les formes, selon les circonstances et aux conditions qui seront réglées par le conseil général, sur la proposition du préfet et sous l'approbation du ministre de l'intérieur.

Art. 67. — Les dépenses du transport des personnes dirigées par l'administration sur les établissements d'aliénés seront arrêtées par le préfet, sur le mémoire des agents préposés à ce transport.

La dépense de l'entretien, du séjour et du traitement des personnes placées par les départements dans les hospices ou établissements publics d'aliénés sera *réglée* conformément à un tarif arrêté par le préfet.

Art. 68. — Les dépenses énoncées en l'article précédent seront à la charge des personnes placées; à défaut, à la charge des personnes à qui il peut être demandé des aliments, aux termes des articles 205 et suivants du Code Napoléon. — S'il y a contestation sur l'obligation de fournir des aliments ou sur leur quotité, il sera statué par le tribunal compétent, à la diligence de l'administration, désigné en vertu de l'article 64. — Le recouvrement des sommes dues sera poursuivi et opéré à la diligence de l'administration de l'enregistrement et des domaines.

Art. 69. — À défaut et en cas d'insuffisance des ressources énoncées en l'article précédent, il y sera pourvu sur les centimes affectés par la loi de finances aux dépenses ordinaires du département auquel l'aliéné appartient, sans préjudice du concours de la commune du domicile de l'aliéné, d'après les bases proposées par le conseil général, sur l'avis du préfet, et approuvées par le gouvernement. Les hospices seront tenus à une indemnité proportionnée au nombre des aliénés dont le traitement était à leur charge et qui seraient placés dans un établissement spécial d'aliénés.

En cas de contestation, il sera statué par le conseil de préfecture.

TITRE VI

DE L'ÉTAT DES PERSONNES PLACÉES DANS UN ÉTABLISSEMENT PUBLIC OU PRIVÉ D'ALIÉNÉS

Art. 70. — La personne placée dans un établissement d'aliénés conservera la jouissance et l'exercice de ses droits. Son interdiction pourra être poursuivie conformément au titre XI du livre Ier du Code Napoléon.

Toutefois le ministère public pourra toujours la provo-

quer d'office et alors même que la personne placée ne serait pas dans un état habituel d'imbécillité, de démence ou
de fureur.

Art. 71. — Le président du tribunal commettra, s'il y a
lieu, par l'ordonnance du placement, un administrateur provisoire, pour prendre soin de la personne et des biens de
l'aliéné, conformément à l'article 497 du Code Napoléon.

TITRE VII

DISPOSITIONS PÉNALES

Art. 72. — Sera coupable de séquestration arbitraire et
puni des peines portées aux articles 341 à 344 du Code pénal, celui qui aura conduit ou retenu une personne, dont le
placement dans un établissement d'aliénés aurait été ordonné, dans un lieu autre qu'un établissement ordonné par
la loi.

Art. 73. — Seront coupables du même crime et punis des
mêmes peines : 1° celui qui aura conduit dans un établissement public ou privé d'aliénés une personne, dont le placement n'aurait pas été ordonné par le président du tribunal ; le directeur qui l'y aura reçue, les employés ou gardiens
qui l'auront assisté ; 2° le directeur d'un établissement public ou privé qui aura refusé de représenter une personne
retenue dans l'établissement aux personnes chargées de la
visiter ou aux personnes désignées en l'article 43 ; ou qui
aura représenté une personne pour une autre ; ainsi que les
employés et gardiens qui l'auront assisté dans cette substitution ; 3° le directeur d'un établissement public ou privé qui
aura retenu dans l'établissement une personne dont la sortie
a été régulièrement ordonnée.

Art. 74. — Sera puni d'un emprisonnement d'un an à
deux ans et d'une amende de 500 francs à 10,000 francs, le
directeur d'un établissement public ou privé d'aliénés dont
les registres sont irrégulièrement tenus, ou qui aura supprimé ou retenu une requête ou réclamation adressée à l'autorité compétente par une personne placée dans son établissement. Dans ce dernier cas, les employés et gardiens qui
l'y auront aidé seront punis des mêmes peines.

Art. 75. — Sera puni d'un emprisonnement de cinq jours à un an et d'une amende de 50 à 100 francs , ou l'une ou l'autre de ces peines, le directeur d'un établissement public ou privé qui aura contrevenu aux articles 58 et 63.

Art. 76. — L'article 463 du Code pénal sera applicable dans le cas des deux articles précédents.

Art. 77. — Les peines portées par les articles 72, 73, 74, 75 ne feront pas obstacle aux dommages-intérêts de la partie civile, à la destitution du directeur puni d'un emprisonnement d'un à cinq ans et d'une amende de 500 à 10,000 francs, sans préjudice des dommages-intérêts et des peines portées par les articles 311 et 344; s'il s'était rendu coupable du crime prévu par l'article 72, l'article 463 du Code pénal sera applicable.

Art. 78. — Le membre de la commission de surveillance qui aura donné le visa prescrit par l'article 44, sans s'être préalablement assuré de l'état du malade, sera puni d'un emprisonnement d'un an à cinq ans et d'une amende de 500 à 10,000 francs, sans préjudice des dommages-intérêts et des peines portées par les articles 311 et 344 du Code pénal; s'il s'était rendu coupable du crime prévu par l'article 72, l'article 463 du Code pénal sera applicable.

Art. 79. — Sera puni d'une amende de 100 à 300 francs le juré qui, sans motifs légitimes, aura manqué de répondre à la convocation qui lui aura été adressée dans les cas des articles 29, 40 et 49, ou qui aura refusé de prendre part à la délibération.

DISPOSITIONS TRANSITOIRES

Art. 80. — Dans les trois mois de la promulgation de la présente loi, les directeurs d'établissements publics et privés devront faire diligence pour régulariser en justice la situation des personnes placées dans les établissements qu'ils dirigent.

Art. 81. — Il sera pourvu, par des règlements d'administration publique, aux mesures de détail qu'exigera l'application de la présente loi.

Art. 82. — La loi du 30 juin 1838 sur les aliénés est abrogée.

EXPOSÉ DES MOTIFS

1. — L'opinion publique est justement préoccupée des aliénés ; elle s'effraye d'en voir croître le nombre au point que la folie semble être la maladie de notre siècle. (D'après la statistique publiée par l'administration au mois de septembre 1869, il y a une augmentation de 8,261 aliénés sur le recensement de 1861.) Elle s'émeut des dangers que fait courir à la liberté individuelle la loi trop facile du 30 juin 1838.

Il ne se passe pas de mois, il ne se passe pas de semaine sans que de nouveaux faits ne viennent démontrer la nécessité chaque jour plus grande d'une réforme, et il y a cependant plus de dix ans que les adversaires de cette loi, quoique soutenus par le sentiment public, s'agitent dans le vide sans parvenir à fixer l'attention distraite ni à vaincre l'indifférence coupable des pouvoirs publics. Le gouvernement, pressé de toutes parts, a nommé une commission le 12 février 1869 : on ignore si elle s'est jamais réunie. Au Sénat, de nombreuses pétitions ont été présentées, sur lesquelles Mgr le cardinal archevêque de Bordeaux et M. le comte de Barral ont fait entendre de bien graves paroles : on a écarté les plus gênantes et même inquiété leurs auteurs, et les autres ont fait l'objet d'un rapport désormais célèbre par un optimisme que n'a pu troubler aucune objection.

Au Corps législatif, MM. Lanjuinais, Guéroult, Ernest Picard ont interpellé le gouvernement: c'est à peine s'il a daigné répondre. Des débats judiciaires ont eu lieu devant le tribunal de la Seine au sujet de séquestrations arbitraires, et toute l'Europe les a connus : le compte rendu en a été interdit en France. Les causes ne manquent pas pour expliquer cette con-

spiration du silence : c'est la timidité du gouvernement à répudier une loi dont il n'est cependant pas
l'auteur ; c'est le secours apporté par l'administration
à la médecine dont elle a cru à tort devoir se rendre
solidaire ; c'est partout la toute-puissance des intérêts
matériels et la résistance acharnée de la médecine
aliéniste qui a fait la loi, qui l'applique et qui en vit.
Et puis, qui sait si on ne craint pas, en ébranlant l'édifice de 1838, d'y trouver le crime sous chaque pierre ?
Il appartient au Corps législatif de se saisir immédiatement de cette question : exempt de pareilles préoccupations, dépositaire de la souveraineté populaire,
et gardien de la liberté de tous, il ne saurait faire un
plus noble usage de son droit d'initiative qu'en réfor-
mant une législation condamnée par la conscience
publique ; il manquerait à son devoir en différant
plus longtemps de rendre à la liberté individuelle les
garanties dont elle a été frustrée ; il se rendrait responsable du sort des victimes nouvelles que font chaque jour l'erreur et la mauvaise foi.

2. — D'ailleurs le problème est grave et se pose au
philosophe et au savant en même temps qu'au législateur. Pour ce dernier, deux situations sont possibles;
elles n'ont pas été suffisamment distinguées, et c'est
là pourtant qu'est le nœud de la question : il y a
l'homme présumé atteint de folie ; il y a l'homme
réellement et incontestablement fou. Le premier est
présumé sain d'esprit tant que sa folie n'a pas été
prouvée, comme l'accusé est présumé innocent jusqu'à l'arrêt qui le condamne, et la loi lui doit sa protection la plus active et la plus intelligente pour que,
victime d'une fausse science ou d'une machination
criminelle, il ne soit pas traité comme les véritables
aliénés. Dans le second cas, trois intérêts sont en
présence : 1° celui de la guérison ; 2° celui de l'aliéné
qu'il faut préserver dans sa personne et dans ses
biens contre les mauvais traitements et contre les

suggestions de l'intérêt pécuniaire ; 3° celui de la société, qu'il faut protéger contre un aliéné dangereux pour l'ordre et la sécurité des personnes.

3. — Il n'est pas question de remonter bien haut dans l'histoire des aliénés, il suffit de rappeler ce qui précède immédiatement 1838. Quant au traitement des aliénés, on était déjà sorti de l'état de barbarie décrite par Esquirol : « On ne sait ce que devenaient autrefois les aliénés, il est vraisemblable qu'il en périssait un grand nombre. Les plus furieux étaient renfermés dans les cachots, les autres dans les couvents, dans les donjons, lorsqu'ils n'étaient point brûlés comme sorciers ou comme possédés du démon. Les plus tranquilles étaient librement abandonnés à la risée, aux injures ou à la vénération ridicule de leurs concitoyens » (*De l'Aliénation mentale*, t. II, p. 436); et à la fin du siècle dernier, Pinel avait brisé les fers des aliénés, il les avait élevés à la dignité de malades ; il avait mérité d'être appelé leur bienfaiteur, en les entourant des égards qui leur sont dus, conseillant les mesures de douceur et enseignant l'importance du régime moral. Quant à la législation, elle n'existait pas. « Les dispositions relatives aux aliénés n'avaient pas pour but de régler leur condition, d'organiser la protection de leurs intérêts et de leurs personnes, de créer en un mot pour eux un système complet et régulier.

« Placées seulement à un point de vue exclusif et étroit, elles se préoccupaient seulement de la sécurité publique, qu'elles ne garantissaient même pas efficacement. Le code pénal s'occupait des aliénés au même titre que des animaux, et se contentait de porter, par une assimilation étrange, des peines de police contre ceux qui auraient laissé divaguer des fous et des furieux étant sous leur garde, ou des animaux malfaisants ou féroces (art. 375 — 7°), ou encore ceux qui auraient occasionné certains accidents par l'effet de

cette divagation (art. 379 — 2°). La loi des 16 — 24
août 1790 (titre II, art. 3), inspirée par les mêmes
préoccupations, se bornait à remettre dans une formule générale à l'administration municipale, comme
un objet de police, le soin d'obvier ou de remédier
aux évènements fâcheux qui pourraient être occa-
sionnés par les insensés ou les furieux laissés en
liberté. Cet article de loi, si insuffisant dans sa
brièveté, constituait cependant la seule base légale
pour les mesures à prendre à l'égard des aliénés.
Des ordonnances de police avaient été rendues à Paris
pour régler la pratique sur cet objet important ; elles
étaient sagement conçues, mais les dispositions ainsi
prises par l'administration, en présence d'un pouvoir
vague et mal défini qui lui était attribué, ne pouvaient qu'être dans une certaine mesure arbitraires
et variables.

« Les règles adoptées, partout défectueuses, n'é-
taient même pas uniformes et variaient suivant les
lieux. L'interdiction était le seul moyen de créer pour
l'aliéné une situation légale; procédure conduite avec
une sage lenteur et entourée de formalités protectrices, elle offrait à l'aliéné les garanties les plus sérieuses ; mais c'était un système incomplet, car il ne s'appliquait qu'aux personnes dont l'imbécillité, la démence ou la fureur était l'état habituel. Si enfin on
passe de la législation aux établissements destinés à
recevoir les aliénés, on retrouvait, par une corrélation
naturelle, la même insuffisance ; ils étaient en petit
nombre, et leur organisation, malgré de louables
efforts, appelait des réformes urgentes. » (M. Tanon,
avocat, *Revue pratique de droit français*, tome XXV.
Maresq aîné, 1868.)

4. — Frappé des lacunes de la législation, le gouvernement présenta aux Chambres, en 1837, un projet
de loi sur les aliénés, qui a été converti en la loi du
30 juin 1838. Le gouvernement a donc proposé cette

loi, mais la médecine l'a faite et on en verra les singulières conséquences. C'est l'œuvre des disciples de Pinel. C'est la thérapeutique aliéniste élevée à la hauteur d'une institution ; c'est la loi mise au service de la théorie de l'internement collectif, base fondamentale de l'aliénisme, qui a pu être un progrès sur un état antérieur pire encore, mais qui a produit elle aussi de tels maux, qu'un médecin aussi consciencieux que savant estime à un demi-million le nombre de ses victimes. En même temps qu'elle a régularisé et amélioré, il faut savoir le reconnaître, le sort des aliénés incurables, elle a condamné à l'internement ceux qui ne le sont pas.

5. — Voici quel est le système de la loi. Chaque département est tenu d'avoir un établissement d'aliénés ou de traiter avec un établissement public ou privé d'un autre département. Les particuliers peuvent fonder, moyennant les conditions prescrites par la loi, des établissements privés. Les uns et les autres sont sous la surveillance de l'autorité publique, qui les fait inspecter par le préfet, le président du tribunal, le procureur impérial, le juge de paix, le maire. Voilà les établissements créés et surveillés ; il faut maintenant les peupler. Il y aura deux sortes de placements : 1° le placement ordonné par l'autorité publique à l'égard de toute personne dont l'état mental compromet l'ordre public ou la sécurité des personnes, lequel a lieu sur l'ordre donné, à Paris, par le préfet de police, et, dans les départements, par les préfets ; 2° le placement volontaire, qui pourra être effectué par toute personne munie d'un certificat de médecin et reçu par le directeur de l'établissement, qui constate l'identité de la personne placée, et peut même, en cas d'urgence, se dispenser du certificat de médecin.

Dans les trois jours, le préfet fait examiner la personne placée, par un ou plusieurs hommes de l'art.

et dans les quinze jours, un nouveau certificat doit être donné par le médecin de l'établissement. Ainsi placée. la personne devient incapable, elle a un curateur, et les actes par elle faits peuvent être attaqués pour cause de démence. Quant à la sortie, elle a lieu dès que le médecin de l'établissement déclare la guérison obtenue, et peut être requise en tout état de cause par l'aliéné lui-même ou par toute personne qui se pourvoira à cet effet devant le tribunal de première instance.

6. — Telle est la loi qui a été pendant près de trente ans célébrée, exaltée et portée aux nues. Toutes les fois qu'il en était question, médecins, journalistes, jurisconsultes, économistes, statisticiens se montaient de suite au ton du dithyrambe : c'était l'honneur du règne qui a enrichi le code, un chef-d'œuvre d'organisation administrative et le dernier mot de la prévoyance philanthropique. Aujourd'hui, on est bien revenu de cet enthousiasme, que les défenseurs intéressés de la loi sont désormais seuls à éprouver, et l'on proclame, au contraire, que si elle mérite des éloges sur quelques points, l'œuvre de 1838 doit être refaite dans ses parties essentielles. et depuis la base jusqu'au sommet, parce qu'elle est vicieuse dans son principe et funeste dans ses applications.

7. — « Et d'abord, d'où viennent les vices de la loi? L'explication en est bien simple. C'est qu'une partie a été conçue ou dictée par des médecins, hommes spéciaux qui n'entendaient rien à l'art de faire des lois ; l'autre appartient tout entière à des légistes qui ne savaient pas le premier mot de la médecine. C'est dire assez qu'elle doit abonder en contradictions, car elle repose sur un malentendu peut-être innocent. mais énorme ; elle est le produit incohérent de deux incompétences ou de deux ignorances combinées, et le résultat d'une double méprise qui a pu être sincère des deux côtés, mais qu'il importe d'éclaircir. »

(M. Garsonnet. *D'une lacune énorme à combler dans la législation française*. Dentu. 1861.)

8. — Or, considérons d'abord la loi dans son idée fondamentale, la réclusion des aliénés, et demandons-nous : 1° Si la science aliéniste est assez bien faite et assez sûre en ses conclusions pour qu'on puisse enfermer les gens sur la déclaration d'un ou de deux médecins? 2° Si l'internement collectif des fous est le moyen de les guérir? — A la première question, la réponse est facile. «Définissez, Messieurs, définissez, » disait dernièrement à ses confrères un aliéniste distingué, M. Maximin Legrand, et, en effet, personne n'a encore dit ce que c'est que la folie, où elle commence et où elle finit, et quels sont les signes certains qui la distinguent de ce qui n'est pas elle.

« Sans doute, les aliénistes sont des philanthropes estimables, des observateurs sagaces, des praticiens expérimentés; mais est-il sorti de leurs efforts collectifs un corps de doctrine, un petit nombre de principes certains, inattaquables comme les axiomes de la géométrie, clairs et précis comme les articles d'un code qui constituent le texte de la loi, où les juges trouveront leur jugement formulé, et les justiciables leur sort écrit d'avance? En sommes-nous là? Il s'en faut du tout au tout. Or, que penser d'une loi qui serait faite sur le fondement d'une science à l'état d'ébauche? Ce qui s'appelle dans la science le vague ou l'équivoque, transporté dans la légalité, s'appelle de suite l'arbitraire. Le problème philosophique doit être ici le problème social par excellence, car la confusion du certain et de l'incertain aura des effets identiques à la confusion de l'innocent et du coupable; si la folie n'est pas rigoureusement définie, les variétés de la folie, élastiquement interprétées, équivaudront à des catégories de suspects dans lesquelles personne ne sera sûr de ne pas se trouver compris. Permettez, par exemple, à l'école aliéniste, d'élever à la hauteur d'un

principe de jurisprudence cet aphorisme qui peut
mener si loin: la folie n'est visible qu'à l'œil de
l'homme de l'art, et voyez quel tyran ou quel suppôt
de tyrannie peut recéler un médecin. Dites quel Français est sûr de ne pas aller coucher ce soir à Charenton
ou à Bicêtre? » (M. Garsonnet, *La loi des aliénés. —
Nécessité d'une réforme.* E. Thorin, 1869.)

9. — L'internement est-il du moins un moyen curatif? Qu'on ne dise pas que la science seule peut
répondre à cette question, car tout homme a le droit
de juger d'après la raison et son expérience : or, la
raison réprouve l'internement et l'expérience le condamne. La raison le repousse, car peut-il résulter
quelque bien pour une intelligence déjà ébranlée, de
ces murs qui l'épouvantent, de cette captivité odieuse
qui la désespère, de cette bande de fous dont la vue
lui montre les horreurs de son état, dont l'aspect
l'humilie, dont le voisinage l'effraye, dont le contact
même n'est pas sans danger? L'expérience le condamne, car la médecine ordinaire ne croit pas à la
thérapeutique de l'emprisonnement, et la médecine
spéciale elle-même commence à ne plus y croire.

« Nous ne guérissons presque jamais, » a dit le
docteur Blanche, une des illustrations de la spécialité.
Un autre fait le même aveu : «On croit que nous guérissons, on se trompe. Ceux que nous renvoyons
comme guéris nous reviennent toujours. »

Du reste, on ne peut rien ajouter à ces paroles ex-
pressives d'un rapport de M. le ministre du commerce
à l'Empereur : « On voit que si la folie est curable, le
nombre des guérisons est encore bien restreint. En
outre, la statistique de nos asiles relève un fait fort
triste : c'est le nombre considérable des aliénés qui
succombent au moment de leur admission, ou dans
les mois qui le suivent. Ne doit-on pas chercher l'explication de ce fait déplorable dans le saisissement,
dans la commotion violente, enfin dans le chagrin

profond que doit éprouver le malade ainsi brusque-
ment enlevé à sa famille et séquestré, quand il ne
peut même soupçonner la cause d'une si violente
mesure? » (*Moniteur* du 16 avril 1866.)

Dès lors l'internement n'a plus qu'une excuse: la
nécessité de l'ordre public et de la sécurité des personnes: le besoin de la protection sociale en fait un devoir: il faut préserver la société des dangers que la
folie fait courir aux propriétés, aux individus, à la
famille même: mais alors que personne ne s'y trompe:
point de vaine pudeur, point d'hypocrisie de langage!
Qu'on ne dise plus que c'est un malade qu'on vous
prend pour vous le rendre! Non! c'est une victime immolée à la sécurité publique.

10. — Mais suivons maintenant la loi dans son application, et voyons ce qu'elle a fait contre l'erreur
et contre le crime, et comment elle nous garantit que
nous ne serons pas enfermés à la demande d'une administration trop vigilante, d'un philanthrope de trop
bonne foi, ou de l'audacieux auteur de quelque séquestration arbitraire. C'est ici qu'éclatent l'insuffisance
de la loi et la légèreté de ses auteurs; on se demande
même si « légèreté » est assez fort. On n'oserait croire,
sans doute, que le législateur de 1838 ait été animé
d'intentions criminelles, ait conspiré avec les médecins contre la liberté individuelle, et rétabli sciemment, au xixe siècle, la Bastille et les lettres de
cachet. Que dire, cependant, de cette discussion où
le législateur reste sourd à tous les avertissements de
l'opinion libérale? « C'est une loi de suspects, c'est la
résurrection de la Bastille sous la forme d'une institution de bienfaisance. » (M. Auguis.)

« Vous bouleversez le Code civil; vous rétablissez
dans nos lois le principe des lettres de cachet, vous
introduisez une sorte d'interdiction au petit pied, sans
aucune des formalités judiciaires de l'interdiction:
vous dépossédez le pouvoir judiciaire au profit de la

puissance administrative représentée par la médecine
spéciale, surtout vous écartez la magistrature : donc
vous avez de mauvais desseins. » (M. Isambert.) —
« Vous évincez la famille aussi bien que la magistrature, vous permettez de conduire un citoyen dans un
établissement d'aliénés sans attendre ni consulter ses
parents, vous faites une chose sans nom. » (M. de
Larochefoucauld-Liancourt.)

« En introduisant au milieu d'une troupe de fous
incurables un malade atteint de folie récente ou passagère, vous compromettez sa guérison, vous la rendez
peut-être à jamais impossible, il n'y aura bientôt dans
l'asile qu'un incurable de plus. » (M. Roger du Loiret.)
— « Vous allez peut-être créer un supplice auquel je
n'imagine rien de comparable. » (M. Odilon Barrot.)
— « Vous parlez de servir l'humanité ; ah ! craignez
de lui préparer de cruels outrages. » (M. Eusèbe Sal-
verte.) — On fit taire promptement ces voix impor-
tunes, on prodigua les protestations d'innocence, on
affecta de se renfermer dans l'imperturbable optimisme
de ce législateur ancien qui ne voulait pas inscrire le
parricide dans les lois, parce qu'il ne voulait pas
que le parricide fût dans le cœur de l'homme et dans
la nature; on déploya toutes les variétés du sophisme,
on ne se fit pas faute de l'ironie, on alla jusqu'à l'injure, et on dit aux opposants en toutes lettres :
«Vous êtes des niais » (*Moniteur* du 7 avril 1837.) Enfin on arracha le vote à une Chambre qui n'était pas
en nombre. (V. au *Moniteur* la curieuse séance du 5
avril 1837.) Qu'en est-il résulté?

11. — Et d'abord, il suffit de l'ordre du préfet pour
opérer le placement ordonné par l'autorité publique.
Est-ce donc assez? Considérez d'une part que le préfet peut avoir été mal renseigné et effrayé plus que de
raison, et que, pour un accès de fièvre dont on s'est
exagéré le danger, voici un homme enfermé dans un
établissement d'aliénés dont il ne sortira peut-être

jamais. L'hypothèse n'est malheureusement pas invraisemblable, et on ne sait que trop comment l'horreur et le saisissement peuvent rendre fous incurables ceux dont la folie était légère et accidentelle. D'autre part, quel arbitraire effrayant et quel droit terrible laissé au gouvernement de se débarrasser de ceux qui le gênent? Où sont les garanties? La moralité de l'administration, et pas d'autre. C'est beaucoup, mais est-ce donc assez?

12. — Passons au placement volontaire. Là, cinq choses sont monstrueuses : 1° Qui peut donc demander le placement? La personne, donc le premier venu, armé d'un certificat du premier médecin venu, peut, à toute heure du jour et de la nuit, se saisir d'un citoyen et le faire renfermer dans une maison de fous. Ce sera, si on veut, la femme qui a un amant et que gêne son mari, le fils las de garder son vieux père, l'héritier présomptif pressé d'hériter, ou l'instrument quelconque d'une odieuse vengeance privée? Il n'en faut pas plus pour faire un incurable d'un malade, ou un fou d'un homme sain. 2° Le médecin est le maître absolu; il ordonne et il exécute, il signe le certificat: devant lui s'ouvrent toutes grandes les portes de ce qu'on appelle l'asile; un autre médecin les referme: tout se passe entre médecins. 3° Le jury, ou tout au moins la magistrature, peut seul disposer, en France, de la liberté individuelle: ici, on n'a pas même songé au jury, et on n'a pensé à la magistrature que pour l'écarter systématiquement; elle-même s'est exclue! « Ah! Messieurs, que de visites! » disait M. Chégaray, un avocat général à la Cour de cassation, qui trouvait les maisons de fous trop surveillées. 4° La famille elle-même a été évincée; un étranger fait enfermer un homme à l'insu de ses plus proches parents, sans que sa femme ni ses enfants l'aient vu; mais ils seront prévenus, et ils arriveront après! Après, il sera trop tard. 5° Pour placer un individu dans un établi-

sement d'aliénés, il suffit de produire son passeport
ou quelque autre pièce établissant son individualité,
en sorte qu'il n'y a pas d'autre juge de l'identité que le
médecin qui reçoit le placement, et cela alors qu'en
matière criminelle la loi n'a même pas voulu abandonner à l'autorité administrative le jugement de la
question d'identité et a voulu que les juges qui ont
prononcé la condamnation pussent seuls statuer.
(*Code d'instruction criminelle*, art. 518 et suivants.)

« Et voilà comment à Paris, — c'est le *Moniteur* qui
parle, — sur le simple certificat d'un médecin, quel
qu'il soit, deux cents individus sont placés dans les
maisons de santé tenues par l'industrie privée pour la
guérison des malades. Quelles sont donc les formalités
qui ont procédé à leur placement, pour se servir d'un
dangereux euphémisme ? Quelle procédure a-t-on suivie ? où est le magistrat ? où sont les lenteurs salutaires
de l'instruction ? où sont les témoins ? où est l'avocat ?
où est le public ? Toutes les garanties ont disparu ; on
incarcère sur une déclaration pure et simple, on
condamne à huis clos. Les rapports des médecins se
succèdent et vont s'entasser dans les cartons de la
préfecture de police, où ils ne sont ni communiqués,
ni discutés, ni vérifiés : ils émanent de gens experts,
trop experts, qui découvrent la folie là où les profanes
ne savent pas la voir ; ils émanent surtout du médecin,
qui a le plus grand intérêt à ne jamais trouver son malade guéri, car il perd un bénéfice net le jour de sa
sortie.

« On voit partout l'accusation, nulle part la contradiction ou la défense ; nous rétrogradons de trois cents
ans et de plus ; ce n'est pas seulement un jugement
par commission, un arrêt de cour spéciale ou prévô-
tale, c'est l'arrêt d'un tribunal invisible rendu sans
procédure, quelque chose de si simple et de si sommaire, qu'on nous l'envierait au Dahomey. Et nous
vivons ainsi depuis plus de trente ans ! »

13. — Mais, dit-on, il y a des garanties! Oui, mais voyons en quoi elles consistent. Dans les vingt-quatre heures, le médecin de l'établissement transmet au préfet de police ou au préfet, dans les départements, les pièces qu'il a reçues la veille, c'est-à-dire la demande de la personne qui a opéré le placement, le certificat du médecin qui constate la folie et sa propre déclaration, et dans les trois jours le fou, ou celui qui passe pour l'être, doit être visité par les hommes de l'art qu'a commis l'administration. Or, à ce moment, il est certain que la folie existe, car, entre le moment de l'entrée et celui de l'arrivée du délégué de l'autorité, il s'est écoulé vingt-quatre heures d'abord, puis trois jours, et il en faut mille fois moins pour qu'il survienne une dislocation irrémédiable de la pauvre intelligence humaine. Les garanties sont donc viciées dans leur principe, parce qu'elles devraient exister avant le placement et qu'elles n'apparaissent qu'après.

14. — Cependant, disent les défenseurs de la loi, comment se fait-il qu'aucun abus n'ait été dénoncé? Il est faux d'abord qu'il n'y en ait point eu, il est inutile de citer les noms propres qui sont dans toutes les bouches. D'ailleurs, que faudrait-il conclure de ce silence? Deux choses : la première, c'est que l'impossibilité de la plainte a été savamment organisée et qu'on a tout combiné, de bonne ou de mauvaise foi, pour protéger la violation de la liberté individuelle, étouffer toute protestation, supprimer tout recours après avoir enchaîné toute résistance. La seconde, c'est que la détention devient, la plupart du temps, légale, par cela seul qu'elle a eu lieu, et le devient d'autant plus qu'elle se prolonge davantage.

15. — Enfin, il est un autre point de vue auquel la loi ne se justifie pas davantage. C'est un principe fondamental du droit civil français, qu'un homme ne peut être atteint dans sa capacité, ou amoindri dans

son état civil qu'en vertu d'une décision judiciaire :
or, la personne placée dans un établissement d'aliénés devient par ce seul fait incapable comme l'interdit : le rôle du tribunal est ici rempli par le médecin.

16. — Il résulte de cet exposé de la législation qui
nous régit aujourd'hui, qu'elle demande une réforme
prompte et radicale, et que si les attaques qu'elle a
reçues ont été passionnées, c'est la passion du droit
et de la justice qui les a inspirées. Il est donc vrai
que le législateur a préconisé, élevé à la hauteur d'une
institution une thérapeutique barbare qui a fait plus
de victimes qu'elle n'a sauvé de malades. Il est donc
vrai que le régime actuel des aliénés est un régime
d'exception, que les 32,000 Français aujourd'hui renfermés dans les établissements d'aliénés sont hors la
loi, hors la loi civile et hors la loi constitutionnelle.
Il est donc vrai que la liberté individuelle n'existe
plus aujourd'hui, puisqu'elle est à la merci du certificat d'un médecin. Il est temps de rentrer dans le droit
commun dont on s'est trop longtemps écarté, et il
appartient au législateur de 1870 d'accomplir enfin le
devoir auquel a failli le législateur de 1838, de rendre
à la liberté individuelle les garanties dont elle a été
trop longtemps frustrée, et de concilier les nécessités
de l'intérêt public avec le principe sacré de l'inviolabilité des personnes. Il doit, pour cela, porter, s'il le
faut, la précaution jusqu'à la défiance et le scrupule
jusqu'au soupçon; tel est le but du projet de loi que
nous avons l'honneur de vous proposer.

TITRE Ier

DES ÉTABLISSEMENTS D'ALIÉNÉS, DES MÉDECINS EXPERTS ET DU JURY

Section Ire. — Des établissements d'aliénés.

17. — La loi reconnaît (article 1er) deux catégories d'établissements d'aliénés : les établissements publics et les établissements privés. Ces derniers ne peuvent recevoir que des placements volontaires. Il pourrait paraître séduisant, au premier abord, de ne pas admettre les établissements privés ; ils offrent moins de garanties que les établissements placés sous la direction de l'autorité publique, car ceux-ci ne présentent pas cette situation anormale et, à certains égards, dangereuse d'un directeur qui est en même temps un industriel intéressé à garder plus longtemps les malades pour les pensions qu'ils lui payent.

Il est cependant impossible de supprimer la maison de santé privée ; d'abord, ce serait porter atteinte à la liberté des professions ; ensuite, on ne peut refuser aux familles de faire traiter leurs malades par un médecin en qui elles ont confiance, et qui pourra donner à ses pensionnaires d'autant plus de soins et de bien-être, qu'ils seront moins nombreux. Mais les placements ordonnés par l'autorité publique ne pourront avoir lieu que dans les établissements publics : la société, qui garde elle-même ses prisonniers, doit garder elle-même les malades qu'elle juge dangereux pour la sécurité publique ; elle ne doit point aider à l'extension ni à la prospérité d'une industrie privée qui s'exerce aux dépens de la liberté individuelle.

18. — Les articles 2 à 7 du projet de loi reproduisent les articles 1, 4, 5, 7 de la loi du 30 juin 1838.

L'article 8 place les établissements publics et privés
d'aliénés sous la surveillance particulière du ministère public, et oblige le procureur impérial à des visites qui auront lieu, non plus une fois par trimestre
ou par semestre, comme d'après l'article 4 de la loi
du 30 juin 1838, mais tous les mois pour les établissements privés et tous les deux mois pour les établissements publics. Il devra en adresser chaque fois un
rapport au procureur général.

L'article 9 oblige la commission de surveillance à
faire visiter tous les mois, par un de ses membres,
l'établissement dont elle a la surveillance, et à en
adresser un rapport annuel au conseil général.

L'article 10 fixe à une tous les trois mois, pour les
établissements privés, et à une tous les six mois pour
les établissements publics, les visites du préfet, du
président du tribunal, du juge de paix et du maire.

L'article 11 ordonne que les visites exigées par les
précédentes dispositions soient espacées de manière
que chaque établissement ne reste pas plus de quinze
jours sans être visité. Les articles 12 et 13 sont la reproduction de l'article 13 de la loi du 30 juin 1838.

L'article 14 applique aux maisons de santé les articles 615 à 618 du Code d'instruction criminelle sur
les moyens d'assurer la liberté individuelle contre les
détentions illégales et tous autres actes arbitraires.

Section II. — Des médecins experts.

19. — L'intitulé de la section en dit l'importance :
le médecin n'est plus le juge qui ordonne, il est l'expert qui donne son avis, avis qui est pris en sérieuse
considération, mais ne constituera plus la sentence
elle-même. Ainsi l'on reste dans le droit commun :
en matière criminelle, le médecin n'est jamais entendu
que comme expert; et en matière civile, il n'intervient dans les demandes d'interdiction qu'au même

titre, et souvent elles sont rejetées contre son avis. Il
n'y aura donc plus à craindre l'erreur de l'aliéniste,
devenu monomane, qui voit partout des fous, ni une
connivence coupable qu'il faut toujours redouter :
nulle profession, même la plus honorable, ne doit être
à l'abri du soupçon, et le devoir du législateur est de
tout prévoir.

Une triple garantie est d'ailleurs exigée des médecins :

1° Garantie de moralité et de capacité : ne pourront être employés que les médecins désignés annuel-
lement par le tribunal, et dont le nombre varie suivant le chiffre de la population ; jamais ce ne sera un
simple officier de santé. (Art. 15-16.)

2° Garantie d'impartialité : les chefs ou directeurs
d'établissements publics ou privés et leurs proches
parents ne pourront être experts, à cause de l'intérêt
pécuniaire qu'ils peuvent avoir à multiplier les placements ; l'expert peut être récusé s'il est proche parent
de la personne dont le placement est demandé, proche parent ou héritier présomptif de la personne qui
demande le placement, car un intérêt de famille ou
un intérêt pécuniaire personnel rendrait sa décision
suspecte. (Art. 17-18.)

3° Garantie de sécurité : les experts prêtent serment en matière criminelle (Code d'instruction criminelle, art. 44) et en matière civile (Code de procédure
civile, art. 42 et 305) ; ils n'en peuvent être dispensés
quand la liberté individuelle est en jeu. (Art. 19.)

D'autre part, l'expertise ordonnée par la justice est
une fonction, et le médecin requis de donner son avis
est tenu de le faire, s'il n'a quelque cause d'excuse à
faire valoir. (Art. 20.)

Section III. — Du jury.

20. — Exiger l'intervention de la magistrature pour

le placement des aliénés n'est point assez, il faut celle
du jury ; lui seul présente les hautes garanties d'impartialité et d'indépendance d'esprit que la loi veut
assurer aux accusés devant la justice criminelle et qui
ne sont pas moins nécessaires ici. Le magistrat est
homme et il ne saura peut-être pas résister aux sollicitations de l'autorité publique ou d'une famille puissante ; il se laissera peut-être influencer à l'excès par
l'avis du médecin expert : à Paris et dans les grandes
villes, où les demandes de placement sont les plus
nombreuses, il se laissera peut-être prendre aux séductions de la médecine aliéniste et verra partout l'a-
liénation mentale parce qu'il l'aura une fois rencon-
trée.

Il faudra reconnaître enfin que juger si un homme
est fou et de plus dangereux est une question de bon
sens : qui peut mieux la résoudre que douze hommes,
dont six représentent des corporations éclairées comme
le tribunal, le barreau, le notariat, le conseil municipal ; six autres pris sur la liste annuelle du jury représentent le bon sens vulgaire trop longtemps laissé
à la porte de l'enceinte ténébreuse où la médecine
aliéniste rend ses oracles ? L'autorité judiciaire a,
d'ailleurs, sa part légitime d'influence dans ce jury :
elle le préside et elle y est présente par un membre
du tribunal et un juge de paix. La médecine y est aussi
suffisamment représentée, puisque l'expert y est entendu et qu'un médecin siège dans le jury.

Enfin à Paris, où les placements sont les plus fréquents et qu'il faut toujours avoir devant les yeux,
l'homme suspect de folie trouvera une garantie de
plus dans la présence au jury du juge de paix de son
arrondissement et du médecin de son quartier qui le
connaissent et sont au courant de sa situation. (Articles 21-24.)

De plus, certaines simplifications peuvent rendre le
fonctionnement du jury plus facile dans les grandes

villes ; une liste mensuelle de jurés peut être formée :
l'autorité publique aura toute la latitude pour requérir
les personnes qui y sont comprises, et le jury, une fois
réuni, pourra statuer en un jour sur toutes les demandes prêtes à être jugées ce jour-là. (Art. 23.)

TITRE II

DU PLACEMENT DANS LES MAISONS D'ALIÉNÉS

21. — La loi reconnaît deux sortes de placement
dans les maisons d'aliénés : le placement ordonné par
l'autorité publique et le placement volontaire; mais
sauf les différences inhérentes à la nature des choses,
la procédure est la même pour l'un et l'autre placement. On trouve à cela un double avantage : 1° la sim-
plicité qu'une loi doit toujours rechercher : 2° l'égalité
des garanties dans les deux ordres de placement. La
loi du 30 juin 1838, si facile pour le placement volontaire, l'était plus encore pour le placement ordonné
par l'autorité publique, et n'exigeait dans ce dernier
cas que l'ordre du préfet; le projet de loi étend au
placement ordonné par l'autorité publique toutes les
garanties dont il entoure le placement volontaire.
(Art. 26.)

Section Ire*. — Dispositions communes au placement ordonné par l'autorité publique et au placement colon-
taire.*

22. — Le président du tribunal, saisi par une
requête, commet un médecin expert et procède à un
examen préalable ; s'il juge que la demande n'est pas
fondée, il ordonne qu'il n'y soit donné aucune suite ;
sinon. il convoque immédiatement le jury et fait procéder par le tribunal, en chambre du conseil, au

tirage par le sort de six personnes, qui doivent être choisies sur la liste des jurés aux termes de l'article 6, et appelle, si elles ne peuvent se présenter, un autre avocat, avoué, notaire ou conseiller municipal; il désigne enfin, en cas de récusation, un autre médecin expert. Ici une triple garantie est assurée à celui dont le placement est demandé:

1° Il doit comparaître devant le jury, soit au tribunal, soit partout ailleurs, et il ne sera jamais statué sans qu'il ait été entendu;

2° Un avocat lui est donné pour parler pour lui au besoin, et ne pas le laisser exposé sans défense au diagnostic de la sputation fréquente et aux tortures morales de l'interrogatoire;

3° Une majorité spéciale est de rigueur, et le placement n'aura lieu qu'à la majorité de neuf voix sur treize, car si plus de quatre personnes impartiales, de bonne foi et de bon sens, pensent que l'internement n'est pas nécessaire, il serait téméraire de l'ordonner.

Dans ces conditions, la procédure peut ne pas être publique, car une publicité suffisante résultera de la présence du président et des douze jurés, de l'avocat et des témoins que le président peut faire appeler suivant son pouvoir discrétionnaire. Et quant à cette publicité, elle est nécessaire et indispensable. Vous allez, dit-on, et c'est un des arguments le plus souvent répétés dans les discussions de 1838, divulguer une situation que les familles désirent tenir la plus secrète qu'il se peut! Il est vraiment inouï d'être obligé, à notre époque, de repousser de pareilles objections: l'institution des lettres de cachet ne se justifie, comme de Maistre le reconnaît, que comme une sauvegarde de l'honneur des familles: toute considération s'effaçait devant ce préjugé utilitaire et aristocratique, et les droits individuels lui étaient impitoyablement sacrifiés. Quand la folie afflige une famille dans la personne

d'un de ses membres, cette famille souffre d'un cas
fortuit et il ne dépend pas de la société de l'en affranchir. Il n'est point sûr, d'ailleurs, que la folie soit
positivement déclarée, et il est odieux de négliger tout
moyen sérieux de constatation et de contrôle sous le
prétexte que les investigations de la justice peuvent
être désagréables à la famille.

Qu'est-ce qu'un intérêt privé en regard du dogme
de la liberté individuelle? (Art. 27-38.) Enfin l'appel
n'est admis que pour violation des formes, car il est
de principe que les décisions du jury ne sont pas atta-
quables au fond. (Art. 39.)

23. — Le placement ordonné, il faut y procéder. La
loi du 30 juin 1838 fait le directeur de l'établissement
seul juge de l'identité de la personne placée dans l'é-
tablissement; mais rien ne prouve qu'on ne lui amène
pas une personne autre que celle dont le placement a
été ordonné, et que les pièces qu'on lui présente se
rapportent réellement à la personne qu'on veut placer. L'article 40 du projet y pourvoit et ordonne que
le placement soit fait en présence de deux personnes
prises dans le jury qui a statué; de la sorte, la fraude
est impossible et l'identité certaine. De plus, et comme
d'après la loi de 1838, le placement ne peut avoir lieu
sur une ordonnance remontant à plus de quinze jours.
car les causes du placement peuvent avoir disparu
dans l'intervalle. (Art. 41.)

L'article 42 est la reproduction de l'article 24 de la
loi du 30 juin 1838.

Une fois placé, l'individu n'est pas abandonné par
la loi, qui veut : 1° qu'à toute heure il soit représenté aux parents et aux personnes autorisées par le
procureur impérial (art. 43); 2° qu'un bulletin de sa
santé soit adressé tous les mois au procureur impérial, revêtu du visa donné par un membre de la
commission de surveillance sous sa responsabilité.
(Art. 44.)

Section II. — Dispositions spéciales aux placements or-
donnés par l'autorité publique.

24. — Le placement ordonné par l'autorité publique
ne peut avoir lieu qu'à l'égard des aliénés dangereux.
Donc, deux conditions sont nécessaires pour que le
placement ait lieu : 1° qu'il y ait aliénation mentale ;
2° et qu'il y ait danger. Pour bien graver ce principe
capital dans l'esprit du jury, le président doit lui donner lecture du texte qui le proclame et poser aux jurés
ces deux questions.

Le placement n'aura lieu que s'ils ont répondu affirmativement sur l'une et l'autre, à la majorité de neuf
voix.

Et, en effet, de quel droit enfermer celui que douze
personnes qui représentent la société ne jugent pas
dangereux? Est-ce pour le guérir? Mais d'abord la
société n'a pas mission pour guérir les gens malgré
eux, et ensuite on sait maintenant ce qu'il faut penser
de l'internement comme moyen curatif. Mais, dit-on,
vous désarmez la bienfaisance publique, vous revenez
à l'état antérieur à 1838, vous laissez des malheureux
privés de raison et abandonnés par leur famille. en
butte aux mauvais traitements et dans la plus misérable condition! Nullement, car il y a en France un
défenseur-né des incapables : c'est le ministère public,
et la loi lui réserve le droit de demander le placement
des aliénés dont personne ne prendrait soin; mais
alors ce ne sera plus le placement donné par l'autorité publique dans un intérêt de préservation sociale,
ce sera le placement volontaire demandé par le ministère public représentant la famille absente ou infidèle
à ses devoirs. (Art. 45-47.)

L'article 48 reproduit l'article 23 de la loi du
30 juin 1838.

25. — La loi n'oublie pas celui qu'une nécessité

d'ordre public fait priver de sa liberté, et ordonne au
président du tribunal de se transporter auprès de lui
dans les quarante-huit heures, accompagné d'un médecin-expert, autre que celui qui a donné son avis sur
le placement, et de deux membres du jury qui l'a
prononcé, et s'il juge que les causes du placement
ont disparu, il fera mettre sur-le-champ l'individu en
liberté. L'accès de folie pouvait n'être que passager,
et si les causes de réclusion ont cessé, elle doit cesser
également : si cependant le directeur de l'établissement y voit quelque danger, il peut exiger que le
jury soit de nouveau convoqué. (Art. 49-50.)

26. — L'article 51 reproduit en partie l'article 19
de la loi du 30 juin 1838, et donne aux commissaires
de police le droit de prendre, en attendant la décision
du jury, toutes les mesures propres à protéger l'ordre
public et la sécurité des personnes ; mais il ajoute
une disposition nouvelle qui défend de conduire, sous
aucun prétexte, même provisoirement, dans un établissement d'aliénés, une personne qui n'aurait pas
été examinée par le jury. La vue de la folie est conta-
gieuse : l'horreur et le saisissement peuvent briser du
coup la tête la plus solide ; le mal serait irréparable :
il faut donc ne permettre l'entrée de l'asile qu'à celui
que le jury a déclaré aliéné.

Section III. — *Dispositions spéciales aux placements volontaires.*

27. — Les articles 52-54 déterminent les personnes
qui peuvent faire une demande en placement volontaire. Ce ne sera pas toute personne, comme sous la
loi du 30 juin 1838 ; ce ne sera pas le premier venu.
mais seulement le conjoint, les descendants, les ascendants, les collatéraux, les plus proches, le conseil de
famille, le ministère public. Celles-là du moins offrent
des garanties morales, et si, car il faut tout prévoir,

elles agitaient de coupables desseins, celui dont le placement est demandé trouverait une protection dans les formalités dont la loi entoure le placement.

Aux autres personnes reste le droit de saisir l'autorité publique, si elles voient un danger social à laisser l'aliéné en liberté ; mais provoquer elles-mêmes son placement, la loi leur en refuse le droit. L'article 55 prescrit la convocation du conseil de famille, que la loi du 30 juin 1838 écarte de parti pris.

28. — L'article 56 pose un principe capital : ne doivent être enfermés que les aliénés auxquels l'internement peut être utile ; l'aliénation n'est pas un crime pour lequel on doive être enfermé ; elle n'est pas supposée dangereuse dans l'espèce, puisque ce n'est pas l'autorité publique qui demande le placement ; l'internement ne doit donc avoir lieu que s'il est utile ; il doit être refusé, au contraire, s'il n'est pas prouvé que l'isolement puisse produire de bons effets, et si des personnes offrant d'ailleurs des garanties suffisantes, consentent à se charger du malade. L'enfermer dans ces conditions est un abus criant et une véritable séquestration. Le président doit donc lire au jury les dispositions de l'article 56 et lui poser ces questions : 1° Y a-t-il aliénation mentale ? 2° La réclusion est-elle utile à l'aliéné ? et le placement n'aura lieu que pour la réponse affirmative à ces deux questions, faite à la majorité de neuf voix. (Art. 57.)

TITRE III

DE LA SORTIE DES ÉTABLISSEMENTS D'ALIÉNÉS

29. — Les articles 58, 61 reproduisent en grande partie les articles 13, 14, 29 de la loi du 30 juin 1838. Ils en diffèrent cependant en ce qu'ils augmentent les facilités données à une personne pour sortir d'un établissement d'aliénés. 1° Toute personne chargée de

la surveillance de l'établissement et le ministère public
lui-même peuvent requérir la sortie ; 2° toute autre
personne et l'aliéné lui-même peuvent se pourvoir pour
la faire ordonner. L'article 62 ajoute que le jury sta-
tuera sur les sorties comme sur les placements et que
la sortie aura lieu quand quatre voix sur treize se seront
prononcées en ce sens : les mêmes raisons qui font
exiger une majorité de cinq voix pour le placement,
commandent qu'il faille une majorité de cinq voix
pour refuser la sortie ; il est aussi urgent de rendre
la liberté perdue que de la laisser à ceux qui l'ont
encore. L'article 63 n'est autre que l'article 17 de la
loi du 30 juin 1838.

TITRE IV

DISPOSITIONS GÉNÉRALES SUR LE PLACEMENT DANS LES ÉTABLISSEMENTS D'ALIÉNÉS ET LA SORTIE DE CES ÉTABLISSEMENTS

30. — La procédure prescrite par la loi des aliénés
est d'ordre public : donc pas de timbre, l'enregistrement doit être gratuit et les officiers ministériels doivent prêter gratuitement leur concours comme en
matière d'assistance judiciaire (Art. 64). Les formalités prescrites par la loi sont à peine de nullité, car
elles sont protectrices de la liberté individuelle, et
l'ordre public est intéressé à ce qu'elles soient rigoureusement observées.

TITRE V

DES DÉPENSES DU SERVICE DES ALIÉNÉS

31. — Les articles 66-69 reproduisent les articles 25-28 de la loi du 30 juin 1838.

TITRE VI

DE L'ÉTAT DES PERSONNES PLACÉES
DANS UN ÉTABLISSEMENT PUBLIC OU PRIVÉ D'ALIÉNÉS

32. — Le code Napoléon avait organisé l'interdiction et l'avait rendue difficile en l'entourant de formalités protectrices de l'intérêt de la personne dont l'interdiction était demandée. La loi du 30 juin 1838 a trouvé l'interdiction trop difficile à obtenir et les garanties trop grandes ; elle a voulu que le placement dans un établissement d'aliénés entraînât, sinon l'interdiction proprement dite, au moins son équivalent. que l'aliéné fût privé de l'exercice de ses droits, qu'il lui fût nommé un curateur et un administrateur ; que les actes par lui faits fussent nuls comme passés à l'état de démence. Et quel en a été le résultat ? C'est la suppression de fait de l'interdiction à laquelle on ne recourt plus, quand on a un moyen si simple et si commode de protéger la fortune en se débarrassant du propriétaire. Si encore il y avait eu de bonnes raisons de rayer ainsi tout un titre du code Napoléon ? Mais que dit-on à l'appui ? 1° Que la procédure de l'interdiction est trop lente et qu'il faut hâter le placement pour assurer la guérison. Très bien, pour celui qui est réellement malade. Mais s'il ne l'est pas ? Toujours la présomption de folie assimilée à la folie même ! 2° Que la procédure de l'interdiction peut

surexciter et exaspérer le malade. Mais, encore un
coup, s'il ne l'est pas ? 3° Qu'elle est trop publique. Au
contraire, jamais assez de publicité ! 4° Qu'elle est trop
coûteuse ! Le remède est trop facile pour que l'objection soit sérieuse.

33. — Il faut donc, encore sur ce point, renverser
de fond en comble l'œuvre de 1838 et reconnaître que
l'internement ne peut entraîner ni l'interdiction ni
rien qui y ressemble, et que, si l'on veut porter
atteinte à la capacité de l'aliéné, il faut de toute
nécessité recourir à l'interdiction. Il y en a quatre
raisons : 1° Il n'est pas un jurisconsulte qui ne recon-
naisse que la loi du 30 juin 1838 a créé un système
impraticable, véritable tissu de complications et d'in-
cohérences ; 2° aucun des motifs donnés à l'appui ne
supporte l'examen ; 3° c'est un principe fondamental
de nos lois civiles qu'il n'appartient qu'à la justice de
modifier l'état des personnes ; 4° l'incapacité de l'a-
liéné résultant de l'internement est un appât pour
les familles ; sûres d'obtenir par la réclusion une protection de leurs intérêts semblable à celle que leur
offrait l'interdiction, elles n'hésitent pas à demander
le placement ; c'est un mal auquel la loi ne peut
porter un remède radical, mais qu'elle peut et qu'elle
doit combattre sans relâche.

Retirons au placement ce dangereux avantage, et
il est permis d'espérer que les familles garderont
leur malade chez elles, en le faisant interdire quand
le placement ne leur offrira plus les commodités de
l'interdiction. Peut-être verra-t-on alors diminuer le
nombre des aliénés ! Dans ce but, l'article 70 dispose
que la personne placée dans un établissement d'aliénés conserve sa capacité entière, et, d'autre part, elle
trouve assurément une protection suffisante :

1° Dans le droit, pour le ministère public, de provoquer d'office l'interdiction, quand même il n'y aurait
pas état habituel d'imbécillité, de démence ou de

fureur (Nous n'admettons pas d'autre dérogation au code Napoléon, mais elle est nécessaire, car il ne faut pas que la négligence de la famille compromette les intérêts de l'aliéné, et c'est au ministère public à en assurer la protection) ;

2° Dans le droit pour le tribunal de nommer un administrateur provisoire, conformément à l'article 497 du code Napoléon. (Art. 70 et 71).

TITRE VII

DISPOSITIONS PÉNALES

34. — Trois catégories de peines sont édictées par ce titre :

Primo : Sont qualifiés séquestration arbitraire et punis des peines portées aux articles 341-344 du code pénal :

1° Le fait d'avoir conduit ou retenu une personne dont le placement aurait été ordonné, dans un lieu autre qu'un établissement autorisé ;

2° Le fait d'avoir conduit ou reçu dans un établissement d'aliénés une personne dont le placement n'aurait pas été régulièrement ordonné ;

3° Le fait d'avoir retenu dans un établissement une personne dont la sortie aurait été régulièrement ordonnée ;

4° Le fait d'avoir refusé de représenter l'aliéné aux personnes chargées de la surveillance de l'établissement ou autorisées à se le faire représenter.

Il faut en finir avec la théorie de l'isolement absolu qui séquestre un homme du monde, le sépare de sa famille, le rejette dans une sorte d'*in pace* d'où sa voix ne peut être entendue ; arme effrayante laissée au crime, qui en assure l'impunité et qu'il faut lui arracher en punissant de peines terribles quiconque oserait y recourir ;

5° Le fait d'avoir frauduleusement représenté une personne autre que celle dont la représentation était demandée : que dire d'une telle fraude et n'est-ce pas prévoir l'impossible ? Un exemple fameux prouve cependant qu'elle n'est pas imaginaire. (Art. 72-77.)

Secundo : Le membre de la commission de surveillance qui a donné son visa au bulletin de santé sans s'être assuré de l'état du malade, commet un délit et en mérite la peine, sans préjudice de la séquestration dont il peut se rendre complice. (Art. 78.)

Tertio : Les fonctions de juré sont un devoir civique : la loi sur l'expropriation punit celui qui, juré d'expropriation, ne se rend pas à la convocation et refuse de délibérer (loi du 3 mai 1841, art. 32) ; ici même délit et même sanction. (Art. 79.)

DISPOSITIONS TRANSITOIRES

35. — Les directeurs d'établissements publics ou privés d'aliénés ont trois mois pour se mettre en règle avec la présente loi ; elle sera complétée par des règlements d'administration publique ; elle abroge la loi du 30 juin 1838 qui n'a que trop longtemps vécu et dont les amis de la liberté individuelle salueront la chute comme un bienfait. (Art. 80-82.)

TABLE DES MATIÈRES

Paris. — Typ. Georges Chamerot, rue des Saints-Pères, 19. — 1425

www.ingramcontent.com/pod-product-compliance
Lightning Source LLC
Chambersburg PA
CBHW050546270326
41926CB00012B/1938